Educational Linguistic Studies

教育语言学研究

（2024年）

主编　赖良涛　严明　桑园

上海交通大学出版社
SHANGHAI JIAO TONG UNIVERSITY PRESS

内容提要

本书是《教育语言学研究》2024年卷，由中国英汉语比较研究会教育语言学专业委员会与华东师范大学外语学院共同主办，是我国教育语言学的主要研究阵地。2024年卷收入优秀学者所撰写的教育语言学原创论文24篇，分为5个部分。主要内容如下。第1部分：名家论坛，教育语言学专委会原会长俞理明教授谈"教育语言学的实践导向"；第2部分：教育话语研究，包括6篇文章，涉及老年学习原理、教师陈述的互动性等；第3部分：语言教育研究，共10篇文章，涉及国际语言教育政策综述、融合式英语教学模式的有效性等；第4部分：学术话语研究，共3篇论文，涉及文学理论话语的认知语义密度、英汉学术论文修辞机制比较；第5部分：社会话语研究，共4篇文章，涉及人际语义修辞视角下的裁判理由研究等。

图书在版编目(CIP)数据

教育语言学研究. 2024年 / 赖良涛，严明，桑园主编. -- 上海：上海交通大学出版社，2024.12 -- ISBN 978-7-313-31411-6

Ⅰ. H0-05

中国国家版本馆 CIP 数据核字第 20244E38V1 号

教育语言学研究(2024年)
JIAOYU YUYANXUE YANJIU (2024 NIAN)

主　　编：赖良涛　严　明　桑　园
出版发行：上海交通大学出版社　　　　　　地　　址：上海市番禺路951号
邮政编码：200030　　　　　　　　　　　　电　　话：021-64071208
印　　制：苏州市古得堡数码印刷有限公司　经　　销：全国新华书店
开　　本：889 mm×1194 mm　1/16　　　　印　　张：16.5
字　　数：465千字
版　　次：2024年12月第1版　　　　　　　印　　次：2024年12月第1次印刷
书　　号：ISBN 978-7-313-31411-6
定　　价：88.00元

编 委 会

目　录

名家论坛

从实践中找到值得研究的问题——谈教育语言学的实践导向 ……………………… 俞理明　1

教育话语研究

老年学习原理蠡测 …………………………………………………………………… 顾曰国　8

如何增强教师陈述的互动性——基于一项合作行动研究 ………………………… 杨雪燕　20

合法化语码理论及应用研究述评与展望 ………………………………… 王　汐　吕芳菲　33

心理医生诊疗话语中的指称系统研究：适用语言学视角 ………………… 旷　战　宋沁沁　45

非物质文化遗产传承的口述范式研究 …………………………………… 肖志鹏　肖唐金　56

课堂互动中教师的话步角色及其教学功能 ……………………………… 何　凝　赖良涛　64

语言教育研究

国际语言教育政策研究热点与趋势（2014—2023） ……………………… 闵　杰　侯建波　77

全球胜任力视域下融合式英语教学模式的有效性研究 ………… 王镕凯　修　伟　何艳华　89

"双减"教育政策下的家庭语言规划研究：一项对重庆市初三学生的

　　调查 ………………………………………………………… 杨金龙　王振欣　熊　倩　98

外语多元读写能力与学科核心素养协同培养路径研究——基于新人教版

　　高中英语教材多模态语篇分析 ……………………………………… 胡　勇　谢晟杰　107

非英语专业研究生学术交流英语能力培养中教师和学生的角色 ………………… 袁平华　116

中华优秀文化融入中小学英语教材：现状、挑战和评价指标体系构建 …… 杨银花　蒋　婷　122

基于"产出导向法"的留学生在线语言文化教学模式构建 ……………… 彭小娟　徐宁阳　133

东南亚汉语作为第二语言教学模式的发展及其互联网化问题与对策 …… 吕军伟　郭静蕊　143

英语议论文写作 ChatGPT 反馈合作加工的学习投入研究 ……………… 陈　静　梁泽堃　153

自我效能感在外语"焦虑-成绩"中的中介作用 ………………………… 陈柯燃　董连棋　170

学术话语研究

文学理论话语的认知语义密度及其对教学的启示 ………………………………… 赖良涛　180

认知语义密度视角下汉语摘要写作的知识构建模式——以语言学期刊论文
　摘要为例 ································· 王笑然　王佶旻　191
英汉学术论文修辞机制比较研究：元话语视角 ··········· 孙　醒　张大群　202

社会话语研究

人际语义修辞视角下的裁判理由研究——从话语资源选择到法律价值协商 ·········· 张冉冉　214
基于中印媒体"一带一路"报道的中国形象生态话语对比分析 ········· 魏　榕　胡燕岚　227
一座城市、二语解读：《深圳脚步》汉英版本概念符际互补对比研究 ·········· 景　怡　237
澳门酒店业特色旅游汉语语料库建设 ·················· 王　珊　245

从实践中找到值得研究的问题

——谈教育语言学的实践导向

俞理明①

上海交通大学

1 引言：教育语言学是门实践导向的学科

教育语言学是门以实践导向为指导原则的学问。教育语言学创始人 B. 斯波尔斯基（B. Spolsky）说过，教育语言学"从一个具体问题出发，然后从语言学和其他有关学科找到帮助，解决问题"（Spolsky，1978：2）。他把这一理念称为"问题导向"。斯波尔斯基 2000 年退休，接过并继续高举教育语言学这面大旗的是美国宾夕法尼亚大学的 N. 洪恩伯格（N. Hornberger）教授（俞理明、严明：2013）。她对斯波尔斯基的"问题导向"的理念作了进一步的阐述：在教育语言学这门学科里，研究、理论、政策与实践是四位一体的，这种密切的相互关系落脚点就是问题导向。她根据宾大教育语言学专业的办学经验，进一步明确指出，这里所谓的"问题"是指教育实践中的问题，而不是语言学上的理论问题。教育语言学"总是以教育实践作为研究的出发点，研究重心落在语言在教学中的角色之上"（Hornberger，2001：19），因此"问题导向"也可以称为"实践导向"。

以理论为导向的应用语言学沿用的是将语言学理论单向地应用于实践的研究范式的"单行道"，这种研究思维导致了对理论与实践互动联系的忽略。教育语言学并不是单纯的语言学在教育领域的"应用"，而是以语言和教育中的现实问题为研究导向，这是本学科的一个区别性的特征。按照实践导向的理念，任何研究都始于教学教育实践里具体存在的问题，然后去认真调查研究，找出解决这个问题的方法。研究和解决问题的过程也是和有关的理论和具体的政策密切联系的过程。实践导向不等于说研究的目的纯粹是为了解决教育教学实践中的问题。作为研究者，我们还需要在研究问题、解决问题的过程中，总结经验，写出文章，从而在理论层面上有所贡献。

2 在教学实践中探索高校英汉双语教学研究之路

实践导向最能揭示教育语言学的本质，最能代表教育语言学这门新兴学科的创新性，是"对传统应用语言学的研究的颠覆和创新"（沈骑，2012：42）。实践出真知，好的外语教育的文章来自外语教育的具体实践。记得 2019 年我写了篇回顾自己学术生涯的长篇文章，发表在《当代外语研究》上（俞理明，2019），其中谈到"我的高校英汉双语教学研究之路"。我就想以此作为话题，具体说明我是如

---

① 俞理明（1945—2024），1996 年于加拿大多伦多大学获博士学位后回国，任上海交通大学外国语学院教授、博士生导师、上海交通大学加拿大研究中心主任。2010—2023 年担任中国英汉语比较研究会教育语言学专业委员会会长。主要研究方向和主要成果：二语习得中的语言迁移问题、二语习得的学科属性研究、双语教学的理论和实践等。在国际和国内重要杂志发表论文数十篇，完成专著、译著和各种教材十多部，完成教育部文科规划项目一项。除语言教育领域的研究外，还致力于中加文化、教育和学术交流，2002 年获加拿大政府颁发的加拿大研究特别奖，2008 年被评选为多伦多大学杰出校友。

何从大学英语教学实践里找到"在我国高校外语教学语境下如何进行双语教学"这一值得研究的问题的。

2.1 实践中找出研究课题：渥太华依托式教学课程和我国双语教学的开展

众所周知,高校外语教学普遍存在"费时较多""收效较低"的问题(李岚清,1996),许多学生从小学到大学花了十多年的时间学习英语,结果既不会说,又不能听,这一现象饱受学界诟病。到了世纪之交,我国加入世界贸易组织(WTO)后,需要大量既精通专业知识又具有高水平外语能力的专业人才,"哑巴英语"和"聋子英语"现象再也无法令人容忍,一场大规模的大学英语教学改革就此拉开帷幕。同时,教育部发布了《关于加强高等学校本科教学工作提高教学质量的若干意见》的重要文件,提出"……本科教育要创造条件,引进原版外语教材,使用英语等外语进行公共课和专业课教学,特别是在信息技术、生物技术、新材料技术、金融、法律等专业以及国家发展急需的专业开展双语教学……"(教育部,2001)。虽然该文件提到的双语教学是针对大学本科专业学习的,但我和外语教学界一些同仁开始探索运用双语教学理念来改进我国大学英语教学的路子。我那时正好获得加拿大政府颁发的"中国学者加拿大特别研究奖"(Special Award for Canadian Studies for Chinese Scholars),去加拿大对该国的浸入式双语教育进行为期五周的考察。加拿大出于其特殊国情的需要,对双语教学模式的探讨已经有将近 40 年的历史,他们首创的"浸入式"教学模式被誉为"在加拿大教学史上开展研究最深入、最广泛、最细致的一个项目"(Fortier,1990),并取得了举世瞩目的成就(强海燕、赵琳,2001)。"浸入式"教学开始于 20 世纪 60 年代,其对象是从幼儿园到初中年龄段的儿童和少年(Stern,1978a/1978b)。浸入式教育最为根本的原则就是用学生的第二语言教授学科内容,因此语言不是教学的**目标**,而是教学的**媒介**。从 1982 年开始,以渥太华大学为代表的一些加拿大高等院校开始探索在成年人群体,即在高等教育领域里开展双语教学的路子,他们创造性地运用"浸入式"教学的成功经验,在二(外)语课堂里,一反传统的听说读写译的训练,而是把二(外)语教学渗透到学科教学中,他们称之为"依托课程内容的语言教学"(content-based language instruction),简称 CBI。CBI 和传统的二语(外语)教学最根本的区别就是前者不像后者把语言学习作为教学目标,而是在学习学科知识的过程中,提高学习者的二语(外语)能力。渥太华大学依托式教学不是典型的加拿大浸入式教育(后者的对象是中、小学生),但教学理念是一样的,而且作为成人教育,前者更切合我国高校的双语教学。渥太华 CBI 教学模式经过多年反复实验,其研究结果表明,依托式语言班的学生在学科水平、语言水平和语言运用上都取得了很大的进步,实现了学科知识获得和语言能力提高的"双丰收"(Edwards et al.,1984;Hauptman et al.,1988;Wesche,1993)。美国和澳大利亚一些大学进行的以学科为基础的第二语言或外语教学模式同样支持并推广了这些研究结果(Brinton et al.,1989;Wesche,1993)。

但在当时,国内学界对双语教学尚缺乏足够的认识,于是出现两种错误倾向:一种情况是因为国内没有现成的经验可以借鉴和现成的理论可以参考,就裹足不前;另一种情况则截然相反,不分时机、不看条件,盲目进行双语教学,其结果不仅以失败告终,还会挫伤学界的双语教学积极性,使人们质疑双语教学的可行性。我认为借鉴渥太华大学依托式双语教学的成功经验,可以避免那两种错误倾向。为了把依托式教学理念引入我国高校外语教学实践,为国家培养出更多、更优秀的既懂专业又精通外语的人才,我设立了"渥太华依托式教学课程和我国双语教学的开展"这样一个课题。课题的研究问题是:渥太华依托式课程教学取得了哪些成功经验? 这些经验对我们大学英语教学改革是否有用? 我和我当时的博士研究生韩建侠经过近一年的努力,写出了"渥太华依托式课程教学的启示"的论文,并在《外语教学和研究》上发表(俞理明、韩建侠,2003)。这样,我通过自己的教学实践确立了课题,那么我是如何做好这一课题的呢?

2.2　研究和政策、实践、理论紧密联系

从教学实践中找到并确立了这个课题后,还是要再回到教学实践中去做好这个课题。前面说过,教育语言学主张研究、理论、政策、实践四位一体(Hornberger,2001),这一原则始终贯彻在我的课题研究之中。从政策层面上来讲,需要吃透教育部(2001)号文件精神和其他相关的政府颁发的文件。前面说过,运用双语教学的理念来进行大学英语改革的原动力来自教育部(2001)这一文件。该文件虽然没有提及大学英(外)语教学,但教育部1999年颁布的《大学英语教学大纲》(修订本)和其他一系列文件,对我国大学外语教学如何更好地适应我国入关后的人才需要给出了一系列明确指示。在经济全球化背景下,国际交往更为密切,社会所需求的已经不是只懂专业的单一型人才,而是既精通专业又精通外语的复合型人才,而渥太华大学的 CBI 的成功之处就在于在专业知识学习的同时,学生的第二语言能力也得到了提高。这和教育部有关大学英语教学改革的一系列文件"不谋而合",也和教育部(2001)文件精神是一致的。这就是我承担这个课题的决心和信心所在。

除了吃透政策外,还需要彻底搞清楚双语教育的理论。加拿大著名学者 J. 卡敏斯(J. Cummins)在拙著《双语教育论——加拿大浸入式教育对我国高校双语教育的启示》(俞理明等,2009)的序言里明确表示:集他一生双语教育研究的经验,"第二语言作为媒介的教学能够提高第二语言水平而且不会影响学生的第一语言水平或学科知识的掌握"(Cummins,2009:iv)。卡敏斯这一论断的理论根据就是他制作的"共同的潜在能力理论模型"(Common Underlying Proficiency Model,CUP)(Cummins,1984;Cummins & Swain,1986),该理论模型用冰山来比喻双语者的两种语言,从露出水平面的冰山顶部来看,这两种语言好像是彼此分离的两座冰山,然而,在水平面之下是一个共同的冰山根部。两种语言表面看似不同,但双语者在操控两种语言时使用的是同一个中心处理系统。无论说话者使用的是何种语言,他的思想都来自同一个中心引擎。卡敏斯这一理论模式被加拿大几十年双语教育实践反复证实,又反过来指导着加拿大双语教育的实践。

卡敏斯从心理学角度论证双语教学的可行性,现在再从二(外)语教学理论角度来看依托式教学的优势。CBI 主张把语言课程的教学紧紧围绕学生需要学习的学科内容展开,学生学习的重点在于凭借所学的目标语获取信息,在此过程中提高他们的学术性语言能力。教学活动既要考虑到所学的学科知识,也要鼓励学生通过所学目标语进行思考和学习。在学生完成某一特定的学习任务(learning task)时,这种教学思路很自然地将传统意义上的听、说、读、写四项语言技能结合在一起,表达出自己的意思(Brinton et al.,1989)。因此,从性质上来说,CBI 是一种交际性的语言教学方法,是一种在交际语言教学原则的基础上发展而成的交际教学路径(Stryker & Leaver,1997)。这种把学科内容和语言教学密切联系的教学手段是弥补学生在语言能力和语言实际应用能力之间差异的有效方法,它与传统的外语教学方法最大的不同之处就是,"通过学习题材(subject matter),而不是单纯学习语言来获得语言能力"(Richards & Rodgers,2001:204)。总之,CBI 和典型的加拿大浸入式双语教育遵循的是同样的教学理念:重在通过语言进行学习(learning through language),而不仅仅是学习语言(learning language),这也叫内容驱动(content-driven),而传统的通过听说读写训练学习语言的方法叫语言驱动(language-driven)。

3　研究无止境

本课题虽然已完成,但我的"高校英汉双语教学研究之路"才刚刚开始。本课题只是在理论上说明渥太华大学依托式教学理念对我国大学英(外)语教学改革有借鉴意义,还没有实证研究来证明。于是,我的第一个博士生袁平华把探索在我国高校大学英语教学背景下的 CBI 的效果作为他的博士课题。他的实证研究取得了和渥太华大学相同的结果:一个学期下来,和对照组相比,实验组表现出更强

的学习英语的愿望、更高的阅读水平和语言综合使用能力,除此之外,实验组学生还系统地学到了美国文明发展历史的知识(袁平华、俞理明,2008)[①]。袁平华走上新的教学岗位后,先后拿到了两个国家社科项目,两个省部级项目,他的一系列研究不断验证了他攻读博士期间所做的实证研究的发现,进一步证明 CBI 理念适用于我国大学英语教学实践,可以提高大学英语教学效果(袁平华,2010a/2010b/2011a/2011b/2012)。

此外,上面已经提到,教育部(2001)文件的重心是专业课的双语教学,这种双语教学后来被称为英语作为媒体的教学(English Medium Instruction,EMI)。CBI 和 EMI 除了服务目标上不同外,在具体操作上也是有很大差别的。在 CBI 模式里,在学习开始前不需要学习者的英语达到能应付课程内容的熟练程度,因此它是一种通过学习者还在学习中的语言作为媒介的课程内容教授手段。EMI 则不同,学生的英语水平必须不会损害他们的专业知识学习。也就是说,要有效开展双语教学,学生的英语水平要达到一定的阈限(Threshold Level)(Cummins,1984)。那么怎样确定我国大学生已进入双语教学的阈限? 一个新课题由此而生。我们发现渥太华大学二语学院研制了二语水平考试,规定只有达到中等水平或以上的学生才能进入 CBI 课程。于是,我和韩建侠做了一个我国大学英语四、六级考试和渥太华大学二语水平测试的相关研究。我们的研究发现,如果在大学英语四级考试中取得优秀的成绩或通过大学英语六级考试的,就能达到渥太华大学的中等或者中等以上的水平。这样的学生可以通过英语这一弱势语言获取学科知识,同时提高其弱势语言的水平(韩建侠、俞理明 2007)。

为了证实上面的结论,我和韩建侠又开展了一个新的课题。上海交通大学密西根学院是全英语授课的,学生们的大学英语四级考试达到了优秀,也就是根据我们上述研究(韩建侠、俞理明,2007)的结论,他们外语水平达到了一定的阈限。我们的研究问题是:这样的学生的学科成绩是否会受到损害?我们把他们和上海交大用汉语进行教学的常规教学组的学生作对比。研究结果表明,两组学生在学科成绩(以化学为例)上不存在显著性差异,但从英语能力来说,尽管实验组比对照组提前一学期参加CET‐4 考试,但考试成绩表明,实验组在总分和各分项测试上存在显著性差异,实验组优于对照组(俞理明、韩建侠,2011)。我和我的博士生们的一系列实证研究说明,虽然中加两国国情有很大差别,但是卡敏斯的共同的潜在语言能力理论是没有国界的限制的。学生的认知能力和学业可以通过单语渠道,也可通过得到充分发展的双语渠道得到充实,通过第二语言掌握的学科知识会过渡到第一语言中去,用我们学界通俗的话来表达就是"1＋1＞2"。2006 年在上海交通大学闵行校区举行了"加拿大浸入式教育和中国双语教学国际学术研讨会",我们非常荣幸地请到了卡敏斯教授做主旨发言。在这个会议的基础上,出版了《全球视角下的中国双语教学——加拿大浸入式教育与中国高校双语教学论文集》(俞理明,2009)和专著《双语教育论——加拿大浸入式教育对我国高校双语教育的启示》(俞理明等,2009)。

随着时间的推移,CBI 教学理念不仅在大学英语课堂上得到普及,也不仅在专业学习的双语教学中得到普及,我国外语界还有研究者把 CBI 教学理念推行到英语专业的教学改革之中,并且取得了一定的成效。大连外国语大学常俊跃教授和他的同事们一开始在英语专业基础阶段探索使用 CBI 教学模式(常俊跃等,2008;常俊跃、董海楠,2008;常俊跃、赵永青,2010),进而运用到英语专业整体课程体系的改革上(常俊跃等,2013;常俊跃,2014)。常俊跃教授和他的同事们在从 2006 年到 2018 年这 12 年时间里,先后发表了 50 多篇论文。常俊跃教授本人主持了 14 个省部级以上的项目,包括两项国家社科一般项目和一个国家社科重点项目。常俊跃教授在把 CBI 教学理念运用到我国外国语院校外语专业的教学实践过程中,制作出"内容语言融合学习"(Content and Language Integrated Learning)的理论模式,并在此基础上开创出区域和国别研究,现在这已经成为外国语言文学专业的五大学科领域之一。

---

① 袁平华的实验组学生使用的不是通用的大学英语教材,而是以一本用英语写的美国文明史。

4　余论

实践出真知,处处有学问。科研和教学这两大实践让我找到了课题,在完成课题的实践中,又不断加深对高校英汉双语教学的认识。现在回过头来看,当年我把课题定名为"渥太华依托式教学课程和我国双语教学的开展"是欠妥的。这是因为"双语教学"既可以指为大学英语教学服务的 CBI,也可以指为专业教学搭建平台的 EMI,既然我的课题研究的对象是前者,不是后者,课题更为恰当的名称应当是"渥太华依托式教学课程和我国大学英语教学的开展"。当时我之所以对此缺乏足够认识的一个非常重要的原因是渥太华大学依托课程本身兼有 CBI 和 EMI 的特征。该校二语研究院设置该课程的目的是提高学习者的二语水平,这和 CBI 教学理念是一致的。但该课程的专业学习和该校用母语授课的常规班的要求是一样的,都正式计学分,这好像和 EMI 又很相像。渥太华大学依托式课程具有上述这些特征是由加拿大本身是个双语社会这一社会大环境决定的。比如,专业课的任课教师谙熟英法双语的大有人在,这为开展双语教学提供了很大的便利。中加两国的社会、文化存在巨大差异,我们不可能原封不动地照搬渥太华依托式教学模式。在我国高校教育的语境下,CBI 和 EMI 和渥太华大学的不一样,有明确的分工,前者属大学英(外)语教师的职责范围,而后者是专业教师的任务。因此,不对 CBI 和 EMI 作区分,甚至相提并论,在渥太华大学似乎问题不大,但在我国大学英语教学的语境里是行不通的。我的课题无论是名称还是在具体的文章里,笼统提"双语教学",会引起我国学界对这个概念的误解。

实践不仅是认识之源,也是创新之源。我们借鉴了渥太华大学依托式课程的成功经验,通过自己的教学和科研实践,形成了具有我国特色的既有区别、又相辅相成的 CBI 和 EMI。实践证明,在大学英语教学中开展 CBI,有利于以学习专业知识为主要目标的 EMI 服务课程的建设;而 EMI 课程的开设,则为大学英语教学中开展 CBI 教学范式注入了一股强大的推动力。自教育部 2001 文件发布至今的 20 多年里,CBI 和 EMI 在大学英语教学舞台上大放光彩。我对 CBI 在大学英语教学里的作用,作了如下的一个小结:世纪之交以来,多轮次、大规模的大学英语教改告诉我们,传统的听说读写训练的语言驱动教学路子事倍功半,是高校外语教学低效费时的根源;而走内容驱动的教学路子则能取得事半功倍的效果(俞理明、韩建侠,2012)。而专业课的双语教学,正如中国科学院院士、同济大学教授汪品先(2015)所说那样:"已经成为我国当前的主流趋势"。汪院士这样认为:(我国)三十来年的科学进展,很大程度上得益于国际合作与交流,其载体就是英语。事实表明,英语水平和科学研究水平之间有着密切的相关性,往往英语好的业务也比较好,这对于一些需要较多语言阐述的学科尤为明显。20 年左右的高校教学实践无可辩驳地证明 21 世纪初教育部在高校推行的双语教学是一个意义重大、影响深远的明智举措。

文章行将结束,我想自我调侃一下。如果说 21 世纪之初我所做的那个课题内容有点名实不副而难以交差的话,那么多亏这些年坚持实践,这一课题到现在可以交差了。

参考文献

[1] Brinton, D. M., M. A. Snow & M. B. Wesche. 1989. *Content-Based Second Language Instruction*[M]. Boston: Heinle & Heinle Publishers.

[2] Cummins, J. & M. Swain. 1986. *Bilingualism in Education: Aspects of Theory, Research and Practice*[M]. London and New York: Longman.

[3] Cummins, J. 1984. *Bilingualism and Special Education: Issues in Assessment and Pedagogy*[M]. Clevedon, UK: Multilingual Matters.

[4] Cummins, J. 2009. Preface[A]. In E. Yu, E. Yeoman & J. Han (eds.). *Bilingual Education:*

The Implications of the Canadian Immersion Education to the Bilingual Instruction in Chinese Universities[M]. Beijing: Foreign Language Teaching and Research Press, iii‑vii.

[5] Edwards, H., M. Wesche, S. Krashen, R. Clément. & B. Kruidenier. 1984. Second-language acquisition through subject-matter learning: A study of sheltered psychology classes at the University of Ottawa[J]. *The Canadian Modern Language Review* 41(2): 268‑282.

[6] Fortier, d'Lberville. 1990. Commissioner of Official Languages Annual Reports 1989, 1990 [C].

[7] Hauptman, P., M. Wesche & D. Ready. 1988. Second language acquisition through subject-matter learning: A follow-up study at the University of Ottawa[J]. *Language Learning* 38(3): 433‑475.

[8] Hornberger, N. H. 2001. Educational linguistics as a field: A view from Penn's program on the occasion of its 25th anniversary[J]. *Working Papers in Educational Linguistics* 17(1‑2): 1‑26.

[9] Richards, J. & T. Rodgers. 2001. *Approaches and Methods in Language Teaching* (2nd edition)[M]. Cambridge: Cambridge University Press.

[10] Spolsky, B. 1978. *Educational Linguistics: An Introduction* [M]. Rowley, MA: Newbury House.

[11] Stern, H. H. 1978a. Bilingual schooling and foreign language education: Some implications of Canadian experiments in French immersion[J]. *Alatis*: 165‑188.

[12] Stern, H. H. 1978b. French immersion in Canada: Achievements and directions [J]. *Canadian Modern Language Review* (34): 836‑854.

[13] Stryker, S. B. & B. L. Leaver. 1997. *Content-Based Instruction in Foreign Language Education*[M]. Washington D. C.: Georgetown University Press.

[14] Wesche, M. B. 1993. Disciplined-based approaches to language study: Research issues and outcomes[A]. In M. Krueger & F. Ryan (eds). *Language and Content: Discipline-and Content-Based Approaches to Language Study*[C]. Lexington, MA: D. C. Heath. 57‑59.

[15] 常俊跃,董海楠.2008.英语专业基础阶段内容依托教学问题的实证研究[J].外语与外语教学(5): 11‑20.

[16] 常俊跃,赵秀艳,李莉莉.2008.英语专业低年级阶段系统开展内容依托教学的可行性探索[J].外语与外语教学(12): 24‑30.

[17] 常俊跃,赵永青,赵秀艳.2013.关于我国高校英语专业培养目标、培养要求和核心课程的思考[J].外语教学与研究(6): 933‑940.

[18] 常俊跃、赵永青.2010.学生视角下的英语专业基础阶段"内容·语言"融合的课程体系[J].外语与外语教学(1): 13‑17.

[19] 常俊跃.2014.英语专业内容依托课程体系改革的影响及启示[J].解放军外国语学院学报(5): 23‑31.

[20] 韩建侠,俞理明.2007.高校进行双语教学学生所具备的英语水平[J].现代外语(1): 65‑72.

[21] 教育部.2001.关于加强高等院校本科教学工作提高教学质量的若干意见[N].教育部,2001[4].

[22] 李岚清.1996.李岚清副总理在中南海召开的外语教学座谈会上的讲话[N].1996‑6‑28.

[23] 强海燕,赵琳.2001.中外第二语言浸入式教学研究[M].西安:西安交通大学出版社.

[24] 沈骑.2012.教育语言学何为?——教育语言学的学科特性及其启示[J].当代外语研究(11):

38 - 42.

[25] 汪品先.2015.一场"去中国化"运动是不是正在中国悄悄掀起?[N]文汇报,2015 - 2 - 27.

[26] 俞理明,E.Yeoman,韩建侠.2009.双语教育论——加拿大浸入式教育对我国高校双语教育的启示[M].北京:外语教学与研究出版社.

[27] 俞理明,韩建侠.2003.渥太华大学依托式课程教学及其启示[J].外语教学与研究(6):465 - 469.

[28] 俞理明,韩建侠.2011.初始英语水平对全英语双语教学效果的影响[J].中国外语(3):59 - 66.

[29] 俞理明,韩建侠.2012.内容驱动还是语言驱动——对我国高校大学英语教学的一点思考[J].外语与外语教学(3):1 - 4.

[30] 俞理明,严明.2013.教育语言学思想:兴起、发展及在我国的前景[J].外语与外语教学(5):1 - 4.

[31] 俞理明.2019.我的学术之路[J].当代外语研究(4):5 - 25.

[32] 俞理明.2009.全球视角下的中国双语教学——加拿大浸入式教育与中国高校双语教学论文集[M].北京:外语教学与研究出版社.

[33] 袁平华,俞理明.2008.以内容为依托的大学外语教学模式研究[J].外语教学与研究(1):59 - 64.

[34] 袁平华.2010a.以学科内容为依托的语言教学对学生评判性思维能力影响的实证研究[J].外语界(6):49 - 56.

[35] 袁平华.2010b.大学英语教学改革与以学科内容为依托的语言教学模式[J].外语界(3):7 - 13.

[36] 袁平华.2011a.大学英语教学环境中依托式外语教学实证研究[J].解放军外国语学院学报(1):41 - 45.

[37] 袁平华.2011b.加拿大渥太华大学沉浸式双语教育及其对中国大学英语教育的启示[J].外语界(4):75 - 82.

[38] 袁平华.2012.依托学科内容的大学英语教学对学生学习动机及焦虑感的影响[J].解放军外国语学院学报(3):41 - 45.

老年学习原理蠡测①

顾曰国②

中国社会科学院、北京外国语大学

摘　要：本文讨论 60 岁及以上老人学习原理。首先回顾古今中外关于学习的论述，然后概括 4 种基本学习类型：生存型学习、情感型学习、技能型学习和知识型学习。其中前两种为从出生到寿终的终身型学习。文章对老年人 60 岁前的学习做了类型评估，对 60 岁及以上老人的学习类型及规划做了分析。文章认为老年人余生最重要的学习是传承儒家学习思想，学修人生大智慧。文章推荐 4 类"教材"和夕阳禅修法，最终实现大心→大智→大我的升华。

关键词：学习类型；人生智慧；终身学习；情志管控

1　引言

本文聚焦这个问题：老年人还需要学习吗？如果答案是否定的，这就与本文无关了。本文预设的答案是肯定的。这引发了两个派生问题：老年人学什么？如何学？试图回答这两个问题即探究老年学习原理。探究老年学习原理，暗示老年学习跟儿童、成年人学习可能有不同之处，恐怕遵循不同的原理。关于儿童学习和成年人学习，文献浩如烟海。关于老年人学习，偶尔见于终身学习文献里。

蠡测，该词的本义是用瓢样的工具去度量海水。海水之大深不可测，用瓢去度量，得到的结果只能是沧海之一粟。这个词的本义传达了本文研究的真实情况。截至 2021 年底，我国 60 岁及以上老年人口达 2.6 亿。从个体人生历程来说，2.6 亿没两个人是相同的，即使孪生也是如此。从人生历程教育来看，顶端的有受到世界上最好教育的人，底端的有目不识丁、从未走出过村子的人，中端的包括基础教育、中高等教育、成人教育等教育程度各异的人。当前国内外流行的终身学习理论，只能做参考，没有现成的理论模型适合于上面的人群。最突出的"不适应"是当前终身学习理论有个基本前提，即学习等于知识学习或技能学习。这个前提适合于小部分老人。对于全体老人来说，我们需要探索适合于所有人的学习原理，既涵盖健康老人，也涵盖失能老人。

本文阐释的主旨是老人学习的首要目的是提升人生智慧。学习内容和方法根据这个目的进行界定和设置。本文提倡如下学习理念：学而修则智，智而修则禅。英文翻译为 Learn to be wiser and wiser to learn（L2W - W2L）。其最底层的指导理念为上工治未病，大智健晚年，即学修大智慧构建晚年人生。

---

① 本研究为国家社会科学基金重大项目"我国老年人语言能力的常模、评估及干预体系研究"（21&ZD294）的一部分。特此鸣谢。

② 顾曰国（1956—　），男，博士，北京外国语大学人工智能与人类语言重点实验室首席专家；主要研究方向：多模态语料库、老年语言学、网络教育等；通信地址：北京西三环北路 19 号北京外国语大学网络教育学院；邮编：100089；电子邮箱：gyg@ beiwaionline. com。

　　文章分6节：① 学习基本的概念：古今中外的主要观点，理清学习的基本概念，为下文讨论老年终身学习阐明基本前提；② 老年人60岁前的学习评估；③ 老年人60岁及以上学习类型概览及规划；④ 学、修人生大智慧；⑤ 余言：夕阳禅修与本文之不足。

2　学习的基本概念：古今中外的主要观点

2.1　学习概念形成的源头

　　学习是个对立概念：只有"弗学"才有"学"。《礼记·礼运第九》写道："何谓人情？喜怒哀惧爱恶欲七者，弗学而能。"荀子提出人生而能辨的思想："目辨白黑美恶，耳辨音声清浊，口辨酸咸甘苦，鼻辨芬芳腥臊，骨体肤理辨寒暑疾养，是又人之所常生而有也，是无待而然者也，是禹桀之所同也。"（《荀子·荣辱篇》）。又《孟子·尽心篇上》曰："人之所不学而能者，其良能也。所不虑而知者，其良知也。"

　　先贤凭什么区别"弗学而能""人之所常生而有""无待而然""不学而能"？答案是直接来自"天"的不学而能。那天是什么？根据《荀子·天论》："不为而成，不求而得，夫是之谓天职。"自然而生的生命包括人和动植物，都是天生的，因为他们都是不为而成、不求而得。由此我们得到以出生为界的"先天"对"后天"的区别。先天所得为弗学，后天才会的为学所得。

　　先天对后天、弗学对学的两对概念，西方有相应的对立观念，如 nature vs. nurture（天赋对养育）；innate vs. acquired（天生对习得）。西方的对立概念也是以出生为界。出生后生命体与外界环境互动，产生后天的体验，后天体验对与生俱来的发生作用，改变或提升天赋的能力或行为。这个过程保罗·钱斯（Paul Chance）称为学习："Learning is a change due to experience"（Chance，2009：22）。据此定义，人类和动物都有学习，甚至植物也有学习，如向日葵循日而动、捕蝇草闭叶食虫等。

　　到底哪些是先天的、弗学而能的？哪些又是需要通过后天体验学习的？这个二元对立的思维方式随着基因学、表观遗传学（epigenetics）的迅猛发展，逐步被二元互生互长的思维方式所取代[①]。换句话说，先天的同时行使两个功能：框束与机遇。所谓框束，即天赋的生命体有独特的生物生理结构，如狗有狗的，猫有猫的，天生的结构给两类动物带来框束，比如狗不能"咪呀"，猫不能"汪汪"。同时也给予机遇：比如狗摇尾巴、忠主人，猫跳跃、吃万家。据此，学习即适应天赋的框束，同时发挥天赋的机遇。鸟有天赋的框束，如只能飞翔，不能钻地打洞。飞翔的能力是其天赋的机遇。飞翔长期被视为鸟无需学习的一种本能。当代动物研究发现，鸟出壳后假如不让它练习飞——后天的学习体验，它就会失去这个能力。

2.2　生存型学习与情感型学习

　　人类，甚至包括动植物，后天体验学习从出生时就开始了。这种学习可以称为"生存型学习"。人类基本生存技能，如吃饭、穿衣、洗漱、如厕等，这些都不是弗学而能的，而是儿童在成年人帮助下才学会的。非常遗憾的是，一些老年人因疾病会失去生存型能力而需要做康复型学习（见本文第三节的进一步讨论）。

　　《礼记·礼运第九》认为"喜怒哀惧爱恶欲七者，弗学而能"，但在当今学习科学看来正误参半。婴儿出生时具有发展情感的生物生理机制（即潜能）。这个机制具有很好的可塑性（plasticity）。婴儿饿了，通过哭传达其要吃的欲望；婴儿打预防针，通过哭传达其惧；3个月左右的婴儿，通过笑传达其喜等。这个机制离不开格里诺等人（Greenough et al.，1987）提出的"体验期盼型可塑性"。就是说，外部刺激体验要适时恰当，对应的情感就能产生；反之，外部刺激体验不适时、不恰当，就会导致不良的后果，如

[①]　顾曰国（2021）做过粗浅评介。

可塑性停止、可塑性扭曲等。这正是婴幼儿不能接受手机、电脑等非自然光刺激的重要原因。因为婴幼儿视觉天生期盼的体验是自然光。

以上简要分析显示,情感的发育是与生存需求同步的,而且为生存服务。饥饿产生欲望,通过情感传达之。情感型学习和生存型学习是同步运作的。人类情感是非常复杂的系统。神经科学家达马西奥(Damasio,1999)区分了背景情感和基本情感。顾曰国(Gu,2013:321-325)在此基础上提出了当下情感三层分析法(见表1)。

表1　当下情感三层分析法(引自张永伟、顾曰国,2018:40)

层	类　型	值	取　向	内　　容
1	背景情感	正面	对己	如精神饱满、底气足、康健、兴致高
		负面	对己	如焦虑、疲惫、萎靡不振、无精打采、病态
2	基本情感	正面	对己	如幸福、爱
		负面	对己	如讨厌、恐惧、悲伤、愤怒
3	社会情感	正面	对人	如热情、尊敬
			对己	如高傲、得意
		负面	对人	如嫉妒、鄙夷
			对己	如沮丧、丢人
		中性		如不卑不亢

以上讨论从我国传统中医看仍有不足。《黄帝内经·素问》指出:

> 怒则气上,喜则气缓,悲则气消,恐则气下,寒则气收,炅则气泄,惊则气乱,劳则气耗,思则气结,九气不同,何病之生?

《黄帝内经·举痛论》曰:

> 善。余知百病生于气也。

张志聪(2002)注释道:

> 夫寒暑运行,天之阴阳也。喜怒七情,人之阴阳也。是以举痛而论阴阳寒热,知百病之皆生于气焉。董子《繁露》曰:天有春夏秋冬,人有喜怒哀乐。张兆璜曰:智者之养生,顺四时而适寒温,和喜怒而安居处,则苛疾不起百病不生。

《黄帝内经》的观念是情志(统称说法)与气互动;气与病互动。情-气-病三者有因果关系。人们需要通过情感型学习管控情志,养好气,"和喜怒而安居处""苛疾不起百病不生"。做到这些需要大智慧,下文将进一步讨论。

2.3　西学东渐:知识型学习和技能型学习

清末西学东渐之前,我国的主流教育重点放在知识型学习上;知识型学习的重点则放在儒家经典上。隋唐推行、后来列朝延续的科举考试制度大大提升了儒家经典在仕途中的作用。如果说有重视技能型学习的话,那就是琴棋书画。

西学东渐后,科举制度废除,书院改学堂,引进西方学制和课程。教与学的目的发生很大的变化。学知识、学科技以谋职业取代原先的"则仕"单一道。学科以及专业迅速扩展和细化。但这并没有改变学习类型——知识型和技能型。这是因为学习类型分类和学习科目分类是服务于不同目的的,是发生在不同层次上的,因此分类不是二元对立的,而是可以交叉的。如计算机专业,有知识型学习(如计算机数学原理、计算机逻辑基础),也有技术型学习(如组装计算机、计算机修理)。

2.4　学龄与学制

在人类发展史上,出现了各种教育机构,为个人学习提供各种内容、机会、设备、助学、助教等。如今的教育一方面按知识和技术的难易程度由简单到复杂分为级别,另一方面按知识和技术的内容分为各种学科专业。另外,教育还按照主办方的资金来源分为公办与民办、正规与非正规等。

难易、级别、分类等用来跟学生的学龄挂钩。学龄小的学容易的,学龄大的学难的;愈小愈易,愈大愈难。在世界范围内看,义务教育跟学龄的捆绑最紧密,而高等教育跟学龄的捆绑各国差别较大。在我国,18 岁左右高中毕业后上大学,是默认的学龄。此年龄前入学是特殊少年,此年龄后入学被认为是错过了最佳时间。当今 60 岁及以上老人也允许报考大学(如网易 2019 年 6 月 23 日报道一名 85 岁高考考生)。45 岁一般为报考博士生的最大学龄。

以上的学龄与学制的配对,是针对正规教育而言的。由于正规教育资源是有限的,许多人因各种原因而被拒之门外。为了体现教育公平,各国推行非正规教育。学龄和学制如何配对,学生可以自行选择。比如文盲老人到老年大学学识字、写字便是很有趣的例子。

2.5　"第三龄大学"与终身学习

随着世界人口老龄化加快,发达国家亦加强推进终身学习计划。如法国于 1973 年在图卢兹成立第三龄大学(Universite du Troisieme Age)。英国剑桥大学在感召下于 1982 年成立英国的第一所第三龄大学(University of the Third Age,U3A)。国际上成立了第三龄大学联盟(the International Association of Universities of the Third Age,IAUTA)(Formosa, 2019)。第三龄大学旨在推进"积极老龄"(active ageing)观念。为老年人提供继续学习的机会是积极老龄的重要举措。本文关注的是学什么。目前我们看到的课程设置,主要是把大学的一些课程做些调整和改造,以便更好地适应老年人的学习需求。换句话说,上面提到的知识型学习和技能型学习没有改变,调整的是难易程度和更加灵活的授课方式和时间。

我国老年大学和西方第三龄大学在课程设置上以普通正规教育的课程设置为蓝本。对于老年学习者来说,所谓终身学习,等于学龄上的延长,即学龄上的终身学习;知识型学习和技术型学习推迟到老龄后做补救。这当然可以算是终身学习。但这不是本文要阐释的终身型学习。这待下一节讨论。

2.6　儒家的修身养性与终身学习

本节要讨论的终身学习指出生起就开始学习,一直学到寿终为止。这是以孔子为代表的儒家终身学习思想。为了便于叙述,暂且称之为修身养性终身型学习。我们知道,儒家是最重视学的。《礼记·学记》断言:"君子如欲化民成俗,其必由学乎!"学当然可以自学,但拜师学更佳:

> 虽有嘉肴,弗食不知其旨也。虽有至道,弗学不知其善也。是故学然后知不足,教然后知困。知不足,然后能自反也;困,然后能自强也。故曰:教学相长也。(《学记》)

万世师表的孔子首先是万世"学表"。钱穆(2014:3-4)1987 年 93 岁高龄时再次修订《孔子传》,强调指出孔子在中国历史文化上之主要贡献,"厥在其自为学与其教育事业之两项"。汉儒因政治需要,忽视孔子的"学不厌、教不倦"的"毕生精神","清儒反宋尊汉……专治古经籍之训诂考据而堕入故纸堆中……而孔子生平最重要之自学与教人之精神,清儒更所不了"。国学大师钱穆(2014:4)先生疾呼:

> 人才不作,则一切无可言。学术错误,其遗祸直迄于民国创兴以来之数十年。今者痛定思痛,果欲复兴中国文化,不得不重振孔子儒家传统,而阐扬孔子生平所最重视之自学与教人精神,实尤为目前当务之急。

孔子论学,是以"我非生而知之"为基本前提,而这个前提适合于全人类。"下学而上达"。钱穆疏曰:"下学"是学的当时社会人文一切的现实,"上达"则透达到人类文化大体之本原与意义与价值之所在。(钱穆,2011:145)因此,孔子论教,"本原于人心之忠信,究极于人文之大全,而以人类本身一切现实的行事为中心"(钱穆,2011:144)。概言之,儒家论学是论人类学做人、学做事,对当今 21 世纪人类学习,仍然有指导意义。我们亟需温故而知新!

特别需要提醒的是,儒家关于学的思想,一些通过汉语格言、成语等渗透到说汉语人的心灵中。用徐复观(2002:42-43)的话说,已经沉积为"中国文化的伏流":"现代中国青年脑筋中没有孔子思想,而便断定孔子思想已经过时,因而不须再讲孔子思想,乃是莫大的错误……以孔子思想为中心的中国文化……好比一股泉水,虽不为人所见,但它却在地下伏流。"格言诸如"学而不厌""学而时习之""学而不思则罔,思而不学则殆"等等,人人耳熟能详。孔子自述平生进德修业历程的名句——"吾十有五而志于学,三十而立,四十而不惑,五十而知天命,六十而耳顺,七十而从心所欲,不逾矩"(《论语·为政》)——也被人们时而挂在嘴边,用来概括自己的人生体验。

3 老年人 60 岁前的学习评估

老年人有 60 年及以上的学习经历。我们如何对这段学习经历做科学评估?所谓科学评估,包括① 老年人学习的本质,即对其做科学概念分析;② 老人学习的过程与实践;③ 老人学习的自我评价。由于篇幅有限,本文只能讨论第 1 条,第 2 条仅限于学习类型评估。

3.1 老年人学习的本质

"老年人"指年龄达 60 及以上者。这个年龄"老不老"是根据老人所处的社会、政治、经济等外部环境所设定的。设立这个年龄界限一方面考虑到生物生理年龄,一方面考虑到体力和脑力的衰老状况,另外还有年轻人职业需求的压力。其中脑力、体力因素跟老年人学习有直接的关系。学习的本质,即后天的体验在学习者身上发生的变化,适用于任意年龄段。换句话说,无论是儿童学习、成年人学习,还是老年人学习,都没有改变这个学习的本质。上文区分的学习类型——生存型学习、情感型学习、知识型学习、技能型学习——是学习内容上的划分,与年龄段无关。把学习类型与年龄段挂钩,是考虑到学习者在某年龄段所具备的脑力、体力状况。以儿童为例,研究儿童学习即研究哪类学习内容适合于这个年龄段的儿童。同样,研究老年人学习,就是研究哪些学习内容适合于老年这个年龄段。

3.2 老年人 60 岁前学习类型概览

本文以老年人仍然需要学习为前提探讨老年人到底要学什么。老年人已经学会的,按四个学习类型,可视化概括为图 1。

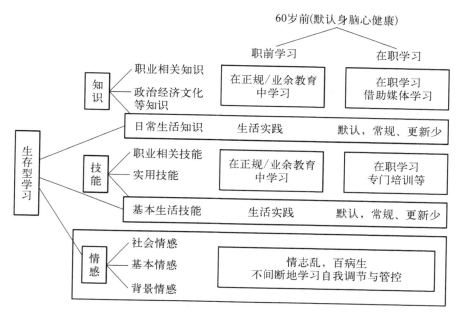

图 1　老年人 60 岁前学习类型概览

下面从图 1 左起逐一阐释。

（1）生存型学习：包括三个方面,情感型学习、基本生活技能学习和基本生活知识学习。这三个方面的学习是通过日常生活实践自然习得的。然而,它们是终身学习的重要内容。尤其突出的是情感型学习,一生中要不间断地、每时每刻进行调节与管控。失能老年人需要再学习日常生活技能,失智老人还需要再学习基本生活知识(待第三节进一步讨论)。生存型学习不分老年人群、不分性别、文化程度、地方差异等,所有人都要为了生存而不间断地学习。

（2）技能型学习：包括实用技能(如当今用智能手机)和职业技能(如养殖、驾驶、厨艺)。这些技能可以通过正规学习或业余教育习得;也可以通过在职学习、专门培训、互帮互助等习得。

（3）知识型学习：跟技能型学习一样,可以通过正规或业余教育习得;也可以通过在职学习、大众传媒、互帮互助等习得。

技能型学习和知识型学习是有老年人群差异的,受到性别、家庭经济、地域、健康状况等的制约。跟生存型学习相比,它们是阶段性的。特别是技能型学习,一旦学会便无须不断地再学习,只要坚持实践就可以了。

倘若我们能够对我国 2.6 亿多老年人按图 1 进行真实情况调查,对于制定老年人终身学习方案无疑是十分有益的。

4　老年人 60 岁后学习类型概览与规划

上面讨论了老年人已所学,现在讨论尚需学。由于篇幅有限,本节依然聚焦在学习类型上。为了便于对比,先做可视化概括,然后逐一阐释(见图 2)。

城里有正式工作的,55 岁和 60 岁为男女性人生历程的重要拐点,此时离开职场,加入退休行列。从学习的角度看,他们面临一个自由选择:继续提升先前的职业知识和技能,还是任其自然衰减。还有一个自由选择,即根据兴趣学习自己先前没有学过的新知识和技能。这就是上文提到的老年大学和第三龄大学目前尝试提供的课程内容。

无论做哪种选择,都有个预设的前提,即老人身脑心尚健康,未发生颠覆性事件。一旦发生颠覆性

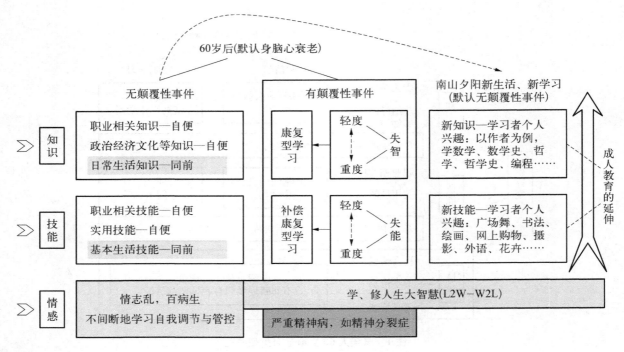

图 2 60岁后老年人学习类型概览

事件,两个选择就被打乱,转向老年生活危机应对与处置(见图2中间的长方形框图)。颠覆性事件分为三大类:失智、失能和精神病。三类都有由轻到重的梯度差别。当前失能补偿性康复技术研发(如植入助听器、智能轮椅、智能床)发展迅速。失能老人需要进行补偿康复型学习以适应这些补偿性康复技术。失智,如失语、记忆衰退,其康复治疗很大程度上依赖于老人的康复型学习。

图2跟图1相同,其最底层是情感型学习。这是其他类学习的根基。精神病可以视为情志严重混乱的病。当下情感是随着事件而不断变化的;情绪即某当下情感较长时间的延续,如某事件引发当下怒发冲冠,这个怒气事件过后长时间仍然未消,这就成为情绪。学习调节和管控当下的情感和情绪,对于老年人来说尤为重要。因为身脑心的自然调节和管控能力也是随着年龄增大而衰退的。通过有意识地付出学习努力,以智慧弥补衰退,是完全可以做到的。这待下节讨论。

5 学、修人生大智慧

图1、图2底层情感型学习,如本文强调的,是终身型学习,不分年龄段,从出生到寿终。在这个基础学习层上,图2跟图1相比有个明显的不同之处,即图2增加了"学、修人生大智慧"(L2W－W2L)。这个子板块既适用于无颠覆性事件的老人,也同样适用于有颠覆性事件的老人。对于后者来说,这个板块尤为重要。王洪图(2008:129)讲述过这样一个实例。

> 一位搞医学基础研究的教师……大概当时将近六十岁,被误诊是什么癌症了……这个人就动也动不了,吃也吃不下了,出门就要用担架,轮椅都不行,历尽辛苦来到北京……名医院一检查,告诉他误诊了,肯定不是癌症。宣布这一结果,作用奇大无比,数小时后从医院回到住处,一口气吃下两个馒头,你说这心理因素有多大……这可不是笑话,确有其事,所以人的心理因素非常重要。

学、修人生大智慧,其目的正是构建坚不可摧的心理护城河。

5.1 人生大智慧

在本文中,人生大智慧称谓一个概念,即智慧的一个特殊子类。日常语言中"吃一堑,长一智"是针对具体事件的智慧,即小智慧。审时度势做出的精明决策需要大智慧。但这不是人生大智慧。傅佩荣(2009:11-13)把智慧概括为对人生经历完整和根本的理解。这与本文拟阐释的人生大智慧契合。老年人学修人生智慧,跟儿童和年轻人不同,他们已经有了60年及以上的人生历程,有了从人生沉浮荣辱中得到的智慧钩沉。唐君毅(2005:18-19)关于人生智慧,做了如下思考,形象且深刻。引述如下:

> "人生的智慧,何处去求?"我们不应当发这个疑问。
>
> 人生的智慧是不待外求的,因他不离你生命之自身。智慧是心灵的光辉,映着水上的涟漪,生命是脉脉的流水。
>
> 只沿着生命之流游泳,去追逐着前头的浪花,你是看不见水上的涟漪的。
>
> 你要见水上的涟漪,除非你能映放你心灵的光辉,在生命之流上回光映照。
>
> 这是说,你当发展一个"自觉生命自身的心灵",如是你将有人生之智慧。
>
> ……

唐君毅这里提出学修人生大智慧的方法,即"反刍法"。他继续写道:

> 你可曾凝目注视:在树荫之下绿野之上的牛,在静静地反刍?
>
> 你于此时便当想着,你对于你之生活经验,也当以反刍之精神,来细细咀嚼其意义。
>
> 如此,你将渐有人生之智慧。

反刍法在学习科学里称为 reflection-in-action(Schon,1983),任何深度学习都离不开此法。

5.2　学修人生大智慧"教材"

5.2.1　一类教材:自身人生历程

唐君毅点明学修人生大智慧的首要原理,即拜自身人生历程为师。方法首推反刍法。我们的项目推荐三种反刍法:① 口述自录影像;② 写自传;③ 人生历程访谈。

我们正在建设的人生历程访谈库显示,老人对自己人生历程中的正面事件做反刍,激起的正面积极情感在情理之中。对负面事件做反刍时,历史上的负面情感有些依然很强烈。为此,本文提出反刍时要推荐"时位原则"。这是我们学习《周易》得到的大智慧之一。时位原则,通俗地说,即老人要有很强的顺时定位意识。天地人(三才)永远是在不断变化的。人没有恒定不变的身份。相反,身份是人在时空中的位置,位置随时空变,身份也随着改变。老年人反刍人生时要把握这个原则,要力求"古今多少事,全付笑谈中"。时位原则还要用于对余生的思考:要顺时而动,顺时而为。提高自适应能力是老年人规划余生的重要能力。法国122岁老人珍妮·路易丝·卡尔曼(Jeanne Louise Calment)具有可爱的心态和抗压能力。伯克(Berk,2018:572)引用她的话:"If you can't do anything about it … don't worry about it."(遇事如无力改变,就不必自寻烦恼)。

5.2.2　二类教材:人生历程传记

除反刍法外,学修大智慧还有一种方法,不妨称为镜像法,即从他人的人生历程中汲取智慧,如传记类作品,包括自传、回忆录、日记等。这类作品举不胜举。此处无须赘述。

5.2.3　三类教材:逆境人生传记

还有一类传记,本文称之为逆境人生传记。比如绝症患者撰写的传记,讲述他们如何与绝症抗争的经验。知名的如下:美籍黎巴嫩作家伊芙琳·阿卡得(Evelyne Accad)于1994年被诊断患乳腺癌。她每天坚持写日记,2001以书名《受伤的乳房》公开发表。阿瑟·W. 弗兰克(Arthur W. Frank)是职业医生,患癌症的职业医生叙述患绝症后的人生体验,著有《受伤的故事人》(Frank,1995)。弗兰克面对死亡的逼近,将其上升到人生哲学高度谈亲历体验。依照他的观点,死亡是身体的一种表达,是身体要叙述的故事。这反映了他关于死亡的自然观。

美国斯坦福大学医学院精神医学终身教授欧文·D. 亚隆(Irvin D. Yalom)在《直视骄阳：征服死亡恐惧》中这样描述死亡：死亡如同骄阳,难以直视又无所不在；时刻想着死亡如同直视骄阳一样是极其困难又痛苦的事情(Yalom,2008：5)。要对死亡保持觉知,拥抱死亡这个人生阴影会让我们受益匪浅：这种觉知会让生命之光与死亡阴影融为一体,在我们的有生之年拓展丰富自己的人生(引自 Yalom,2008：147)。亚隆坚信我们应该直面死亡,就像正视其他恐惧一样；我们应该去审思自己最终的归宿,去熟悉它、了解它、分析它、研究它、思考它；有引导地直视死亡,而不是压抑那种恐惧,会让人生更加珍贵、更加深刻、更加有活力(Yalom,2008：276)。

还有一类传记是关于身处恶境而重生的故事。突出的有弗兰克尔(2016)的自传《活出生命的意义》、托瓦·弗里德曼(Tova Friedman)的《奥斯威辛的女儿》(Friedman and Brabant,2022)。他们的童年大部分时间是在德国集中营度过的。他们以无比强大的韧性和机智活了下来。对于我们生活在和平年代的人来说,他们无愧为我们的生存偶像。

5.2.4 四类教材：生命哲学

生命哲学(philosophy of life)指从哲学的角度思考生命的意义及其价值。这是西方哲学的一个重要分支。与本文主题密切相关的首推狄尔泰(Dilthey)的生命哲学。狄尔泰认为生命(指人类全体生命)是由人类文化与发展历史所构建的,生命观因此随着时代的变迁而变化。哲学要关注人类日常生活,包括熙熙攘攘的市场活动,而不是脱离生活坐在书斋里冥思苦想。他强调体验是我们知识的唯一来源,全部体验所构成的生命是哲学家的引路人(引自 Richman,1979：43)。思考生命到底是什么,活着的意义又是什么,不是哲学家的专利,普通人也有这样的"形而上学冲动"(metaphysical impulse),即当人们生活中发生种种难以理解或接受的事物时,人们感到迷茫惶恐时,便会发问这样的问题。我们知道,老年人的确有形而上学冲动,在这个意义上,他们自然而然地成为哲学思辨者。

狄尔泰认为哲学还有一项功能,即给人们提供慰藉。他写道："当我们面临疾病、死亡或流放时,我们的生命需要一个特殊心理状态。大多数人从宗教中得到。当宗教信条被受教育者质疑时,他们寻求基于宗教或哲学思辨的替代品。"(引自 Richman,1979：44)。

狄尔泰指出,哲学要行使上面的功能,关键在于"反省,提高对自身的评判性自我意识,包括整个社团的活动、价值观和愿景"(引自 Richman,1979：45)。这跟曾子的"吾日三省吾身"有异曲同工之妙。两者"异曲"表现在狄尔泰所说的"评判性自我意识"着眼于人类这个群体而言。他要哲学代表人类做自我反省。曾子的"吾身"指人类群体中的个体而言。曾子要个体人以理想人格(如君子、圣人)为标准每天反思自己的所思所为。

对本文有特别指导意义的是狄尔泰的"生命即我们体验的全部"(the sum of our experiences which we call life)的思想(引自 Richman,1979：44)。这意味着每个生命个体的人生历程是人类生命整体的不可分割的部分,割开个体即肢解整体。个体生命历程不分优劣,不分贵贱,都应得到尊重和保护。

5.3 小结

至此,本文讨论了什么是人生大智慧；学修人生大智慧有四类"教材"可用：个人人生历程体验、他人传记、逆境人生传记以及生命哲学。最重要的学习方法是反刍法和镜像法。老人不但要学到人生大智慧,还要学会超越,即反刍人生历程已经构建起的"小我",再学习超越这个小我,攀登"大我"。如何做到？我国禅宗提供了深邃的思想,可以为老人汲取并升华自我。

6　夕阳禅修与本文之不足

　　作为余言,本文略交代一下构建大我的禅修方法。此法根植于我国的中土禅学。本文作者不谙佛教,没有资格讨论。本文企求做的是从禅宗那里汲取营养,把习得体会统称为"夕阳禅修"。

　　上节提到,过去的我为小我。之所以谓之"小"主要指发展过程而言,由无知的幼童到60岁的银发老叟。对这个生命历程进行反刍,不是要对自己秋后算账,开生命历程的倒车。这非但做不到,而且只能戕害自身。反刍自省本质上是对过去的我进行重新定位(参见上文提到的时位原则)。我们访谈库里有位老婆婆,曾经任过某区妇女主任,分管计划生育,多次获得表彰。现在她颇感沮丧:因为现在又鼓励适龄妇女多生了! 她困惑抑郁:先前的"业绩"不成了"劣迹"? 按照本文,她最好的做法是跟所有老人一样,反刍过去的我而获得人生智慧,重新定位,用人生智慧来构建余生。

　　无论是过去的小我,还是未来的大我,修炼最终归结到一个字上:"心",与《黄帝内经》的"情"与"志"呼应。本文关注的"心"不是宋明理学的心,而是《六祖坛经》所论的心,因为这个心更加适合指导老年人晚年学习。现在有人谈禅色变,大可不必。季羡林(2006:5)正确地指出:"佛教作为一个外来的宗教,传入中国以后,抛开消极的方面不讲,积极的方面是无论如何也否定不了的。它几乎影响了中华文化的各个方面……"葛兆光(2008:37)指出禅的本质:"禅宗是一种没有'上帝'或'天堂'等终极实在的宗教信仰,它对信仰者的许诺是'安心''自然''适意'等纯粹心理化的人生境界。"

　　我们知道,"摩诃般若波罗蜜"是梵文的音译,"摩诃"是大的意思,"般若"是智慧的意思,"波罗蜜"是到彼岸的意思,整体的意思就是"大智慧到彼岸"。徐文明(2010:2)指出,慧能强调"摩诃"这个词,强调大,他认为只有大才能有智慧,才能有"般若",有了智慧才能到彼岸,才能"波罗蜜"。修炼"大",就是要有"大心"。大心即《六祖坛经·自序品》云:心如虚空。无嗔无喜,无是无非,无善无恶,无有头尾。无论是大悟,还是顿悟,得到的大心经过三个状态:自觉→觉察→觉悟。本文禅修(不是修禅)也提倡三个状态,即"三生":生大心→生大智→生大我。生大我不是到达"彼岸",而是超越小我,智建大我,安度余生! 禅修建大我是个复杂的课题。本文只能点到为止。有待另文讨论。

　　本文不足之处甚多。最明显的是抽象论道多,具体措施少。这个缺点与本文定位有关:本文聚焦"原理",难以不抽象点。本项目团队正在努力弥补,争取早日研制出不带引号的教材来,供老人们参考。

参考文献

[1] Accad, E. 2001. *The Wounded Breast* [M]. North Melbourne: Spinifex Press.

[2] Berk, L. E. 2018. 7th edition. *Development Through the Lifespan* [M]. Boston: Pearson.

[3] Chance, P. 2009. 6th edition. *Learning and Behavior* [M]. Belmont: Wadsworth.

[4] Damasio, A. 1999. *The Feeling of What Happens* [M]. London: William Heinemann.

[5] Formosa, M. 2019. *The University of the Third Age and Active Ageing* [C]. Switzerland: Springer Nature.

[6] Frank, A. W. 1995. *The Wounded Storyteller* [M]. Chicago: The University of Chicago Press.

[7] Friedman, T. & Malcolm, B. 2022. *The Daughter of Auschwitz* [M]. Toronto: Hanover Square Press.

[8] Greenough, W. T., James, E. B. & Christopher, S. W. 1987. Experience and brain development [J]. *Child Development*, Vol. 58(3): 539 – 559.

[9] Gu, Y. 2013. A conceptual model of Chinese illocution, emotion and prosody. In Chiu-yu Tseng (ed.), *Human Language Resources and Linguistic Typology*. Taibei: Academia Sinica

上标

[C].309－362.

[10] Rickman, H. P. 1979. *Wilhelm Dilthey: Pioneer of the Human Studies*[M]. Berkeley: University of California Press.

[11] Schon, D. A. 1983. *The Reflective Practitioner*[M]. New York: Basic Books Inc.

[12] Yalom, I. D. 2008. *Staring at the Sun*[M]. San Fransisco: Jossey-Bass.

[13] 弗兰克尔·维克多.2016.活出生命的意义[M].王绚,译.北京:中国青年出版社.

[14] 傅佩荣.2009.哲学与人生[M].上海:上海三联书店.

[15] 葛兆光.2008.增订本中国禅思想史——从 6 世纪到 10 世纪[M].上海:上海古籍出版社.

[16] 顾曰国.2021.可塑性、学习与衰老[A].载克鲁兹、罗伯茨主编,《语言如何延缓衰老》[C].273－293. 上海:上海教育出版社.

[17] 季羡林.2006.禅与文化[M].北京:中国言实出版社.

[18] 钱穆.2011.孔子与论语[M].北京:九州出版社.

[19] 钱穆.2014.孔子传[M].北京:生活·读书·新知三联书店.

[20] 唐君毅.2005.人生三书《人生之体验》《道德自我之建立》《人生之体验续编》[M].北京:中国社会科学出版社.

[21] 王洪图.2008.王洪图内经讲稿[M].北京:人民卫生出版社.

[22] 徐复观.2002.文化与人生[A].载李维武主编《徐复观文集第一卷》[C].武汉:湖北人民出版社.

[23] 徐文明.2010.《坛经》的智慧[M].北京:吉林出版集团.

[24] 杨伯峻.1960.孟子译注[M].北京:中华书局.

[25] 杨伯峻.2006.论语译注[M].北京:中华书局.

[26] 张永伟,顾曰国.2018.基于大规模语料库的情感与修辞互动研究[J].当代修辞学(3):38－54.

[27] 张志聪(清).2002.黄帝内经素问集注[M]北京:学苑出版社.

[28] 李学勤.1999.礼记正义(上、中、下)[M].北京:北京大学出版社.

[29] 石刚.2007.六祖坛经今注[M].北京:首都经济贸易大学出版社.

[30] 北京大学《荀子》注释组.1979.荀子新注[M].北京:中华书局.

Preliminary Exploration of Principles of Gerontic Learning

Yueguo Gu

Chinese Academy of Social
Sciences, Beijing Foreign Studies University

Abstract: This paper addresses issues concerning learning of older adults over 60 or so years. It first presents a brief survey of learning theories both at home and abroad. It recaps four general types of learning: subsistence learning, affect learning, skills learning, and knowledge learning. The first two are argued to naturally be lifelong learning from birth to death. Older adults' learning prior to 60 are examined in terms of learning types.

Their prospective learning for the remaining years is explored. The key message the paper attempts to drive home is that the Confucian theory of lifelong learning should be adopted as the guiding principle for older adults who are in their best interest to learn to be wiser and wiser to learning (L2W – W2L Principle). The paper suggests 4 kinds of "textbooks" and a method of Chan-mindfulness to achieve the ultimate goal of possessing the broadest mind, the greater wisdom and the enlightened self.

Keywords: Confucian lifelong learning; learn to be wiser; enlightened self

如何增强教师陈述的互动性

——基于一项合作行动研究

杨雪燕[①]

复旦大学

摘　要： 教师讲解时如何吸引学生听讲，是课堂教学中常见的问题。本文从系统功能语言学视角出发，将教师用于讲解的课堂话语称为"教师陈述"，并将其视为师生共同参与的课堂互动事件，即"教师提供信息-学生接收信息"，在合作行动研究中采用了话语分析、问卷、日志等研究手段，验证教师陈述互动性的运行机制。研究表明，教师在满足课程要求的同时，通过选择经验意义和谋篇意义，可提升信息内容的丰富性和趣味性，有利于改善学生的情感体验，进而提升学生听讲时的注意力，以增强教师陈述的互动性。

关键词： 教师陈述；课堂互动事件；合作行动研究

1　引言

在外语教学研究领域，教师讲解常被视为传统、落后或以教师为主导（周星、周驰，2002；Pei，2015），大量研究所关注的是教师提问和教师反馈及其对语言学习的影响。然而，若将关注点从"学"转向"教"则不难认识到，师生之间必然存在着信息差，因此在任何科目的课堂上都需要教师进行讲解，向学生提供信息（Komori-Glatz & Smit，2022），而且教师讲解时还需巧妙地调整自己的话语，才能把复杂的信息传递给学生，这对教学质量具有重要影响（Leung & Franson，2001）。换言之，教师讲解是课堂教学的重要组成部分，也是无法回避的一部分。

根据系统功能语言学的理论，说话人向对方提供信息，在语义层面其人际意义在于信息交换，在词汇语法层面体现为陈述语气，被称为"陈述"（statement）。教师在课堂上通过讲解向学生提供信息，在此称为"教师陈述"。从人际意义的角度看，陈述与提问一样，都属于互动双方共同参与的"互动事件"（interactive event，见 Halliday & Matthiessen，2014：134）。提问用于索取信息，要求对方提供信息；陈述用于提供信息，要求对方接收信息。在课堂上，教师向学生提供信息时，只有学生听讲以接收信息，互动事件才得以顺利展开，否则互动事件失败。那么，教师陈述时怎样才能吸引学生听讲以接收信息？或者说，教师应该怎样通过调整自己的话语来增强"教师陈述"的互动性？

相关研究表明，教师提供的信息若能超越课本、内容丰富，有利于吸引学生听讲；教师若停留于单一内容，不仅单调乏味而且易导致知识密度过高，很难抓住学生的注意力（Yang & Tao，2018），也不利于知识的建构（Maton，2104；Maton & Howard，2018）。学生同样认为，优秀教师应不拘泥于课本，能提供贴近生活的资料和背景知识，开阔学生的视野（Wan et al.，2011；展素贤、闫丽华，2015），学生欢迎课本之外的话题（Wolf，2013）。这些新鲜的内容有助于提高学生的情感投入和行为投入，从而促进学

---

① 杨雪燕（1960—　），女，博士，复旦大学外文学院教授；主要研究方向：系统功能语言学、教育语言学、话语分析、文体学等；通信地址：上海市杨浦区邯郸路 220 号复旦大学外文学院；邮编：200433；电子邮箱：yangxueyan@fudan.edu.cn。

习(Skinner et al.，2008；Bloemert et al.，2022)。近年来，有研究关注教师的陈述话语，探究教师陈述时究竟如何实现超越课本和内容丰富。杨雪燕等(2021)从系统功能语言学的视角分析了大学英语教师的陈述话语，并采用课堂实验、问卷等手段考察学生听讲时的反应，结果发现教师陈述时如何选择和组织信息的内容对学生听讲具有显著影响，有些内容类型及其组合模式的互动性较强，有利于吸引学生听讲以接受教师提供的信息，有些则互动性较弱。杨雪燕(2024)进一步探究教师陈述话语中究竟存在着哪些具体的互动性特征。她从经验意义和谋篇意义(见 Halliday & Matthiessen，1999/2014)角度深入分析了优秀大学英语教师的陈述话语，发现语义的跳跃与衔接共同形成了一系列教师陈述的互动性特征，并对这些特征在词汇语法、语义和情景语境三个层面上进行描述与阐释，提出了一个理论结合实践的英语教师陈述的互动性模型，揭示了"教师陈述"作为一种师生共同参与的课堂互动事件的运行机制。但该模型尚未在教师的实际教学过程中得到检验。

本研究将该模型应用于新手大学英语教师的课堂教学过程中，以合作行动研究的方式帮助教师增强陈述话语的互动性，同时考察教师陈述和学生反应的变化，以检验模型的可操作性和实用性。本研究旨在进一步推动教师陈述研究，为一线教师改进课堂讲解效果提供具体的指导性建议，并为教师培训者和教师教育研究者提供启示。以下先介绍杨雪燕(2024)提出的英语教师陈述的互动性模型，然后汇报合作行动研究的方法和研究结果，最后进行讨论。

2 英语教师陈述的互动性模型

根据杨雪燕(2024)的描述，英语教师陈述的互动性模型有 3 个层面，即词汇语法、语义和情景语境(简称情境)。以下先介绍模型中有关词汇语法与语义之间关系的部分，可视之为分析框架；然后介绍语义与情境之间关系的部分，可视之为评价框架。二者可分别用于分析和评价教师的陈述话语。

2.1 分析框架

英语教师陈述话语的分析框架包括两个系统，二者为共选关系。其一为内容系统(表达经验意义)，代表教师陈述时可以选择的信息内容；其二为衔接系统(表达谋篇意义)，代表教师陈述时可以选择的用以组织信息内容的衔接手段。内容系统(见图 1)包括"过程类型"和"参与者类型"两个子系统。

过程类型由句中的动词词组体现，根据韩礼德和马西森(Halliday & Matthiessen，1999)对过程的描述分为① 做事(doing)，即发生于物质世界的动态过程(如 *travel*，*work*)；② 感知(sensing)，即

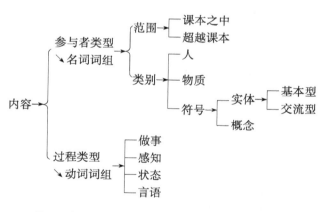

图 1 英语教师陈述话语分析框架之内容系统

人类特有的体验，发生于人类的精神世界(如 *believe*，*hope*)；③ 言语(saying)，即通过人类特有的语言能力将所认知、感知的现象概念化而后表达出来(如 *explain*，*point out*)；④ 状态(being)，即呈现人类大脑中某个经验片段的现状、特征及其相互之间关系(如 *be*，*show*)。参与者类型由同句中的名词词组体现，根据韩礼德和马西森(Halliday & Matthiessen，1999)对事物(thing)的描述可首先区分人(有意识)与任何其他事物(无意识)，然后将其他事物分为物质(material)与符号(semiotic)，再将符号分为实体(object)与概念(abstraction)，再进一步将符号实体分为基本型(即某种语言的单词、词组、结构等，如 *help out*，*ferocious*，*a past participle*)与交流型(适用于任何语言的交流，如 *the sentence*，*paragraph*，*writer*)。同时，无论人、物质还是符号，其范围可分为课本之中与超越课本两类。在英语教师的陈述话语中，参与者类

型与过程类型在句中经过配置可构建 4 种内容类型：语言点、语言运用、文中细节、真实世界(详见表 1①)。

表 1　教师陈述话语中的内容类型

内容类型	参与者类型	过程类型	实　　例
语言点	课本之中： 基本型符号实体	状态 (现在时)	◆ So 'lurking' means 'hiding'. ◆ "She stood by the window, watching …" 'watching' 是一个分词，作为一个伴随性状语.
语言运用	超越课本： 交流型符号实体 ↔符号概念	状态 /言语 (现在时)	◆ This paragraph is actually the same organization as the previous paragraph, is it so? ◆ The writer step by step put forward her ideas.
文中细节	课本之中： 人/物质	做事/感 知/状态 (时态同原句)	◆ At that time, when he was studying in Belleville, perhaps in primary school, he had the idea to become a writer. It was not until the third year that he decided to become a writer.
真实世界	超越课本： 人/物质/符号	做事/感 知/状态/ 言语(时 态不限)	◆ In China do we have fast food? We have a lot of also, like steamed dumplings 包子, pancakes 煎饼果子, and compared with these, KFC and McDonald's are too expensive, but our food is more healthy.

衔接系统(见图 2)包括用以组织经验意义的几种衔接手段(详见 Halliday & Hasan，1976；Halliday & Matthiessen，2014)：① 用连词、连接性副词或介词短语建立扩展性(expansion)逻辑语义

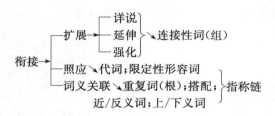

图 2　英语教师陈述话语分析
框架之衔接系统

关系，包括详说(如 in other words，for example，actually)、延伸(如 but，additionally，on the contrary)和强化(如 first，likewise，for this reason)；② 用代词(如 they，it，that)或限定性形容词(如 same，another，different)建立照应关系；③ 通过近/反义词、上/下义词、搭配以及重复某个词(根)建立词义关联；④ 通过照应关系与词义关联的共同作用而建立指称链(referential chain)，如参与者链、过程链等。

教师陈述时可从该系统中选择衔接手段，将不同的内容类型组合起来，由此形成不同内容类型的组合模式(见表 2)。在这些组合模式中，参与者类型和过程类型发生转换，这种语义跳跃不仅能丰富信息内容，而且能给教师陈述带来节奏感和趣味性，有利于吸引学生听讲；同时，衔接手段的运用能保证不同内容类型之间的连贯，有利于学生理解信息。换言之，教师陈述时可以通过语义的跳跃与衔接来实现超越课本和内容丰富。

表 2　教师陈述话语中不同内容类型的组合模式

内容组合模式		参与者类型转换		过程类型 (时态)转换	常用衔接手段
		类　型	范　围		
超越 语言点	语言点 +真实世界	√	√	√	扩展(详说、延伸)；照应；词汇重复

---

① 黑体表示参与者；下划线表示过程；单引号表示被当作参与者的语言单位，包括非名词词性；双引号表示出自课文(即教师正在念的课文部分)。

续　表

内容组合模式		参与者类型转换		过程类型(时态)转换	常用衔接手段
		类　型	范　围		
超越文中细节	文中细节+真实世界		√		照应；指称链
	文中细节+语言运用	√	√	√	扩展(强化顺序)；词义关联(搭配)；指称链
	语言运用+真实世界	√	√	√	照应；词义关联(搭配、近/反义、重复词)；指称链

2.2　评价框架

　　除了词汇语法与语义之间关系，语义与情境之间关系也反映在模型中。首先，与教师陈述的信息内容(经验意义)相对应的情境变量是语场(field of discourse，见 Halliday & Hasan，1985)，即正在进行的活动性质。根据大学英语教学大纲的要求，英语课程在内容上涉及英语语音、词汇、语法、语篇结构等语言知识，目标是培养学生运用英语进行交流的能力。也就是说，教师所提供的信息内容不仅应超越课本以增强陈述话语的互动性，而且应满足课程在内容和目标上的要求。所以教师陈述同时涉及"超越课本"和"课程要求"两个维度(见图3)。

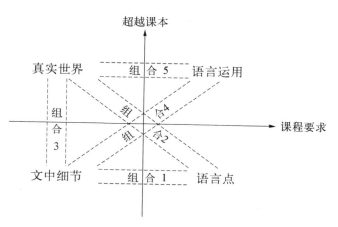

图3　教师陈述的内容类型及其组合模式与语场的关系

　　"超越课本"维度将教师陈述的内容类型进一步分为两类。一类直接出现在课本中，即语言点和文中细节；另一类与课本内容有关但无法直接在课本中找到，即语言运用和真实世界。"课程要求"维度同样将教师陈述的内容类型分为两类。一类直接满足课程的内容和目标要求，即语言点和语言运用；另一类是满足课程内容和目标要求的辅助性内容，即文中细节和真实世界。语言点与课本中的符号实体有关，语言点符合课程的内容要求，但因其陌生感和语义密度而互动性较弱；若与文中细节结合(组合1)，并未超越课本；若与真实世界结合(组合2)，则可超越课本，有利于增强教师陈述话语的互动性，且有助于培养学生的语言应用能力。文中细节为语言符号提供了情境，但因拘泥于课本而互动性较低；若将其与真实世界结合(组合3)或与语言运用相联系(组合4)，甚至将语言运用与真实世界也联系起来(组合5)，便拓展了课本内容的深度以及广度，从而增强了教师陈述话语的互动性，同时有利于培养学生用英语进行交流与沟通的能力。

3　研究方法

　　本研究将英语教师陈述的互动性模型应用于一项合作行动研究，帮助新手教师通过调整自己的话语来增强教师陈述的互动性，在实际教学过程中检验该模型的可操作性和实用性。

3.1　合作行动研究

　　合作行动研究(collaborative action research)要求研究者与教师建立一种合作伙伴关系，旨在解决教学实践中的问题(Wang & Zhang，2014)。这有利于研究者更多地从教师的角度看待问题，帮助他们解决问题；同时有助于教师从更多视角去看问题，更好地认识并改进自己的教学实践(Levin，1993)，因而尤其适合那些更为重视实践价值的研究(Oja & Smullyan，1989)，且有益于教师发展，特别是新手教师的发展(Mitchell et al.，2009)。我们的合作行动研究包括以下几个环节：

- ◆ **诊断**　根据模型分析和评价教师陈述话语的互动性强度，诊断存在的问题，针对问题设定"改进点"；
- ◆ **培训**　帮助合作教师学习和掌握模型，认识教师陈述在词汇语法、语义和语境 3 个层面的互动性特征，掌握其语言表达方式；
- ◆ **计划**　基于"改进点"制定行动计划，基于模型对教师的陈述话语进行干预性指导，教师每次课前把计划选择和组合的内容先写下来；
- ◆ **行动**　教师执行行动计划，调整自己的陈述话语以增强教师陈述的互动性；
- ◆ **跟踪**　跟踪行动执行的过程，考察教师陈述以及学生反应的变化；
- ◆ **反思**　对所观察到的有关现象进行反思，为制定下一步改进计划做好准备。

　　合作教师任教于一所市属高校，教龄 1 年，硕士毕业，讲授大学英语课程，每周 3 次共 6 节课，学生为一年级尚未参加大学英语四级考试的本科生，班级人数为 41 人。

3.2　跟踪手段

　　我们采用了 3 种跟踪手段，即话语分析、问卷和日志。

　　第一，在行动之前(上学期期末)、中期和后期(本学期期中和期末)分别进行录课，运用第 2 小节介绍的模型去分析教师的陈述话语。第一步，由两人先分别标码，然后比较标码结果，通过讨论解决分歧，反复多次，直到用 Cohen's Kappa 系数测量两人标码结果的信度达到 0.98 以上。第二步，以陈述块(statement chunk，见 Yang，2010)为单位，计算教师停留于单一内容类型与选择不同内容组合模式的频次分布，考察教师是否以及在多大程度上增强了陈述话语的互动性。

　　第二，为考察学生反应是否发生变化，同样在行动之前、中期和后期分 3 次收集问卷。问卷设计基于模型，同时采纳教育心理学中"学生投入"(student engagement)的概念。学生的学习行为投入表现为学生能否积极参与、注意听讲、努力学习等；情感投入表现为学生心情如何，如感兴趣还是感到乏味、态度和情绪是积极还是消极的 (Skinner & Belmont，1993；Skinner et al.，2008；Havik & Westergård，2020)。3 次问卷中均包括以下前 4 个问题，分别涉及：① 学生对教师选择内容类型的观察；② 自己的态度；③ 学生对教师怎样讲解语言点的观察；以及④ 对教师怎样讲解课文的观察。在中期和后期的问卷中增加了以下第 5、6 两个问题。

　　(1) 近来，老师自己讲解时通常讲哪些内容？请按经常性程度排序。

　　　　_____语言点　　　　　　　_____课文内容

　　　　_____社会文化背景　　　　_____作者意图与写作技巧

　　(2) 哪些内容更能吸引你注意听讲？请按吸引力程度排序。

　　　　_____语言点　　　　　　　_____课文内容

　　　　_____社会文化背景　　　　_____作者意图与写作技巧

　　(3) 近来，老师讲解语言点时通常会怎么做？请按经常性程度排序。

　　　　_____单独讲解语言点　　　_____结合社会现实和文化背景

　　　　_____穿插于课文讲解

　　(4) 近来，老师讲解课文时经常会涉及以下内容吗？请按经常性程度排序。

_____文章中的词或词组　　　_____社会现实和文化背景

_____作者意图与读写技巧

(5) 近来,你觉得老师讲解的内容有趣吗?

□很有趣　　　　□较有趣　　　　□一般　　　　□无趣

(6) 近来,老师讲课时同学们能不能注意听讲?

□总是能　　　　□基本上能　　　　□有时能　　　　□不能

这 6 个问题均为封闭题,前 4 题为排序题,后两题为里克特等级(Likert scale)选择题。二者的共同特点是针对程度而不是种类,反映哪个选项更受学生欢迎,或者说学生的接受度更高,代表了学生对教师话语的反应。因此采用了相同的分析方法,包括 3 个步骤:① 统计频次,分别统计把每个选项排在第 1、2、3……位的学生人数,或选择每个等级的学生人数;② 赋分,由题中选项的总数决定选项的最高分,如共有 4 个选项则最高分为 4,排序第一或等级最高的选项得 4 分,依此类推;③ 统计每个选项的总分和平均分,用每个选项排在第 1、2、3……位的学生人数,或选择每个等级的学生人数,分别乘以对应的赋分,得到该选项的总分,然后用每个选项的总分除以学生总人数,得到该选项的平均分。排序题的计算结果将显示全班同学总体上对教师选择某种内容类型及组合模式的观察以及自己的态度;等级选择题的计算结果将显示全班同学总体上对教师讲解吸引力的评价以及对学生听讲注意力的自评。

第三,为了跟踪师生的情感变化,深入了解教师对学生以及学生对教师的反应、评价及其背后的原因,每次课后收集师生日志。日志中包括以下两个开放题。

(1) 今天我上课时心情怎么样? 有哪些感受? 为什么?

(2) 总体上讲,我对今天的课是否满意? 为什么?

此外,从收集中期问卷后开始,在日志中增加了问卷中第 5、6 两个封闭题,其分析方法同问卷分析。对开放题的分析基于马丁和怀特(Martin & White,2005)提出的评价系统(Appraisal System)中的情感(Affect)子系统,经过反复多次尝试性分析之后建立标码方案(见表 3)。由两位分析者先分别进行分析,然后比较分析结果、交换意见以达成一致。

表 3　师生情感的标码方案

情感	正面	标志性词语实例	负面	标志性词语实例
幸福感	高兴 喜爱	愉快/开心/心情好/舒畅/不错/愉悦/快乐/喜欢上课	难过 反感	堵心/烦/郁闷/失落/不开心/难过/沮丧/沉重/排斥
安全感	安心 信任	平静/不紧张/自信/主动举手/踊跃/积极发言/轻松/放松	不安 不信	担心/焦虑/紧张/害怕叫到我/不回答/纠结/忐忑
满足感	兴趣 满意	感兴趣/有意思/惊叹/成功/很投入/专注/听得认真/听懂了/难得	厌倦 生气	失望/无聊/想睡觉/疲惫/不满意/听不懂/没有成就感

3.3　研究问题

在研究中我们试图回答以下两个问题:

第一,在合作行动过程中,教师的陈述话语有哪些变化、是否增强了教师陈述的互动性?

第二,教师陈述话语的调整对学生投入有哪些影响、是否有利于吸引学生注意听讲?

4　研究结果

4.1　教师陈述话语的变化

根据 2.1 小节介绍的分析框架,我们对教师在 3 次录课中的陈述话语分别进行分析,并计算了各种内容单类与内容组合模式的频次分布(见表 4)。

表 4　教师陈述时选择内容单类与组合模式的频次分布

教师陈述的信息内容		行 动 之 前		行 动 中 期		行 动 后 期	
		频　次	%	频　次	%	频　次	%
单类	语言点	4	4.94	3	2.78	7	5.26
	真实世界	1	1.24	2	1.85	5	3.76
	文中细节	20	24.69	12	11.11	15	11.28
	语言运用	20	24.69	7	6.48	13	9.77
	小计	45	55.56	24	22.22	40	30.07
组合	语言点 + 真实世界	0	0.00	0	0.00	18	13.53
	文中细节 + 真实世界	0	0.00	32	29.63	9	6.77
	语言运用 + 真实世界	0	0.00	5	4.63	15	11.28
	文中细节 + 语言运用	16	19.75	8	7.41	9	6.77
	文中细节 + 语言点	20	24.69	39	36.11	42	31.58
	小计	36	44.44	84	77.78	93	69.93
总计		81	100.00	108	100.00	133	100.00

如表 4 所示,在行动之前教师停留于内容单类(55.56%)多于选择组合模式(44.44%)。内容单类主要为文中细节和语言运用,二者占比相加达到 50%。组合模式仅限两种,即"文中细节 + 语言运用"和"文中细节 + 语言点",均围绕课文,且后者未超越课本。这说明,教师陈述时选择的内容类型较单调,缺乏组合信息内容的意识,因而设定的"改进点"为选择多种内容类型和有效运用内容组合模式。

表 4 还显示,行动开始之后教师选择的内容单类减少,组合模式增加。组合模式在中期增加到 4种,占比上升到 77.78%;到后期增加到 5 种,占比为 69.92%。可见教师陈述的内容比以前丰富,讲解课文时不仅向深度而且向广度拓展,讲解语言点时也会联系现实与背景。还需指出,行动中、后期课文的难度相较之前有所增加,在这种情况下教师没有过多停留于文中细节或语言点,而是尽量多运用组合模式,尽管课本内的内容组合模式"文中细节 + 语言点"偏多(将在下文中讨论)。总体看来,在行动过程中,教师不仅选择了多种内容类型,而且逐渐掌握了组合不同内容类型的方法,实现了自己的改进点。

教师陈述话语的变化在学生问卷中得到了互证。一方面,从学生在 3 次问卷中回答第 1 个问题的数据分析结果来看(见表 5),教师选择 4 种内容类型在经常性程度上的差距有所下降,从之前相差 2.00下降到后期相差 1.34。这说明在学生眼里,教师选择的不同内容类型趋向于均衡。

表5　学生对教师选择四种内容类型经常性程度的观察

时　期	人　数	平　均　值			
		语 言 点	文中细节	真实世界	语言运用
行动之前	41	2.46	3.51	1.51	2.44
行动中期	40	2.45	3.48	1.98	2.03
行动后期	39	2.72	3.26	2.08	1.92

　　从学生回答问卷中第4个问题的数据分析结果来看(见表6),行动开始之后,教师讲解课文时结合真实世界、语言运用增多,结合语言点减少。这表明,学生观察到教师讲解课文时运用了多种内容组合模式,这一点与话语分析结果一致。但不一致的是,"文中细节 + 语言点"在教师话语中并未减少,但在学生心目中减少了。这说明教师讲解课文的方式改变了,通过运用多种内容组合模式使陈述的内容时常超越课本,这导致学生对课本内容的感知发生了变化(在下文将进一步说明)。

表6　学生对教师讲解课文时涉及内容的观察

时　期	人　数	平　均　值		
		语 言 点	真实世界	语言运用
行动之前	41	2.51	1.63	1.83
行动中期	38	1.89	2.08	2.03
行动后期	39	1.90	2.13	1.97

　　总体上,学生的观察与对教师陈述话语分析的结果基本一致。行动开始之前,教师专注于课文且缺乏组合内容的意识,之后逐步学会了组合不同的内容类型,将课本内容不仅向语言运用的深度拓展,而且向真实世界的广度扩展,并进一步将语言运用与真实世界相联系,由此增强了陈述话语的互动性。

4.2　学生反应的变化

　　教师陈述话语的变化不仅被学生注意到,而且影响到学生的反应,包括对学生情感投入和行为投入两方面的影响。

　　学生情感投入的变化可见于对学生在3次问卷中回答第2个问题的数据分析结果(见表7)。在行动开始之前,学生表示最容易吸引自己注意听讲的教师讲解内容是真实世界,文中细节和语言点吸引力不高,但这两种课本中内容的吸引力随着教师陈述话语的变化均有所上升。4种内容类型的吸引力程度越来越接近,从之前相差1.61下降到后期相差0.92。这说明内容组合模式发挥了积极作用,改变了学生对课本内容的感知。

　　从对学生回答中期问卷中第5个问题以及此后日志中相同问题的数据分析结果来看(见图4),学生认为教师陈述内容的有趣程度呈现波浪式发展趋势,在中期明显上升,随后有所走低,到后期慢慢有回升势态。

　　据教师自己的反思,学生态度出现反复可能与陈述的时间较长有一定关系。教师5月16日在日志中说:"发现自己说了很多,有些地方并不需要,有少数坐后排的学生在睡觉、玩手机。"学生也在日志中提到"有点困,想睡觉"。经过教师不断反思和调整,到后期学生对教师陈述内容感兴趣程度有所回

表 7　学生对教师选择四种内容类型的态度

时　期	人　数	平　均　值			
		语　言　点	文中细节	真实世界	语言运用
行动之前	41	1.71	2.27	3.32	2.63
行动中期	40	2.28	2.58	3.18	1.90
行动后期	39	2.26	2.69	2.97	2.05

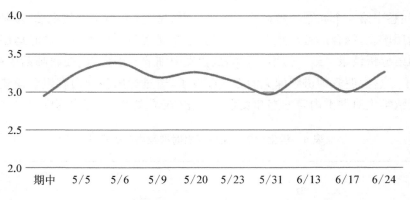

图 4　行动开始后学生对教师陈述内容有趣性的评价

升。通过分析学生日志,可以看到多数评价是正面的。学生感到老师讲课的内容更丰富有趣了,增强了满足感和幸福感。以下引用两段学生日志中的话:

今天的课我觉得特别开心[＋幸福],因为我能听懂了[＋满足]老师讲的大部分内容。(5 月 6 日)
很开心[＋幸福]而且更愿意听课了,老师讲得很好[＋满意]。(5 月 20 日)

学生情感投入的提升有利于促进学生的行为投入。从对学生回答中期问卷中第 6 个问题以及此后日志中相同问题的数据分析结果来看(见图5),同学们听讲的注意力程度先有了大幅度提高,之后有所下降,到后期有回升趋势。

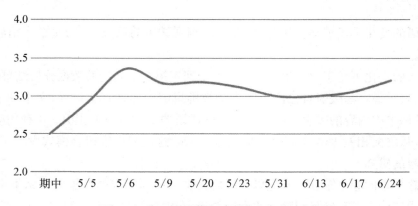

图 5　行动开始后学生对听讲注意力的自评

鉴于学生对自己听讲注意力的自评与对教师陈述内容有趣性的评价在走势上有相似之处,我们进一步对两方面数据进行了皮尔逊 r 相关分析。结果显示,二者之间存在显著的正相关关系($p < 0.05$, $r = 0.6577$)。这表明教师通过调整陈述话语,使学生感到教师陈述的内容更有趣,听讲时也更容易集中注意力。

对于学生在情感投入和行为投入方面的变化，教师也观察到了。以下引用两段教师日志中的话：

> 感觉较好［＋幸福］。部分内容听得很专注［＋满足］，几乎大部分学生都抬头看了电脑投影屏幕［＋满足］。（5 月 31 日）
>
> 学生听课注意力提高［＋满足］，课堂氛围较为活跃［＋满足］。基本达到了预期效果［＋满足］。（6 月 17 日）

由此可见，教师陈述互动性的增强带来了良性循环。教师改进了陈述话语，运用内容组合模式使单一无趣的课本内容变得丰富有趣。这种变化给学生带来良好的情感体验，使学生对教师陈述的内容感兴趣，愿意认真听讲。学生反应的变化又反过来给教师带来幸福感和满足感，使教师增强了自我效能感。

5　讨论与结论

我们把英语教师陈述的互动性模型（杨雪燕，2024）应用于合作行动研究，对教师的陈述话语进行诊断、干预和跟踪。这项研究不仅检验了模型的可操作性和实用性，而且为教师陈述的实践与研究带来一系列启示。

首先，教师陈述与教师提问一样用于信息交换，是发生在教师和学生之间的课堂互动事件。教师通过陈述向学生提供信息，学生能否听讲以接收信息则与教师如何选择和组合信息的内容有密切关系，即与教师陈述的互动性强度有关。在开始行动之前，教师讲解最多的是课本内容，学生对这种信息的接受度很低。开始行动之后，教师讲解课本内容依然偏多，但不再频繁停留于内容单类，而是时常选择超越文中细节或语言点的内容组合模式，于是学生对课本内容的接受度有所提高，甚至未明显意识到其频繁出现（见表 6）。可见增强教师陈述的互动性是关键。教师若能吸引学生听讲，所提供的信息才能为学生所接受，"教师陈述"这一课堂互动事件才能顺利展开。

第二，之所以内容组合模式可增强教师陈述的互动性，一个重要的原因是组合模式有利于改善学生的情感体验。如果教师不选择内容组合模式，而是一个接一个地讲解单一的课本内容，学生容易感到乏味而无法注意听讲。以往研究也表明，若教师讲课停留于内容单类，很难抓住学生的注意力（Yang & Tao，2018），也不利于知识的建构（Maton，2014；Maton & Howard，2018）。而且组合模式将课本内容向广度和深度扩展，这有利于激发学生的兴趣，这一点在以往研究中也得到证实（见 Wan et al.，2011；展素贤、闫丽华，2015；Wolf，2013）。可见超越课本的内容组合模式不仅丰富了教师陈述的内容，而且可以抓住学生的注意力，提升学生的情感投入和行为投入，促使学生注意听讲以接受教师所提供的信息。

第三，课本内容自身的难度可能影响教师选择陈述的内容，但不应该影响教师去组合陈述的内容。在行动过程中，教师遇到难度越来越大的课文（教材中课文往往从易到难），陈述时选择了语言点和文中细节以及二者的组合模式，但同时选择的组合模式种类及其数量也增加了，因而学生对教师陈述内容有趣性的评价、对自己听讲注意力的自评并没有明显降低。换言之，遇到难度较大的课文时，教师难以避免讲解课本内容，但这也正是超越课本的组合模式发挥积极作用的时候，由此避免了出现教师不停地讲而学生听不进去的现象。

最后，合作行动研究的方式对教师教育和教师发展研究十分有益。研究者可从主位视角（emic view）切身感知合作教师的教学实践过程和遇到的问题，以便更精准地把握研究的进程和目标，协助教师及时调整。同时，教师作为研究的参与者，学习和掌握了相关理论与方法，在解决问题的过程中提高了实践能力以及理论认识。经过 6 个月的合作行动研究，教师不仅认识到组合信息内容的重要性，学会了运用内容组合模式，而且提高了对课堂话语性质的整体认识。教师在发给我的邮件中这样说：

> 作为新手教师，在课堂上讲解的时候着实令人头疼。相信这应该是很多老师的体验：老师一心一意讲解课文，学生低头不听，一讲段子或者某个明星的绯闻，学生"唰唰唰"立马抬头。现在我

的教学设计会精心挑选一些内容,注重教材的二次开发,以学生的实际需求为导向。在时机合适时,有机地融入课外的内容,包括一些中国文化、思政类的内容,以实现课程育人的效果。

这次经历也拓展了我的研究领域(即 teacher talk,收获了 2 个课题),更拓宽了我的兴趣范围。教师话语研究非常有意义。毫不夸张,Language empowers people。

综上,经过诊断和培训以及计划、行动、跟踪、反思的不断循环,本研究检验了英语教师陈述互动性模型的可操作性和实用性。该模型可为一线英语教师提供一个包括词汇语法形式在内的工具包,便于教师掌握和运用,助力教师通过调整陈述话语来吸引学生的兴趣和听讲注意力,以提升课堂讲解的效果以及教师的自我效能感。本研究采用混合研究方法,将课堂话语分析与多种民族志研究手段相结合,将教师视角与学生视角相结合,以保证研究结果的可靠性,同时丰富了我们对教师陈述互动性的认识和解释,有助于进一步推动教师陈述研究。

参考文献

[1] Bloemert, J., E. Jansen & A. Paran. 2022. Student motivation in Dutch secondary school EFL literature lessons[J]. *Applied Linguistics Review* 4: 573 – 596.

[2] Halliday, M. A. K. & R. Hasan. 1985. *Language, Context, and Text: Aspects of Language in a Socio-semiotic Perspective*[M]. Geelong, Victoria: Deakin University.

[3] Halliday, M. A. K. & C. M. I. M. Matthiessen. 1999. *Construing Experience through Meaning: A Language-based Approach to Cognition*[M]. London: Cassell.

[4] Halliday, M. A. K. & C. M. I. M. Matthiessen. 2014. *Halliday's Introduction to Functional Grammar* (4th ed.)[M]. New York: Routledge.

[5] Havik, T. & E. Westergård. 2020. Do teachers matter? Students' perception of classroom interactions and student engagement[J]. *Scandinavian Journal of Educational Research*, 64 (4): 488 – 507.

[6] Komori-Glatz, M. & U. Smit. 2022. Exploratory interactive explaining (EXINTEX): Constructing disciplinary knowledge in two multilingual university settings [J]. *Applied Linguistics*, 43(2): 271 – 292.

[7] Leung, C. & C. Franson. 2001. England: ESL in the early days [A]. In B. Mohan, C. Leung, & C. Davison (eds.), *English as a Second Language in the Mainstream: Teaching, Learning and Identity*[C]. New York: Longman. 153 – 164.

[8] Levin, B. 1993. Collaborative research in and with organizations[J]. *Qualitative Studies in Education* (6): 331 – 340.

[9] Martin, J. R. & P. R. White. 2005. *The Language of Evaluation: Appraisal in English*. London: Palgrave Macmillan.

[10] Maton, K. 2014. *Knowledge and Knowers: Towards a Realist Sociology of Education* [M]. London: Routledge.

[11] Maton, K. & S. K. Howard. 2018. Taking autonomy tours: A key to integrative knowledge-building[A]. *LCT Centre Occasional Paper* 1[C]. June: 1 – 35.

[12] Mitchell, S. N., R. C. Reilly & M. E. Logue. 2009. Benefits of collaborative action research for the beginning teacher[J]. *Teaching and Teacher Development*, 25(2): 344 – 349.

[13] Oja, S. & L. Smullyan. 1989. *Collaborative Action Research: A Developmental Approach*[M].

London: Falmer.

[14] Pei, Z. W. 2015. Classroom discourse in college English teaching of China: A pedagogic or natural mode?[J] *Journal of Multilingual and Multicultural Development*, 36(7): 694 – 710.

[15] Skinner, E., C. Furrer, G. Marchand & T. Kindermann. 2008. Engagement and disaffection in the classroom: Part of a larger motivational dynamic? [J] *Journal of Educational Psychology*, 100(4): 765 – 781.

[16] Skinner, E. A. & M. J. Belmont. 1993. Motivation in the classroom: Reciprocal effect of teacher behavior and student engagement across the school year[J]. *Journal of Educational Psychology* (85): 571 – 581.

[17] Wan, W., G. D. Low & M. Li. 2011. From students' and teachers' perspectives: Metaphor analysis of beliefs about EFL teachers' roles[J]. *System* (3): 403 – 415.

[18] Wang, Q. & H. Zhang. 2014. Promoting teacher autonomy through university-school collaborative action research[J]. *Language Teaching Research*, 18(2): 222 – 241.

[19] Wolf, J. P. 2013. Exploring and contrasting EFL learners' perceptions of textbook assigned and self-selected discussion topics[J]. *Language Teaching Research* (1): 49 – 66.

[20] Yang, X. Y. 2010. *Modelling Text as Process: A Dynamic Approach to EFL Classroom Discourse*[M]. London: Continuum.

[21] Yang, X. Y. & X. Tao. 2018. Comparing discourse behaviors of a high-rated and a low-rated Chinese EFL teacher: A systemic-functional perspective[J]. *Modern Language Journal* 3: 594 – 610.

[22] 杨雪燕.2024.教师陈述话语的互动性特征：语义跳跃与衔接[J].外语教学(1)：21 – 27.

[23] 杨雪燕,刘志平,蔡慧萍.2021.系统功能语言学视角下教师陈述的互动性差异研究[J].中国外语(3)：49 – 57.

[24] 展素贤,闫丽华.2015.基于学生视角的高校优秀英语教师素质研究[J].山东外语教学(2)：42 – 48.

[25] 周星,周韵.2002.大学英语课堂教师话语的调查与分析[J].外语教学与研究(1)：59 – 68.

How to Enhance Interactivity of Teacher Statements? Evidence from a Collaborative Action Research

Xueyan Yang

Fudan University

Abstract: How to attract students' attention when giving explanations is a common problem in classroom teaching. Adopting the perspective of Systemic Functional Linguistics, this study views teachers' explanations as "teacher statement", a classroom interactive event in which the teacher gives and students receive information. A collaborative action research was conducted using such tools as discourse analysis, questionnaire and journals to reveal mechanisms underlying interactivity of teacher statements. Results indicated that, to make teacher statements more interactive while meeting curriculum requirements, the teacher made choices of both experiential and textual meanings, which provided students with information so rich and interesting as to promote their positive emotions and hence attention required to receive the information.

Keywords: teacher statement; classroom interactive event; collaborative action research

合法化语码理论及应用研究述评与展望①

王　汐②　吕芳菲③

西安外国语大学

摘　要： 近年来,关于合法化语码理论的研究在国际学界迅速发展,对教育领域尤其是学科建设、教学大纲制定、教学实践等方面产生了深远影响,为探究各学科累积式知识建构作出了贡献。本文以国内外合法化语码理论的相关研究文献为基础,首先全面梳理该领域研究现状,总结 4 个关键研究话题：学科知识体系探索、教师课堂话语分析、学术语篇与教育语篇分析和个体身份建构；然后提出国内目前相关研究数量较少、视角局限、路径单一的问题；最后,就国内合法化语码理论的应用发展提出建议并展望未来,以期促进该理论在国内传播与发展。

关键词： 合法化语码理论；教育社会学；知识建构；系统功能语言学；语义波

1　引言

澳大利亚社会学家梅顿(Maton,2009/2013/2014/2016)发现,现代教育社会学研究与实践中存在两大误区制约教育水平发展,即知识盲目性(knowledge blindness)和分割主义(segmentalism)。在教育研究中,前者表现为仅关注学习过程而忽视知识本体及知识学习者,后者表现为仅传授离散思想或技能而非在已有知识基础上积累学习。为了解决上述问题,梅顿结合伯恩斯坦(Bernstein,1996/1999)的语码理论和知识结构理论及布迪厄(Bourdieu,1993)场域等相关理论,提出了一套用于分析社会文化行为的社会学理论,即合法化语码理论(Legitimation Code Theory,LCT)(汤斌,2014)。自 21 世纪初该理论提出以来,国外学者对其展开了丰富的理论探究及实践尝试,众多科研项目的完成、专著的出版推动了其快速发展。然而,目前国内 LCT 研究并不多见,多为理论层面的推介和对大学英语教学的探讨(吴格奇,2019)。本文拟对 LCT 的主要内容进行介绍,并梳理目前国内外 LCT 主要研究领域与话题,最后探讨其未来研究前景,以期对其理论传播与应用作出贡献。

2　LCT 理论概述

梅顿曾多次表示,LCT 的提出和发展结合了多个学科的理论成果,如社会学、教育学、语言学、哲学,其中受英国社会学家伯恩斯坦的语码理论与知识结构理论和法国社会学家布迪厄的场域理论影响最深。语码是一个社会语言学概念,强调语义特点、语言形式与社会阶层内部的逻辑关系(Hasan,1973)。由

① 本研究为 2022 年西安外国语大学学本科教学改革研究项目"'大思政课'视阈下外语专业育人共同体模式探索与实践"(项目编号：22BYDSZ05)、2022 年西安外国语大学研究生教育综合改革研究与实践项目"基于合法化语码理论的外语学科研究生专业课程教学模式及教师话语体系研究"(项目编号：22XWYJGA28)和 2024 年西安市社会科学规划基金项目"咏西安诗词多模态译介研究"(项目编号：24YZ32)的阶段性成果。
② 王汐(1988—　),女,博士,西安外国语大学英文学院教授,英文学院语言学系主任、研究生教研室主任；主要研究方向：系统功能语言学、话语分析、典籍翻译；通信地址：西安市长安区郭杜教育科技产业开发区文苑南路 6 号西安外国语大学英文学院；邮编：710128；电子邮箱：wangxi@xisu.edu.cn。
③ 吕芳菲(1998—　),女,西安外国语大学英文学院硕士研究生；主要研究兴趣：系统功能语言学、话语分析；通信地址：西安市长安区郭杜教育科技产业开发区文苑南路 6 号西安外国语大学英文学院；邮编：710128；电子邮箱：phyllis0320@foxmail.com。

于语码这一概念既蕴含了使用者自身的认知水平,也包含了社会取向,所以梅顿沿用了这一概念并构建了 5 个维度的合法化语码,即自主性(autonomy)、紧密性(density)、专门性(specialization)、语义性(semantics)和时间性(temporality)语码。知识结构理论是以伯恩斯坦(Bernstein,1999)教育社会学理论框架作为分析教学话语形式而提出的理论体系,其核心是对人文社科的水平知识结构与自然科学的等级知识结构的区分。在此基础上,梅顿(Maton,2007)提出了知识生产与实践领域的"知识—知者结构"(knowledge-knower structure),结合认知关系与社会关系共同讨论知识建构。布迪厄(Bourdieu,1993)场域理论有 3 个核心概念:习性(habitus)、资本(capital)和场域(field),社会实践取决于社会成员在特定场域中的习性与拥有的资本。梅顿(Maton,2004/2005)将这 3 个概念引入了 LCT 体系中,对自主性和专门性两个原则产生了深刻影响。

简而言之,布迪厄的场域理论强调了实践的社会场域如何构造知识,而伯恩斯坦的语码理论则强调了知识结构对场域的结构意义(Maton,2000/2014)。梅顿将两个理论结合并加以完善创新,发展构建了 LCT 理论体系。LCT 包含自主性、紧密性、专门性、语义性和时间性等 5 个维度的合法化原则(Maton,2014/2016),分别对应用于分析合法化实践的内部组织原则,而每套原则代表着一种合法化语码,如语义性语码、专门性语码、自主性语码等。

专门性原则是 LCT 中最早提出、最详尽,也是得到最广泛应用的原则(Maton,2014)。梅顿(Maton,2000/2014)认为,知识实践不仅取决于认知关系,也与社会关系有关,因此他用认知关系(epistemic relation,ER)对应知识本体,用社会关系(social relation,SR)对应知者,建立起了知识实践场域的"知识—知者结构"。认知关系关注知识与学习的客体关系,社会关系则关注知识与学习的主体关系;认知关系和社会关系的相对强度可由强到弱独立变化,形成一系列专门性语码(ER + / - ,SR + / -),这种强度连续统可通过建立含有轴坐标系的拓扑空间来表示(图 1)。根据 ER 和 SR 的强弱,梅顿(Maton,2007/2014)共划分了 4 种专门性语码:知识语码(knowledge code)、知者语码(knower code)、精英语码(élite code)和相对语码(relativist code)。需注意的是,不同学科的知识建构行为只有符合相对应的语码,才被认为是有效的、成功的。

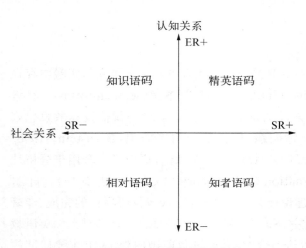

图 1 "知识—知者结构"及专门性
语码(Maton,2014:30)

语义性原则是 LCT 5 个维度中最新兴起却发展最快的原则(Maton,2014)。语义性原则将社会实践场域构建为语义结构,其组织原则被概念化为语义性语码,该语码包含两个核心概念:语义引力(semantic gravity,SG)和语义密度(semantic density,SD)(Maton,2013)。语义引力指意义对语境的依赖程度,语义引力越强(SG +),意义越依赖于语境,语义引力越弱(SG -),意义越能独立于语境存在;语义密度指意义在社会文化实践(包括符号、术语、概念、手势、动作、服装等)中的浓缩程度,语义密度越强(SD +),符号包含的内容越丰富,语义密度越弱(SD -),符号包含的内容越匮乏(Maton,2013/2014)。梅顿(Maton,2013)把语义引力和语义密度两个概念相结合,用图像描述两者的历时变化,将其命名为语义轮廓(semantic profile)。他认为在具体教学实践中,当知识以语境依赖(SG + ,SD -)和意义浓缩(SG - ,SD +)形式循环交替存在时可实现累积式知识建构,这时语义轮廓呈现波形起伏,形成语义波(semantic wave)(图 2 中的 B 曲线)。只有在 B 型语义模式下,知识在抽象和具体之间循环,推动语义信息周期性规律变化,才能促进学生累积式知识建构。语义波是实现累积式知识建构的前提。

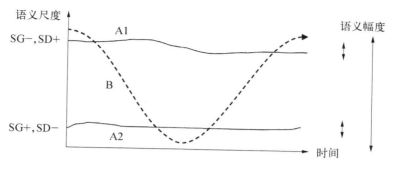

图2　语义波(Maton, 2013：13)

如果说语义性原则关注累积式知识建构模式,那么自主性原则更聚焦于如何实现跨学科知识建构,即"整体式知识建构"(integrative knowledge-building)。该原则包含两个核心概念:位置自主性(positional autonomy, PA)和关系自主性(relational autonomy, RA)(Maton & Howard, 2018)。简单来说,在特定学科教学中,PA与教学内容相对应,不同学科有自己独特的知识体系与内容,存在较大差异;而RA与教育目标、教学方式相对应,特定学科也有其特定的教学目的和手段。与专门性原则相近,位置自主性和关系自主性的相对强度同样可由强到弱独立变化,形成一系列自主性语码(PA+/-,RA+/-),并可由"自主性平面"(autonomy plane),即含有两个连续统强度变化的轴坐标系来使其可视化(图3)。根据PA与RA的强弱,共有4类自主性语码:主权语码(sovereign code)、外来语码(exotic code)、投射语码(projected code)和摄取语码(introjected code)。而在具体教学实践中,特定学科的教学往往需要结合其他学科的知识辅助完成,因此课堂教师话语的自主性语码通常不是单一的,往往形成不同的"自主性路径"(autonomy pathway)。

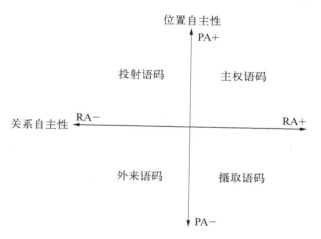

图3　"自主性平面"和自主性语码
(Maton & Howard, 2018：6)

紧密性原则描述的是社会文化场域内部分化的程度,主要由物质紧密性(material density, MaD)与道德紧密性(moral density, MoD)两个部分组成。前者指社会文化领域各组成部分包含的单位数量,后者指社会文化领域各组成部分拥有的构成原则数量。时间性原则指社会文化场域内部时间定位(temporal classification, C^t)和时间定向(temporal framing, F^t)对合法化行为的作用(Maton, 2004)。紧密性原则和时间性原则与LCT的前三个维度相比,应用不多,亟待进一步探索。

3　LCT相关研究现状

以"合法化语码/语义密度/语义引力/语义波"为主题在中国知网(CNKI)核心数据库检索,共有相关研究文献22篇,时间跨度从2014年(该研究展开之时)到2023年6月,发文量相对较少,变化不明显。以"Legitimation Code Theory/Semantic Density/Semantic Gravity/Semantic Wave"为主题,在Web of Science(WOS)核心文集数据库中检索相关文献,得到186篇(见图4)。最早一篇文献出现于2009年,梅顿(Maton, 2009)基于先前研究,首次提出LCT这一概念,并提供了较为完善的理论框架。研究成果数量整体呈现波动上升趋势,分别于2017年和2022年达到高峰。相比之下,国内发文量远远落后于国外,说明国内对于LCT的重视度还不够,研究仍处于起步阶段。

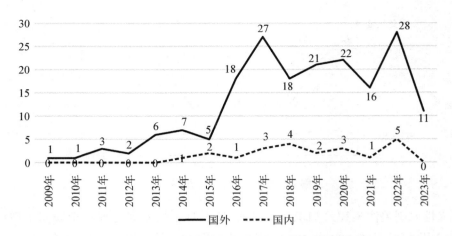

图 4　国内外 LCT 相关研究文献历年发文量

梅顿(Maton，2014)曾提到，LCT 本身并不是关于知识和教育的社会学理论，而是可以应用于分析更多社会文化行为的实用性"工具包"，但知识和教育相关话题仍是 LCT 的出发点和研究的主要关注点。自该理论于 21 世纪之初提出以来，LCT 不断完善发展，众多学者利用其原则对各个学科知识建构展开实证研究，相关话题主要包含学科知识体系探索、教师课堂话语分析、学术语篇与教育语篇分析和个体身份建构。本节将针对国内外 LCT 相关研究发文情况对每个话题展开述评。

3.1　学科知识体系探索

专门性语码为分析知识的组织结构及其对教学过程的影响提供了基本框架(陈颖芳、马晓雷，2018)。基于专门性原则的课程知识体系研究关注的中心话题是不同学科课程从宏观教学大纲设置到微观教学方法、教学目的、评估方式是否符合该课程语码特征，从而实现卓有成效的教学。这一话题也是 LCT 最早应用于实证研究的领域，研究覆盖学科十分广泛。

特定课程的语码特征可能会给教育教学带来困境。梅顿(Maton，2007/2014)、拉蒙特和梅顿(Lamont & Maton，2008)针对音乐学科为何在英国中等教育体系中不受学生欢迎展开探索。通过调查分析考试大纲、课程设置和学生态度，发现一方面作为选考科目的音乐在考试大纲中呈现出明显的精英语码特征，与学生早期接受的知识或知者语码特征教学相背离；另一方面，精英语码衡量成就的标准不仅强调知识的获取，而且强调个人习性与天赋，相比其他学科需花费更多的时间和精力去学习。梅顿(Maton，2004/2014)对英国高校的文化课程展开历时研究，试图剖析文化研究学科在高等教育中边缘化、破碎化的原因，他发现文化研究作为知者语码特征学科曾遭受来自上层统治阶级功利主义者的质疑和呈现知识语码特征的自然科学学科的排挤，并反思知识实践中社会关系背后的权力关系，以及特权的垄断地位对文化研究衰落的消极作用。陈彩虹(Chen，2010)、梅顿和陈彩虹(Maton & Chen，2016/2020)发现中国留学生由于先前所接受的知识语码特征的教学方式与在澳大利亚接受的知者语码特征的教学方式存在"语码冲突"(code clash)现象，而在参与线上教学课程中表现出一系列压抑、孤独与自卑情绪，阻碍了教学进步。陈颖芳和马晓雷(2018)则指出我国大学英语教学面临的困境，即知者语码特质的课程目标与知识语码特质的教学手段无法匹配，并提出了围绕核心素养构建大学英语知识体系的解决途径。以上研究均从现有教学困境出发，以问题为导向，从宏观国家出台的教学指南、纲领性文件与微观教师教学手段、学生态度和评价出发，运用专门性原则对学科语码特征、知识体系展开分析，并尝试提供基于科学理论的解决方案，具有实践意义。

另一类研究视角是分析具体学科的语码特征或对比不同学科的语码特征，从而增进对学科性质的理解,为教学大纲制定、学生能力培养提供启示。通过对比澳大利亚数字化教学革命下不同学科的教学实践,霍华德和梅顿(Howard & Maton,2011)发现,语码特征不同的学科应用信息技术的教学效果存在巨大差异。其原因在于政府颁布的数字化教学革命政策的目的呈现知者语码特征,这与相同语码特征学科(如英语)实现"语码匹配"(code match),而与不同语码特征学科(如数学)发生"语码冲突"(code clash)。基于不同学科的语码特征,他们还为政府相关决策的制定提出了建议。谢伊(Shay,2011)对开普敦大学本科历史课程设置的演变(1918—2008年)展开了历时研究,经过对授课教师的采访和对课程介绍手册的分析,他划分了历史课程演进的3个时间段:经典历史教学(history as canon)、作为社会科学的历史教学(history as social science)和市场导向的历史教学(history for the market)。对3个时期不同语码特征的分析反映了学科知识与课程设置之间的复杂关系,对课程改革意义重大。里特尔和斯坦德利(Ritter & Standl,2023)基于合法化语码理论,根据不同的语义波阶段解决使用块状编程语言的算法问题,提出"语义波算法思维"(semantic wave algorithmic thinking, SWAT)概念。国内学者刘承宇和单菲菲(2017)立足我国《大学英语教学指南》,尝试解读指南中3类大学英语课程——通用英语、专门用途英语和跨文化交际的课程性质与教学目的,对比三者跨文化交际能力培养异同,并基于能力培养的共核与差异为培养模式和教学方法提供建议。这一类研究视角的分析与解读多呈现本土化特点,多注重对纲领政策性文件的合法化语码分析,对政策的提出、特定学科教学具有重要的宏观指导意义。

3.2 教师课堂话语分析

教师课堂话语研究自20世纪70年代初起步以来,在理论和实证方面都取得了显著成就,研究视角包括批评话语分析、多模态话语分析、中介话语分析、互动分析等(张德禄、覃玖英,2016)。而LCT下的语义性原则为课堂话语分析提供了新的视角。该研究视角多关注课堂累积式知识建构,总体认为教师通过对知识采取"意义解包"和"重新打包"从而构建语义波的方式,能够帮助学生有效建构知识,实现累积式学习。

语义波理论自梅顿(Maton,2013)提出以来,得到了国内外学者的广泛应用。梅顿(Maton,2013)对中学生物和历史课教师课堂话语展开分析,发现教师针对课本资料中复杂抽象概念的"意义解包"和"打包"行为,有效填补了高难度阅读学习与课后写作的语义空白,帮助学生更好地构建知识体系。马丁(Martin,2013)指出系统功能语言学(SFL)为语义波的形成提供了三方面的语言学资源,即"权力词汇"(power words)、"权力语法"(power grammar)和"权力话语组织"(power composition),在梅顿(Maton,2013)的基础上结合具体课堂话语与课本知识结构设置对三项语言学资源进行论证,并反思中学传统重视读写教学的课堂所存在的问题,提出实用性建议。马特鲁格里奥、梅顿和马丁(Matruglio, Maton & Martin 2013)针对课堂话语语义波构建策略提出建议,结合时间性原则指出"时间转移"(temporary shifting)教学法在中学历史课堂构建教师话语语义波中的重要作用。除了时间性原则,朱永生(2015a)还提出了语义波构建机制的空间性原则,结合语篇阐明空间定位和空间定向与语义波形成的密切联系。董娟和董榆萍(2016)还发现语法隐喻中的名物化是降低语义引力、增强语义密度、促使语义波产生的有效途径,可被有效应用于英语教学实践。解敏(Xie,2020)探究了教师独白语义模式选取对语义波的推进作用,她根据及物性分析对独白语义模式进行分类,论述其不同模式对语义密度的影响,从而促成语义波的形成。以上研究关注教师课堂话语促进语义波形成的具体过程与方式,在教学实践基础上进行归纳总结,为课堂教学实现累积式知识建构提供启示。丹肯布林、居泽伊和布莱恩(Dankenbring, Guzey & Bryan,2023)将合法化语码理论作为分析框架应用于综合STEM教育学科中,通过对某一综合STEM单元(书面话语)的语义模式和一中学教师对该单元的讲述(口头话语)进行分析,确定了在课程单元和教学中促成或制约科学课堂内知识构建的领域。

此外,最近自主性原则应用于课堂话语分析、探索跨学科知识建构的研究也得到了初步发展。梅顿和霍华德(Maton & Howard,2018/2020/2021)对中学课堂教师如何有效融合其他学科知识对特定学科话题进行阐释并增进学生理解展开讨论。他们认为通过追踪教师话语呈现的自主性语码在不同自主性路径上的变化方式,可捕捉不同学科知识间的关系和变化性质。通过追踪中学科学课教师及历史课教师运用不同自主性路径实现的科学与数学、历史与地理的跨学科教学,最终发现,迂回式自主性路径是实现整体式知识建构的关键。自主性原则应用于分析课堂话语仍处于起步阶段,国外仅有以梅顿为首的 LCT 核心研究者发表的数篇文章,国内还未曾有相关研究发表,理论亟待丰富完善,更多学科的实证研究也亟待出现。

3.3 学术语篇与教育语篇分析

除了学科知识与课堂话语相关话题,LCT 还可应用于分析学术语篇及教育语篇,这类研究注重分析两类语篇的语码特征,从而反映学科知识结构,为教学实践、学术论文写作、教科书编排等提供指导。有的学者采用跨学科对比分析法突出不同学科学术话语的语码特征,如胡德(Hood,2018)运用专门性原则对自然科学、社会科学和人文科学领域的学术论文展开对比分析,以探究不同学科的专门性语码特征差异。她发现社会科学的专门性语码特征处于自然科学与人文科学之间,位于知识—知者结构中认知关系与社会关系连续统的中间状态,而语言差异反映了不同学科学者在建构学科知识时在认知方式、思维逻辑方面的差异,为跨学科研究提供了一定启示。吴格奇(2019)关注同一门类下不同学科的语码特征,对比社会科学下应用语言学和教育学两个学科的学术论文摘要部分的专门性语码特征,发现应用语言学方向的学术论文体现了较强的认知关系,而教育学论文中社会关系处于主导地位。两个学科学术论文的语码特征差异反映了其知识体的差异,可为不同学科教学及论文写作提供指导。

还有的学者对特定学科的教育语篇展开分析,为其教学设计、教材编排提供建议。如吴格奇和朱永生(2016)选取大学英语教材中科普、社会与文学 3 个语类,运用马丁(Martin,2013)的"权力三项"(power trio)分析法,探究 3 个语类的语义性特征。研究发现,3 类语篇的"权力三项"特征具有明显差异,对语码特征的解读有助于教师根据不同语码改进教学实践。于晖(2018)以天体物理学领域的科普读物和教科书为研究对象,基于认知语义密度等级量表,从词汇及组词视角对语篇语义密度进行探究,以观察物理知识在不同教育语篇中的建构模式。多伦(Doran,2019)结合视觉语法和 LCT 语义性原则对物理教材的图文关系、图片对物理知识建构的作用展开分析,发现图片的运用将物理学中大量抽象概念化的知识以直观形象的方式呈现,由于图片具有二维属性,可将多个信息结构同时呈现,具有相对强大的语义引力和语义密度,在知识建构方面发挥了重大作用。张春燕和关丽妹(2019)同样肯定了教材中非文字模态对知识建构的作用。他们运用语义波理论,结合文字与图像,从多模态角度解读美国物理教材的知识排布,发现图像、字母、等式等多模态符号的运用通过不同形式手段构建了多个语义波,有助于学生的累积式知识建构。罗载兵(2017/2020)、罗载兵和杨炳钧(2020)以英语科学语篇为研究对象,构建了科学语篇的语义波分形模型,为语义波的识解勾画提供了客观标准,并为科学语篇的知识建构提供新的切入路径。明建平(2021)同样聚焦于科学语篇的知识建构,结合 SFL 和 LCT 的综合视角搭建了全面分析科学语篇知识建构的综合模型。王汐(2021)对高中英语教材的历时变化展开对比分析,发现新版教材较旧版更倾向于精英语码,且语义波循环度更高,更有助于学生实现累积式知识建构。以上研究强调了进行知识建构的教育语篇技术性、抽象性的特点,教师或教材编者可运用语义波的语义推进模式将书本上的抽象知识打包—解包—再打包,协助学生渐进理解及运用知识,实现累积式知识建构。

3.4 个体身份建构

　　除了知识与教育相关研究话题,LCT 还用于分析其他社会文化行为,如结合 SFL、多模态话语分析(MDA)相关理论的个体身份建构研究,近年来也得到了不断发展。国外主要是马丁及其团队(Martin,2009/2010;Martin & Zappavigna,2016/2018;Martin et al.,2013)针对少年犯在少年司法调解会议中身份建构行为的分析。马丁结合伯恩斯坦(Bernstein,1996)对个体意库(repertoire)和群体意库(reservoir)的划分,认为语义资源可划分为社会资源和个人资源。个体化就是社会资源逐步分配(allocation)到个体从而使个体身份得以构建的过程,而社会化则是个体与社会其他成员之间建立亲和关系(affiliation)的过程(朱永生,2012)。他们以 SFL 的个体化理论为出发点,结合 LCT 专门性原则和 MDA 方法,探讨少年犯如何通过文化意义潜势的资源分配及调度社会符号资源建立亲和关系,从而建构个体化身份(Martin,2009)。马丁对于个体身份建构的相关研究将 SFL 对语言本体的关注拓展到对语言使用者的关注,并结合专门性原则的认知关系与社会关系对少年犯选择社会文化资源建构个体身份进行解读,在个体化身份研究领域起到开拓性作用。

　　国内结合 SFL 与 LCT 研究个体身份建构的代表性学者有旷战(参见旷战,2017/2018/2019;旷战、刘承宇,2017)和郑洁(参见郑洁,2019;郑洁、袁传有,2018/2021)等人,两者研究的社会场域有所不同。旷战(2017)关注精神科医患场域实践,他结合 SFL 个体化理论、评价系统与 LCT 专门性、语义性两个维度的合法化语码,对精神科医患会话中精神科医生如何借助个体意库的语码资源建构医生“知识型”“控制型”“互动型”“关系型”身份进行研究,从而实现良好的医患关系,促进患者早日康复。郑洁(2019)、郑洁和袁传有(2018/2021)则关注社区矫正中被告人、监督人和司法社工的个体化身份建构行为。除了同样运用 SFL 评价系统、LCT 专门性原则等理念,郑洁还引入了克莱里(Cléirigh,2011)的身体语言分类系统,将语言和多模态资源同时考察,拓展了个体化理论在司法语篇中的适用性。国内外结合 SFL 与 LCT 相关理论探究个体化身份建构的研究具有较强的实践意义,对司法、社工、医护等行业的职业话语研究有助于不断完善职业话语体系,使其工作更加高效,从而实现更好地为社会服务的目的。

4　国内研究不足与展望

　　LCT 是一个不断发展、充满前景的领域。目前国外相关研究主要侧重于运用其语义性、专门性原则展开分析,应用自主性原则的相关研究近年也逐渐兴起,而对时间性和紧密性维度则关注较少,但学者们仍在积极探索将 LCT 的更多维度应用于更为广泛领域的可能性。以梅顿为首的研究团队在悉尼大学成立了 LCT 研究中心,该中心与劳特里奇(Routledge)出版社合作推出了“合法化语码理论:研究与实践中的知识建构”(Legitimation Code Theory:Knowledge-Building in Research and Practice)丛书,且 LCT 官方网站(www.legitimationcodetheory.com)也在不定期更新理论的前沿发展和各领域的教育实践应用研究,理论涵盖领域不断拓宽,融合了语言学、人类学、物理学、音乐学等跨学科分析方法,研究成果十分丰硕。

　　相对于国外学者对该领域的积极尝试与探索创新,国内明显存在理论认识不足、重视程度不够的问题。首先,国内 LCT 相关研究数量较少。在中国知网以“合法化语码”为主题进行高级检索,各层次、类型的相关文献仅有 33 篇,其中 10 篇为理论层面介绍,多为对 LCT 相关概念的阐释及对 LCT 与 SFL 理论界面的探索。其次,研究视角局限。实证研究方面多局限于教学指南、学术语篇的文本分析,学科方面也多关注英语教学,对具体教学实践、其他学科的语码特征分析,以及教学以外的其他社会文化活动的关注度不够。再次,研究路径单一。一是仅从 LCT 语义性和专门性两个维度采用对应语码展开分析,尚未有文献从自主性、紧密性和时间性维度展开研究;二是未注意到 LCT 与其他学科在理论层面结合的可能性,国内仅见 LCT 与语言学结合的相关研究,缺少其他跨学科研究。目前,LCT 在国内的研究仍处于起步阶段,在国家号召"建设高质量教育体系""完善终身学习体系,建设学习型社会"的背景下,运用以知识建构为中心的 LCT 探索不同学科的教育模式,为教育教学提供建议是十分值得尝试的研究话题。

基于以上国内外文献回顾与梳理,笔者认为未来国内 LCT 研究应注重以下 3 个方面:

(1)加强 LCT 理论构建,完善理论体系。LCT 相关研究在国内起步相对较晚,其发文量较少的原因之一就是对该理论认识不足。虽然部分学者已在理论层面展开介绍与阐释(如朱永生,2014/2015a/2015b;汤斌,2014;罗载兵、蒋宇红,2015;罗载兵,2016;武建国、陈琪,2022),其中,武建国和陈琪(2022)系统梳理了 LCT 理论的发展状况,结合国内外相关研究揭示了理论的适用性,是在理论层面较为翔实的综述性文章。但以上研究仅局限于专门性与语义性原则,其相对前沿的部分,如自主性原则与整体式知识建构,还尚未得以介绍及应用。LCT 整体概念相对庞大且复杂,国内目前仅出版了一部关于 LCT 的译著《知识与知者:教育社会学的现实主义构建》(王振华等译,2021),虽然可以帮助初涉领域的学者了解该理论,但是由于原作出版于 2014 年,尚未涉及该理论近几年的发展更新,所以未来研究应注重对该理论体系的完善,各出版社可将 LCT 经典及前沿著作引进介绍,促进该理论在国内的传播。

(2)关注实证研究,拓宽研究视角。国外 LCT 相关研究不仅注重教学实践,且涉及众多学科,从相对常见的生物学(Mouton & Archer,2019)、物理学(Georgiou,2016)、历史学(Shay,2011)到相对新颖的爵士乐(Martin,2017)、平面设计(Giloi & Belluigi,2017;Giloi & Quinn,2019)、教师培训(Macnaught et.al.,2013)等。目前国内运用 LCT 研究教学实践的论文数量较少,且大多局限于大学英语教学,从文本分析、指南解读谈对大学英语教学的启示。未来研究可更多运用 LCT 探究教师课堂话语,采用观察法、访谈法等实证研究手段对课堂知识建构展开讨论,也可通过对比不同学科教师课堂话语探究语码特征差异,从而为不同学科、不同语类语篇的教学提供具体有效的建议。

(3)探索 LCT 与其他理论体系结合的可能性,加强跨学科研究。国内已有学者开始关注 LCT 与 SFL 结合的可能性(如汤斌,2014;吴格奇、朱永生,2016;李新国、张华,2019;旷战,2017/2018/2019;郑洁,2019;郑洁、袁传有,2018/2021),但研究多停留于语言模态。如今日常交际和信息传播已从单一语言模态向多模态发展,集语言、姿态、图像、音乐等多种模态于一体。多模态化(multimodality)已然成为当今社会文化系统的固有特性(李战子、陆丹云,2012)。鉴于此,学者们可关注除语言之外的其他符号资源对知识建构的影响,结合 LCT 探究非语言模态如何推动(或辅助语言模态推动)知识建构。此外,LCT 本身为教育社会学理论,目前研究多结合语言学(尤其 SFL)理论展开,未来研究也可进一步探索 LCT 与其他语言学分支,以及其他学科,如文艺学、传播学、心理学等相关理论结合的可能性。

5 结束语

合法化语码理论是用于分析社会文化行为,侧重教育与知识建构领域的一套实用性"工具包"。在其指导下,关于教育模式、知识体系的探索可打破目前教学中存在的"知识盲目性"与"知识分割主义"的局限。尤其在当下国家号召"建设高质量教育体系"的背景下,应用合法化语码理论分析教学大纲设置、知识体系建构方式在宏观层面有助于教育教学相关决策的制定与完善,深化教育改革,在微观层面有利于教师理解学科性质,并关注学生本体的知者特质,从而"因材施教",提高教育质量。因此,对于合法化语码理论的相关研究需予以重视,应不断推动理论传播并探索理论多样化应用的可能性,开拓新的研究领域。

参考文献

[1] Bernstein, B. 1996. *Pedagogy, Symbolic Control and Identity: Theory, Research, Critique* [M]. London: Taylor & Francis.

[2] Bernstein, B. 1999. Vertical and horizontal discourse: An essay [J]. *British Journal of Sociology of Education*, 20(2): 157 – 173.

[3] Bourdieu, P. 1993. *The field of culture production* [M]. New York: Columbia University Press.

[4] Chen, R. T. H. 2010. *Knowledge and knowers in online learning: Investigating the effects of online flexible learning on student sojourners* [D]. University of Wollongong.

[5] Cléirigh, C. 2011. *Gestural and postural semiosis: A systemic-functional linguistic approach to "body language"*. Unpublished manuscript.

[6] Dankenbring, C. A., S. S. Guzey. & L. A. Bryan. 2023. Legitimation code theory as an analytical framework for integrated STEM curriculum and its enactment [J]. *Research in Science Education*, 1 – 16.

[7] Doran, Y. 2019. Building knowledge through images in physics [J]. *Visual Communication*, 18(2): 251 – 277.

[8] Georgiou, H. 2016. Putting physics knowledge in the hot seat: The semantics of student understandings of thermodynamics [A]. In Maton, K., S. Hood., and S. Shay (eds.). *Knowledge-building: Educational Studies in Legitimation Code Theory* [C]. London: Routledge.

[9] Giloi, S. & D. Z. Belluigi. 2017. Underlying knowledge-knower structures in graphic design: Contributing to establishing a cohesive language for use in graphic design education [J]. *Art, Design and Communication in Higher Education*, 16(1): 7 – 22.

[10] Giloi, S. & L. Quinn. 2019. Assessment of sustainable design: The significance of absence [J]. *Design Journal*, 22(6): 833 – 851.

[11] Hasan, R. 1973. Code, register and social dialect [A]. In Bernstein, B (ed.). *Class, Codes and Control. Vol. 2. Applied Studies towards a Sociology of Language* [C]. London: Routledge and Kegan Paul.

[12] Hood, S. 2018. Writing discipline: Comparing inscriptions of knowledge and knowers in academic writing [A]. In Christie, F. and K. Maton (eds.). *Disciplinarity: Functional Linguistic and Sociological Perspectives* [C]. Continuum International Publishing.

[13] Howard, S. K. & K. Maton. 2011. Theorizing knowledge practices: A missing piece of the educational technology puzzle [J]. *Research in Learning Technology*, 19(3): 191 – 206.

[14] Lamont, A. & K. Maton. 2008. Choosing music: Exploratory studies into the low uptake of music GCSE [J]. *British Journal of Music Education*, 25(3): 267 – 282.

[15] Macnaught, L., K. Maton & J. R. Martin et al. 2013. Jointly constructing semantic waves: Implications for teacher training [J]. *Linguistics and Education*, 24(1): 50 – 63.

[16] Martin, J. L. 2017. Writing about music: The selection and arrangement of notation in jazz students' written texts [J]. *British Journal of Music Education*, 35(1): 73 – 89.

[17] Martin, J. R. & M. Zappavigna. 2016. Exploring restorative justice: Dialectics of theory and practice [J]. *International Journal of Speech Language and The Law*, 23(2): 215 – 242.

[18] Martin, J. R. & M. Zappavigna. 2018. Rites of passion: Remorse, apology and forgiveness in Youth Justice Conferencing [J]. *Linguistics and The Human Sciences*, 12(2 – 3): 101 – 121.

[19] Martin, J. R., M. Zappavigna, P. Dwyer et al. 2013. Users in uses of language: Embodied identity in Youth Justice Conferencing [J]. *Text & Talk*, 33(4 – 5): 467 – 496.

[20] Martin, J. R. 2013. Embedded literacy: Knowledge as meaning [J]. *Linguistics and Education*, 24(1): 23 - 37.

[21] Martin, J. R. 2009. Realisation, instantiation and individuation: Some thoughts on identity in Youth Justice Conferencing[J]. *DELTA*, 25: 549 - 583.

[22] Martin, J. R. 2010. Semantic variation: Modelling system, text and affiliation in social semiosis [A]. In Bednarek, M. & J. R. Martin (eds.). *New Discourse on Language: Functional Perspectives on Multimodality, Identity and Affiliation*[C]. London: Continuum.

[23] Maton, K. & R. T. H. Chen. 2016. LCT in qualitative research: Creating a translation device for studying constructivist pedagogy [A]. In Maton, K., S. Hood & S. Shay (eds.). *Knowledge-building: Educational Studies in Legitimation Code Theory* [C]. London: Routledge.

[24] Maton, K. & R. T. H. Chen. 2020. Specialization codes: Knowledge, knowers and student success [A]. In Martin, J. R., K. Maton & Y. J. Doran (eds.). *Accessing Academic Discourse: Systemic Functional Linguistics and Legitimation Code Theory* [C]. London: Routledge.

[25] Maton, K. & S. K. Howard. 2018. Taking autonomy tours: A key to integrative knowledge-building[J]. *LCT Centre Occasional Paper* (1): 1 - 35.

[26] Maton, K. & S. K. Howard. 2020. Autonomy tours: Building knowledge from diverse sources [J]. *Educational Linguistic Studies* (2): 50 - 79.

[27] Maton, K. & S. K. Howard. 2021. Targeting science: Successfully integrating mathematics into science teaching [A]. In Maton, K., J. R. Martin & Y. J. Doran (eds.). *Studying Science: Knowledge, Language, Pedagogy*[C]. London: Routledge.

[28] Maton, K. 2000. Languages of Legitimation: The structuring significance for intellectual fields of strategic knowledge claims[J]. *British Journal of Sociology of Education*, 21(2): 147 - 167.

[29] Maton, K. 2004. *The field of higher education: A sociology of reproduction, transformation, change and the conditions of emergence for cultural studies*[D]. University of Cambridge.

[30] Maton, K. 2005. A question of autonomy: Bourdieu's field approach and higher education policy[J]. *Journal of Education Policy*, 20(6): 687 - 704.

[31] Maton, K. 2007. Knowledge-knower structures in intellectual and educational fields [A]. In Christie, F. & J. R. Martin (eds.). *Language, Knowledge and Pedagogy* [C]. London: Continuum.

[32] Maton, K. 2009. Cumulative and segmented learning: Exploring the role of curriculum structures in knowledge-building[J]. *British Journal of Sociology of Education*, 30(1): 43 - 57.

[33] Maton, K. 2013. Making semantic waves: a key to cumulative knowledge-building [J]. *Linguistics and Education*, 24(1): 8 - 22.

[34] Maton, K. 2014. *Knowledge and Knowers: Towards a Realist Sociology of Education*[M]. New York: Routledge.

[35] Maton, K. 2016. Legitimation code theory: Building knowledge about knowledge-building [A]. In Maton, K., S. Hood and S. Shay (eds.). *Knowledge-building: Educational Studies in Legitimation Code Theory*[C]. London: Routledge.

[36] Matruglio, E., K. Maton & J. R. Martin. 2013. Time travel: The role of temporality in enabling semantic waves in secondary school teaching[J]. *Linguistics and Education*, 24(1): 38 – 49.

[37] Mouton, M. & E. Archer. 2019. Legitimation code theory to facilitate transition from high school to first-year biology[J]. *Journal of Biological Education*, 53(1): 2 – 20.

[38] Ritter, F. & B. Standl. 2023. Promoting student competencies in informatics education by combining semantic waves and algorithmic thinking[J]. *Informatics in Education*, 22(1): 141 – 160.

[39] Shay, S. 2011. Curriculum formation: A case study from history[J]. *Studies in Higher Education*, 36(3): 315 – 329.

[40] Xie, M. 2020. Enabling students' knowledge building in English classrooms in China: The role of teacher monologue[J]. *Text & Talk*, 1(2): 261 – 285.

[41] 陈颖芳,马晓雷.2018.构建以核心素养为中心的大学英语知识体系——基于合法化语码理论的视角[J].外语界(3):38 – 45.

[42] 董娟,董榆萍.2016.基于语法隐喻与合理化语码理论的英语教学思考[J].语文学刊(外语教育教学)(4):140 – 142.

[43] 卡尔·梅顿.2021.知识与知者:教育社会学的现实主义构建[M].王振华,田华静,方硕瑜,等,译.北京:外语教学与研究出版社.

[44] 旷战,刘承宇.2017.精神科医生话语身份建构的专门性语码研究[J].湖南科技大学学报(社会科学版)(1):1672 – 7835.

[45] 旷战.2017.个体意库、身份建构与情感绑定[D].重庆:西南大学.

[46] 旷战.2019.精神科医患会话语域构型之合法化语码研究[A].赖良涛,严明,王革.教育语言学研究.上海:上海交通大学出版社.

[47] 旷战.2018.精神科医生身份建构的合法化语码研究[J].语言学研究(2):131 – 144.

[48] 李新国,张华.2019.梅顿合法化语码理论:系统功能语言学研究的新视角[J].长春理工大学学报(社会科学版)(4):158 – 164.

[49] 李战子,陆丹云.2012.多模态符号学:理论基础,研究途径与发展前景[J].外语研究(2):1 – 8.

[50] 刘承宇,单菲菲.2017.大学英语课程的跨文化交际能力共核与差异——基于合法化语码理论的《大学英语教学指南》解读[J].外语界(4):79 – 87.

[51] 罗载兵,蒋宇红.2015.语法隐喻的语义波建构模式[J].外语研究(3):24 – 29.

[52] 罗载兵,杨炳钧.2020.论语义波的合法化识解:以科学语篇为例[J].外语教学与研究(4):607 – 619 + 641.

[53] 罗载兵.2016.论语法隐喻图示化的语义波[J].西安外国语大学学报(2):34 – 38.

[54] 罗载兵.2020.论语义波的显性识解:以科学语篇为例[J].外国语(2):61 – 71.

[55] 罗载兵.2017.语义波的分形谐振研究[D].重庆:西南大学.

[56] 明建平.2021.科学话语知识建构的 SFL – LCT 分析模型[D].上海:上海外国语大学.

[57] 汤斌.2014.Maton 的合理化语码理论与系统功能语言学的合作[J].现代外语(1):52 – 61 + 145 – 146.

[58] 王汐.2021.合法化语码视域下人教版高中英语教材的变化[J].教学与管理(15):82 – 84.

[59] 吴格奇,朱永生.2016.大学英语教材中三个不同语类的"权力三项"特征分析[J].外语与外语教学(5):50 – 58 + 145.

[60] 吴格奇.2019.合法化语码理论的专门性及其在学术论文分析中的应用[J].外国语言与文化(1)：136 - 146.

[61] 武建国,陈琪.2022.合法化语码理论：诠释与瞻望[J].现代外语(4)：575 - 585.

[62] 于晖.2018.基于语义密度的教育语篇累积性知识建构分析[J].中国外语(3)：21 - 30.

[63] 张春燕,关丽妹.2019.基于语义波理论的美国高中物理教材分析[A].赖良涛,严明,王革.教育语言学研究.上海：上海交通大学出版社.

[64] 张德禄,覃玖英.2016.语义波理论及其在教师课堂话语分析和建构中的作用[J].外语教学(2)：52 - 55.

[65] 郑洁,袁传有.2018.社区矫正调查评估中被告人身份多模态话语构建[J].政法学刊(4)：62 - 69.

[66] 郑洁,袁传有.2021.社区矫正中司法社工身份的话语构建[J].现代外语(2)：183 - 195.

[67] 郑洁.2019.身份多模态话语构建的个体化研究——以社区矫正适用前调查评估为例[J].西安外国语大学学报(2)：37 - 42.

[68] 朱永生.2012.系统功能语言学个体化研究的动因及哲学指导思想[J].现代外语(4)：331 - 337 + 436.

[69] 朱永生.2014.合法化语码理论对 Bernstein 知识结构理论的传承与创新[J].中国外语(6)：1 + 10 - 13.

[70] 朱永生.2015a.论语义波的形成机制[J].外国语(4)：48 - 57.

[71] 朱永生.2015b.论 Bourdieu 文化再生产理论对 Maton 合法化语码理论的影响[J].外语与翻译(1)：32 - 35.

Studies on Legitimation Code Theory and Its Application: Reviews and Prospects

Xi Wang, Fangfei Lü
Xi'an International Studies University

Abstract: In recent years, research on Legitimation Code Theory (LCT) has experienced rapid development internationally and has a profound impact on the field of education, especially on discipline construction, syllabus design and teaching practice, contributing to the cumulative knowledge-building in various disciplines. Based on the relevant studies on LCT at home and abroad, this paper first reviews the status quo in this field and summarizes four key research topics, i. e. exploration of knowledge systems, analysis of teachers' classroom discourse, analysis of academic and educational texts, and individual identity construction. Then, it is found that domestic studies on LCT have deficiencies like small number, limited perspectives and single approach of studies. Finally, suggestions and future research trends are provided in order to promote studies on LCT in China.

Keywords: Legitimation Code Theory (LCT); sociology of education; knowledge building; Systemic Functional Linguistics; semantic wave

心理医生诊疗话语中的指称系统研究：适用语言学视角[①]

旷　战　宋沁沁[②]

湖南科技大学

摘　要： 指称系统既属词汇语法范畴，也属语义范畴，是医患关系的"晴雨表"。本文基于质性和量性融合的实证方法，从适用语言学的适用性出发，结合系统功能语言学中的语类理论、评价理论、语篇语义学、心理学等跨学科视角，重点考察、解析心理医生诊疗话语中指称系统的使用特征。研究显示，在称呼语系统中，零称呼语、亲属称呼语、职衔身份称呼语等占比高；在人称代词系统中，对称"你"和自称"我"一致式使用占比较高，而自称代词变异频繁，体现出较高值移情特征。借助上述指称资源，心理医生尝试柔化自身机构权势，建构了"熟人、同伴、劝导者"等话语身份，与患者之间建立和发展了平等、尊重、亲和的人际关系。这种基于"指称言语行为—积极情感传递—心理诊疗干预"话语动态模型的探讨，有助于更好地揭示指称系统的社会服务功能，推动适用语言学理论内涵提升和外延发展。

关键词： 心理医生；诊疗话语；指称系统；适用语言学

1　引言

心理咨询和心理治疗是语言生活的一个重要领域，它是指通过心理医生与患者的交谈，缓解或消除患者的心理问题或障碍，促进其心理向健康方向发展的过程（高一虹、陈向一，2015：51）。作为医疗机构话语的特殊类别，心理咨询和治疗话语研究具有"跨学科"或"超学科"特性（胡壮麟，2012），具有异于其他医疗机构话语的特殊话语资源、话语结构、话语特征、话语策略、话语态度等。指称系统是拥有诸多表达形式的社会符号意义潜势，是医患人际关系的"晴雨表"。然而，在以往系统功能语言学的医患话语研究中，缺乏对心理医生诊疗话语中指称资源系统的实证考察。

对患者而言，心理医生既是可靠诊断的实施者，也是有效治疗的执行者，要想发挥其诊断和治疗功效，显然离不开语言这一有效社会符号潜势系统，以传递心理学、药物学、病理学等知识，以及建构、发展和谐医患关系（旷战，2017：3）。鉴于此，本研究采用实证研究以及质性和量性融合的方法，基于自建小型汉语语料库，以适用语言学为框架，结合系统功能语言学中语篇语义学、评价理论、语类理论、心理学等跨学科研究成果，以心理咨询与治疗话语为研究对象，以心理医生诊疗话语为切入点，考察、解析心理医生个体意库中指称系统使用特征及其与社会文化语境的相互作用，以探索该系统的社会服务功能。

---

① 本研究为湖南省教育厅重点课题（23A0365）阶段性成果。

② 作者简介：旷战（1973—　），男，博士，湖南科技大学外国语学院副教授，硕士研究生导师，研究方向：系统功能语言学、语篇分析、外语教学；通信地址：湖南省湘潭区雨湖区桃源路 2 号湖南科技大学外国语学院；邮编：411201；Email：kuangzhanalf@126.com。

　宋沁沁（2001—　），女，湖南科技大学外国语学院在读研究生，研究方向：语篇分析、翻译理论与实践；通信地址：湖南省湘潭市雨湖区桃源路 2 号湖南科技大学外国语学院，邮编：411201；Email：474881901@qq.com。

2　适用语言学简介

2006年,适用语言学(appliable linguistics)核心思想由韩礼德最先正式提出(朱永生,2012),它既是一种语言研究方法,又是一种语言研究理论模型;既被用于考察语言现象,发现语言规律,又被用于识别、探究、解决不同领域因语言产生的各种理论和现实问题;既遵循语言学原有的研究方法,又强调借鉴和吸收其他学科研究范式;既聚焦语言本体的研究,又关注语言本体外的研究;既研究单模态符号的意义,又探讨多模态符号的意义。

系统功能语言学是适用语言学,也是以问题为导向推动研究发展的理论(王振华、李佳音,2021)。适用语言学并非系统功能语言学的新名称、新内容,而是对该理论的连贯性描述(谭欣、黄国文,2020)。韩礼德(Halliday,2008)通过探讨语言系统中"口语和书面语、词汇和语法、作为系统语言和作为语篇语言"3种互补关系,强调理论是解决现实问题的资源。适用语言学长期目标之一在于建立一套完整的语义系统,以社会文化为理据来全面、系统地描写、解释和阐释语义的发生,从而体现其"社会担当"的特质。系统功能语言学认为语言是一套意义潜势系统,用来识解经验和人际互动,其形式和意义相互实现,语篇是意义潜势示例化形式和语境化的产物。语言有语音(表达层)、音位(表达层)、词汇语法(内容层)、语义(内容层)和语境(衍生层)5个层级,如图1所示(Halliday,2014:26)。

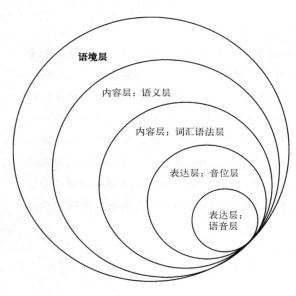

图1　语言层级示例化

在语言各层级中,词汇语法层被视为核心的造意层级,兼具形式意义和语境意义,既是最精密的语法规则,又是体现概念、人际、语篇元功能的手段。词汇和语法并非不同层级,而是相同连续体的两级,它主要由词素、单词、短语/词组等组成。系统功能语言学视角下的语言研究不仅关注发音、词汇、语法、句子、语篇等本体的研究,还探讨分析这些语言在特定语境下传递出的真正的意义、意图、态度、情感、立场、身份、价值等范畴(王振华,2012),这显然为本研究基于适用语言学模型,考察心理医生诊疗话语中的指称系统使用特征,揭示其背后反映的社会语境意义,探讨医患人际关系的建立和发展提供了很好的启示。

3　研究设计

3.1　研究语料与问题

本文语料源于湖南省某市三级医院心理医生与患者在门诊、病室等社会语境下的会话。在征得医院、医生、患者及其家属同意后,我们开展田野调查并现场录音,将转写内容建成小型汉语语料库。在确定研究对象时,通过问卷调查我们选取了经验型心理医生,主要参考的基本信息为工作经验和专业职称两个变量,求助者则为中、轻度心理障碍患者。转写信息涵盖会话时间、地点以及患者姓名、性别、年龄、婚育、病例、教育程度、医患双方体态语等细节。在自然语境下笔者展开历时半年的语料收集,展开了80场对话,每次会话语料时长约10分钟,有效转写时长约15小时49分钟,建立了转写型符总量为215 372词的小型语料库,其中心理医生型符为105 242字,患者型符为110 130字。借此,本文基于适用语言学理论，从语类理论、评价理论、语篇语义学、心理学等跨学科视角出发，重点考察、解析心理医生诊疗话语中的指称系统资源，并尝试回答以下两个问题：

（1）心理医生诊疗话语中，在指称系统资源使用上呈现何种特征？

（2）心理医生如何借助指称系统，以建构和发展医患之间的人际关系？

3.2　研究工具与过程

本研究采取质性和量性相结合的方法，探讨分析心理医生诊疗话语中指称系统的使用状况，从语料收集筛选到数据统计分析共需 4 个步骤。① 语料收集筛选。如上所述，为保持会话情景语境的连续性、一致性，我们首先尽量筛选心理医生与中、轻度心理障碍人群的有效对话，以便较为客观地揭示医生诊疗话语差异是由医生所处社会文化语境制约而非患者所致；将录音中的对话转写为有效文字语料，主要参照埃金斯和斯莱德（Eggins & Slade，2004）等人标准。② 语料标注。包括自动标注、人工标注、校验标注等步骤；自动标注首先将整理、校对好的小型语料库存为 TXT 文件（生语料库）；之后，参照祝畹瑾（1992）、崔显军（2012）等对现代汉语指称系统的分类，编写指称系统元语言编码表并存为 INI 文件；接着，将编码和语料导入 BFSU Qualitative Coder 软件，完成自动标注并形成 RTF 文件；手动标注要求编入缺位的指称元语言编码表，校验标注在于修正辨识失误，并确保结果源于语言本身描述。③ 语料信息统计。借助 Antconc 软件、Microsoft 软件搜索引擎，对该熟语料库中各类指称资源项进行检索，然后依据各种指称资源出现频率制作 Excel 表格。④ 检索结果。基于 Excel 表格，统计分析上述各项结果。

4　结果与讨论

语类是一种分阶段、目标导向的社会化过程（Martin & Rose，2008：6）。而心理咨询与治疗话语作为一种特殊机构话语语类，其图示结构涵盖病史采集、心理检查、诊断陈述、治疗建议等基本语类，每个基本语类又涉及若干语类成分并通过词汇语法资源表征，所有基本语类都服务于心理咨询与治疗话语宏观语类目的，即"促进患者身心健康"（旷战，2017：170）。指称系统通过语言结构反映出语境和话语之间的关系（崔刚，2002）。作为一种特殊词汇语法资源，它主要涵盖称呼语和人称代词两个下位系统（陈翠珠，2009）。因此，下面我们将从称呼语和人称代词这两个维度出发来考察、分析。

4.1　心理医生诊疗话语中的称呼语

称呼语是使用最广泛的词汇语法形式之一，主要用于称呼人、物等言语对象，有自己的语法表征形式，如词或词组合，反映出人际关系以及享有的社会评价，并伴有特殊语调以及民族性、变异性、时代性、复杂性、多样性等特征，它包括面称与述称，又称引称、背称等（曹炜，2004：166）。人的本质就现实性来说，是所有社会关系的总和，而建立在此种基础上的称呼形式的选择与人际功能密切相关，并受社会文化语境制约。

每一种场域实践映射着不同的知识区域，其语码取向也反映出不同个体意库资源及其知识结构特性。为了更好地探讨心理医生称呼语资源使用情况，本文主要参考了祝畹瑾（1992：151 - 157）、崔显军（2012：65 - 73）等对现代汉语称呼语系统的分类，将其划为亲属称呼语、拟亲属称呼语、姓名称呼语、通用称呼语、机构称呼语、职衔身份称呼语、零称呼语 7 大类。这些称呼语分类呈阶梯状特征，越往上走越正式，反之则越低。

基于上述分类，我们进行了归纳统计，其各项结果如表 1 所示。研究显示，心理医生称呼语选择频次最高的 4 种类型为零称呼语、亲属称呼语、职衔身份称呼语以及机构称呼语，共 1 756 次，占 97.7%；最低的 3 种类型为姓名称呼语、通用称呼语、拟亲属称呼语，共 41 次，占 2.3%；这反映出心理咨询和诊疗话语的场域特征，对此我们将逐一来讨论。

表 1　称呼语使用特征

称呼语类型	主要表现形式	合计/次	比例/%
零称呼语	你好、晓得不、懂不	1 015	56.5
亲属称呼语	老公、崽、堂客	481	26.8
职衔身份称呼语	医生、患者、院长	163	9.1
机构称呼语	医院、派出所、社区	97	5.3
姓名称呼语	谭××、肖××、夏××	31	1.7
通用称呼语	同志、师傅、朋友	8	0.45
拟亲属称呼语	娭毑、那个爷爷、叔	2	0.11
合　　计		1 797	100

4.1.1　零称呼语

零称呼语作为一种有标记面称方式,指在言语会话中,说话者直接省略称呼语进入主题的方式,如"你好、我说、好点不"以及微笑、点头等招呼方式。表 1 显示正式程度最低的零称呼语占比最高,达56.5%,它几乎出现在所有语类阶段中,这在某种程度上反映出医患接触频率高的语旨特点。医患交流时,求助者通常带有焦虑、羞耻、恐惧等心理以及对医疗机构的各种可怕想象,经验型医生在主导谈话时,知道只有让患者心情放松,才能深入了解病情、病史以及临床症状等有价值信息,提高诊疗效果,如例 1 所示。

［例 1］

D:→((**点头、微笑**))咯[①]((方言:这))一次来除了手抖,还有其他症状吗?

P:给人感觉就是四肢木僵,眼神呆滞。

称呼语选择与职业、性别、社会阶层、文化程度、接触频率等社会语境紧密相关(孟万春,2010)。心理医生零称呼语选择也非传统意义上的称呼语缺环,它恰好符合心理科"患者确定性"的场域特征(多数患者为医生熟知的"老病号")。尽管区分指称与唤醒对象功能较弱,但零称呼语传递情感的人际功能明显,它使医患会话氛围变得轻松、自然、和谐,让患者专注于心理检查相关主题上,也建构了医生作为"熟人、劝导者"等话语身份。

4.1.2　亲属称呼语

亲属称呼语,是现代汉语称呼语中的一个重要构成,它大致分为直系和旁系两类;就使用场合而言,又分为面称和述称。与其他临床医学学科不同,心理医生与患者交谈既要收集病情以明确诊断,同时也是治疗的开始。经验型医生通常会就患者最重视、关注的主题展开交流,而亲属显然是最熟悉的话题,容易使患者放松并愿意交谈。此外,对亲属的了解还能更好地掌握患者的现病史、既往史、遗传史等,如例 2 所示。

［例 2］

D:→我听你**姆妈**港((方言:说)),你在屋里连**娘**都经常打,咯是何解呢?

P:我冒啊,我娘脑壳本来就有点问题((患者母亲有病史))……

统计显示,这种正式程度最高的称呼占比为 26.8%,大多出现在病史采集、心理检查等基本语类阶段,对直系亲属述称为主(正式程度降低),频次依序为子女(131 次,如"小孩、细伢子、妹子")、丈夫(105次,如"老倌、男人、爱人")、母亲(79 次,如"姆妈、娘老子")及其方言变体。而根据情景语境对上述称呼语灵活使用语码转换,医生拉近了双方情感距离,实现了与患者的"价值联盟"和"移情站位",建构了

---

① 例 1、例 2、例 7 根据湖南方言转写。

"老乡、同伴"等话语身份。

4.1.3 职衔身份称呼语

这类称呼语正式程度较高，属无标记称呼语，占比较低(9.1%)，主要出现在病情诊断和治疗建议语类阶段，它表现为"医生"(112 次，占 69.7%)、"老师"(7 次)、"护士"(6 次)及一些特殊称呼语，如"警察"(5 次)。这是因为有些患者犯病时轻则毁物，重则伤人，由警察送到医院，如例 3 所示。此外，机构身份还有"教授、主任、专家、院长"等，对其使用具有提升正式程度、强化医生权势、获得尊重等符号内涵。

[例 3]

D：→都没有吗？有没有打东西、打人，**警察**为什么把你送哒咯里来？

P：他怕我犯病？

心理医生诊疗话语中称呼语通常带有典型机构话语特征。这类称呼语的选择、使用既体现了社会场域对称呼语使用的限制功能，又强化了称呼者代表的机构性。它拉开了医患双方的社会距离，使心理医生诊疗话语显得更具有正式性、权威性，从而让躁狂患者安心接受治疗。

4.1.4 机构称呼语

机构称呼语是一种正式程度较高的指代性称呼语，该机构与称呼者或被称呼者密切相关，具有权威性、公正性、庄重性等特点以及与对方保持心理距离的人际意义。语篇中此类资源占比更低(共 97 次，5.3%)，以述称为主，它表明医生强化其"机构身份"的意图，表征形式为"医院、社区、派出所、公安局、患者单位"等，如例 4 所示。

[例 4]

D：还跳楼啊，天天觉得别人要**害**你，是**派出所**和**社区**好心免费送来的。

P：我一点都冒得咯着印象啊！

例 4 中，患者有多次自杀倾向，心理医生使用机构称呼语代替对个人身份称呼，体现了她所代表机构的权威性、可靠性、严肃性等人际意义，再辅以"好心、免费"以及"害、跳楼"等一系列显、隐性评价资源耦合，其目的在于更好地发挥自身机构的权威作用以修正或说服患者的荒诞思维，为后续病史采集、精神检查夯实基础。

4.1.5 姓名称呼语

姓名称呼语是最基本的个人称呼方式，通常以面称方式出现。它包括全名、小名、别名、学名、老/小/大＋姓等形式。汉语语境下姓名称呼语通常由交际双方的年龄、地位、权势、熟悉度等决定。在心理医生诊疗话语中，这种正式程度较高的形式使用频率较低，共 31 次，占 1.7%，其中全姓名 30 次，小名 1 次，如例 5 所示。

[例 5]

D：→你好，你叫什么名字？((患者已住院 5 次))

P：我是**黄××**((患者实际姓**肖××**))啦，你看我是蠢人子不……

D：▼**肖××**，好啦，莫啰唆哦！好多岁嗒？

P：我啊，42 岁啊，嗯嗯，58 啦，明年 60 岁嗒。

经验型心理医生在权势、职业、年龄等方面具有优势，但她对该患者从零称呼语转换到姓名称呼方式，不仅出于权势或熟悉关系，其深层目的在于：一方面定下一个平等、亲近的基调与患者形成价值联盟，以便检查患者的外表行为、认知功能、言谈思维等；另一方面也是一种修正对方思维障碍，实现话轮转换或语码转换的重要词汇语法手段。

4.1.6　通用称呼语

通用称呼语又叫"通称"或"泛称",其语义有表示亲近或尊敬之意,也是一种缩短心理距离的语用策略。受场域实践的限制,此类资源出现少(共 8 次,占 0.45%),主要以面称方式出现,包括"同志"3 次,"师傅、老板、领导、美女"各 1 次,如例 6 所示。

　　[例 6]

　　D:→**小朋友**((患者刚满 18 岁)),回去一定要记得坚持吃药啊!

　　P:要得。

称呼语对时空变化最为敏感,不仅有概念意义,还有情感意义。医生对该资源运用不仅反映出其个体意库知者语码潜势,也表示了对患者关爱的人际意义。通用称呼语在营造轻松、亲近、愉悦的氛围的同时,也体现出医生"关心者""教育者"等身份特征。

4.1.7　拟亲属称呼语

拟亲属称呼语即泛化或转类亲属称呼语,表示对听话者或他者礼貌、亲近之意,正式程度较高,对其运用具有阶段性、阶层性、地域性等倾向,年纪越小,教育程度越高,对其使用就越不普遍(潘攀,1998),仅出现 2 例("那个爷爷、娭毑"),占比 0.11%,如例 7 所示。

　　[例 7]

　　D:→**娭毑**((方言:奶奶)),在屋里有哪些不好呢?

　　P:冒嘚,你是港((方言:说))症状哦? 就是偶尔有点幻听。

受医患机构话语语境限制,此类资源使用极少且都出现在注意事项语类阶段,但对该资源的使用有助于实现"尊重和亲近"较大程度上的契合,缓和机构话语的紧张氛围,缩短双方的情感和心理距离,促进心理检查顺利进行,同时也体现医患之间"平等权势"的身份特征。

4.2　心理医生诊疗话语中的人称代词

人称代词指用以称呼、替代人/物的特殊人际词汇。在现代汉语中,除第一人称/自称、第二人称/对称、第三人称/他称三类代词外,常见的人称代词还有反身称(自己)、旁称(别人、人家等)、统称(大家、双方、各自、彼此等)(陈翠珠,2009:112),具有封闭性、动态性、变异性等特征(陈治安、彭宣维,1995);在句法层面,人称代词语义特征体现为人际功能的语式(Halliday,2014:144)。心理医生对人称代词的选择,通常以其语类目的为中心,进而赋予某种特殊编码取向。

通过附码检索,我们统计出心理医生人称代词使用情况,如表 2 所示。人称代词共 6 326 个,其中对称"你"占比最高(4 866 次,占 76.9%),它与自称"我"(467 次,占 7.4%)具有关系建构功能,体现出机构话语场域特征,这也是无标记对称(4 873 次)频次远高于自称(527 次)、他称(333 次)以及其他代词(反身称、旁称、统称等,553 次)的原因。心理医生的主观能动性体现在人称代词选择的多样性、灵活性上。为了更深入地研究人称代词选择情况,我们将其分为一致式和变异式两类,下面将逐一展开讨论。

4.2.1　一致式人称代词

人称代词基本用法是指称明确的所指对象,一致式指在性别、人称、数量等方面与所指称对象保持"一致性"的人称代词形式。在心理咨询和治疗语境下,医生不能任意转换人称代词,他们通常选择与所指对象相一致的形式,在人称语义和语法层面上体现其指称确定性,即对"我(我们)、你(你们)、他/她(他们)"等人称代词采取本用,如例 8 所示。

　　[例 8]

　　D:→▼**你**自己感觉没什么,但**我**感觉你刚到咯里时,在**你**不经意间,**我**就观察到**你**时不时在自言自语。

一致式有利于从"质"和"量"两方面明确医患双方身份,为医生后续心理检查、诊断、治疗,提供权威性、机构性、独立性保障。因此,这种无标志形式高达6 089次,占96.3%,其中一致式"你"和"我"占83.8%,这显然是机构场域特征在词汇语法层的体现。

表2　人称代词使用特征

人称代词类型	人称代词	一致式频数/次	变异式频数/次	合计/次	比例/%
对称代词	你	4 864	2	4 866	76.92
	你们	7	38	45	0.71
	您	2	0	2	0.03
自称代词	我	440	27	467	7.38
	我们	11	49	60	0.95
反身代词	自己	243	63	306	4.84
他称代词	他	186	5	191	3.02
	她	94	0	94	1.49
	他们	44	4	48	0.76
旁称代词	别人	146	15	161	2.55
	别个	39	26	65	1.03
	人家	10	7	17	0.27
统　称	大家	1	1	2	0.03
	双方	1	0	1	0.02
	彼此	1	0	1	0.02
合　计		6 089	237	6 326	100

4.2.2　变异式人称代词

除了符号性和指示性,变异性是人称代词的另一项人际功能特征,它是语义特征个体化编码取向的结果,其语义潜势示例形式和本体语义之间在数和质(人称)上形成错位;医患语场、医生知者语码等语境要素赋予了人称代词变异性的语义编码。统计结果显示,心理医生人称代词变异主要表现为数量变异和人称转指。"数"有单数和复数;"人称"包括自称、对称、他称、旁称、统称、反身称等,下面我们将基于这两个维度逐一解析。

4.2.2.1　数量变异

在心理咨询和治疗场域实践下,由于语类目的的需要,医生诊疗话语中人称代词的数量形式会渐时性出现两种语义特征变异,具体表现为表示单数的人称代词具有复数意义,或表示复数的人称代词具有单数意义。

1) 单数异化为复数

在心理医生诊疗话语中,单数人称代词渐时性变异为复数人称代词的语义特征。这种变异出现频次很少(5次),具体表现为他称代词变异,如例9所示。

［例 9］

D：→这具体表现在很多病人**他**有怀疑心,有妄想,幻觉呀,晓得不? ……

通过情景语境可以明确例 9 中的代词"他"单数变异活用为复数"他们"。有心理障碍的患者不止一人,此处医生用单数"他"指代复数,是因为个体语义简单明了,比整体更具代表性、显著性,可让医生陈述的信息清晰、明确,更易被患者认同和理解。

2) 复数异化为单数

复数人称代词渐时性变异为单数占比较高,具体表征为三身代词变异,出现频次依序为自称代词(41 次)、对称代词(38 次)、他称代词(4 次),他称代词的"不确定性"太强,频繁活用不便让患者准确掌握诊疗信息,如例 10～12 所示。

［例 10］

D：→你现在呷利培酮、丙戊酸镁,如果睡眠差,**我们**再加点安眠药,好不?

［例 11］

D：当时**你们**家里三代谁有这种病啊?

［例 12］

D：→你老倌子虽然年纪大,但对你好,现在**他们**那里又征收啦。

人称代词具有调整角色、建构身份以实现有效交际目的的功能(任育新,2016)。借助这种变异,医生话语的主观性不断弱化,客观性不断强化,其目的在于将自己的视角、立场和观点向患者或集体靠拢,使患者在心理上消除孤独感、对立感,萌生归属感。同时,医生的主导性、机构性地位向平等性、亲近性方向下移,体现出"建议者、劝导者"等身份特征。

4.2.2.2 人称转指

人称转指指人称代词固有的指称意义转化为其他机构、人称、专有名词的指代意义,通过这种语义质变,医生可灵活调整话语编码取向的主观化程度以实现诊疗语类目的。这类变异主要体现为自称异化为对称和机构称呼以及其他代词异化为三身代词。

1) 自称异化为对称和机构称呼

自称原本语义渐时性地变异为对称代词或机构名称(如医院)。医生诊疗话语中这类变异自称单数(25 次,占 10.5%)排首位,它主要体现为自称单数表示对称单数,如例 13,而自称复数表专有名词出现了 5 次,如例 14 所示。

［例 13］

D：→以后如果中间有新的药,可以问医生,**我**今天的药是不是变了,知道不?

［例 14］

D：→**我们**咯里各方面条件比××要好吧!

例 13 中对称"你"异化为自称"我",是医生将自己设身处地为患者着想的一种移情行为或意识,医生在建构"虚化身份"的同时,表达鼓励、关心等积极情感意义,增强了话语的说服力和感染力。例 14 中,用"我们"而非"××医院"柔化了机构名称的负面情感,削弱了患者的紧张、对立情绪,有利于患者接受医生的态度和观点。

2) 其他代词异化为三身代词

这类代词变异主要体现为反身、旁称、统称等代词,其模糊、笼统的语义被明确化为"三身代词",主要体现在反身称代词"自己"(63 次),旁称代词"别个"(26 次)、"别人"(15 次)、"人家"(7 次)与统称代词"大家"(1 次)上,如例 15～18 所示。

［例 15］

D：→不能沾那些东西，沾就害**自己**（（患者有吸毒史））一辈子，知道不？

［例 16］

D：**别个**是对你好，关心你嘞，你知道不？

［例 17］

D：→这里一百多人，除了你（（患者总怀疑自来水有毒）），**人家**都能喝……

［例 18］

D：→一般说，如果没陪人就跟**大家**一起，现在睡眠好些吗？

通过上下文语境，可明确例 15 旁称"自己"异化为对称"你"，表达对信息的强调，体现对患者的关心和爱护；例 16 旁称"别人"异化为自称"我"，营造出轻松、惬意的谈话氛围；例 17"人家"异化为他称"他们"（其他患者），可柔化话语语气，避免冲突；例 18 统称代词"大家"取代他称代词"他们"，让医生话语显得更加客观、公正。

人类价值体系分为"生理需求、安全需求、自尊需求、爱与归属需求、自我价值需求"5 大类（Maslow，1970：22 - 30）。心理医生诊疗时显然会考虑患者这些价值因素，在对上述变异式人称代词、零称呼语、亲属称呼语等指称系统资源的示例化过程中，伴随着医患话语发生，这些指称资源相互耦合、串联、渗透、回应，所建构的"平等、尊重、亲和"等情感意义态度韵律（Martin & White，2005：18 - 24）在整个医患语篇中不断弥漫、强化、彰显，积极人际意义的比重也在不断扩大，如图 2 所示。伴随着医患之间身份认同、价值联盟和情感绑定的由弱到强，"指称言语行为—积极情感传递—心理诊疗干预"模式也就此形成。

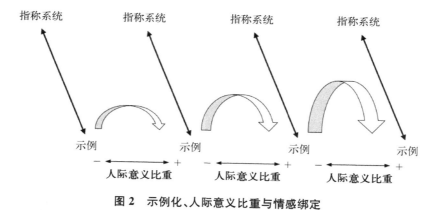

图 2　示例化、人际意义比重与情感绑定

5　结语

本文从适用语言学以及语类理论、评价理论、语篇语义学、心理学等跨学科视角出发，考察、解析了心理医生诊疗话语中指称系统的使用特征。研究显示，在称呼语系统中，零称呼语、亲属称呼语、职衔身份称呼语占比高；而在人称代词系统中，对称"你"和自称"我"一致式占比较高，自称代词变异多体现出高值移情特征。借助上述指称资源，心理医生柔化了机构权势身份，体现出"熟人、同伴、劝导者"等身份特征，与患者建立和发展了平等、尊重、亲和等人际关系。这种对"指称言语行为—积极情感传递—心理诊疗干预"话语模型的探讨，有助于更好地揭示指称系统的社会服务功能，推动适用语言学理论的内涵提升与外延发展。

参考文献

［1］ Eggins, S.& Slade, D. 2004. *Analysing Casual Conversation*［M］. London: Equinox.

［2］ Halliday, M. A. K. 2014. *Halliday's Introduction to Functional Grammar*［M］. London:

Routledge.

[3] Halliday, M. A. K. *Complementarities in Language* [M]. Beijing: The Commercial Press, 2008.

[4] Martin, J. R. & Rose, D. 2008. *Genre Relations: Mapping Culture* [M]. London: Equinox.

[5] Martin, J. R. & White, P. 2005. *The language of evaluation: Appraisal in English* [M]. New York: Palgrave Macmillan.

[6] Maslow, A. H., Frager, R., & Cox, R. 1970. *Motivation and Personality* [M]. New York: Harper & Row.

[7] 曹炜.2004.现代汉语词汇研究[M].北京：北京大学出版社.

[8] 陈翠珠.2009.汉语人称代词考论[D].武汉：华中师范大学.

[9] 陈治安,彭宣维.1994.人称指示语研究[J].外国语(3)：28－34.

[10] 崔刚.2002.失语症的语言学研究[M].北京：外语教学与研究出版社.

[11] 崔显军.2012.语义功能语言学视野下的汉语研究[M].北京：北京大学出版社.

[12] 高一虹,陈向一.2015.心理咨询与治疗话语分析[M].天津：南开大学出版社.

[13] 胡壮麟.2012.超学科研究与学科发展[J].中国外语(3)：16－22.

[14] 旷战.2017.个体意库、身份建构与情感绑定——基于精神科医患会话的个案研究[D].重庆：西南大学.

[15] 孟万春.2010.汉语交际中零称谓语现象解析[J].宁夏大学学报(社会科学版)(7)：29－33.

[16] 潘攀.1998.论亲属称谓语的泛化[J].语言文字应用(2)：35－38.

[17] 任育新.2016.学术会话中人称代词身份建构功能研究[J].外语研究(2)：23－28.

[18] 谭欣,黄国文.2020.作为问题导向理论的适用语言学探究[J].外语电化教学(4)：46－50＋8.

[19] 王振华,李佳音.2021.高危话语与极端活动：基于评价性语言的心理实现性讨论[J].当代修辞学(2)：49－59.

[20] 王振华.2012.詹姆斯·R.马丁的司法语言研究及其启示[J].当代外语研究(1)：19－24.

[21] 朱永生.2012.适用语言学：定义、基本特征、形成过程与发展趋势[J].外语学刊(4)：34－40.

[22] 祝畹瑾.1992.社会语言学概论[M].北京：北京大学出版社.

The Study of Referential System in Psychologist's Discourse on Diagnosis and Treatment from Appliable Linguistics

Zhan Kuang, Qinqin Song
Hunan University of Science and Technology

Abstract: Referential System belongs to both lexico-grammatical and semantic category, and it is the "barometer" of doctor-patient relationship. Based on qualitative, quantitative and empirical methods, this paper, from the commence of the appliability of Appliable Linguistics, combines the interdisciplinary perspectives of Psychology with Genre Theory,

Appraisal Theory, Discourse Semantics under Systemic Functional Linguistics to investigate, analyze and elaborate the features of Referential System in psychologists' discourse on diagnosis and treatment. Studies have shown that in the Address Form System, zero address, kinship address, professional title and institution identity address occupy a high proportion. In the Personal Pronoun System, the use of symmetrical "you" and self-proclaimed "I" is relatively high, while the frequent variation of self-proclaimed pronouns reflects a high degree of empathy. With the help of the Referential Resources above, the psychologist attempts to soften her own institutional power, constructs discourse identities such as "acquaintances, companions, persuaders", and establishes and develops equal, respectful and friendly interpersonal relationships with her patients. The discussion based on the dynamic discourse model of "Referential speech act—Positive emotion transmission—Psychological intervention" is helpful to better reveal the social service function of Referential System, and promote the development of connotation and extension in the Appliable Linguistic Theory.

Keywords: psychologist; discourse on diagnosis and treatment; referential system; appliable linguistics

非物质文化遗产传承的口述范式研究[①]

肖志鹏[②]　肖唐金[③]

华中师范大学　贵州民族大学

摘　要：非物质文化遗产的口述范式体现在以人为中心，以语言传授为媒介，在师徒关系中充分发挥传承过程中的"赋权""赋能"互惠互动关系中。本文以 3 个非物质文化遗产的传承为例，揭示口述范式所发挥的作用，彰显传承的历史、社会意义、传承者与被传承者的身份感以及中华民族共同体意识等维度。

关键词：非物质文化遗产；传承；口述范式；中华民族共同体意识

1　引言

非物质文化遗产的传承一直是人们关注的话题，对激活中华文化的活力有着重要的意义。党和国家历来重视中华文化的赓续。"推动中华优秀传统文化的创造性转化和创新性发展，以时代精神激活中华优秀传统文化的生命力"，党的十八大以来，习近平总书记高度重视非物质文化遗产的保护与传承工作，多次发表重要论述，作出重要指示（央视网，2022）。非物质文化遗产具有原创性、真实性、本土性、以人为中心性、濒危性等特点。在非物质文化遗产的传承中，诸如访谈、回忆、叙述等口述方式起着重要作用：一是起着沟通过去、现在和未来的作用，具有历史、社会、民族等各方面的意义；二是让口述者充当历史回忆或建构的主角，彰显非物质文化遗产的原创性及其传承的"以人为中心"的真实性、本土性。

阿里斯佩和阿姆尼斯库阿（Arizpe & Amnescua，2013）主编的《非物质文化遗产的人类学视角》（*Anthropological Perspectives on Intangible Cultural Heritage*）一书提出了非物质文化遗产的"语言范式"（linguistic paradigm），将研究重心放在知识技能以及知识技能传承、复制的方式上，而不仅仅是文化创造上。"语言范式"包括以下 4 个方面：① 语境因素（时间、地点、动机、使用机会以及历史、社会、情形、交际等语境构件）；② 教学方式（集中传授抑或一对一传授）；③ 传承安排——传承者和被传承者的关系、传承机构、教学实践；④ 传承的价值观结构。该范式体现了语境、参与者、教学方式、教学意义等几个方面，体现了"基于语境的教学模式"。在过去 20 多年中，里奇（Ritchie，2015）、艾布拉姆斯（Abrams，2010）、周晓虹（2020）等中外学者在口述史研究方面作出了突出的贡献。在口述史研究中，访谈、叙事是主要的方式，体现的是语言范式；强调受访者的回忆、话语构建之重要性，有时重视访谈者的介入，因而体现了语言使用的重要性。本文拟提出非物质文化遗产传承的口述范式，从跨学科的角度，即口述史与非物质文化遗产传承研究的结合角度，探究口述范式的构成，分析口述范式在非物质文

① 本文由贵州省 2023 年度高校人文社会科学研究资助，选题编号 2023GZGXRW127，选题名称"贵州非物质文化遗产有关问题研究"。

② 肖志鹏（1993—　　），男，华中师范大学国家文化产业研究中心博士研究生；主要研究方向：民间文学、民俗学和非物质文化遗产；通信地址：武汉市洪山区华中师范大学国家文化产业研究中心；邮编：430079；电子邮箱：1781353949@qq.com。

③ 肖唐金（1966—　　），男，博士，贵州民族大学外国语学院教授；主要研究方向：语言学、翻译、跨文化交际；通信地址：贵州省贵阳市贵安新区大学城贵州民族大学外国语学院；邮编 550025；电子邮箱：287704952@qq.com。

化遗产传承中的具体应用,从理论上丰富非物质文化遗产传承的研究,从实践上为非物质文化遗产传承提供参考或指导。

2　口述范式

2003 年联合国教科文组织通过的《保护非物质文化遗产国际公约》指出,非物质文化遗产包括 5 个方面,即口头传说和表述,包括作为非物质文化遗产媒介的语言;表演艺术;社会风俗、礼仪、节庆;有关自然界和宇宙的知识和实践;传统的手工艺技能。这 5 个方面都离不开语言,其中“口头传说和表述”直接通过语言加以呈现,“表演艺术”直接或间接与语言表述有关。此外,其他 3 个方面的传承也离不开语言教授。从传承路径来讲,非物质文化遗产传承与口述范式关系紧密。口述范式具体应包括语言使用方式、“以人为中心”的特征、“权力”“赋权”与“能力”“赋能”、记忆、运行机制 5 个方面。

2.1　语言使用方式

从语言使用方式来讲,非物质文化遗产传承的口述范式体现在“个人陈述 + 互动”。在非物质文化遗产传承中,“师傅领进门,徒弟学习”较好地体现了师徒之间的口口相传模式,既有示范,也有互动——毕竟不懂的地方徒弟还是需要再请教师傅的。根据艾布拉姆斯(Abrams,2010)的观点,叙述是对生活经历进行回忆的根本方式。叙述具有全方位的意义,通过叙述我们可以记忆、预测、表达希望,可以将信念、失望、怀疑、爱恋、憎恨等加以表达,可以将计划、传言、批评、修正等加以传递。叙述不仅涉及内容,叙述的方式也很重要。叙述中的停顿、强调语气、沉默、修饰等可在很大程度上决定叙述的成功与否、效果如何。在非物质文化遗产传承过程中,叙述一般由传承者开始,传承对象在叙述过程中进行插话,增补信息,澄清疑问,促进情感交流。

2.2　语言使用的特征

口述可揭示身份感、主体性、主体间性。根据艾布拉姆斯(Abrams,2010)的观点,口述过程中受传者在讲述得到所传承技能的感受时,会直接或间接告知其“自我感”(sense of self),而自我感是人生的最高体现(culmination)。此外,构建身份的一种主要方式是口述,也称为“自我叙述”(self-narration)。关于身份或自我之说,主要有三种理论:① “自我发明”(invention of the self)——“现代身份的产生与理性相关,掺杂着认知、情感等因素,因而具有自我建构或发明性”;② “本性观”(essentialism)——“自我是内在的实体,受性别、种族、宗教等文化遗产的影响而传承下来的”(比如,通过话语可揭示受访者的社会文化环境特征);③ “身份坦白观”(confessional self)。自我叙述可揭示在时间轴上的自我连续性,还可说明自我与他人的关系,在叙述过程中可以对自我进行反思,因而具有较大的“建构性”(constructedness)。“主体性”一般与“意识”(consciousness)相提并论,结构主义将“主体性”视为由社会因素塑造而成,如社会阶级、种族、性别。社会学家布尔迪厄(引自斯沃茨,2006)认为,个人在对外部世界的结构(如阶级、家庭)进行内在化的过程中,形成了所谓的“惯习”(habitus),即一种思维方式或对应结构界限的性情(disposition)。“自我”或“身份”可视为个人意识或主体性在与社会中存在的话语进行接触过程中形成的“对话过程结果”。“身份”与“主体性”是一种上下义关系:“身份”是上义词,而“主体性”是下义词。“主体间性”在“主体性”的基础上发展起来,是双方的一种互动或碰撞。话语参与者的社会、个人身份与意义对于非物质文化遗产的传承意义显著。非物质文化遗产传承者通过讲述,表现自己的能力,展现自己的社会知名度。这是主体性的建构,也是与传承对象的主体间性建构的体现。许多非物质文化遗产传承者在传授相关知识或技能时,并没有具体的书面材料或文本,其内容“镌刻”在其头脑中,其个人身份或意识的彰显较为明显。

2.3 "权力""赋权"与"能力""赋能"

在非物质文化遗产的传承过程中,口述可表述"权力""赋权"和"能力""赋能"的关系。根据艾布拉姆斯(Abrams,2010)的观点,诸如访谈的口述方式具有给予"沉默者"说话的权利。访谈可给予受访者"为自己发声的机会",是交流经历的一种渠道。通过访谈,受访者在心理上可得到"理疗",改变自尊心较低的状态;访谈也是对受访者身份提升的认可。受访者的声音得到了聆听和认可,受访者对经历"真实性"(truth)享有拥有权,受访者与他人权利需加以平衡,受访者可将个人记忆与集体记忆有机地融合在一起。据此,口述可给予"弱势群体""增权""增能"的机会。在非物质文化遗产传承过程中,口述是师徒传承、同伴学习的重要方式;师徒传承关系存在倾听徒弟声音的情况,还存在对徒弟"赋能""增能"的情况。另外,在师徒交流过程中,徒弟一般处于"弱势"地位,但应鼓励其对某些事宜进行质疑、询问,师傅有必要、有义务认真回答这些问题,促使传承的非物质文化遗产的"真实性"得到保证。再有,在非物质文化遗产传承过程中,相关管理部门需赋权传承人、被传承人,政府应主要起着引导、促进的作用。

在非物质文化遗产传承过程中,师傅的权力与徒弟的权力、师傅的能力和徒弟的能力是一种双向、互惠的关系。师傅对徒弟赋权越大,徒弟对师傅的"权力"回报就越大。师傅对徒弟赋能越大,徒弟对师傅的"能力"回报就越大。不论是师傅还是徒弟,"能力"和"权力"都是一种辩证的关系,即权力越大,能力也越大。"赋权"和"赋能"存在辩证关系,"赋权"即"赋能","赋能"也是"赋权"。在非物质文化遗产传承过程中,师傅与徒弟的关系从传统意义上的"不平等"转换到"平等""互惠互利""互动"的关系上来。当然,师傅还是师傅,徒弟还是徒弟,尊重不能少。但这种尊重不是刻板的等级关系,而是建立在合作、目标导向(传承)的基础上,因此在尊重中彰显了平等、合作的新型师徒关系。

2.4 记忆

非物质文化遗产传承的口述范式都与记忆密切相关。根据艾布拉姆斯(Abrams,2010)的观点,记忆在口述中十分重要。一是记忆是身份的关键所在,没有记忆就没有社会存在感。事实上,身份在很大程度上是基于对过去的记忆而形成的。记忆联络过去和现在,它就像路线图(roadmap)一样,告诉我们过去走过的路,也有助于向我们揭示下一步该怎么走。口述史学家对记忆做了分类,大致可分为 5 类。① 语义记忆(semantic memory),与事实和概念性知识有关,是名字、地点和事实而不是情感的参考书。② 程序性记忆(procedural memory),促进技能和习惯学习的系统。③ 工作性记忆(working memory),指导人们日常生活的系统,具有短期、工具性特点,如使我们能长时间记住电话号码,方便打电话。④ 插曲性记忆(episodic memory),促使我们能够回忆某些事件或偶发事件的记忆系统,是一种"心灵时间旅行"(mental time travel)。通过这种旅行,我们记住的不仅是事件本身,还有我们在事件中的位置。广义上的插曲性记忆有时也称为自传式记忆,在口述史研究的访谈中运用得最多。⑤ 灯泡式记忆(flash-bulb memory),有时也称为生动记忆,包含在插曲性记忆中,指的是能以形象细节表述的记忆,具有照片或视觉特征。这种记忆所涉及的事件往往具有较大的个人意义,有时甚至与情感有关。记忆过程的顺序是"记录或编码—检索编码的经验碎片—排序和成形—记忆碎片连接在一起",有时会发生记忆失误(misremembering)的现象,不应被视为忘却或撒谎。造成这种情况的主要原因是受到干扰或打岔;受访者夸大某事以提升自我名声;其他态度问题。记忆失误可出现在个人、集体两个层面上。有人提出了"错误记忆综合征"(false memory syndrome)这一概念,实际上指回忆某个没有发生的事件。造成这一现象的原因包括童年时期受到身体和心理创伤、访谈者提示有误、误导等。在非物质文化遗产传承过程中,传承者的记忆以及记忆的表述对于传承效果息息相关。有些非物质文化遗产的传承人老年化程度严重,社区中又缺乏年轻的传承人,因而在对非物质文化遗产进行描述或叙述过程中,会出现失误情况。当然,也有诸多年长的传承者思维敏捷,记忆力保持得非常好。因而,各种记忆的作用发挥得好与否,可影响非物质文化遗产传承的效度与效率。

2.5　运行机制

非物质文化遗产传承的口述范式具有明晰的运行机制,主要包括以下 4 个因素:① 传承的主题、目的、问题、价值等;② 传承对象的名字和身份、传承地点、传承者与传承对象的关系(如亲戚、邻里、同族人、同村人等);③ 传承的策略和过程;④ 传承后的反思——传承的目的是否达到了,相关传承关系是否已经确立了,传承者、传承对象的角色是否表现充分等。

在非物质文化传承中,口述范式可分为“传承者主导的概括性传承”“传承者与传承对象互动性质的问答式传承”“一对一的传承”“一对多的传承”4 种类型。在不同的传承类型中,传承者、传承对象的话语角色不同,传承的内容繁简不同,传承的参与者多寡不同,传承要达到的效果不同,这些都可与口述史研究的访谈方法相对应。非物质文化遗产传承的口述运行机制是否高效与主体或社会需求、传承的具象性有关,亦可从口述史研究中得到借鉴。

口述史研究的应用涉及人们关注的主题或社会需求,如反贫困运动口述史、数字技术时代的口述史、疾病抗击。威尔(Ware,2019)的专著《悉尼的艾滋病幸存者:流行疾病回忆录》(*HIV Survivors in Sydney: Memories of the Epidemic*)详细记录了受访者(25 位艾滋病幸存者)的回忆。周晓虹的《口述史、集体记忆与新中国的工业化叙事》(周晓虹,2020)一文将口述史与社会学结合起来,指出中华人民共和国工业化的 70 年间大致经历了起步、挫折、恢复和腾飞 4 个阶段,洛阳工业基地和贵州“三线建设”基地的建设者的工作和生活记忆可揭示集体记忆,在命运共同体视野下可展示工业化叙事的历史意义。周晓虹是社会学家,他所推崇的口述史的研究将哲学、精神分析学等视角引入社会学研究,丰富了社会学研究的理论内涵,对于中华民族共同体的研究具有借鉴意义。胡洁(2022)的《社会认同:多维呈现与社会建构》一文基于贵州三线建设者的口述史研究,借用亨廷顿的社会身份分类方法,把研究对象的社会认同分为族群认同、地域认同、文化认同、主观阶层认同和情感认同 5 个方面。该文认为,时间轴(历时)与“使命感”(共时)贯穿于贵州三线建设者社会认同的建构过程,反映了国家政策、心理体验对社会认同的影响。胡洁的研究成果说明口述史是中国社会学本土化研究的有效路径。

非物质文化遗产传承也涉及人们关注的主题和社会需要,如马伟华、张宇虹(2021)关于非物质文化遗产传承人保护的影像民族志运用的研究,景磊(2021)关于传统手工技艺非遗传承人保护新路径的研究,马知遥、周晓飞(2020)关于媒介传播与非物质文化遗产传承的研究。非物质文化遗产传承的“活态性”传承、“地方知识”保护、“地域性”特质的 3 个方面与口述史研究中的访谈所表现的特征吻合,而这三大特征基本上都可通过口述范式加以表现。

3　口述范式在中国非物质文化遗产传承中的应用

下文探讨 3 个具有特色的非物质文化遗产传承项目,说明口述范式对于深化理解中国非物质文化遗产传承的运行机制及社会意义具有促进作用。

3.1　侗族大歌

根据中国侨网(2021)的报道,贵州黔东南苗族侗族自治州从江县的侗族大歌的传承方式主要有引导“民间歌师社会传承”“侗族大歌进校园”“修建侗族大歌传习所”等 3 种。贵州民族大学“教育部中华优秀传统文化侗族大歌传承基地”师生到小黄小学开展文化交流活动,民族音乐专业的学生齐唱侗族大歌,小黄小学的学生演唱侗族大歌,二者交相辉映,活跃了非物质文化遗产的传承氛围。

根据中国历史网(2020),“汉人有字传书本,侗族无字传歌声;祖辈传唱到父辈,父辈传唱到儿孙”是侗民族生活的真实写照。可见代代口头相传是侗族大歌的主要传承方式。由此看来,作为非物质文化遗产,侗族大歌传承的语言范式从古至今包含4种传承方式:代代口头相传(传统的方式)、民间歌师社会传承(传统和现代的方式)、侗族大歌传习所(传统和现代的方式)、侗族大歌进校园(现代方式)。

"代代相传""民间歌师社会传承"在身份或主体性上体现的是传承者"德高望重"的身份,而接受传承者的身份是"晚辈"身份。这样的身份关系决定了口传的效果,主要体现在两个方面。一是因为身份差距以及中国文化传统"孝悌"观,口传的内容会被如实接受,接受传承者不会去怀疑传承内容的真实性;接受传承者可以对传承的内容通过问答的方式澄清相关疑问,但这并不会影响其对内容真实性的怀疑。二是由于中国文化的"学高为师,身正为范"传统,传承者在传承过程中会尽力将所了解的内容、技术如实传承,从而塑造或巩固"长辈"的身份地位。"侗族大歌传习所""侗族大歌进校园"突显了社会、政府对传统文化传承的重视。同样,这两种口头传承方式突显了传统文化的重要性,而要做到这一点,传承者的重要性就要得到认可。正因为如此,传承的接受者(受承方)不会怀疑传承内容或技术的真实性和权威性。据此,这4种口传方式都能彰显传承者的"至尊"地位以及传承内容的真实性、权威性。

侗族大歌的体裁多样,包括爱情、劝教诫世、生产生活、歌颂自然等内容,有模仿自然跌宕起伏的声音唱法、抒发感情的柔声唱法、平缓式劝说唱法、单人领唱集体低音相衬的叙事唱法。劝说唱法和叙事唱法非常考验传承者的记忆力,其中"语义记忆"和"灯泡式记忆"显得较为重要,前者体现的是内容,后者体现的是情感。侗族大歌所讲述的内容体现了文化风俗以及伦理道德,而情感则是表演者对歌曲中所体现的方方面面的态度、感情,可与集体态度、感情一致,也可适当表现个人的态度和感情。从这种意义上讲,侗族大歌的传承者要记忆力好、表情丰富,需通过记忆梳理往事,在梳理过程中情感会自然流露。

要掌握侗族大歌,接受传承者需要不断练习,反思相关唱法技巧。有时,还需要邀请其他伙伴共同操练相关内容,以确保学到家、学以致用。在非物质文化遗产传承过程中,被传承者对传承的内容需事后梳理,有疑问的地方可能还需要再次和传承者进行确认,或通过其他人确认。非物质文化遗产传承的效果、可持续性是通过反复的练习得到巩固的,不是一次性的口传就能解决问题。

我们访谈了贵州民族大学资深侗族研究专家龙教授,让他讲述一下侗族大歌传承的关键所在。我们的问题如下:① 侗族大歌传承者地位如何? ② 侗族大歌传承的地方一般在哪里? ③ 为什么侗族大歌的传承十分重要? 我们得到的回答如下:

> 侗族大歌传承者一般在侗族村寨中享有较高的地位,德高望重,知识渊博,他们对侗族大歌的主题把握较好,是生活和文化的楷模。
> 侗族大歌传承的地方在侗族的鼓楼、村寨公共场所甚至民舍里,多为公共场所。
> 侗族大歌是凝聚民心、传承文化的重要方式,也是侗族对自己身份引以为豪的文化属性。

通过上述访谈,我们得知:侗族大歌的传承建立在言传身教的基础上,通过"口头教诲＋跟学＋互动"的口述范式,在交谈中传承艺术,在传承艺术中传承民族文化精神,赋能身份特征。"口述"在侗族大歌的传承中发挥着重要作用,它是师徒沟通的桥梁,是师傅向学徒赋权、赋能的路径,是学徒之间赋能的方式。由于侗族大歌表演时往往有不少不同民族游客在场,甚至参与相关活动,它也是各民族交往交流交融的重要场合。在侗族大歌表演和传承的过程中,非物质文化遗产的价值在口述模式中得到了活态的传承。贵州侗族大歌享誉中外,与传承工作做得好密切相关。

3.2 "抬汪公"

"抬汪公"是安顺吉昌屯堡的一种民俗,已列为贵州省级非物质文化遗产。这个仪式来自明朝朱元璋调兵西征屯军形成屯堡之时,起初只是安徽徽州地区的士兵和家属将其老家的一种风俗移植到黔中地区的一种做法，目的是传承乡土文化。这种汉族文化之所以能够在贵州多民族地区生存下来并得到发展，离不开它的传承方式和传承意义。"汪公"原名汪华，是唐朝的一位著名将军，对于维护民族团结和社会稳定发挥了重要作用，是百姓的楷模。"抬汪公"是一种民俗，将汪华的塑像放在轿子上抬，要经历各种仪式，需要精挑细选品德优良、家庭和睦的"轿夫"。其传承过程更是放在重要的节日（如春节）中，可增添喜庆的气氛。传承的方式往往通过起始仪式上的"誓词"选读、抬轿过程中的走家串户互致问候、抬轿回到原来的汪公庙之后的教诲等方式加以体现，这之中有大量的口口相传、师徒相传，既是对历史文化的一种记忆，对楷模的缅怀，也是教育后代的重要方式。"抬汪公"这种非物质文化遗产的传承离不开口述范式，可体现多种深层社会意义，如社区凝聚力、组织力、集体观、道德伦理观。我们曾到安顺吉昌屯堡进行田野调查，通过访谈、观察了解"抬汪公"的民俗，可揭示口述范式在非物质文化传承过程中所发挥的作用：

> 据吉昌屯田中老人说，有一次他们家有两个人吵架，问题是是他父亲的错还是别人的错，大家互不相让。于是，他们就一起到汪公庙的汪公塑像面前去理论，力图解决这件事。由于汪公在人们心目中的至高无上长者、前辈地位，在汪公塑像面前评理自然要严肃，犯错一方自知理亏，不愿去得罪祖先，只得承认自己的过错，于是问题得到了解决。

汪公形象在当地百姓中深入人心，是权威的象征，规范着当地村民的言行举止，帮助村民树立正确三观。村民们生活中遇到困难或难题不是像一般人那样寻求其他人帮助，而是在汪公面前寻求解决问题的"钥匙"。上述访谈说明，口述范式之所以能够在非物质文化遗产的传承中得到应用，得益于该范式中存在交际方的"权威性""可信性"和"凝聚民心性"。站在汪公像面前，争吵双方似乎找到了一致的德高望重的"仲裁者"。这种"声望差异"促使人们将个人事件放在集体事件的语境中，摒弃个人之间短暂的不快，多思考集体利益，多回忆以往的愉快交往，不因一时怄气伤了和气。参与"抬汪公"活动，聆听"誓词"、长者教诲，正是对汪公教诲的传承，能让人们感受到集体记忆的力量、威望，也让人们感觉到生活的快乐和美好，这是"抬汪公"活动参与者必备的资格，也是"抬汪公"这一非物质文化遗产能代代相传的关键所在。屯堡原有居民为汉族军人及其家属，屯堡周边居民有少数民族也有汉族。逐渐地，"抬汪公"活动以及汪公祭祀活动的参与者多民族的特征益发明显，体现了中华民族团结精神。中华民族共同体意识在民族交往、交流、交融过程中得以铸牢，口述活动在其中扮演了重要角色。正如哈布瓦赫（2022：69）所言："无论何时，我生活的群体都能提供给我重建记忆的方法……正是在这个意义上，存在着一个所谓的集体记忆和记忆的社会框架；从而，我们的个体思想将自身置于这些框架内，并汇入能够进行回忆的记忆中去。"非物质文化遗产传承的口述范式强调交流与交融，只有通过交往交流交融，即语言上的互动，非物质文化遗产"连接历史与现在和未来，赋能文化身份，赋权文化活动"的价值才能得到体现。

3.3　跳戏

非物质文化遗产传承的"口述"范式不仅体现了语言表述的重要性，同时也彰显了听众的"听""互动"的重要性。语言表述（受访者）、听（访谈者）和互动（受访者和访谈者）在口述史研究中是3个最重要的维度，在非物质文化遗产的传承过程中也是如此，只不过语言表述的主体是传承者，听众是传承对象（甚至旁观者），互动关系存在于传承者和传承对象之间。这一点由高萍（2002）对陕西合阳跳戏国家级"非遗"传承人党中信的访谈可见一斑。党中信对3个问题的回答充分说明了非物质文化遗产传承的口述范式之重要性：

> （1）问：跳戏的起源在历史上有没有文字记载？答：过去没有文字记载，都是民间口传……老人一代一代口传下来。

（2）问：在历史发展中，合阳跳戏给了我们哪些记忆？答：明朝永乐年间，民间常以跳戏祭祀神明，庆祝丰收……1978 年以后，跳戏恢复演出……

（3）问：合阳跳戏发展鼎盛时期有很多演出团体，为什么你们行家庄村的跳戏能够延续下来，别的村庄都已失传？答：这得归结于几代跳戏人的努力……我和李敏生曾经是村干部，又分别是国家级和省级传承人，自然也是尽心尽力要将合阳跳戏发扬光大……

通过高萍对党中信的访谈，我们发现传承的地点、传承方和受传方之间的关系、传承的目的这 3 个方面对于非物质文化遗产传承的口述方式（如集体传承还是一对一传承，多次传承还是一次性传承，父传子、家族内部传承还是整个社区传承）有重要的影响，而非物质文化遗产的口述方式也可以反映传承地点的选择、传承双方关系如何、传承的目的为何，两者是双向互动的关系。非物质文化遗产传承口述范式可以折射历史、社会、文化、精神价值，进而促进传承的积极参与，而传承的积极参与又能进一步彰显非物质文化遗产的历史、社会、文化、精神价值，这亦是双向互动关系所产生的结果。

4　余论

本文探讨了非物质文化遗产传承的口述范式的建构及其在中国非物质文化遗产传承中的具体体现。非物质文化遗产最根本的特征是以人为本、人与人的互动以及历史和现在、未来的紧密联系。鉴于此，将口述理论和实践借用到非物质文化遗产传承的理论和实践中，可以让我们把握非物质文化遗产传承的可持续性。在美国民族志学家、语言学家海姆斯（Hymes，1974）看来，SPEAKING 模式（俗称"言语模式"）是文化展示的框架，涵盖 S（setting and scene，场景和情景）、P（participants，参与者）、E（ends，目的）、A（act sequence，活动序列）、K（key，基调或氛围）、I（instrumentalities，工具性或方式）、N（norms，范式或规范）、G（genre，体裁）。海姆斯的模式彰显了语言交流的重要性，通过具体的体裁展示文化活动、氛围、范式，实际上说明语言文化活动的开展基本上都可以采取这种民族志的路径，即口述范式，与本文研究的非物质文化遗产传承的口述范式异曲同工。作为研究者，我们可以通过口述范式洞察非物质文化遗产传承的理念内涵、运行机制、构建及其所揭示的各种维度的含义。非物质文化遗产的传承需要通过大脑理解、记忆加工、言传身教以及反复实践才能使被传承人加以领悟并得以代代相传，可揭示文学、民俗学、生态文化、历史、中华民族团结与共同体意识等价值（肖志鹏、肖远平，2023）。通过口述范式研究非物质文化遗产的传承具有学理、实践的支撑，值得推广。

参考文献

[1] Abrams, L. 2010. *Oral History Theory*[M]. London/New York: Routledge.

[2] Arizpe, L. & C. Amnescua (eds.). 2013. Anthropological Perspectives on Intangible Cultural Heritage[C]. Heidelberg/New York: Springer.

[3] Hymes, D. 1974. *Foundations of Sociolinguistics: An Ethnographic Approach* [M]. Philadelphia: University of Pennsylvania Press.

[4] Ritchie, D. A. 2015. *Doing Oral History*[M]. Oxford/New York: Oxford University Press.

[5] Ware, C. 2019. *HIV Survivors in Sidney: Memories of the Epidemic*[M]. New York: Palgrave Macmillan.

[6] 斯沃茨.2006.文化与权力：布尔迪厄的社会学[M].陶东风，译.上海：上海译文出版社：354.

[7] 高萍.2022.合阳跳戏国家级"非遗"传承人党中信访谈[J].文化遗产(4)：151－158.

[8] 胡洁.2022.社会认同：多维呈现与社会建构——基于贵州三线建设者的口述史研究[J].宁夏社会科学(1)：188－196.

［9］景磊.2021.传统手工技艺非遗传承人保护新路径——以内蒙古农业大学非物质文化遗产传承人群研修研习班为例［J］.内蒙古民族大学学报(社会科学版)(5)：13－19.

［10］马伟华,张宇虹.2021.视觉书写与动态呈现：非物质文化遗产传承人保护的影像民族志运用［J］.文化遗产(3)：40－47.

［11］马知遥,周晓飞.2020.论媒介传播与非物质文化遗产传承［J］.原生态民族文化学刊(6)：145－151.

［12］莫里斯·哈布瓦赫.2022.论集体记忆［M］.毕然,郭金华,译.上海：上海人民出版社：69.

［13］肖志鹏,肖远平.2023.非物质文化遗产视域下贵州民族歌曲的价值及其传承探究［J］.贵州民族研究(4)：150－155.

［14］周晓虹.2020.口述史、集体记忆与新中国的工业化叙事——以洛阳工业基地和贵州“三线建设”企业为例［J］.学习与探索(7)：17－25.

［15］侗族大歌特点简介,侗族大歌的传承研究［EB/OL］.中国历史网 https：//www.86lsw.com/whls/25666.html,2020－05－26.

［16］贵州从江：侗族大歌代代传［EB/OL］.中国侨网 https：//baijiahao.baidu.com/,2021－05－26.

［17］弘扬优秀传统文化　非遗赋彩新时代画卷［EB/OL］.央视网 https：//baijiahao.baidu.com/,2022－08－14.

The Oral Paradigm for Intangible Cultural Heritage Inheritance

Zhipeng Xiao, Tangjin Xiao

Central China Normal University; Guizhou Minzu University

Abstract: The oral paradigm of intangible cultural heritage inheritance is characterized with such features as human-centeredness, linguistic instructions as medium, and the reciprocal and interactive "empowerment" and "enabling" relationship between the master and the apprentice. Taking three examples of intangible cultural heritage inheritance, this research illustrates the roles that the oral paradigm can play and highlights a variety of dimensions including history, society, the sense of identity of the inheritors and beneficiaries, and a sense of community for the Chinese nation.

Keywords: intangible cultural heritage; inheritance; oral paradigm; a sense of community for the Chinese nation

课堂互动中教师的话步角色及其教学功能

何　凝[①]　赖良涛[②]

江苏省苏州中学　华东师范大学

摘　要： 本研究选取第十届"外教社杯"全国高校外语教学大赛获奖课堂的录像，以系统功能语言学的协商系统为分析工具分析获奖课堂教师话步资源的静态分布特征和动态变化规律，进而探究优秀大学英语课堂中教师的话步角色及其教学功能。研究发现，教师在互动协商的过程中使用了9类话步实现广泛的支架功能，如维持课堂方向、控制挫败等。教师话步在课堂各阶段的动态发展则表明其言语角色从主要知晓者向次要知晓者过渡，展现出教师指导学习—师生共同完成任务—学生独立解决问题的发展规律；此外，教师行动者角色贯穿课堂始终，发挥着管理课堂活动、维持教学方向、调节课堂行为的作用。

关键词： 课堂互动；协商系统；教师话步；教师角色

1　引言

20世纪80年代末以来，师生互动在儿童发展过程中的意义日益受到重视，成为心理学、社会学、语言学等学科的热点课题。

受心理学和行为科学的影响，交互分析（interaction analysis）主张利用预先设计好的观察量表对课堂教学中的言语行为进行客观记录和量化分析，研究教师和学生的课堂互动行为是否和研究者所提倡的行为模式相符。弗兰德斯互动分析框架（FIAS）是出现较早、运用较为广泛的分析框架，多位研究者（Bellack et al.，1966；Good & Brophy，1984；Moskowitz，1971 等）在此基础上进行了改进和完善，研发了一系列针对课堂互动的观察工具和分析框架，并广泛应用于国内外的课堂互动研究（黄焕等，2013；刘向永等，2018；Rohmah，2017；Ponce et al.，2018）。交互分析法能够对课堂互动行为进行细致描述和量化统计，然而其对观察者的记录速度和精确度要求较高，且量表中固定不变的分类标准难以全面地反映课堂话语意义的多功能性（Walsh，2001；Mercer，2010）。

师生互动的实证研究也受到了二语习得理论的启示。交互假设（Interaction Hypothesis）（Long，1983）、输入假设（Input Hypothesis）（Krashen，1985）、输出假设（Output Hypothesis）（Swain，1995）、课堂反馈方式分类（Lyster & Ranta，1997）、课堂提问分类（Long & Sato，1983）等，都关注师生话语互动对二语发展的影响。研究者们或直接从教育学理论出发分析教师的话语量、一语和二语的使用比例、提问类型、反馈方式（Vattøy & Gamlem，2020；Erdogan & Campbell，2008；陈柏华、高丹丹，2013；海春花等，2016），或从传统语法的角度分析师生话语在语音、词汇、句法、语篇等方面的特征，包括发音特征、词汇句法复杂度和准确度、语速等（Chaudron，1988；胡学文，2003；李晔、赵冬梅，2015）。这些研究

① 何凝（1999—　），女，硕士，江苏省苏州中学教师；研究方向：系统功能语言学、教育语言学、话语分析等；通信地址：江苏省苏州市人民路699号；邮编：215007；电子邮箱：heningcaroline@163.com。

② 赖良涛（1976—　），男，博士，华东师范大学外语学院教授；研究方向：系统功能语言学、教育语言学、话语分析；通信地址：上海市闵行区东川路500号华东师范大学外语学院；邮编：200241；电子邮箱：billowswright@163.com。

聚焦教师话语或学生话语的特点及其与习得结果的关系,然而缺乏对师生对话的功能和互动性的关注。

也有研究者(Mehan,1979;Gutierrez,1994;Cook,1999;Ohta,1999;Jocuns,2007/2009)用人类学中交际民族志的方法对课堂中自然发生的话语进行描述和解释,进而概括出其话语结构和规律,同时运用其他材料,如问卷、访谈等进行多方印证,揭示其背后的文化差异。受人类学传统的影响,会话分析(Sacks et al.,1974)同样关注会话中重复出现的互动结构,且更加强调逐字逐句的精细描写。辛克莱和库尔哈德(Sinclair & Coulthard,1975)通过会话分析提出了经典的课堂互动 IRF 结构,以及包含授课(lesson)、课段(transaction)、话轮(exchange)、话步(move)和话目(act)等 5 个层级的描述框架。此框架被多位研究者(Berry,1981;McCarthy & Carter,1994;Amy,1994;康艳、程晓堂,2011)加以应用与发展,尤其对语言学话语分析产生了深远影响。会话分析不仅能够观照课堂话语的微观层面,如言语行为,而且在话语结构的较宏观层面(如回合或交易)上显示出比交互分析法更强的分析力。然而,会话分析和交际民族志对课堂互动的研究分析均侧重质性的描述分析,缺乏更为系统、精细的分类框架。

功能语言学对课堂话语和师生互动研究也产生了较大的影响。韩礼德创立的系统功能语法(Halliday & Mathiessen,2004)为基于小句的话语分析提供了有词汇语法依据的理论框架。马丁等(Martin,1992;Martin & White,2005;Martin & Rose,2007)在此基础上发展了系统功能语言学的语篇语义模型,主要包含六大系统:识别(identification)、联结(conjunction)、概念(ideation)、协商(negotiation)、评价(appraisal)和格律(periodicity),聚焦小句之上的意义(meaning beyond clause),并进一步探索话语实现的社会目的。多数课堂互动研究基于评价理论(Martin & White,2005)的态度系统分析师生互动话语中评价资源的使用情况,考察其对课堂发展的影响及效果(张志栋,2008;Santamaría-García,2017)。也有一些研究采用介入系统分析教师话语的多声性以及其对课堂对话空间的构建(Llinares & Evnitskaya,2020)。此外,少数研究(杨雪燕,2007;杨雪燕、解敏,2012)运用语气系统、逻辑关系系统和词汇衔接系统探究教师话语的人际、逻辑和谋篇意义。由此可见,系统功能话语分析为课堂互动研究提供了以词汇语法为语义识别依据的分析框架,且系统中各个层级的理论关系更加紧密,在揭示课堂话语所实现的社会目的方面也展现出更强有力的阐释性。在系统功能分析框架中,前人鲜少运用协商系统来分析课堂互动,然而协商关注的正是交际者在对话交流过程中的互动,在课堂互动研究中有其适配性和有效性。有鉴于此,本文以协商系统为分析框架研究课堂互动,旨在从师生话步和言语角色的视角分析互动,进而揭示协商资源的使用在课堂教学中所起的作用。

2　理论基础

语篇作为互动性的意义交流事件在语义上体现为互动双方的协商对话,由语言的协商系统(NEGOTIATION)来体现(赖良涛,2012/2015)。协商系统(Martin & Rose,2007)关注交际者在对话交流过程中的互动、角色分配和话步的组织模式,为交际者在对话中承担特定的言语角色提供了资源。话步是意义协商的最小交际单位,承载着一个独立的言语功能,在词汇语法层面体现为一个具有独立级阶地位、可以独立选择语气的小句,包括其中的嵌入句以及从属性依赖小句。依据协商内容的不同,话步可以分为两类:当协商的内容是产品或服务时,话步用 A(action)来表示,其中负责提供产品或服务的交际者是主要行动者(primary actor),其话步标为 A1,一般承载着提供物品-服务的言语功能;而接受服务或产品的交际者是次要行动者,其话步为 A2,承载着索取物品-服务的言语功能。当协商的内容是信息时,话步用 K(knowledge)来表示,其中有能力提供、判断信息的交际者为主要知晓者(primary knower),其话步为 K1,通常用于实现给予信息的言语功能,而信息的接受者为次要知晓者,其话步为 K2,通常用于实现索取信息的言语功能。多个承载着相同言语功能或言语行为的连续话步可以构成话步复合体。

在词汇语法层,话步及其所承载的言语功能由语气系统(MOOD)实现。语气包含 3 种基本类型:陈述(declarative)、疑问(interrogative)和祈使(imperative),主要由语气成分(Mood element)的结构决定。

而语气成分包括主语（Subject）和限定成分（Finite），如表 1 所示，两者的出现和顺序决定了语气的类型。

表 1　基本语气类型及其结构

语气类型（Mood selection）	语气成分（Mood element）
陈述语气（declarative）	主语^限定成分（Subject ^ Finite）
疑问语气（interrogative）	限定成分^主语（Finite ^ Subject） 疑问词^限定成分^主语（Wh ^ Subject ^ Finite）
祈使语气（imperative）	限定成分（Finite）

　　一般来说，给予信息的言语功能由陈述语气实现，索取信息的言语功能由疑问语气实现，索取物品-服务的功能由祈使语气实现，而提供物品-服务的功能则可以由多种语气实现。除了上述的一致式表达，言语功能范畴也可以通过人际隐喻的方式实现，这种语义范畴和词汇语法范畴的不一致扩大了言语功能在词汇语法层选择其实现形式的范围，为交际者提供了更丰富的资源来协商他们之间的人际关系和社会角色。

　　回合（exchange）是对话中的一次信息或者产品/服务交换的过程。一个回合由一个或多个功能性段位（functional slot）构成；这些段位可以由话步或话步复合体来填充（Ventola，1987）。回合包含了一个核心话步（nuclear move），其结构可以用（（DX1)^X2)^X1^(X2f^(X1f)）来表示。在这个潜势结构中，括号表示可选性，"X"可以是 A（action）或 K（knowledge）；"1"和"2"分别表示主要的（primary）与次要的（secondary），"D"（delayed）表示预期性话步（anticipatory move），即 A1 或知晓者预期提供产品/服务或信息，从而在某种意义上延迟了产品/服务或信息的交换；而"f"（follow-up）表示后续性话步，即 A2 或知晓者在接受产品/服务或信息之后做出的后续反应，以及在此基础上 A1 或知晓者做出更进一步的后续协商。

　　然而，回合不一定总是能顺畅地展开，有时会受到追踪（tracking）话步和挑战（challenging）话步的打断。当交际一方对互动的内容产生疑惑，便使用追踪话步对协商的经验意义进行澄清；当交际一方对自身在回合中所处的言语角色感到抵触，则使用挑战话步抵制协商中的人际内容。追踪话步和挑战话步分别用 tr 和 ch 表示，而对这两种话步的回应则用 rtr 和 rch 表示。图 1 展示了 14 种基本话步类型及其代表符号。

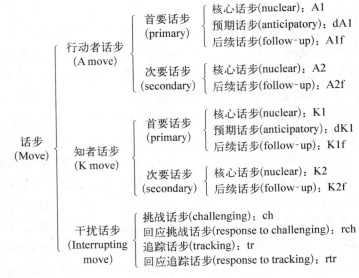

图 1　基本话步类型

3　研究方法与研究问题

本研究以系统功能语言学的协商系统为分析工具,选取第十届"外教社杯"全国高校外语教学大赛25 个获奖课堂的录像为语料。获奖视频收集自"外教社杯"全国高校外语教学大赛官方网站(https://nfltc.sflep.com/),利用转写软件飞书妙记将师生对话转写成文字,在此基础上进行人工校对,并对师生的非话语行为(如展示图片、点头等)加以补充。研究采用定量分析和定性分析相结合的方法。首先,我们对 25 个课堂语篇进行分阶段划分,并基于协商系统对各阶段师生话步类型进行人工标注;其次,由于各阶段话步数量分布不均,我们将各阶段话步数量归一化处理为 100 个话步的相对值,最后依托语料库检索工具 AntConc 统计各类话步的使用数量和频率,由此分析话步类型及其实现的言语角色,进而讨论各类话步在课堂教学中的所起的作用。

研究聚焦 3 个问题:第一,教师采取了哪些话步类型进行互动协商,其静态分布有何特点?第二,教师的话步角色在课堂不同阶段的动态变化展现出什么规律?第三,教师话步资源起到了什么教学作用?

4　研究结果

4.1　教师话步的静态分布

研究分析共计标注出基本话步类型 9 种,分别是 A1、A2、A2f、K1、K2、dk1、K2f、tr、rtr。其中教师使用的话步共计 2 956 个,涵盖所有 9 种话步类型;学生话语中共计 779 个话步,涵盖 3 种话步类型。可见教师话步的数量远高于学生话步数量,其类型也更为丰富。这说明教师在课堂中承担的角色更为复杂多样。下面我们将具体分析教师话步的使用情况。

教师话步使用情况如表 2 所示。可见,教师主要使用知晓者话步(80.23%)来进行知识的传授,辅以行动者话步(19.37%)帮助组织教学活动,调控课堂节奏,干扰话步(0.4%)则偶尔使用。

表 2　教师话步类型的总体分布

类　　型	行动者话步	知晓者话步	干扰话步
数　　量	586	2 427	12
比　　率	19.37%	80.23%	0.4%

4.1.1　教师知晓者话步的分布

教师知晓者话步的具体分布如表 3 所示。

表 3　教师知晓者话步(80.23%)的分布

类　　型	K1	K2	dK1	K2f
数　　量	1 548	195	556	128
比　　率	51.17%	6.45%	18.38%	4.23%

知晓者话步中,K1 话步(51.17%)使用频率最高,这是教师主动提供知识信息,实现知识权威地位的主要手段。如例 1 中,3 个连续的 K1 话步构成了一个围绕课堂主题展开的 K1 话步复合体,由此教

师解释核心概念,即"刻板印象",高效、直接地传授知识。例 2 中,教师通过 K1 话步首先对学生的现有知识水平进行评价,在肯定学生回答的基础上对知识进行总结和进一步拓展,扮演着知识评价者和传授者的双重角色。

[例 1]

Teacher	K1	When we talk about a particular type of people, it is our nature to believe that they can be represented by a fixed image or a set of characteristics.
	= K1	According to the definition of Collins, this is what we call a stereotype.
	= K1	However, in this rapidly changing world stereotypes can be frequently challenged.

[例 2]

Teacher	dK1	After staying in Japan for several months, what is her impression of Japanese women?
Student	K2	She thinks that in general, they have strengths and independence.
Teacher	K1	Very good. Strength and independence.
	= K1	So this is the first conflict.

dK1 话步(18.38%)往往作为引导性话步引出新话题,询问学生对知识的理解,为教师传授新知做铺垫。如例 2 中教师使用 dK1 话步询问学生对课文内容的理解,由此引出对文章情节中第一个冲突的阐释,激发学生兴趣,引发学习动机。教师 dK1 话步常常以话步复合体的形式出现,由此对整个问题或问题关键部分加以重复和解释,给予学生充分的思考时间。尤其是当互动协商出现困难,学生未能对教师发起的 dK1 话步进行回应时,教师便需要通过更多的预期性话步来调整自己的提问。例 3 中,教师在传授"assumption"一词在课文中的含义之前运用了一系列 dK1 话步:首先陈述"assumption"出现的语境,随后用两个问句引导学生用同义词来理解"assumption"在文中的意思。在发现学生仍然无法给出答案后提供了答案的一小部分作为提示,协助学生完成意义表达和语言输出。可见,dK1 话步复合体使教师得以根据学生的认知状态不断变换提问形式,分解问题内容,帮助他们完成课堂教学活动。

[例 3]

Teacher	dK1	Here we can see they had assumptions of each other.
	= dK1	So how can we interpret assumption?
	= dK1	Can you use one word?
	= dK1	Both of them held ...?

教师 K2 话步(6.45%)和 K2f 话步(4.23%)占比较低,主要出现于学生对某些话题有丰富的知识经历和知识或独到的见解时。此时教师成为次要知晓者,接受学生传递的知识和信息,给学生提供独立完成学习任务、解决实际问题的机会。例(4)中,教师通过 K2 话步向学生索求有关促进性别平等的信息,引导学生作为主要知晓者表达自己对如何促进性别平等这一问题的看法,最后通过 K2f 话步做出简短的评价。

[例 4]

| Teacher | K2 | Do you have any specific plans for helping to promote gender equality? |
| Student | K1 | I would like to propose online promotion, in which everyone makes online videos to promote the general quality. |

Teacher　　　K2f　Make online videos. Good.

4.1.2　教师行动者话步的分布

表 4　教师行动者话步(19.37%)的分布

类　型	A1	A2	dA1	A2f
数　量	62	473	0	51
比　率	2.05%	15.64%	0.00%	1.69%

在教师行动者话步中,A2 话步(15.64%)占主体。教师的 A2 话步主要用于要求学生参与课堂活动,明确活动的规则和步骤,并对在此过程中学生的行为进行指导调控,帮助其顺利完成学习任务,同时维护良好的课堂秩序。有时教师也会使用少量的 A2f 话步(1.69%)对学生的行为做出评价或者进一步调整。例 5 中,教师首先使用 A2 话步开启了文本细读活动,让学生阅读课文内容并完成相应练习,而后使用 A2f 话步进行评价,结束当前活动。

〔例 5〕

Teacher　　A2　Please read paragraph 20 very quickly and try to complete the true or false questions.

Student　　A1　〔Reading〕

Teacher　　A2f　Wow，some of you are fast readers.

教师的 A2 话步还用于帮助学生明确教学环节和学习目标。如例 6 中,教师使用"Let's"祈使句体现的 A2 话步引导学生进入新的教学活动,即分析前面所学的写作手法在课文中的具体应用。同时"Let's"表明课堂活动是师生共同建构知识的过程,激发学生参与课堂活动的积极性。例 7 中,教师使用疑问语气体现的 A2 话步,相对委婉地要求学生在小组讨论的过程中围成一圈从而更好地交流,促进这一课堂活动的顺利开展。例 8 中,教师通过陈述语气体现的系列 A2 话步,阐明整节课的教学目标和整体安排,帮助学生明确其将要完成的学习任务并做好准备。由此可见,教师的 A2 话步主要用于组织课堂活动,实现各阶段学习任务之间的过渡和衔接,适时地提醒学生学习任务的转换,帮助学生在学习过程中保持正确方向,不偏离课堂活动的主线。

〔例 6〕

Teacher　　A2　Let's move on to paragraph six to see how these writing techniques are reflected in our text.

〔例 7〕

Teacher　　A2　Could you please move a little bit to make a circle?

〔例 8〕

Teacher　　A2　First，we are going to explore the impacts of stereotypes，especially in intercultural communications.

Second，we will review the skill of reading between the lines and practice the writing skill of portraying characters.

Lastly，we are going to ponder over our attitude and try to develop an objective attitude towards stereotypes.

较之 A2 话步,A1 话步在教师话语中的使用频率较低(2.05%),主要通过陈述语气和由"Let me"引导的祈使语气体现。例 9 中,教师在教学起始阶段向学生展示志愿者的图片以吸引学生的注意力,进而引导学生分享自己的志愿服务经历,激发学生兴趣。另外,教师 A1 话步的使用还可以适当弱化教师的主导作用,强化学生的学习主动性。例 10 中,教师发现学生难以理解"compromise"在课文中的含义,于是采用 A1 话步以更多例句向学生展示"compromise"使用的不同语境,帮助学生理解"compromise"的多重含义。

[例 9]

| Teacher | A1 | I collect some pictures of the volunteers and I want to share them with you. [Showing some pictures on the slide.] |

[例 10]

Teacher	dK1	How to understand the word compromise here?
Student	K2	Promise.
Teacher	K1	But it seems not right in this context.
Teacher	A1	Let me give you 2 more examples. [Showing examples on the slide.]

教师行动者话步中未见预期性话步 dA1,原因或许在于语料选取的课堂是大学英语阅读课,知识教学主要依托语言来进行,教师行动者话步主要用于组织课堂活动而非传授知识,教师往往直接使用 A1 话步来规范学生行为,调整课堂节奏,为学生完成学习活动提供帮助。而在一些操作性较强的课程中,行动者话步还承担着知识传授的作用,dA1 话步也更为常见。例如教师在学生进行实验操作的过程中使用 dA1 话步询问学生是否需要帮助,得到肯定回答后再进一步用 A1 话步传授操作性知识,帮助学生完成实验。

4.1.3　教师干扰话步的分布

在教师话语中,干扰话步使用频率最低(0.4%),其中 tr 话步占 0.30%,rtr 话步占 0.10%,如表 5 所示。

表 5　教师干扰话步(0.4%)的分布

类　型	tr	rtr	ch	rch
数　量	9	3	0	0
比　率	0.30%	0.10%	0.00%	0.00%

在师生互动中,教师 tr 话步主要用来澄清交际双方疑惑不清之处。例 11 中,教师并没有在学生回答之后直接做出评价,而是发起一个 tr 话步要求学生对其答案作进一步说明,引导学生准确理解课文内容。有时教师也会使用 rtr 话步对学生发起的追踪话步进行回应。如例 12 中,学生对于教师提问中所涉及的主体产生疑问,使用 tr 话步要求教师澄清,教师以 rtr 话步对问题做出解释和调整,以便学生更好地理解问题内容,完成学习任务。

[例 11]

Teacher	dK1	What about the procedures of deciding where the money should be going?
Student	K2	Set up a small family charity.
Teacher	tr	Set up a small family charity?
Teacher	rtr	The whole family decide you can donate the money to what you want.

Teacher	K1	Good. Families should meet and discuss and vote upon which organization get the money.

[例 12]

Teacher	dK1	What about the typical belief in the United States?
Student	tr	Of Japanese women?
Teacher	rtr	No. Of themselves.
Student	K2	Special.
Teacher	K1	Yes. They all believe they are pretty special.

值得注意的是,语料中未见 ch 和 rch 话步。其原因或许在于语料来自教学大赛,师生互动中倾向于采取友好合作的态度;而日常课堂互动中不可避免地会涉及挑战话步的使用。老师作为知识权威和课堂管理者,可以使用 ch 话步对学生所陈述的内容中的极性、情态等人际意义进行质疑,从而矫正学生的课堂行为和学习态度;另外,当有学生发起挑战话步抵触教师分配的言语角色时,教师也会使用 rch 话步进行必要的回应,从而适时调整把控师生互动过程。

4.2　教师言语角色在各阶段的分布变化

克里斯蒂(Christie,2002)提出的课程宏观语类结构将课堂教学分为起始(initiation)、合作协商(collaboration/negotiation)和结束(closure)3 个阶段,分别对应教师指导、师生协商和学生独立活动:起始阶由教师主导,设立总体教学目标,明确主要学习内容,为课堂活动的开展做铺垫;在合作协商阶段,学生在教师的帮助下完成学习活动,师生共同建构知识、解决问题;结束阶段则是对合作协商阶段的拓展延伸,学生尝试独立应用新知识、解决新问题。我们在数据归一化处理的基础上对各阶段教师不同话步的使用频率进行了统计,呈现教师言语角色的动态变化,如图 2 所示。其中,主要和次要行动者角色分别由 A1、dA1 和 A2、A2f 话步实现;主要和次要知晓者角色则分别对应 A1、dA1 和 A2、A2f 话步。考虑到干扰话步并不是教师在课堂中实现言语角色的主要手段,因此干扰话步并未纳入统计。

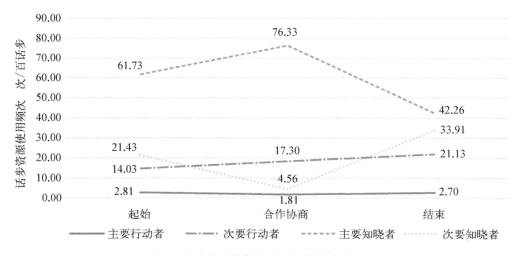

图 2　课堂各阶段教师言语角色的动态分布

作为知晓者,教师在起始阶段使用主要知晓者话步(61.73 次/百话步)介绍背景信息,明确课堂主题,如例 13 中教师通过 K1 话步介绍刻板印象的定义开启课堂。同时次要知晓者话步(21.43 次/百话步)出现得也较为频繁,用以引发学生对新话题的主动探讨。例 14 中,教师以 K2 话步引导学生分享自身经历,帮助学生将注意力集中到课堂主题上,进而开启学习任务。

[例 13]

Teacher　　K1　Stereotype can be defined as a fixed or overgeneralized belief about a particular group of people.

[例 14]

Teacher　　K2　I bet we have all met beggars before and have you ever given a beggar money?

随着课堂由起始阶段向合作协商阶段推进,教师逐步减少次要知晓者话步(4.56 次/百话步),增加主要知晓者话步(76.33 次/百话步),强化知识的传授,帮助学生共同构建知识。例 15 中,教师运用 dK1 话步了解学生在修辞手法这一知识点上的现有水平,为将要传授的知识做铺垫,接着使用 K1 话步传授相关知识,帮助学生完成新知识的建构。

[例 15]

Teacher　　dK1　What kind of feature does this paragraph have?

Student　　K2　Maybe the repetition of words.

Teacher　　K1　Yes. And the rhetorical device used here by repetition is called parallelism

随着学生在教师指导下逐步完成学习任务,课堂从合作协商阶段向结束阶段过渡,教师主要知晓者话步减少(42.26 次/百话步),而次要知晓者话步增加(33.91 次/百话步)。这意味着教师弱化传授知识的主导作用,引导学生主动进行语言和观点的输出,独立完成学习任务。例 16 中,在学生学习完课文的主旨内容后,教师采取了 K2 话步,让学生作为主要知晓者运用所学知识陈述自己的看法,独立解决问题。

[例 16]

Teacher　　K2　Do you agree with this statement that great satisfaction comes from giving and doing something for others?

Student　　K1　Yes,because when I help others I feel like a valuable person who is helpful to the society,and especially to the ones who are disadvantaged.

不同于具有明显阶段性变化的知晓者话步,教师行动者话步在课堂各阶段的频率分布较为均衡,变化不大。教师以次要行动者话步为组织课堂活动的手段贯穿始终,辅以主要行动者话步,适时为学生提供非语言的帮助。

如例 17 所示,在起始阶段,教师运用 A2 话步设立课堂目标,阐明学习任务;在合作协商阶段,A2 话步主要发挥着调节课堂节奏、衔接课堂活动的作用,帮助学生更加有效地参与知识共同建构和师生互动协商;在结束阶段,A2 话步主要出现在布置作业环节,帮助学生明确他们所要独立解决的问题以及对应的评价形式和原则。例(18)中,教师通过 A1 话步向学生展示主持人台前幕后的差距,从而修正学生对特定行业的刻板印象。

[例 17]

Teacher
(initiation)　　A2　In order to achieve the goals we will first read for the gist and then read between the lines to do some discussion on its given topic.

Teacher
(negotiation)　　A2　Now let's move on to paragraph 2.

Teacher
(closure)　　A2　After class,try to extend Emma speech by providing specific plans and also try to use the motivated sequence to organize your speech.

［例 18］
Teacher　　　A1　To help you better understand this profession，I want to show you some screenshots.

由此可见，随着课堂发展，教师的言语角色从主要知晓者向次要知晓者过渡，展现出教师指导学习—师生共同完成任务—学生独立解决问题的发展规律；而教师行动者角色则贯穿课堂始终，发挥着管理课堂活动、维持教学方向、调节课堂行为的作用。

5　讨论

在社会文化理论中，最近发展区（Zone of Proximal Development）和支架式教学（scaffolding）是两个重要概念。最近发展区由心理学家维果茨基（Vygotsky，1978）最先提出，指儿童的实际发展水平与其在成人或更有能力的同伴指导帮助下能够达到的更高水平之间的距离。支架式教学即在学生现有的知识水平和潜在发展水平之间搭建桥梁，并在学生认知得到发展后逐步撤除帮助，使学生完成独立自主的学习。这两个概念与课堂互动密切相关：支架的搭建和撤出要依靠最近发展区内的师生互动来实现（Campione et al.，1984；Greenfield，1984；Rogoff et al.，1984；Wells，2000）。因此，师生互动的过程可以被视为教师不断调整支架从而帮助学生达到并超越其最近发展区的过程。在课堂互动中，教师依托不同话步适时地提供或撤除其支架功能，包括引起兴趣（recruitment）、简化任务（reduction in degrees of freedom）、维持既定目标（direction maintenance）、标注关键特征（marking critical features）、控制挫败感（frustration control）、示范理想的解决方案（demonstration）等（Wood et al.，1976）。

作为主要知晓者、主要行动者和次要知晓者，教师利用相应话步搭建各类教学支架，帮助学生逐步达到并超越最近发展区。如例 2 中，教师依托 dK1 和 K1 话步发挥标注学习任务关键特征和展示理想方案的支架作用，一方面帮助学生明确课堂活动的本质特征和核心内容，并通过评价来解释差距，告诉学生其现有知识水平和目标发展水平之间的距离，帮助学生识别最近发展区；另一方面对学生提供的答案进行补充完善，展示学习任务的理想解决方案，使学生通过对理想方案的学习不断接近潜在发展水平，从而超越其最近发展区。例 6 中，教师通过 A2 话步提醒学生学习任务的转换，起到了维持既定目标的支架功能，帮助学生在不断追求并最终达到学习目标的过程中维持方向，不偏离课堂活动的主线。例 9 和例 10 中，教师 A1 话步分别承担引起兴趣和简化任务的支架作用，根据学生的认知情况适时地调整支架，对问题的内容进行逐步分解简化，从而降低学生的认知压力，帮助他们完成课堂教学活动。作为次要知晓者，教师通过对应话步检验学生的知识内化情况，逐步撤除支架，给学生提供独立完成学习任务、解决实际问题的机会。例 4 中，教师通过次要知晓者话步弱化其支架作用，接受学生传递的知识和信息，引导学生运用所学知识独立进行分析、推理、批判，在此过程中激活新的最近发展区，开启新一轮的知识学习和个体发展。

教师言语角色在课堂各阶段的变化也揭示了教学支架从不断强化到逐步撤除的课堂发展规律。维果茨基认为个体学习的本质特征在于其创造了最近发展区，而个体发展过程只有在个体与周围的社会成员进行交流与协作时才能产生。在课堂互动中，教师使用比学生实际认知水平略高出一个层次的课堂话语和教学活动搭建支架，激活学生的知识内化和认知发展。在教师支架的帮助下，学生完成知识学习，将潜在的发展水平变为现实的更高层次的水平，此时教师逐步撤除支架，促进学生独立解决问题，新的最近发展区也由此产生。

6　结论

本文以协商系统为框架，分析了第十届"外教社杯"全国高校外语教学大赛获奖课堂中教师话步资源的使用情况,探究其实现的教师言语角色和教学功能。研究发现,教师采用了 A1、A2、A2f、K1、K2、dk1、K2f、tr、rtr 共计 9 种话步类型,发挥了引起兴趣、简化任务、维持目标、示范理想的解决方案等支架功能。依托各类话步资源,教师主要扮演着首要知晓者和次要行动者的言语角色,对知识进行传授,对学生的认知情况进行评价,同时发布课堂指令,组织教学活动,调控课堂节奏。但教师的言语角色并非一成不变,随着课堂各阶段的展开,教师的角色从主要知晓者向次要知晓者过渡,展现出教学支架从不断加强到逐步撤出的趋势;而次要行动者角色则贯穿课堂始终,起到管理调节的支架作用。在课堂教学中,师生通过协商话步资源进行课堂互动,教师通过不同类型的话步不断调整教学支架的形式和强度,与学生合作完成学习任务,帮助其超越其最近发展区,获得更高层次的认知发展。

参考文献

[1] Amy, T. 1994. *English Conversation*[M]. London: Oxford University Press.

[2] Bellack, A. H., K. R. Hyman & F. Smith. 1966. *The Language of the Classroom*[M]. New York: Teacher's College Press.

[3] Berry, M. 1981. Systemic linguistics and discourse analysis: A multi-layered approach to exchange structure[A]. In M. Coulthard and M. Montgomery (eds.), *Studies in Discourse Analysis*[C]. London: Routledge.

[4] Brophy, J. & T. Good. 1985. Teacher behavior and student achievement [A]. In M. C. Wittrock (ed.), *Handbook of Research on Teaching*[C]. New York: Macmillan.

[5] Chaudron, C. 1988. *Second Language Classrooms: Research on Teaching and Learning*[M]. Cambridge: Cambridge University Press.

[6] Christie, F. 2002. *Classroom Discourse Analysis: A Functional Perspective*[M]. London: Continuum.

[7] Erdogan, I. & T. Campbell. 2008. Teacher Questioning and Interaction Patterns in Classrooms Facilitated with Differing Levels of Constructivist Teaching Practices [J]. *International Journal of Science Education*, 30(14): 1891 – 1914.

[8] Halliday, M. A. K. & C. Mathiessen. 2004. *An Introduction to Functional Grammar* (3rd Edition)[M]. London: Edward Arnold.

[9] Hanrahan, M. U. 2005. Highlighting hybridity: A critical discourse analysis of teacher talk in science classrooms[J]. *Science Education*, 90(1): 8 – 43.

[10] Krashen, S. 1985. *The Input Hypothesis: Issues and Implication*[M]. London: Longman.

[11] Kumaravadivelu, B. 1999. Critical Classroom Discourse Analysis[J]. *TESOL Quarterly*, 33 (3): 453 – 484.

[12] Llinares, A. & N. Evnitskaya. 2020. Classroom Interaction in CLIL Programs: Offering Opportunities or Fostering Inequalities?[J]. *TESOL Quarterly*, 55(2): 366 – 397.

[13] Long, M. & C. Sato. 1983. Classroom Foreigner Talk Discourse: Forms and Functions of Teachers' Questions [A]. In H. Seliger and M. Long (eds.), *Classroom-Oriented Research in Second Language Acquisition*[C]. MA: Newsbury House.

[14] Long, M. H. 1983. Native speaker/non-native speaker conversation and the negotiation of comprehensible input[J]. *Applied Linguistics*, 4(2): 126 – 141.

[15] Lyster, R. & L. Ranta. 1997. Corrective feedback and learner uptake: Negotiation of form in communicative classrooms[J]. *Studies in Second Language Acquisition*, 20: 37 – 66.

[16] Martin, J. R. & P. White. 2005. *The Language of Evaluation: Appraisal in English*. [M]. New York: Palgrave Macmillan Ltd.

[17] Martin, J. R. & D. Rose. 2007. *Working with Discourse: Meaning beyond the Clause* (2nd Edition)[M]. London: Continuum.

[18] McCarthy, M. & R. Carter. 1994. *Language as Discourse: Perspectives for Language Teaching* [M]. New York: Longman.

[19] Mehan, H. 1979. *Learning lessons: Social Organization in the Classroom* [M]. Cambridge: Harvard University Press.

[20] Moskowitz, G. 1976. The classroom interaction of outstanding language teachers[J]. *Foreign Language Annals*, 9(2): 135 – 157.

[21] Ponce, H. R., R. E. Mayer, M. J. López & M. S. Loyola. 2018. Adding interactive graphic organizers to a whole-class slideshow lesson[J]. *Instructional Science*, 46(6): 973 – 988.

[22] Rohmah, I. I. T. 2017. Classroom Interaction in English Language Class for Students of Economics Education[J]. *Arab World English Journal*, 8(2): 192 – 207.

[23] Rose, D. & J. R. Martin. 2012. *Learning to Write, Reading to Learn: Genre, Knowledge and Pedagogy in the Sydney School*[M]. London: Equinox.

[24] Santamaría-García, C. 2017. Emotional and Educational Consequences of (Im)politeness in Teacher-Student Interaction at Higher Education[J]. *Corpus Pragmatics* 1(1): 233 – 255.

[25] Sinclair, J. & M. Coulthard. 1975. *Towards an Analysis of Discourse* [M]. Oxford: Oxford University Press.

[26] Swain, M. 1995. Three functions of output in second language learning [A]. In G. Cook and B. Seidlhofer (eds), *Principles and Practice in Applied Linguistics: Studies in Honour of H. G. Widdowson*[C]. Oxford: Oxford University Press.

[27] Vattøy, K. D. & Gamlem, S. M. 2020. Teacher-student interactions and feedback in English as a foreign language classrooms[J]. *Cambridge Journal of Education*, 50(3): 371 – 389.

[28] Ventola, E. 1987. *The Structure of Social Interaction: A Systemic Approach to the Semiotics of Service Encounters*[M]. London: Frances Pinter.

[29] Vygotsky, L. 1978. *Mind in Society: The Development of Higher Psychological Processes*[M]. Harvard: Harvard University Press.

[30] Wood, D., J. Bruner & G. Ross. 1976. The role of tutoring in problem solving[J]. *Journal of Child Psychology and Psychiatry*, 17(2): 89 – 100.

[31] 陈柏华,高丹丹.2013.小学英语课堂师生互动研究[J].课程·教材·教法(10):70 – 74.

[32] 海春花,王红香,张怀斌,等.2016.从中学英语教师话语处理看课堂互动[J].教学与管理(21):107 – 109.

[33] 胡学文.2003.教师话语的特征及功能[J].山东外语教学(3):39 – 43.

[34] 黄焕,刘清堂,朱晓亮,等.2013.不同教学风格的课堂话语特征分析及应用研究[J].现代教育技术(2):27 – 30.

[35] 康艳,程晓堂.2011.外语教师课堂话语功能新框架[J].外语教学理论与实践(3):7 – 14.

[36] 赖良涛.2012.语篇协商机制探讨[J].当代外语研究(9):28 – 32.

[37] 赖良涛.2015.教育语言学:一个社会符号的模式[M].北京:外语教学与研究出版社.

[38] 李晔,赵冬梅.2015.大学英语微课程教师话语调查及其教学效用分析——以第一届中国外语微课

　　　　大赛获奖作品为样本[J].外语电化教学(5)：15 - 20.

[39] 刘向永，李傲雪，付奕宁，姜沛雯，王萍.2018.基于电子书包的小学英语课堂师生互动分析——以
　　　　"How are you?"单元为例[J].电化教育研究(8)：97 - 102.

[40] 吴康宁.2003.学生仅仅是"受教育者"吗？——兼谈师生关系观的转换[J].教育研究(4)：43 - 47.

[41] 杨雪燕，解敏.2012.外语教师课堂提问的互动性分析[J].当代外语研究(3)：142 - 148.

[42] 杨雪燕.2007.外语教师课堂提问策略的话语分析[J].中国外语(1)：50 - 56.

[43] 张志栋.2008.基于评价理论的英语教师课堂话语分析[J].山东师范大学外国语学院学报(3)：
　　　　3 - 7.

Teachers' Speech Role and Its Pedagogic Function in Classroom Interaction

Ning He, Liangtao Lai

Suzhou High School of Jiangsu Province;

East China Normal University

Abstract: Based on the data collected from the video of the award-winning classes of the 10th "Foreign Language Teaching Association Cup" National Foreign Language Teaching Competition, this study analyzes teachers' use of negotiation resources in the classes by employing the negotiation system in Systemic Functional Linguistics as an analytical tool. We explore both the general distribution and dynamic change of teacher moves used in different class stages, further revealing teachers' speech role and pedagogic functions realized through their move resources. We find that nine types of teacher moves have been used in classroom interaction and negotiation to achieve a wide range of scaffolding functions, such as frustration control, direction maintenance, etc. The dynamic change of teacher moves across different stages shows a general development of teachers' speech role from primary knower to secondary knower, which demonstrates a transition from teacher direction to teacher/student collaboration and finally to students' independent activity. Moreover, teacher action moves are steadily maintained throughout the class, fulfilling such pedagogic functions as managing activities, maintaining direction and regulating behavior.

Keywords: classroom interaction; negotiation system; teacher moves; speech role

国际语言教育政策研究热点
与趋势(2014—2023)[①]

闵　杰[②]　　侯建波[③]

四川外国语大学　　西安外国语大学

摘　要：语言教育政策是语言政策与规划研究的重要领域之一。本文借助文献计量软件 Bibliometrix，对 SSCI 和 A&HCI 数据库中 2014—2023 年间的 1 953 篇文献进行可视化呈现，分析语言教育政策研究领域的历年发文情况、高产期刊信息、高频关键词、国际合作研究、文献共被引及历史被引情况。研究发现，现有研究注重将语言教育政策视为宏微观并重的多层面现象进行研究；话语分析和语言政策民族志的研究方法得到推崇；以双语及超语、二语习得、语言权利、身份认同等话题为基础的语言教育政策研究成为热点。希望本文能为今后国内语言教育政策的深入研究提供参考。

关键词：语言教育政策；Bibliometrix；可视化分析

1　引言

　　20 世纪 50 年代后期出现的语言政策与规划(Language Policy and Plannning，LPP)研究是社会语言学的重要议题。早期 LPP 研究按照语言的系统功能和社会功能，将语言规划二分为地位规划和本体规划(Kloss，1966)。随着研究发展，教育领域的语言政策研究因其能够影响他人在语言习得、语言结构以及语言功能分配方面的行为而逐步受到学界关注。因此，库珀(Cooper，1989)将语言教育和语言政策联系起来，提出将语言习得规划作为语言规划的一种类型，促使人们进一步意识到语言教育在 LPP 中的重要地位。鉴于 LPP 与语言教育的密切关系，卡普兰和巴尔道夫(Kaplan & Baldauf，1997)在先前研究基础上，正式提出语言教育规划的概念，形成教育领域的语言政策研究，引起学界重视。除了语言地位规划和本体规划外，语言教育规划问题应该列入重要的议事日程(郭熙，2002)。鉴于语言教育政策研究的迅速发展及其在 LPP 研究中的重要性，我们需要对该研究领域的发展脉络有系统的了解，而目前国内针对该领域研究的综述性文章相对缺乏。因此，本文采用 Bibliometrix 文献计量软件，通过对 2014—2023 年间国际语言教育政策相关研究文献进行可视化分析，揭示该领域的研究热点及发展趋势，为我国相关研究提供参考。

---

①　基金项目：重庆市教育科学规划课题 2024 年一般课题"基于市场需求调查的重庆非通用语学院'一带一路'外语教育规划研究"(项目编号：K24YG2090442)；重庆市一流学科外国语言文学 2023 年科研项目"语言政策与规划视角下外语课程思政的能动性实践研究"(项目编号：SISUWYJY2)。

②　闵杰(1989—　)，男，博士，四川外国语大学英语学院讲师；主要研究方向：语言政策及话语分析；通信地址：重庆市沙坪坝区烈士墓壮志路 33 号；邮编：400031；电子邮箱：cloudmin@sina.cn。

③　侯建波(1971—　)，男，博士，西安外国语大学英文学院教授，博士研究生导师；主要研究方向：功能语言学及话语分析。

2　研究设计

2.1　数据来源

国际文献研究数据来源于美国科学信息研究所(Institute for Scientific Information)的引文数据 Web of Science(WOS)核心合集(core collection)SSCI 数据库。SSCI 数据库代表着国际社会科学研究的高水平成果,具有研究前沿的代表性。WOS 检索字段选择主题为"language-in-education policy" "language policies in education" "language education policy"①。学科类别限定为"linguistics" "language linguistics"。考虑到本文是对文献研究的议题与热点进行梳理,故将文献类型限定于"研究论文";文献语种限定为"英语";检索时间范围为 2014—2023 年。数据检索于 2023 年 9 月 27 日,并经过人工阅览文献标题及摘要后,手动剔除明显不相关文献,共生成有效文献 1 953 篇。

2.2　研究方法

为了全面、准确地挖掘并直观展示国际语言教育政策相关研究,本文拟借助可视化文献计量软件 Bibliometrix 绘制知识图谱。知识图谱在分析学科结构、发现研究热点、预测研究前沿、描述科研合作、挖掘学科知识基础等方面具有较高应用价值。本研究采用发文量化统计与重点文献定性分析相结合的方法,提取核心议题,明晰研究领域,以期厘清国际语言教育政策研究的现状,聚焦国际研究前沿,尝试为国内相关领域的发展提供些许参考。

3　研究结果与分析

3.1　研究基本情况分析

借助 Bibliometrix 软件,使用如下指令可以得出历年发文以及高产期刊的信息(图 1 和表 1):【results< - biblioAnalysis (M, sep = "")】【S = summary (object = results, k = 10, pause = FALSE)】【plot(x = results, k = 10, pause = FALSE)】

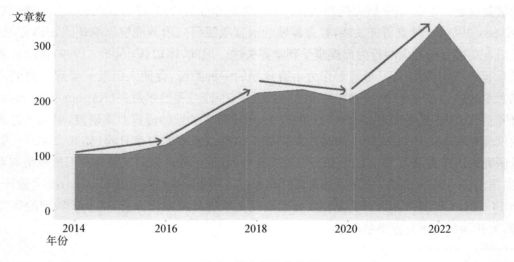

图 1　发文整体趋势图

---

① 目前学界对"语言教育政策"并未形成固定表述,现有 language-in-education policy、language policies in education、language education policy 均为当前学界对"语言教育政策"的常用表述,因此一并作为检索关键词。

表 1　国际高产期刊(前十位)

Rank	Sources	Articles
1	*JOURNAL OF MULTILINGUAL AND MULTICULTURAL DEVELOPMENT*	155
2	*CURRENT ISSUES IN LANGUAGE PLANNING*	140
3	*INTERNATIONAL JOURNAL OF BILINGUAL EDUCATION AND BILINGUALISM*	136
4	*LANGUAGE POLICY*	106
5	*LANGUAGE AND EDUCATION*	80
6	*JOURNAL OF LANGUAGE IDENTITY AND EDUCATION*	52
7	*INTERNATIONAL JOURNAL OF MULTILINGUALISM*	47
8	*TESOL QUARTERLY*	39
9	*LANGUAGE CULTURE AND CURRICULUM*	38
10	*LINGUISTICS AND EDUCATION*	37

3.1.1　历年发文情况统计

发文情况在一定程度上直观反映了某一学科或领域的研究水平与研究热度。图 1 直观地呈现了近 10 年以来国际语言教育政策研究的整体趋势。可以看出,在此期间国际语言教育政策研究整体呈上升趋势,先后经历了稳定发展期(2004—2016 年)、迅猛发展期(2017—2018 年)、轻微回落期(2019—2020 年)、繁荣发展期(2021—2022 年)。虽然 2019—2020 年发文数量较前一阶段有所轻微下降,但近两年恢复了高速发展的阶段,整体呈现不断发展的趋势。

3.1.2　高产期刊信息

表 1 列出了刊发语言教育政策相关重要研究成果的国际权威期刊信息。就期刊发文总体来看,前十位高产期刊发文共计 830 篇,占研究文献总篇数的 42.49%,可见目前语言政策教育相关研究分布形成了较为集中的、引领研究导向的期刊群。从期刊的发文情况来看,语言教育政策相关研究文献大多集中在以语言政策、语言教育、多语主义以及语言文化与认同等领域为阵地的期刊中。

3.2　关键词共现分析

学科话语是人文学术各分支领域中不可剥离的构成性要素,其中一些关键词通常会成为某一论域的中心问题(王晓路,2019)。在可视化分析中,关键词的中介中心性可用以考察关键词的重要程度。每个节点即是一个关键词。关键词的中心性节点越大,表示该关键词出现的频率越高,越能代表该领域的研究热点。此外,关键词的共现关系体现出文献研究主题之间的密切关系,进而反映出学科的研究热点。使用如下命令可以构建并绘制关键词共现的网络图谱:【NetMatrix＜－biblioNetwork(M, analysis ＝ "co-occurrences", network ＝ "keywords", sep ＝ ";")】【net ＝ networkPlot(NetMatrix, normalize ＝ "association", weighted ＝ T, n ＝ 30, Title ＝ "Keyword Cooccurrences", type ＝ "fruchterman", size ＝ T, edgesize ＝ 5, labelsize ＝ 0.7)】。

根据图 2 数据观测可知,关键词通过网络联系呈现聚类,表明近 10 年期间,国际语言教育政策形成了较为集中、各有侧重的研究热点。尽管不同聚类间都存在如 language policy、education policy、language education、learners 等与语言教育政策研究密切相关的显著关键词节点,但我们依旧可以发现这些聚类分别涉及二语习得、话语分析、多语主义、学校语言政策等不同的研究侧重点。2nd-language acquisition、age、skills、motivation、impact、agency、1st-languague 等中心性较高的关键词节点主要涉及二语习得相关领域。近年来,语言政策研究越来越多地借助复杂理论(complexity theory)等二语习得相关研究成果为二语习得和语言教育政策研究搭建起桥梁,促进了二者的共同发展(Hult & Kupisch，2018)。Lingua franca、globalization、higher-education、English-medium instruction、multilingualism、internationalization 等高频次中心词体现出单语和多语语言意识形态等语言教育政策实践所面临的问题。语言政策研究的许多早期文献都聚焦于语言问题的确认与解决,正如麦基(Mackey，1979)指出语言问题是多语主义的固有特征,语言规划便是解决此类问题的社会活动。特别是高校以英语作为教学媒介语(English as Medium of Instruction,EMI)成为非英语国家高等教育领域普遍做法的当下,英语帝国主义带来的语言多样性资源的缺失成为语言教育政策研究所关注的热点议题之一,因为"语言教育规划在促进或扭转语言生态单质化或帝国主义化进程中起到的作用至关重要"(赵守辉,2021:13)。此外,学校作为语言教育政策实施场域的研究,特别是聚焦于微观语言政策视角下的校本语言政策研究(闵杰,2023),将微观学校层面的语言政策视作隐性语言政策。为了阐释隐性语言政策,学界提出了"作为话语的语言政策"(LPP as discourse),认为话语是语言规划研究的主要对象,语言规划进程从根本上来说是塑造、指导和影响人们语言观念的话语规划进程,语言意识形态和语言信仰的塑造是该话语进程所需解决的核心问题(Lo Bianco,2005)。学校课堂话语能有效影响语言的声誉、价值和使用状况,改变人们的语言态度和语言信仰,并促使人们意识到将语言作为身份认同的语言意识形态,促使人们对学校教育的语言管理进行更加全面的反思,影响人们在日常交际交流中的语言实践,从而起到语言教育政策的社会功能。由于语言政策的话语性,很多涉及各种书面的和口头的政策文本分析实质上都以话语分析作为研究范式,展示话语如何受权力关系节制的同时又推动权力关系的建构(Johnson,2011)。这方面研究热点可在 discourses、ideologies、identities、power 等高频关键词节点中得以体现。目前,区域国别的语言政策研究在国内语言教育政策相关研究中已形成一定规模(王辉、史官圣,2022),但微观视角下的语言政策实证研究尚有待加强,且话语分析、二语习得的相关理论和方法还未引起国内学界的关注。

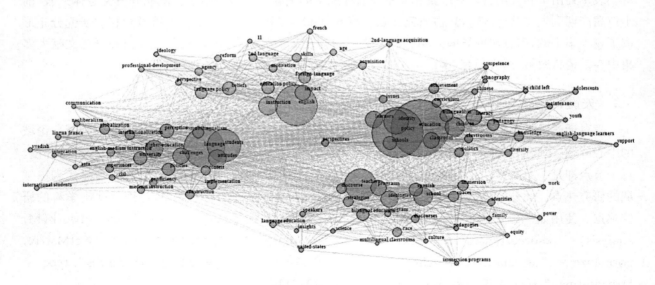

图 2　关键词共现图

3.3　国际合作研究分析

国际合作研究是指不同的作者、机构或者国家/地区,为生产新的科学知识而在同一篇论文中出现的合作关系(李杰、陈超美,2016)。合作图谱的中心节点越大,表示作者、机构或者国家合作发表论文的数量越多,之间的合作网络连线则代表合作关系强度。国家网络合作图谱反映了国际学科交流的深入程度。使用如下命令可以构建并绘制国际合作的网络图谱(图 3 和图 4):【M<－meta TagExtraction(M, Field ＝ "AU_CO", sep ＝ ";")】【NetMatrix< － biblioNetwork(M, analysis ＝ "collaboration", network ＝ "countries", sep ＝ ";")】。

　　根据国家网络合作图谱(图 3)的节点大小、线条连线及深浅,我们可以看出在国际合作研究中,美国、中国、英国、加拿大、日本等国家的学者交流最为广泛;澳大利亚和新西兰的相关学者之间也建立了较为密切的合作关系;南非、德国、荷兰等国家的学者之间也存在一定的合作关系。目前,中国和美国的合作网络节点最大,代表二者是影响力最大的合作研究国家。结合国家发文情况图(图 4)可得知,美国和中国的语言教育政策相关发文量最大,分别达到 383 篇和 212 篇,英国和澳大利亚位居第三和第四位,分别为 157 篇和 133 篇。但从国际合作发文情况来看,中国的合作发文量在总发文量中占比最高(MCP 所占总发文量的比例),约为发文总量的四分之一。以上说明,近 10 年来国内学者与国外学者的相关研究合作较为深入,形成了有效的合作网络。国际合作的广泛开展有助于科研水平的提高,而多语主义、英语全球化以及国际化带来的普遍语言问题更需要不同学科背景和各个国家的学者与机构间的协同合作。因此,国内学者应立足于我国语言国情,展开高水平的国际合作研究及交流,在借鉴和汲取适用于我国语言政策国情的相关研究成果基础上,进一步促进国内语言教育政策研究的发展。

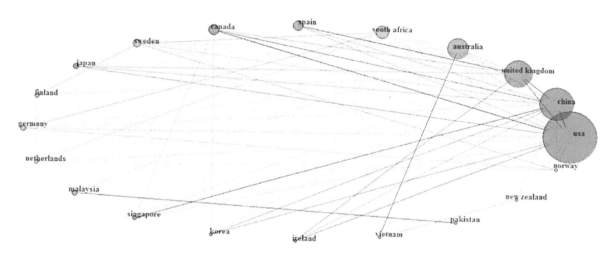

图 3　国家网络合作图谱

3.4　文献共被引分析

　　文献共被引是指施引文献中的参考文献同时被其他论文作为参考文献的情况。文献被引频次可以作为评估文献影响力的一个重要指标。文献共被引网络图谱的节点大小表示文献的被引次数,节点越大,代表相应文献被引频次越高,说明文献的参考价值和学界认可度越高。文献共被引所形成的引文网络将学术文献联系在一起,形成知识体系的延续,保障了学科的积累与传承。因此,文献共被引分析能够快速识别相关研究领域的高影响力著作和论文,并对学科的发展趋势和研究热点进行合理推断。使用如下命令可以绘制文献共被引网络图谱(图 5 和表 2):【NetMatrix< － biblioNetwork(M, analysis ＝ "co-citation", network ＝ "references", sep ＝ ";")】【net = networkPlot(NetMatrix, n ＝ 30, Title ＝ "Co-Citation Network", type ＝ "fruchterman", size ＝ T, remove. multiple ＝ FALSE, labelsize ＝ 0.7, edgesize ＝ 5)】。

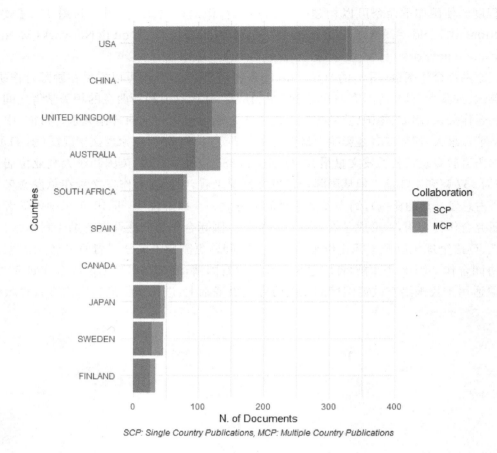

图 4　不同国家发文情况图

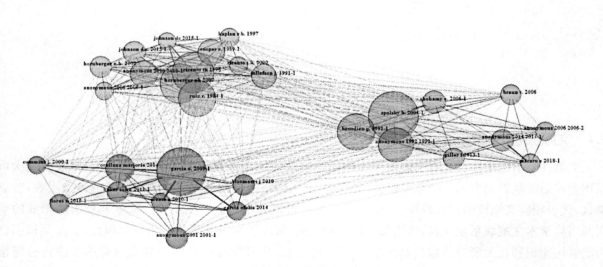

图 5　文献共被引图谱

表 2　共被引文献信息(排名前十)

Rank	Authors	Year	Titles	Articles/ Monographs	Citation
1	GARCIA	2009	*Bilingual Education in the 21st Century: A Global Perspective*	Monograph	188
2	SPOLSKY	2004	*Language Policy: Key Topics in Sociolinguistics*	Monograph	186
3	HORNBERGER & JOHNSON	2007	*Slicing the Onion Ethnographically: Layers and Spaces in Multilingual Language Education Policy and Practice*	Article	162
4	RICENTO & HORNBERGER	1996	*Unpeeling the Onion: Language Planning and Policy and the ELT Professional*	Article	145
5	BOURDIEU	1991	*Language and Symbolic Power*	Monograph	138
6	RUIZ	1984	*Orientations in language planning*	Article	136
7	PHILLIPSON	1992	*Linguistic Imperial*	Monograph	114
8	MENKEN & GARCIA	2010	*Negotiating Language Policies in Schools*	Monograph	103
9	GARCIA & LI	2014	*Translanguaging: Language, Bilingualism and Education*	Monograph	97
10	SHOHAMY	2006	*Language Policy: Hidden Agendas and New Approaches.*	Monograph	87

　　文献共被引图谱呈现出不同聚类。结合共被引文献统计结果,列出前十位共被引文献。如表 2 所示,由加西亚(Garcia)独著或合著的文献占据约三分之一,其中加西亚(Garcia,2009)的 *Bilingual Education in the 21st Century: A Global Perspective* 被引次数达到 188 次,高居共被引文献被引次数的榜首,可见该部作品的重大影响力。该作品对双语教育研究的概念、优势、目标、特点、政策、类型、理论框架、双语教学的实践内容等方面进行了全面的论述。另一部加西亚和李嵬(Garcia & Li,2014)合著的 *Translanguaging: Language,Bilingualism and Education* 关注超语和超语教育,详细阐释了超语的相关内容及其在教育场景中的应用,被引次数达到 97 次。这两部分别关注双语和超语相关教育的专著是超语研究领域具有重要参考价值的文献(潘海英、袁月,2022),所形成的文献共被引聚类体现了双语和超语研究已成为语言教育政策研究的重要学术增长点。除了在双语和超语研究方面有重大影响力,曼肯和加西亚(Menken & Garcia,2010)合著的 *Negotiating Language Policies in Schools* 一书还和其他文献形成另一共被引聚类,如霍恩伯格和约翰逊(Hornberger & Johnson,2007)、李圣托和霍恩伯格(Ricento & Hornberger,1996)发表的文章"Slicing the Onion Ethnographically：Layers and Spaces in Multilingual Language Education Policy and Practice"和"Unpeeling the Onion：Language Planning and Policy and the ELT Professional"共被引次数分别达到 162 和 145 次。此聚类文献共同关注多语教育场景下语言教育政策制订和实践的差距,提出"洋葱理论"、语言政策民族志等方法用于收集开放性的政策数据以及复杂语境下的数据分析,探索多语教育政策实行的有效方法。

　　"Language Policy：Key Topics in Sociolinguistics"(Spolsky,2004)、"Language and Symbolic Power"(Bourdieu,1991)以及"Linguistic Imperial"(Phillipson,1992)等高共被引文献形成另一聚类图谱,被引次数分别高达 186 次、138 次和 114 次。这些文献共同关注英语全球化的普及、少数语言族群日益加深的语言权力意识,以及移民浪潮的加剧等新时代语言教育政策所面临的社会问题,剖析社会语言环境、国家身份以及民族认同等社会因素对语言问题的影响,并尝试探索语言教育政策实践的参与者(包括个人、政策倡导者、政策管理者)等角色在权力关系中的能动性机制。

3.5 文献历史被引网络

文献历史被引网络图谱可以直观快捷地分析高被引文献的历时转移情况,从而有助于识别研究热点的更替和发展。使用如下命令可以绘制按时间先后顺序排列的文献历史被引网络图谱(图 6 和表 3):【options(width = 130),histResults< - histNetwork(M,min. citations = 10,sep = ";")】【net< - histPlot(histResults,n = 15,size = 20,labelsize = 5)】。

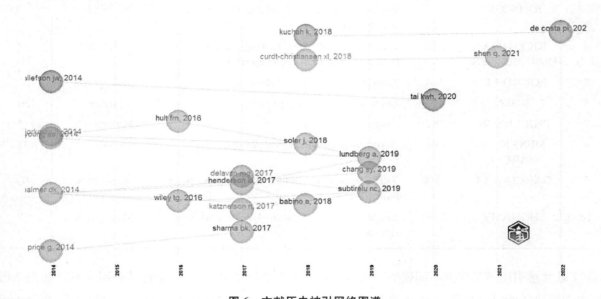

图 6　文献历史被引网络图谱

表 3　文献被引历史统计

Label	Paper (Author, Year, Journal, DOI)	LCS	GCS
1	GARETH PRICE, 2014, LANGUAGE IN SOCIETY DOI 10.1017/S0047404514000566	13	47
2	BEYZA BJÖRKMAN, 2014, MULTILINGUA DOI 10.1515/MULTI - 2014 - 0016	14	32
3	ANDREA S. YOUNG, 2014, LANG AWARENESS DOI 10.1080/09658416.2013.863902	18	55
4	DEBORAH K. PALMER ET AL, 2014, THE MODERN LANGUAGE JOURNAL DOI 10.1111/J.1540 - 4781.2014.12121.X	12	41
5	JAMES W. TOLLEFSON & AMY B. M. TSUI, 2014, REVIEW OF RESEARCH IN EDUCATION DOI 10.3102/0091732X13506846	12	23
6	FRANCIS M. HULT & MARIE KÄLLKVIST, 2016, CURRENT ISSUES IN LANGUAGE PLANNING DOI 10.1080/14664208.2016.1106395	25	28
7	WILEY TERRENCE G & GARCíA OFELIA, 2016, THE MODERN LANGUAGE JOURNAL DOI 10.1111/MODL.12303	10	36

续　表

Label	Paper (Author, Year, Journal, DOI)	LCS	GCS
8	KATHRYN I. HENDERSON, 2016, LINGUISTICS AND EDUCATION DOI 10.1016/J. LINGED. 2017.05.002	16	43
9	SHARMA BAL KRISHNA & PHYAK PREM, 2017, LANGUAGE IN SOCIETY DOI 10.1017/S0047404517000045	11	15
10	DELAVAN M. GARRETT ET AL, 2016, INTERNATIONAL MULTILINGUAL RESEARCH JOURNAL DOI 10.1080/19313152.2016.1204890	18	36

文献历史引文可以提供两项统计指标,一项是 Local Citation Score(LCS),代表文献在当前数据库中的被引次数;另一项是 Global Citation Score(GCS),指文献在整个 Web of Science 数据库中的被引次数(李杰、陈超美,2016:91)。对这两项指标的关联进行分析,不仅可以判断某些文献的影响力,还可以发现某些文献如何使不同的研究领域之间建立起关联(闵杰、侯建波,2021)。

表3统计了历史被引网络中引用次数排名前十的文献相关信息,其中标号为3的"Unpacking Teachers' Language Ideologies:Attitudes,Beliefs,and Practiced Language Policies in Schools in Alsace,France"(Young,2014)一文的 LCS 和 GCS 指数均排第一。该文以学校语言教育政策管理者的访谈作为话语分析的数据,揭示出语言意识形态如何根植于教师的教学实践,解释了教师在实践多语语言教育政策时所起到的影响因素。此外,标号8和标号10也具有较高的 LCS 和 GCS 双指数。前者题名为"Teacher Language Ideologies Mediating Classroom-Level Language Policy in the Implementation of Dual Language Bilingual Education"(Henderson,2016),关注课堂话语实践中教师语言意识形态与当地语言政策之间的关系,讨论如何通过教师语言意识形态的表征,观察多语语言教育政策的课堂实践;后者题名为"Language as Whose Resource:When Global Economics Usurp the Local Equity Potentials of Dual Language Education"(Delavan et al.,2016),将语言教育政策视为一种特殊话语,运用批评话语分析的方法考查语言作为资源如何限制语言教育的多样性和公平性,揭示政策话语背后所表征的语言意识形态以及权力在话语实践中的运行机制。LCS 和 GCS 的双指数均高,说明这些文献在对应年份的影响力较大,且研究内容与语言教育政策研究关联度高,在该领域的历史引用次数多,影响力大,应当作为重点关注的文献。

3.6　国际语言教育政策研究热点及核心议题

通过分析语言教育政策研究领域的历年发文情况、高产期刊信息、高频关键词、国际合作研究、文献共被引及历史被引情况,可以发现近十年来该研究领域存在以下研究热点及核心议题:

(1)学界注重将语言教育政策视为宏微观并重的多层面现象进行研究,特别是在学校等微观语言教育政策的实践场域开展观察。此类研究有助于我们考察 LPP 进程中社会机构(如学校)、教育政策实践者(如教师)等微观层面的参与者如何在宏观政治因素层面的影响下以不同的方式相互渗透、影响,最终形成微观层面语言教育政策的实践活动。正如本文所涉及的关键文献"Negotiating Language Policies in Schools"中,曼肯和加西亚(Menken 和 García,2010)提出教师就是 LPP 的过程"决策者",因此学校等微观语言教育政策的实践场域便是观察的重点。

(2)话语分析和语言政策民族志的研究方法得到学界推崇。语言教育政策作为一种多层面的现象和 LPP 进程活动,研究者需要审视宏观政策文本和微观学校语言教育政策实践之间的联系,寻找影响政策实践的因素,解释这些因素背后的社会成因,揭示社会成因中的语言意识形态和权力关系。语言政策民族志研究方法便于研究者深入学校等微观政策实践场域,详细描述"政策制订者、教师、社区成员和其他人员的意义交集"(Johnson,2013:144),还可以阐明微观场域的语言教育政策是如何与自上而下的宏观语言政策互动的。话语分析,特别是批评话语分析,在对语言政策文本进行分析的同时,还关注过去和当前政策话语的互文性,进而对语言政策制订、阐释和援用进程中的宏观外部社会变量(社会政治环境、历史背景)等进行分析。

(3)以双语及超语、二语习得、语言权利、身份认同等话题为基础的语言政策研究成为国际语言政策研究的热点。现代语言规划研究是伴随着"语言是一种社会问题"(Ruiz,1984)的理念而兴起的。这些问题包括但不局限于世界范围人权运动的发展所带来的对少数民族人群语言权利的关注、全球化和英语传播带来的双语和多语教育政策的巨大变革等。面对这些新的语言教育政策问题,只有通过对双语及超语、二语习得、语言权利、身份认同等话题的批判性与诠释性研究,我们才能充分考虑到日益增长的地方多样性和世界连通性的需要。而这些相关话题需要借助社会语言学、批评话语分析等学科的研究成果,因此 LPP 的研究路径具有很强的跨学科性,有必要关注政治和社会科学的相关领域(Wright,2004)。

4　结语

作为教育领域的语言政策研究,语言教育政策涉及语言学、教育学、社会学、政治学等多个研究领域,具有跨学科多学科的特点,且研究议题不断开拓,处于繁荣发展阶段。国内相关研究应立足本土研究所面临的语言问题,在现有区域国别的语言教育政策研究的基础上,加强国际学术交流与协作,更多地开展宏微观并重的实证研究,以便促进国内相关研究的发展。本文对国际近十年的语言教育政策研究进行了可视化分析,通过分析相关文献的历年发文情况、高产期刊信息、高频关键词、国际合作研究、文献共被引及历史被引等情况,梳理了国际语言教育政策研究的热点及核心议题。相对而言,国内语言教育政策相关研究起步较晚,虽已有不少研究成果,但在研究范围、研究主题等方面有待进一步拓展和深化。希望本文能够对我国相关研究领域的发展有所启示。

参考文献

[1] Bourdieu, P. 1991. *Language and Symbolic Power*. Edited by John B. Thompson [M]. Cambridge, Mass: Harvard University Press.

[2] Cooper, R. L. 1989. *Language Planning and Social Change* [M]. New York: Cambridge University Press.

[3] Delavan, M. G., Valdez, V. E. & Freire, J. A. 2016. Language as Whose Resource?: When Global Economics Usurp the Local Equity Potentials of Dual Language Education [J]. *International Multilingual Research Journal* (2): 86 - 100.

[4] García, O. & Li, W. 2014. *Translanguaging: Language, Bilingualism and Education* [M]. Basingstoke: Palgrave Macmillan.

[5] García, O. 2008. *Bilingual Education in the 21st Century: A Global Perspective. Malden* [M]. MA: Wiley-Blackwell.

[6] Henderson, K. I. 2017. Teacher Language Ideologies Mediating Classroom-level Language Policy in the Implementation of Dual Language Bilingual Education [J]. *Linguistics and Education*, 21 - 33.

[7] Hornberger, R. N. H. & Johnson, D. C. 2011. Slicing the Onion Ethnographically: Layers and Spaces in Multilingual Language Education Policy and Practice[J]. *Tesol Quarterly* (3):

509 – 532.

[8] Johnson, D. C. 2011. Critical Discourse Analysis and the Ethnography of Language Policy [J]. *Critical Discourse Studies*, 8(4): 267 – 279.

[9] Johnson, D. C. 2013. *Language Policy*[M]. New York: Palgrave Macmillan.

[10] Kaplan, R. B. & Baldauf, R. B. 1997. *Language Planning: From Practice to Theory*[M]. Clevedon: Multilingual Matters LTD.

[11] Kloss, H. 1966. German-American language maintenance efforts [A]. In Fishman, J. *Language Loyalty in the United States*[C]. The Hague: Mouton, 206 – 252.

[12] Larsen-Freeman, D. 2018. Resonances: Second Language Development and Language Planning and Policy from a Complexity Theory Perspective [A]. In Hult, F. M. & Kupisch, T. *Language Policy and Language Acquisition Planning*[C]. Cham: Springer International Publishing.

[13] Lo Bianco, J. 2005. Including discourse in language planning theory [A] In Bruthiaux, P., Atkinson, D., Eggington, W. G. et al. (eds.). *Directions in Applied Linguistics: Essays in Honor of Robert B. Kaplan*[C]. Bristol, UK: Multilingual Matters, 255 – 264.

[14] Macky, W. F. 1979. Toward an ecology of language contact [A]. In Ornstein, J. *Sociolinguistic Studies in Language Contact: Methods and Cases*[C]. The Hague, 453 – 460.

[15] Menken, K. & Garcia, O. 2010. *Negotiating Language Policies in Schools: Educators as Policy Makers*[M]. New York: Routledge.

[16] Phillipson, R. 1992. *Linguistic Imperialism*[M]. Oxford: Oxford University Press.

[17] Ricento, T. K. & Hornberger, R. N. H. 2012. Unpeeling the onion: Language planning and policy and the ELT professional[J]. *Tesol Quarterly* (3): 401 – 427.

[18] Ruíz, R. 1984. Orientations in Language Planning[J]. *NABE Journal*, 1984(2): 15 – 34.

[19] Spolsky, B. 2004. *Language Policy*[M]. Cambridge: Cambridge University Press.

[20] Wright, S. 2004. *Language Policy and Language Planning: From Nationalism to Globalization* [M]. New York: Palgrave Macmillan.

[21] Young, A. S. 2014. Unpacking Teachers' Language Ideologies: Attitudes, Beliefs, and Practiced Language Policies in Schools in Alsace, France[J]. *Language Awareness* (1 – 2): 157 – 171.

[22] 郭熙.中国社会语言学研究的现状与前瞻[J].江苏社会科学,2002(05)：132 – 135.

[23] 李杰,陈超美.CiteSpace：科技文本挖掘及可视化[M].北京：首都经济贸易大学出版社,2016.

[24] 闵杰,侯建波.语言学的元语言国际研究现状与发展趋势——基于 Bibliometrix 的动态可视化分析[J].山东外语教学,2021,42(3)：27 – 40.

[25] 闵杰.语言政策能动性的实在论路向——理论、框架与方法[J].外语教育研究,2023,11(2)：40 – 47.

[26] 潘海英,袁月.超语研究发展与外语教育研究新范式[J].外语教学,2022,43(5)：8 – 14.

[27] 王辉,史官圣.我国区域国别语言政策研究的文献计量分析（2000—2020）[J].浙江外国语学院学报,2022(3)：53 – 64.

[28] 王晓路.关键词与文学研究[J].外国文学,2019(2)：84 – 92.

[29] 赵守辉.高校语言政策与实践：语言规划的前沿课题[J].语言战略研究,2021,6(2)：12 – 13.

A Bibliometrix Analysis of Linguistic Metalanguage in International Journals(2014 – 2023)

Jie Min, Jianbo Hou

Sichuan International Studies University;

Xi'an International Studies University

Abstract: Language-in-education is one of the important research fields in language policy and planning research. In this paper, based on the SSCI and A & HCI databases, Bibliometrix toolkit is used to visualize and analyze the data of 1953 related papers from 2014 to 2023 to explore the annual scientific production, most relevant sources, keyword co-occurrences, country collaboration, co-citation network, and historical direct citation network in this area. The findings are that the existing researches focus on language-in-education policy as a multi-level phenomenon that attaches equal importance to macro and micro aspects; the methods of discourse analysis and ethnography are highly regarded; language-in-education policy research based on the topics of bilingualism, translanguaging, second language acquisition, language rights and identity has become a research hotspot. This paper may shed light on the future research on language-in-education policy.

Keywords: language-in-education policy; Bibliometrix; visualized analysis

全球胜任力视域下融合式英语
教学模式的有效性研究[①]

王镕凯[②]　修　伟[③]　何艳华[④]

上海外语教育出版社　吉首大学　复旦大学

摘　要：在培养具备全球胜任力的外语人才的背景下,本文以上海市某区重点中学为案例,对实施融合式英语教学的实验组(403人)与不实施该教学的对照组(336人)进行了问卷调查,对实验组中低水平学生(167人)和高水平学生(103人)进行了前测和后测,并从实验组中选取9名学生和4名教师进行访谈,以分析3年来融合式英语教学的效果。研究发现：① 实验组与对照组在问卷结果上呈现显著差异,访谈中师生较为肯定实验组教学效果；② 高水平学生与低水平学生问卷结果出现显著差异,且高水平学生在前测和后测中产生显著差异,表明高水平学生后测中全球胜任力提高更多；③ 在全球胜任力各维度的前测和后测中,整体而言学生的国际理解力和跨文化交际力提升更多。研究基于发现就全球胜任力发展提出一定建议。

关键词：全球胜任力；融合式英语教学模式；教学有效性

1　引言

面对世界百年未有之大变局,中国正积极参与全球治理,构建公正、合理的国际新秩序。青年是发扬人类命运共同体理念、参与全球治理的后备人才,因此培养青年学生的全球胜任力是提升中国参与全球治理能力的重要环节。由于英语课程学习是开展全球教育的良好载体(梅德明,2022),在英语教学中培养学生的全球胜任力至关重要(Redmond,2014；Semaan & Yamazaki,2015；Hu & Hu,2021；梅德明、刘金凤,2018；Yaccob et al.,2022)。现有研究对全球胜任力的内涵界定和相关教学意义进行了探索(滕珺、杜晓燕,2018；姚威、储昭卫,2021),发现指向全球胜任力的融合式英语教学模式强化了应用英语解决问题的教学理念,可有效提升学生的综合素养(王雪梅,2023；何艳华、王雪梅,2023)。但这些研究集中探讨融合式英语教学模式的设计与实施,尚未大规模开展融合式教学效果的实验性研究。因此,本文以上海市某区重点中学为案例,探讨融合式英语教学模式的实验效果,从问卷分析的角度检验该模式对学习者全球胜任力水平的影响,并从教师和学生两个视角开展访谈进行验证,进而对融合式英语教学模式的有效性进行评估,为该教学实践提供数据支持和经验参考。

① 本文为上海市哲学社会科学规划项目(课题编号：202412346SH)、上海外国语大学本科教育教学改革研究项目"全球胜任力导向的高校外语课程改革与实践"的研究成果。

② 王镕凯(1999—),男,上海外语教育出版社助理编辑。通信地址：上海市虹口区大连西路558号；邮编：20083；电子邮箱：535063969@qq.com。

③ 修伟(1982—),男,吉首大学副教授,上海外国语大学博士,研究方向为外语教育。通信地址：湖南省张家界市永定区子午西路108号吉首大学外国语学院。邮编：427000。邮箱：xiuweimail@163.com。

④ 何艳华(1996—),女,复旦大学讲师,研究方向为外语教育与教师专业发展。通信地址：上海市杨浦区邯郸路220号复旦大学外国语言文学学院。邮编：200433。邮箱：heyanhua612@163.com。

2　文献综述

2.1　概念界定

全球胜任力培养注重帮助学生学会使用学科和跨学科知识来深度理解和思考具有全球性和文化性的议题,并采取相应的行动能力和习惯(维罗妮卡等,2022)。具体包括认知分析力(识别信息、理解他人)、国际理解力(立足中国、理解世界)、跨文化交际力(跨文化下有效交流)与反思行动力(采取行动、全球治理)(何艳华、王雪梅,2023)。为提升学生全球胜任力,融合式英语教学模式应运而生(Yaccob et al.,2022;王雪梅,2023)。作为新型的教学模式,融合式教学为开展落实学科交叉融合,开展跨学科主题研究提供了突破口。在中学教学中,跨学科主题学习并不限于学科课程,而是立足于学科融合,帮助学生使用跨学科知识探索世界,以落实核心素养,促进学生全面发展(戴羽明、范英军,2023),因为融合式教学模式对培养学生核心素养、推进跨学科教学改革极为重要(杨俊杰,2022)。融合式教学模式以问题为主线,旨在解决综合性问题涉及跨学科知识、方法和技能(Bang & Yoon,2019)。基于以上研究,我们认为,融合式英语教学模式的内涵是以解决综合性问题为设计主线,以英语课程为手段,旨在培养学生全球胜任力(认知分析力、国际理解力、跨文化交际力与反思行动力)的教学模式。

2.2　相关研究

近年来,培养全球胜任力的目标在英语教学中受到学界关注。从主题上看,目前多数研究聚焦全球胜任力的融合式英语教学模式的概念界定与框架设计。例如,方雅敏和尹荷婷(Bang & Yoon,2019)论证了融合式英语教学模式对学生的综合素养提升具有促进作用,指出该模式的实施有助于培养学生的全球胜任力,但该研究强调具有不同学科专业背景学生能力的提高,需要对其他学习背景学生的能力情况作进一步验证。同样,雅各布等(Yaccob et al.,2022)虽然指出融合式英语教学模式对培养学生全球胜任力的积极意义,并主张围绕可持续发展议题进行课程教学,但是仅为思辨梳理,缺少数据支撑。可见,对融合式英语教学模式的研究关注不足,少数研究虽然对教学模式进行了系统探索,但是对教学模式的实验效果调查缺少更多数据支撑。如王雪梅(2023)构建了英语融合式课程框架,指出该课程是以英语为载体,以全球胜任力为目标课程,并且描述了该课程模型的具体设计环节。虽然该研究提及中学生全球胜任力的现状,对全球胜任力各维度情况进行了描述,但并未关注到融合式英语教学模式实施后学生的全球胜任力提升情况。

综上,尽管这些研究大都发现融合式英语教学模式能够提升学生的全球胜任力,实施该教学模式具有积极意义,但这种积极的影响能否真正有助于提高学生的全球胜任力和核心素养,现有文献鲜有涉及。因此,本研究对上海市某重点中学开展融合式英语教学 3 年来的效果进行分析,旨在探究全球胜任力视域下融合式英语教学模式的有效性。具体研究问题如下:

(1)融合式英语教学能否提高学生的全球胜任力水平?

(2)融合式英语教学对培养低水平、高水平学生全球胜任力的效果如何?

(3)融合式英语教学对全球胜任力包含的哪种能力提高最有效?

3　研究设计与方法

3.1　研究样本

本研究对上海市某区重点中学的英语融合式教学中培养全球胜任力情况开展调查。该中学英语融合式课程在预初(六年级)、高一年级率先开展。融合式英语教学主要采用由英语教师与其他学科教师为完成某一单元教学开展融合讲解的方式。教学单元设计以培养学生的全球胜任力为核心目的,每个单元大概需要 5～7 课时(45 分钟/课时)。该英语融合式课程历时三学年,每学年分上下学期,每学期完成 2～3 个教学单元,每周 1 教学课时。在表 1 中,第一学年结束后,预初年级 167 人、高一年级 103 人参与了全球胜任力水平测试。第二学年结束后,初中 157 人、高中 103 人再次参与了测试。在第三学年下学期,该校 403 名学生(初中 277 人、高中 126 人)作为实验组参与作答了全球胜任力问卷调查,同时另一所未开展融合式英语教学的区重点中学的 336 名学生作为参照组也参与了问卷调查。另外,在第三学年修读融合式英语教学的 3 名原预初年级学生及所在年级的 2 名英语任课教师、6 名原高一年级学生及 2 名教师自愿参与了访谈。为调查融合式英语教学对不同水平学生的影响,本文整体将初中组学生看作英语水平为低水平的学生,将高中组学生看作高水平学生。

表 1　研究对象信息

时　间	工　具	实　验　组		对照组	共计(人)
		低水平(初中)	高水平(高中)		
第一学年	测试	167	103	/	270
第二学年	测试	157	103	/	260
第三学年	问卷	277	126	336	739
	访谈	S1～S3、T1～T2	S4～S9、T3～T4	/	13

3.2　数据搜集与分析

本研究问卷基于全球胜任力内涵,将一级维度设为认知分析力、国际理解力、跨文化交际力和行动反思力。其中各能力下设内容为二级维度:认知分析力包括议题分析、换位思考和教师影响;国际理解力包括议题认知、全球意识和移民态度;跨文化交际力包括交际意识、文化兴趣和尊重他人;行动反思力包括议题参与、胜任力行动和应变能力。问卷共计 55 项指标,项目等级从 1(完全不符合)到 5(完全符合)递增。随机抽取 200 份有效问卷进行因子分析,结果得出 Cronbach's Alpha = 0.938,KMO = 0.739,Bartlett's sig. = 0.000,累计方差为 75.25%。实验问卷在第三学年下学期发放给实验组和对照组中学,共回收份问卷 762 份,有效问卷 739 份(回收率 97%)。

全球胜任力水平测试的试卷由开展英语融合式课程的项目组专家在征求中学教师意见的基础上进行设计。测试内容在结合全球胜任力概念基础上,运用语言知识、听力、口语、阅读和写作题型,考察学生在全球胜任力融合式课程所覆盖的各维度上的表现。大学专家组依据学生所处年级设定了不同水平的试卷,并对信度进行检测。初始问卷初中年级 Cronbach's Alpha = 0.782,高中年级 Cronbach's Alpha = 0.546,说明试卷信度较高,测试结果可靠。测试分别在第一学年与第三学年进行。第一次测试初中年级回收问卷 167 份,高中年级回收 103 份,第二次测试初中年级回收问卷 157 份,高中年级回收 103 份。问卷与测试数据采用 SPSS 25.0 进行分析。

此外,本研究在第三学年对 4 名教师和 9 名学生开展了半结构化访谈与小组访谈。访谈围绕融合式英语教学课程中教/学过程,以及所取得的收获、存在的问题和改进的建议展开。访谈数据经同意后由本文作者进行转写,并使用 NVivo12 Plus 进行开放式编码,即从文本中提取出教/学经历,教/学收获、教/学问题、教/学建议等内容。3 位研究者首先从教师与学生访谈中各选同一份进行编码,经一致性达到 85% 以上后分开完成剩余编码,以保证文本内容分析的可靠性。

4　结果分析

经过将近三学年的研究,发现实验组学生的全球胜任力水平高于对照组,并且实验组中高水平学生水平高于低水平学生,这说明融合式英语教学较为有效,并且针对高中生进行教学的效果更好。此外,研究发现在全球胜任力培养方面,学生的国际理解力和跨文化交际力提升更大。

4.1　融合式英语教学下学生的全球胜任力水平

为检验融合式英语教学下的全球胜任力培养是否有效,本研究对问卷数据进行了独立样本 t 检验(结果见表 2),发现实验组学生全球胜任力均值(3.848)大于对照组学生(3.686),并且实验组与对照组学生的全球胜任力情况具有显著差异($p = 0.000$),说明实施英语融合式教学的中学所培养的全球胜任力总体情况好于未开展英语融合式教学的中学,即融合式英语教学对培养全球胜任力较为有效。

表 2　实验组和对照组全球胜任力结果

组　别	人　数	均　值	标准差	t 值	p 值
实验组	403	3.848	0.637 1	3.698	0.000
对照组	336	3.686	0.539 5		

此外,本文通过访谈发现,实验组师生对实施融合式英语教学下全球胜任力的培养效果较为肯定,并且该教学模式对学生的学科兴趣和交际表达方面有积极影响。首先,师生都提到学科融合可形成合力解决一个问题,并可激发对英语乃至其他学科的学习兴趣。如 T1 提道:"我发现学生开始对英语感兴趣了。比如我们 Travel(单元)讲了一些国家旅游情况,他们课后自己会上网搜,找一些他们去过的一些国家文化方面的东西。"S5 提道:"平时的课堂比如说物理课我学电子……它并没有对我产生实际影响……但是物理老师在融合式课程中更加多角度向我们阐述如何用物理去解决一个全球问题。"此外,融合式教学可作为学生锻炼语言表达能力与交际能力的平台。如 S4 表示:"现在很多学生都只会写考卷,不会口头表达,但融合式课程可以有更多活动让我们使用英语口语来表达,也有机会和同学交流自己的想法。"

此外我们还发现融合式教学实施过程中存在一些问题。一方面,英语教师最初在备课和上课时存在问题较多,如 T4 表示会对课程实际效果和教学规划产生困惑:"我不知道(这门课)对成绩到底是不是有什么直接的关系,它确实是一个负担和压力……我没有一本教材,没有一个体系的东西……我不能只计划这一周或者是两周的事情……但是我都不知道我最后要走到哪里,我就会在每一节课当中有一些问题。"各融合学科教师间如何最大发挥作用也是难题,如 T2 提道:"作为英语老师,我知道我能做什么,但是我不知道其他学科老师能够做什么,如果以我为主设计出来其他学科不能做呢? 我觉得这个是难点。"另一方面,学生在理解某些全球性话题时有一些困难,S7 提道:"老师发的材料挺难,有 300 多页,我觉得其实可以是专业术语方面少一点的一些议题和内容,感觉以我们现在的词汇量就很难理解这些东西。"另外,S2 提到如果多设计一些场上展示小组与场下其他小组的互动交流活动,更有助于场下学生学习兴趣和专注力的提升:"我觉得每次一个小组演讲完之后,可以去问一下场下的同学们有没有听懂,然后再让老师提问一下演讲同学对于场下回答这位同学的看法如何。要有这种互动交流,才能够带动场下同学的兴趣、专注力。不能只是一个小组在上面讲,然后下面就懒懒散散各玩各的。"

4.2　对低水平、高水平学生的能力培养效果

为验证实验组在融合式英语教学下不同水平学生的全球胜任力感知是否有显著差异,本研究对问卷数据进行了独立样本 t 检验(结果见表3),发现低水平学生全球胜任力均值(3.771)低于高水平学生(4.018),并且低水平与高水平学生的全球胜任力情况不具有显著差异($p > 0.05$),说明高水平学生对所在学校全球胜任力培养感知与认知更多,但整体来看低水平与高水平学生感知到的全球胜任力培养情况差异不大。此外,本研究对低水平与高水平学生前后测的测试数据进行独立样本/配对样本 t 检验(见表4),结果发现低水平学生全球胜任力的前后测没有显著性差异($p > 0.05$),而高水平学生全球胜任力的前后测有显著性差异($p = 0.000$),并且高水平学生后测均值(67.029)高于前测均值(56.117)将近11分,可见高水平学生全球胜任力培养效果更好。

表3　实验组不同水平学生全球胜任力结果

水　平	人　数	均　值	标准差	t 值	p 值
低水平	277	3.771	0.629	−3.673	.687
高水平	126	4.018	0.625		

表4　实验组不同水平学生全球胜任力结果

水　平	人　数		均　值		t 值	p 值
	前　测	后　测	前　测	后　测		
低水平	167	157	67.210	67.178	0.015	0.988
高水平	103	103	56.117	67.029	−7.611	0.000

实验结果显示低水平学生教学效果提升不明显,这可能是由于低水平学生的语言表达能力较弱,且参与类似融合式课程所开展的小组讨论、汇报展示等活动经验相对不丰富,导致学生起初不适应融合式课程中丰富的交流活动。如S1提道:"讨论时我一开始不太想去表达,因为怕自己会出错或者某个词语发音不对让别人看笑话。"S2也表示:"一开始我会做PPT写好演讲稿,但是到讲台之后,我对着PPT就不知道该讲什么,于是手足无措。后来老师也会给很多帮助,慢慢缓解自己的焦虑,就会越来越流利。"此外,有两位教师也提到由于没有现成教材,在材料查找和使用方面遇到了较多的困惑和压力。如T2提道:"我现在就直接在网上乱搜材料,碰到了合适的就行。大学专家教师有在外网帮我们搜了一些东西……但是难度有点太大了,对初中生来说太难了,所以我在找材料这方面挺困惑。"

4.3　对全球胜任力各分项能力的教学效果

为了解实验组在融合式英语教学下所培养的全球胜任力各分项能力是否有显著差异,本研究对后测测试数据进行了多个配对样本非参数检验的傅莱德曼检验(结果见表5)。研究发现低水平与高水平学生的认知分析力、国际理解力、跨文化交际力和反思行动力之间存在显著性差异($p = 0.000$)。

表 5　全球胜任力各项能力结果

| 水　平 | 人　数 | 均　　值 | | | | 卡方值 | 自由度 | 显著性 |
		认知分析力	国际理解力	跨文化交际力	反思行动力			
低水平	157	3.99	1.26	2.41	2.34	370.946	3	0.000
高水平	103	4.00	2.22	2.42	1.35	237.000	3	0.000

为进一步了解低水平与高水平学生在前后测中全球胜任力各分项能力的具体变化,本研究对测试的前后测数据进行分析。表 6 显示,低水平与高水平学生的国际理解力和跨文化交际力在前后测中提升较为明显,均差分别为 -0.062、-4.049 和 -1.770、-0.359。其中在国际理解力方面,高水平学生的提升相对低水平学生更为明显,体现为高水平学生前后测测试成绩具有显著性差异($p = 0.000$)。在跨文化交际力方面,低水平学生的提高更为突出,前后测成绩具有显著性差异($p = 0.000$)。此外,整体来看,学生的另两项全球胜任力分项能力教学效果不明显,仅有高水平学生在认知分析力方面(均差 -1.010)和反思行动力方面(均差 -2.777,$p = 0.000$)有一定提升。

表 6　全球胜任力各项能力结果

| 组别 | 认知分析力 | | 国际理解力 | | 跨文化交际力 | | 反思行动力 | |
	低水平	高水平	低水平	高水平	低水平	高水平	低水平	高水平
前　测	32.168	32.194	7.671	5.058	8.731	9.233	10.701	4.699
后　测	32.150	33.204	7.733	9.107	10.500	9.592	10.108	7.476
均　差	0.018	-1.010	-0.062	-4.049	-1.770	-0.359	0.592	-2.777
显著性	0.986	0.278	0.869	0.000	0.000	0.283	0.161	0.000

整体而言,低水平/高水平学生在国际理解力和跨文化交际力方面的提升较大。这在访谈中能找到更多支撑数据。如 S9 认为自己以全球眼光、中国立场思考问题的认知与行动方式变化较为突出:"以前我们也讲究立场,也讲究交流沟通,但是我可能都没有关注过国与国之间的这些问题和冲突。上了融合式课程之后,比如说在环境问题的处理上,会知道根据各国的环境问题,中国和国外提出的方案一定是不一样的。"S8 也提到自身跨文化交际力的提高,指出:"我记得有一篇课文是讲一个中国女孩子做志愿者工作的时候因为没有了解到对象国家女孩子都是留短发,就给她们送头绳的一个经历。必须有能跟外国人交流的能力,要了解他们的文化,要互相尊重……我们还要有自己的立场,否则就太容易受到外界的干扰,不利于我们的发展。"

5　结果与讨论

5.1　融合式英语教学对培养学生全球胜任力较为有效

问卷数据分析结果显示,实验组与对照组学生的全球胜任力有显著差异,且实验组学生全球胜任力均值高于对照组学生,这说明实验组所实施的融合式英语教学效果具有明显优势,这与方雅敏和尹荷婷(Bang & Yoon,2019)得到的融合式教学有助于提升学生全球胜任力的量化结果相一致。访谈数据也表明,师生对英语融合式教学效果认可度较高。因此,中学英语融合式课程是培养学生全球胜任力的有效尝试。随着全球化进程的不断推进,需要更多具有全球胜任力的人才具备批判思维能力,利用跨学科知识参与全球环境、能源等治理(滕珺、杜晓燕,2018;姚威、储昭卫,2021;维罗妮卡等,2022)。如何在学科融合背景下培养具有全球胜任力的人才正在成为我国教育领域的重要议题,开展英语融合式课程能够满足当今社会对学生参与跨学科活动和丰富跨学科知识的需求。教师可根据实际教学条件与教学需求对此类活动进行融合、补充与拓展(王雪梅,2023)。学校需要依据教师融合课程授课能力和学生实际学习需求合理规划,因为融合式课程教学可能一方面存在教师在跨学科课程教学设计和合作安排上的困难(Bang & Yoon,2019),另一方面也存在学生对全球性话题理解困难的情况。

5.2　对提升高水平学生全球胜任力的教学效果较为显著

问卷与测试数据分析结果显示,高水平学生在问卷作答中对感知到的所在学校全球胜任力培养程度相对高于低水平学生,并且高水平学生前后测全球胜任力测试成绩有显著差异。这验证了塞曼和山崎(Semaan & Yamazaki,2015)、胡晓月和胡洁(Hu & Hu,2021)关于语言水平高低对全球胜任力有重要影响的研究。本文的研究结果一方面说明融合式英语教学对高水平学生的教学效果更为显著。这可能是由于丰富的全球性主题与展示交流活动提高了高水平学生的学习兴趣(何艳华、王雪梅,2023)。在英语跨学科融合式课程中,他们能够注意到课程对自身语言表达能力、国际视野拓展方面的积极影响,并能积极主动表达与参与到各类活动中。另一方面,融合式英语教学对低水平学生的教学效果不明显。这可能是由于高水平学生掌握的单词量较多、参与展示类活动经验较丰富、对相关话题较为熟悉,相较于低水平学生更易理解教学话题内容。但对于低水平学生来说却存在不熟悉与不适应的压力,极易因语言水平较低而影响其对全球胜任力的学习(Hu & Hu,2021)。此外,由于跨学科主题或问题设计是开展跨学科融合式课程的关键(杨俊杰,2022),英语教师的融合式课程教学设计对教学效果也有较大影响。课程设计时英语教师需围绕全球性问题,引导学生使用跨学科知识解决问题。从提出问题到解决问题的教学设计不是易事。在无现成教材参考的情况下,教师找到适合初中学生语言和认知水平的教学材料更具有难度。

5.3　学生国际理解力和跨文化交际力提高效果较为突出

测试与访谈数据显示,在全球胜任力的分项能力提升中,低水平/高水平学生的国际理解力和跨文化交际力方面的提升更为显著。学生这两方面能力提升较明显的原因可能是受融合式课程单元话题设置的影响,整体上学生对设置的全球性议题较为好奇和感兴趣,愿意参与全球性议题理解与分析,全球性意识也因此得到增强。同时在理解全球性议题时,学生需要加强对全球国家的理解,相应的跨文化交际意识、文化兴趣与尊重他人的能力也得到提升。而学生认知分析力和行动反思力提升不明显的原因可能是受教学活动设计不足的影响,导致当前所涉及的展示汇报等活动无法满足培养学生两种能力的需要。可能由于其概念具有抽象性特点,任课教师对认知分析力理解不到位,未能将其较好地融入展示汇报等教学活动或者没有设立较好的监督评价标准。反思行动力提升较小可能与学生相对缺乏反思的行动机会有关,说明学生的反思行动力培养未能得到应有的关注。此外,全球胜任力培养相对更为注重参与学习和实际实践的结合(Bang & Yoon,2019)。如果教师的内容性讲解与实践活动分配比例不当,也可能会导致学生全球胜任力各维度培养失衡的问题。

6　总结

本研究验证了融合式英语教学模式的有效性。研究发现:融合式英语教学有助于培养学生的全球胜任力及跨学科融合能力;融合式教学能有效提升高水平学生的全球胜任力;融合式教学对于学生的国际理解力和跨文化交际力提升效果更明显。该结果对融合式英语教学有一定启示。① 实施融合式学科教学是建立与社会需求相适应的新型课程教学模式。该教学模式将多学科知识进行融合,既有助于学生借助学科和跨学科知识理解多学科联动力量,又符合当今背景下对学生综合能力培养的需求。依托英语学科,同时融合其他学科,设置全球性研究议题,是培养学生全球胜任力的重要方式。② 为提升整体教学效果,教师在应用融合式英语教学模式时应注重个性化设计,一方面针对低水平学生加强其认知分析力、国际理解力等理解层面的培养,对于高水平学生有意识地培养其反思行动力等;另一方面,对于低水平学生,教师要注重挑选学生熟悉度较高、难度较低的内容,并在教学中避免一次性多材料输入,要采取逐渐输入方式,降低学生学习负担。③ 在英语融合式教学中,教师需加强整合/拆分全球胜任力各分项能力,合理规划各能力在教学或活动中的分配比例,避免出现学生全球胜任力各项能力培养不均衡的问题。为提升学生的认知分析力和反思行动力,教师应注重将两种能力融入课程教学中,开展更多探究性、实践性的常规化活动操练,并建立相关评价标准,比如教师在讲解好重点知识性内容后,可留下时间设置单人或小组活动来探究和展示成果,并由其他学生、教师从问题解决性、学科融合性等角度进行相关评价。④ 在教师跨学科融合式教学能力提升方面,学校可设置教学案例示范课,邀请校内外教师讲解从选材、设计、实施到评估的具体融合式教学步骤,帮助跨学科任课教师熟悉教学设计并提升对该教学效果的认可度,进而有效帮助教师适应教学任务,开展跨学科合作,提升教研能力。

本研究的不足主要在于只考虑了两组间的总体情况对比,未在实验组中对参与和未参与融合式教学的学生作组内对比。未来可从更多视角开展实验研究,如进一步丰富对实验组内不同类型学生的教学效果探究,也可拓展对其他场域,如高校教学中融合式英语教学模式有效性的观测。

参考文献

[1] Bang, D. and H. Yoon. 2019. The Design of Sustainable Development Problem-Solving Course Adopting Interdisciplinary Research Process and Implementation Effects on Liberal Art Course[J]. *Journal of Research in Curriculum & Instruction* (5): 386 – 397.

[2] Hu, X. and J. A. Hu. 2014. Classification Analysis of the High and Low Levels of Global Competence of Secondary Students: Insights from 25 Countries/Regions[J]. *Sustainability*, 13, 11053.

[3] Redmond, M. L. 2014. Reaching global competence [J]. *Foreign Language Annals*, 47(1): 1.

[4] Semaan, G. and K. Yamazaki. 2015. The relationship between global competence and language learning motivation: An empirical study in critical language classrooms[J]. *Foreign Language Annals*, 48(3): 511 – 520.

[5] Yaccob, N. S., Yunus, M. M. and H. Hashim. 2022. The Integration of global competence into Malaysian English as a second language lessons for quality education (Fourth United Nations Sustainable Development Goal)[J]. *Frontiers in Psychology*, 13, 848417.

[6] 戴羽明,范英军.2023.初中跨学科主题学习的课程理解与教学转型:以《义务教育历史课程标准(2022 年版)》跨学科主题学习为例[J].天津师范大学学报(基础教育版)(1):58 – 63.

[7] 何艳华,王雪梅.2023.教育规划视域下的上海市中小学全球胜任力培养路径研究[J].教学月刊(中学版)(5):3 – 10.

[8] 梅德明.2022.正确认识和理解英语课程性质和理念:基于《义务教育英语课程标准(2022 年版)》的阐述[J].教师教育学报(3):104 – 111.

[9] 梅德明,刘金凤.2018.我国大中小学生外语能力标准与评价体系研究[M].上海:上海教育出版社.

[10] 滕珺,杜晓燕.2018.经合组织《PISA 全球胜任力框架》述评[J].外国教育研究,45(12)：100－111.

[11] 维罗妮卡·博伊克斯·曼西利亚,戴伟·威尔逊,滕珺,等.2022.全球胜任力在中国学校的新内涵及其实践[J].比较教育学报(4)：72－85.

[12] 杨俊杰.2022.跨学科融合式教学：思维广场课程的深化发展[J].教育学术月刊(4)：87－92.

[13] 姚威,储昭卫.2021.新全球化背景下研究型大学本科生全球胜任力培养模式构建：基于内容分析法的多案例研究[J].教育发展研究(23)：21－29.

[14] 王雪梅.2023.全球胜任力指向的中学英语融合式课程框架与实施路径[J].教学月刊·中学版(外语教学)(6)：3－9.

On the Effectiveness of the Interdisciplinary Integrated Teaching Model in Middle Schools from the Perspective of Global Competence

Rongkai Wang, Wei Xiu, Yanhua He

Shanghai Foreign Language Education Press;
Jishou University; Fudan University

Abstract: In cultivating globally competent foreign language talents, this study, taking a key middle school in Shanghai as a case, investigates the effectiveness of interdisciplinary integrated teaching dominated by English for three school years in the form of a survey in an experimental group with integrated teaching (403) and a control group without integrating (336), the pre-/post-test data in the experimental group containing 167 low-proficiency and 103 high-proficiency students, and the interviews with 9 students and 4 teachers in the experimental group. The result shows that ① there is a significant difference in the survey data between the experimental and control group, and there is positive feedback on the teaching effect between teachers and students; ② there is a significantly difference in the survey data between the low-proficiency and high-proficiency group and there is a significant level of the high-proficiency group between the pre- and post-test, showing students' global competence in the high-proficiency group improved more; ③ there is an overall increase in the competence of international understanding and intercultural competence from the pre-/post-test result. Based on the research findings, this paper puts forward some suggestions on developing global competence.

Keywords: global competence; interdisciplinary integrated English teaching model; teaching effectiveness

"双减"教育政策下的家庭语言规划研究：
一项对重庆市初三学生的调查[①]

杨金龙[②]　王振欣[③]　熊　倩[④]

四川外国语大学

摘　要："双减"政策的落地实施,一方面对以"应试"为中心的外语教培行业造成冲击,另一方面也势必对我国广大学习者及其家庭的语言教育规划与实践造成直接或间接影响,而关于后者的实证研究依然阙如。鉴于此,本文采用问卷与访谈相结合的方法,对重庆市初三学生的家庭语言规划现状进行了探究。通过调查研究对象的语言意识、语言实践和语言管理,我们发现随着"双减"政策的落地实施,外语的"工具"价值开始出现弱化倾向,而汉语的"人文"价值逐渐受到广大学生与家长的关注;以配合学校教育、提高学习成绩为主要驱动力的家庭语言管理逐渐被削弱,而随之产生的课余时间则为以兴趣为导向的家庭语言实践提供了更多可能性。这不仅有效地重建了学生的课后教育生态,而且促使英汉语言的信息价值与人文价值逐渐浮现,使学生及其家长在语言学习的过程中实现中西互鉴。

关键词："双减"教育政策;家庭语言规划;重庆市初三学生

1　引言

改革开放以来,外语作为国家"引进来"战略方针的语言基础,一方面为我国科、教、文、卫等各领域的发展作出了不可磨灭的贡献,另一方面也使外语的交换价值日益凸显(沈骑,2017)：为获得更高的学业成绩或更好的就业机会,国人的外语学习热情普遍高涨。然而,盲目地以"应试"为动机的"外语热"致使广大外语学习者,尤其是中小学外语学习者疲于流转各类校外培训,其外语能力及综合素养似乎并未得到显著提升,我国外语教学长期以来的"费时低效"问题始终难以得到有效缓解。

2021年7月,中共中央办公厅、国务院办公厅印发《关于进一步减轻义务教育阶段学生作业负担和校外培训负担的意见》(以下简称"双减"),旨在构建良好教育生态,促进学生全面发展、健康成长[⑤]。"双减"政策的落地实施,一方面对以"应试"为中心的外语教培行业造成冲击,另一方面也势必对我国广大学习者及其家庭的语言教育规划与实践造成直接或间接影响。目前,围绕"双减"政策而开展的研究多集中于政策解读(周洪宇、齐彦磊,2022)、教改探索(王娟等,2022)、心理健康与调适(余雅风、姚

---

① 基金项目：本文为2022年度重庆市社科规划项目"网络话语治理与重庆网络安全管理体系构建研究"(2022NDYB150)、第二轮重庆市一流学科外国语言文学2023年重大科研项目"体认话语分析的路径：历史审视与未来建构"(SISUWYJY202303)的部分成果。

② 杨金龙(1988—　),男,博士、博士后,四川外国语大学英语学院副教授,硕士研究生导师;主要研究方向：教育语言学、语言政策与规划、语用学;通信地址：重庆市沙坪坝区壮志路33号四川外国语大学英语学院;邮编：400031;电子邮箱：yangjinlong1011@126.com。
③ 王振欣(1996—　),男,四川外国语大学英语学院硕士研究生,主要研究方向：教育语言学;通信地址：重庆市沙坪坝区壮志路33号四川外国语大学科研处;邮编：400031;电子邮箱：1025536031@qq.com。
④ 熊倩(1998—　),女,四川外国语大学英语学院硕士研究生,主要研究方向：教育语言学;通信地址：重庆市沙坪坝区壮志路33号四川外国语大学英语学院;邮编：400031;电子邮箱：1540944186@qq.com。

⑤ http://www.moe.gov.cn/jyb_xxgk/moe_1777/moe_1778/202107/t20210724_546576.html

真,2022)、外语测试(程晓堂,2022)等宏观层面的探讨,而针对"双减"影响下的家庭语言管理、外语教育规划与实践等微观层面的实证研究依然阙如,是语言规划领域亟待开展的研究议题之一。

2　家庭语言规划研究概述

自 20 世纪 50 年代末"语言规划"概念提出以来(Haugen,1959),语言规划研究经历了由宏观向微观的价值转向(Cooper,1989;李宇明,2015)。作为外语规划研究的微观层面,家庭语言规划(family language planning)聚焦于家庭范围内或家庭成员之间的语言规划问题,是关涉如何管理、学习和协商语言实践的综合研究(King et al.,2008),或"家庭成员在家庭中进行的一系列特定语言使用或语言实践模式"(Curdt-Christiansen,2009：351 - 375)。

一般来讲,家庭语言规划主要包括语言意识、语言实践和语言管理 3 个维度(Spolsky,2004)。其中,语言意识是指人们对语言及其使用的信念,即"如何看待语言"(Spolsky,2004)。有学者(Curdt-Christiansen,2009)认为,家庭语言规划是建立在家庭成员对不同语言的价值、权力和用途的认识基础之上的,因此,语言意识是家庭语言规划的基础与驱动力。语言实践是指在不同环境下,人们为了交流而实际使用的语言(Curdt-Christiansen,2009)。家庭语言实践包括家庭成员之间的日常生活交流、家庭成员在长期交互中形成的语言使用模式等,是代际交流和社会文化变迁的重要体现(Schwartz,2010)。语言管理指人们通过各种干预、规划或管理的方法来改变或影响语言实践和语言意识的具体行为(Spolsky,2004)。其中,家庭语言管理关涉家庭语言规划主体是采取何等具体措施进行家庭语言安排或引导的,一般具有显性和隐性之分(Curdt-Christiansen,2014;Spolsky,2004)。

现阶段,国外的家庭语言规划研究多以移民或跨国流动人口为研究对象,从语言态度、语言认同、语言意识等视角出发,对不同国家的家庭语言实践或语言管理进行调研(如 Schwartz,2012;Kang,2013;Kwon,2017;Curdt-Christiansen & Lanza,2018 等)。在我国,相关研究多结合民族志、访谈、问卷调查等方法,对少数民族(妥洪岩、李增根,2019;王莲,2019;尹小荣、李国芳,2019)、跨国移民(丁鹏,2019)、海外华人(董洁,2019;梁德惠,2020;王玲、支筱诗,2020),以及特定地区人口(张治国、邵蒙蒙,2018)的国家通用语、汉语方言、少数民族语言、外语等的语言意识语言管理与实践等问题进行调研。

综上,目前国内外已有研究对多语环境或持多语者的家庭语言规划关注颇深,而对于特定教育政策影响下的家庭语言规划实践与调适缺乏足够的调研。斯波斯基(Spolsky,2009)提出,家庭日常生活中的语言实践可以通过一种微妙、含蓄的方式起到语言管理的作用。鉴于此,在"双减"政策落地实施的背景下,本文通过对重庆市的初中三年级学生及其家长开展问卷调查以及半结构式访谈,并借鉴斯波斯基(Spolsky,2004)提出的家庭语言规划理论与划分维度,从语言意识、语言实践、语言管理 3 个方面挖掘研究对象在应对"双减"政策时遇到的困惑、挑战与策略调整,以期为"双减"政策在语言教学,尤其是外语教学领域更好地落地实施提供更多启示。

3　研究设计

3.1　研究问题

为探索"双减"政策下重庆市初中生的家庭语言规划与实践,并据此为"双减"政策在语言教学领域更充分地落地实施提供启示,本研究设有以下 3 个问题:

(1)"双减"背景下,重庆市初中生及其家庭成员的语言意识是怎样的?

(2)这些家庭如何将其语言意识付诸实践,以及如何管理其语言实践?

(3)"双减"政策的落地是如何影响其家庭语言规划的?

3.2　研究对象

据重庆市"双减"工作监督动员暨工作汇报会报道(2022 年 4 月 11 日),自"双减"政策颁布以来,重庆市原有的 1 545 家学科类校外培训机构已压减了 1 538 家,其中转型 1 064 家、注销或停办 474 家,压减率 99.55%,排全国第五。此外,全市学生对"双减"工作的满意度达 97.8%,家长满意度达 97.96%。以上数据体现了重庆市推动"双减"政策在西部地区落地实施的良好示范作用,因此,本文的研究对象选取主要聚焦于重庆市。

此外,鉴于"双减"政策的主要目的在于减轻义务教育阶段学生过于繁重的作业负担与校外培训负担,其核心理念为扭转"唯分数论""唯升学"等短视性、功利性的教育评价导向(柯清超等,2022)。其中,中考作为我国义务教育阶段的一项重要测试,是家校双方关注的重点,而直面中考压力的初三学生及其家庭成员成为"双减"政策践行的"晴雨表"。因此,本研究选取了来自重庆市的初中三年级学生及其家长作为发放问卷、开展访谈的主要研究对象。

3.3　研究方法

本研究采用量化与质性相结合的方式,探索重庆市初三学生及其主要家庭成员如何通过语言规划,对"双减"政策下的外语学习困境进行调适。其中,针对研究问题(1),我们借鉴俞玮奇等(2020)、张治国等(2018)的研究,对目标研究对象的语言态度进行调查,从而获得重庆市初中生及其家庭成员的语言意识。针对研究问题(2)与(3),我们结合半结构式访谈,以期全面地呈现目标研究群体在"双减"政策下的语言实践与语言管理,以及"双减"政策的落地是如何影响研究群体的家庭语言规划的。

3.3.1　问卷调查

本研究的问卷分为两大部分。第一部分主要包括被调查者的背景信息、家庭语言(主要包括英语和汉语普通话)实践概况、语言学习经历等信息,目的在于了解受访者的语言实践情况,并对不属于本研究调查范围的受访者进行初步筛选。第二部分旨在对受访者的语言意识进行考察。该部分的编纂设计采纳了徐晖明和周喆(2016)有关语言态度的问卷设计,按照 3 个维度 9 项命题分别对汉语和外语设置李克特五级量表,量表的五级分别赋 1、2、3、4、5 分。9 项命题依次为"好听""亲切""友善""文雅""有权威""有身份""方便""容易""用处多",其中,前三项共同隶属于情感认同维度,中间三项隶属于社会评价维度,后三项则隶属于实用性维度。

问卷形成后,我们对问卷的信效度进行检测。问卷的 KMO 值为 0.873,Bartlett 球形检验的数值达到显著水平($p = 0.000 < 0.05$)。随后,研究者采用主成分分析法对问卷第二部分的题项进行因子旋转,Varimax 正交旋转后的两个因子方差解释率分别为 30.956% 与 29.228%,全部因子的累计方差解释率达到 60.183%,所有题项的因子负荷率均超过 0.50,表示各题项与所属维度有显著对应关系。此外,问卷整体的克朗巴赫系数 α 为 0.851,该数值大于 0.80 表明研究数据信度质量高。据此,我们认为该问卷的信效度良好,可用于本研究的相关调查。

2021 年 10 月至 2022 年 5 月,我们对重庆市 8 所中学 300 名学生发放问卷,共收集到有效问卷 272 份,将其作为问卷调查与分析的主要数据来源。

3.3.2　半结构式访谈

问卷采集结束后,我们进而寻访到 12 位有意参与访谈的学生家长,以登门面谈与线上通话相结合的方式,对每位受访者访谈 2~3 次,累计访谈时长 70~90 分钟。访谈的内容包括受访者的家庭成员构成、教育背景、学生的外语学习状况、家庭语言意识、语言实践、语言管理,以及对"双减"政策的理解和看法等。访谈的题目包括:"您认为学汉语/英语对孩子来说重要吗";"您认为学英语有用吗？您的孩子补过英语吗,为什么要补";"您觉得'双减'后,孩子外语学习方面有什么变化";"您觉得'双减'的效果如何,您对此有何建议"等。随后,我们利用 Nvivo 软件进行编码标注,作为本研究的质性分析材料。表 1 为半结构式访谈的受访者基本信息。

表 1　受访者基本信息

受访者	性别	年龄	与学生关系	受教育水平	学生家庭情况
胡 XC	女	41	母亲	本科	独生子女,与父母共同生活
杨 LL	女	40	母亲	本科	独生子女,与父母共同生活
陈 LX	女	36	母亲	初中	独生子女,与父母、祖父母共同生活
张 GM	女	45	母亲	初中	非独生子女,与父母、哥哥(24 岁)共同生活
王 LX	女	48	母亲	大专	非独生子女,离异家庭,与母亲、哥哥(25 岁)共同生活
雷 RH	女	48	母亲	大专	非独生子女,与父母、哥哥(26 岁)共同生活
刘 ML	女	49	母亲	高中	非独生子女,离异家庭,姐姐(25 岁)已婚,与母亲共同生活
李 T	男	51	父亲	小学	非独生子女,姐姐(29 岁)已婚,与父母共同生活
马 JF	男	42	父亲	初中	非独生子女,与父母、哥哥(18 岁)共同生活
赵 YS	男	66	祖父	小学	非独生子女,重组家庭,与祖父母共同生活
姜 Y	女	52	姑姑	初中	非独生子女,寄宿家庭,父母携妹妹(6 岁)在外务工,与姑姑一家共同生活
唐 D	男	49	父亲	研究生	独生子女,与父母共同生活

4　研究发现

4.1　家庭语言意识

语言意识(language awareness)最早由威廉·冯·洪堡特提出,他将语言称为现实化的、实在化的意识,认为每一种语言都包含着独特的世界观(姚小平,1995)。在家庭环境中,语言生活的开展往往会受到语言意识活动的影响。家庭成员对语言资源及其功能的认知,决定了家庭成员产生怎样的语言期望,采纳何种语言态度、语言认同等,这些因素最终决定家庭语言规划的形成(王玲,2016)。张治国和邵蒙蒙(2018)认为,语言意识通常是较隐性的,而语言态度、语言观通常被视作语言意识形态的集中体现。鉴于此,我们主要通过考察研究对象的语言态度,进而探索其语言意识。

表 2　重庆市初中三年级学生的语言态度($N=272$)

	情 感 认 同	社 会 地 位	实 用 性	语言态度总体
汉语普通话	3.59	3.33	3.45	3.46
英　　语	2.89	2.94	3.23	3.02

由于重庆市初三学生在其学习生活中主要涉及汉语普通话与英语的学习或使用问题,因此,本文主要关注这两类语种。由表 2 可见,研究群体对汉语普通话的语言态度总体高于英语,且汉语在各分项的指标也较英语有明显优势。从汉语的各分项态度指标来看,研究群体对汉语的情感认同度最强(3.59),随后为实用性维度(3.45)与社会地位维度(3.33)。相应地,研究群体对英语的态度则更多地体现在实用性维度

(3.23)。此外,在对所选家长的访谈语料中,以上数据也从侧面得到印证。譬如,关于自己孩子的汉语学习状况,一些家长表示:"中华文化博大精深,努力学好我们的汉语、学好普通话是我们的义务,娃儿应该好好学"(李 T,2022 - 2 - 6);"孩子连普通话都说不好,出去会被别人笑话"(赵 YS,2022 - 3 - 19);"普通话说得好,在哪里都会受到尊重"(胡 XC,2022 - 1 - 22)。而对于孩子的英语学习任务,一些家长则更多地考虑到英语的经济价值:"英语当然有用,好多孩子英语好,这对升学太有帮助了"(杨 LL,2022 - 4 - 9);"孩子以后工作,英语是个很重要的技能,我就是后悔当初没把英语学好"(唐 D,2022 - 3 - 20)。

4.2　家庭语言实践

语言实践是指在某一语言社团中的常规的、可预测的语言行为(Spolsky,2004)。换言之,语言意识是关于语言,人们认为应该怎么做的问题,而语言实践则是人们实际上怎样做的问题(Spolsky,2004)。为探索重庆市初中三年级学生的家庭语言实践状况,我们通过问卷调查的方式对研究对象在家庭环境中的英汉语使用情况进行了调查,统计结果如表 3 所示。

表 3　重庆市初中三年级学生的语言使用情况

家庭语言使用情况	汉语普通话		英　　语	
	人数(人)	百分比(%)	人数(人)	百分比(%)
从不使用	14	5.15	52	19.12
很少使用	23	8.46	71	26.1
有时使用	40	14.71	80	29.41
经常使用	82	30.15	46	16.91
总是使用	113	41.54	23	8.46
总　　计	272	100	272	100

从上表可见,大部分初三学生在其家庭生活中经常或总是使用汉语普通话进行日常交流,而"从不使用"或"很少使用"汉语普通话的家庭仅分别占据 5.15%和 8.46%(这或许是重庆市民在日常生活中的方言使用率较高所致)。从另一方面来看,尽管有 19.12%的初三学生在家庭中从不使用英语,但同样也有相当一部分初三学生在其家庭生活中"有时使用"(29.41%)或"经常使用"(16.91%)英语,这表明在绝大多数研究对象的家庭语言实践中,汉语的主导地位毋庸置疑,但英语也同样占据一定的使用比例。

为进一步探索研究群体在其家庭生活中的哪些方面会使用英语,我们还对初三学生的家庭外语实践进行了问卷调查。统计结果显示(如表 4),重庆市初三学生在其家庭生活中或多或少地会参与到英语阅读、收听英语音频、观看英语影视节目等外语实践活动中。对此,我们通过访谈的形式对研究对象的外语实践行为作进一步了解。

表 4　重庆市初中三年级学生的家庭外语实践情况

	英语阅读		收听英语音频		观看英语影视节目	
	人　数	百分比(%)	人　数	百分比(%)	人　数	百分比(%)
从不使用	35	12.87	33	12.13	28	10.29
很少使用	79	29.04	68	25	61	22.43

续 表

	英语阅读		收听英语音频		观看英语影视节目	
	人 数	百分比（%）	人 数	百分比（%）	人 数	百分比（%）
有时使用	66	24.26	108	39.71	99	36.4
经常使用	62	22.79	44	16.18	56	20.59
总是使用	30	11.03	19	6.99	28	10.29
总　　计	272	100	272	100	272	100

访谈结果显示，重庆市初三学生的英语阅读实践主要为学校教育的衍生，而非自发的实践行为。例如，有家长表示："我家娃儿不爱看书，平常没有读书习惯，但是学校老师有布置阅读任务，汉语的、英语的都有"（姜 Y，2022 - 3 - 19）；"学校给他们统一订购了外语报，要求他们阅读"（杨 LL，2022 - 4 - 23）。与英语阅读实践相比，研究对象在其家庭生活中收听英语音频、观看英语影视节目则多以自身兴趣为导向。譬如，有家长表示："娃儿喜欢听英语歌，喜欢玩游戏，所以要想完全不接触外语几乎是不可能的"（马 JF，2022 - 3 - 26）；"他喜欢一个国外歌手，经常找一些视频来看"（张 GM，2022 - 3 - 27）。

4.3　家庭语言管理

语言管理可通过改变语言意识来促使语言实践向预设的方向发展，是实现家庭语言规划的关键（李英姿，2018；俞玮奇等，2020）。根据访谈结果，配合学校教育是重庆市初三学生及其家庭成员最主要的语言管理。但与汉语普通话相比，研究群体（尤其是学习者的父母等家庭成员）对于英语的工具价值感悟颇深，其从事英语相关家庭语言管理的目标也以升学、就业等为动机。例如，一些研究对象的父母表示："娃儿从幼儿园开始就要开始选学校了，好的幼儿园都要有外教，我们肯定也要下大力气（学英语）"（杨 LL，2022 - 4 - 9）；"谁都不想娃儿输在起跑线上，（孩子）他表哥当时小学不重视英语，后来到初中学习跟都跟不上"（姜 Y，2022 - 4 - 29）；"不补课有什么办法，学校里这么大一个班一个老师肯定管不过来，我家孩子各科都在补课，成绩好的科目还想着继续保持，成绩差的科目就更不用说了"（刘ML，2022 - 5 - 2）。

可见，家长为孩子设置学校教育以外的外语管理计划，多是出于提高孩子学习成绩，为其未来的教育、工作做铺垫。诚如陈美华（2020）所提：为孩子带来更好的教育、更高的经济地位和更优的职业发展往往是大多数家庭父母重视家庭语言规划、进行语言管理的初衷。

5　"双减"政策对初中生家庭语言规划的影响

削减作业负担、减轻校外培训负担是"双减"政策的两大直接目标（马陆亭、郑雪文，2022）。通过访谈语料我们发现，自"双减"政策实施以来，重庆市初三学生的课后学习任务出现了作业总量削减、作业形式多元的新现象。这些变化不仅促使学生及其家长对语言学习，尤其是外语学习的动机进行再思考，而且也使研究群体对其语言管理与语言实践进行相应的调整。

一方面，随着"双减"政策的落地实施，外语的"工具"价值开始出现弱化倾向，而汉语的"人文"价值逐渐受到广大学生与家长的关注。汪卫红、张晓兰（2017）指出，任何语言规划都是基于人对不同语言价值、权利、用途等认识建立的。因此，语言意识常被视作家庭语言规划活动中的源动力。在"双减"政策的实施过程中，以升学、工作等为载体的外语"应试效应"开始受到广大学习者及其家长的质疑，而兼具民族文化认同与实践价值的汉语普通话重新回到语言学习的核心地位。例如，就英语与汉语在学习生活中所充当的作用问题,一些家长认为:"很多学科其实以后(在生活中)用不到好多,特别是外语,我自己都忘得差不多了。国家现在不鼓励补(英语)课,也是好事。"(赵 YS,2022－3－19)。同时,也有家长表示"普通话说得好,在哪里都会受到尊重"(胡 XC,2022－1－22);"中华文化博大精深,努力学好我们的汉语、学好普通话是我们的义务,娃儿应该好好学"(李 T,2022－2－6)。

另一方面,在"双减"政策的助推下,以配合学校教育、提高学习成绩为主要驱动力的家庭语言管理逐渐被削弱,而随之产生的课余时间则为以培养兴趣为导向的家庭语言实践提供了更多可能性,甚至还会激励一些家长也参与到孩子的语言实践当中。例如,就"'双减'政策削减学生课业负担、不鼓励校外培训后,学生及其家庭有哪些新变化"的问题,一些家长表示:"感觉他们(孩子们)学外语的方式更多了,孩子们也比较喜欢,他们自己听听英文歌啦,看看外国电影啦,好像轻松很多"(张 GM,2022－8－14);"老师现在让娃儿每天看一些英文视频,(这)又能学英语,又能学知识,我觉得还挺好,有时候我也跟他一起看"(胡 XC,2022－6－5)。由此可见,"双减"政策所倡导的"减量"与"提质"相平衡体系(杨清,2021),不仅有效地重建了学生的课后教育生态,而且促使语言的信息价值与人文价值逐渐浮现,如利用英语观看视频、通过学习中华传统文化来巩固汉语水平等,均可促使学生及其家长在语言学习的过程中实现中西互鉴。

6　结语

本文采用问卷与访谈相结合的方法,对重庆市初三学生的家庭语言规划现状进行了探究。研究发现:重庆市初三学生对汉语普通话的态度总体高于英语,对英语的态度则更多地体现在实用性维度;大部分初三学生在其家庭生活中经常或总是使用汉语普通话进行日常交流,也有相当一部分学生通过英语阅读、收听英语音频、观看英语影视节目等方式使用英语;研究群体对于英语的工具价值感悟颇深,其从事英语相关家庭语言管理的目标也以升学、就业等为动机。此外,随着"双减"政策的落地实施,外语的"工具"价值开始出现弱化倾向,而汉语的"人文"价值逐渐受到广大学生与家长的关注;以配合学校教育、提高学习成绩为主要驱动力的家庭语言管理逐渐被削弱,而随之产生的课余时间则为以培养兴趣为导向的家庭语言实践提供了更多可能性。这不仅有效地重建了学生的课后教育生态,而且促使英汉语言的信息价值与人文价值逐渐浮现,激起学生及其家长在语言学习的过程中实现中西互鉴。

"双减"政策的落地实施,一方面对以"应试"为中心的外语教培行业造成冲击,另一方面也势必对我国广大学习者及其家庭的语言教育规划与实践造成直接或间接影响,而关于后者的实证研究依然阙如。鉴于此,本文尝试进行相应的探索。但是,受限于研究者团队的人力资源等客观条件,本文的研究仅观照到重庆市主城区的部分初三学生群体,研究结论仍有待更多的调查加以验证。笔者希冀抛砖引玉,为"双减"政策在语言教学,尤其是外语教学领域更好地落地实施提供启示。

参考文献

[1] Cooper, R. L. 1989. *Language Planning and Social Change* [M]. Cambridge: Cambridge University Press.

[2] Curdt-Christiansen, X. L. 2009. Invisible and visible language planning: Ideological factors in the family language policy of Chinese immigrant families in Quebec[J]. *Language Policy*, 8 (4): 351－375.

[3] Curdt-Christiansen, X. L. 2014. Family language policy: Is learning Chinese at odds with leaning English. In Curdt-Christiansen, X. L. and Hancock, A. (eds.). *Learning Chinese in Diasporic Communities: Many Pathways to Being Chinese* [C]. Amsterdam: John Benjamins, 35－56.

[4] Curdt-Christiansen, X. L. & Lanza, E. 2018. Language management in multilingual families: efforts, measures and challenges[J]. *Multilingua*, 37(2): 123 - 130.

[5] Haugen, E. 1959. Planning for a standard language in Modern Norway[J]. *Anthropological Linguistics*, 1(3): 8 - 21.

[6] Kang, H. S. 2013. Korean-immigrant parents' support of their American-born children's development and maintenance of the home language[J]. *Early Childhood Education Journal*, 41(6): 431 - 438.

[7] King, K. A., Fogle, L. & Logan-Terry, A. 2008. Family language policy[J]. *Language and Linguistics Compass*, 2(5): 907 - 922.

[8] Kwon, J. 2017. Immigrant mothers' beliefs and transnational strategies for their children's heritage language maintenance[J]. *Language and Education*, 31(6): 495 - 508.

[9] Schwartz, M. 2010. Family language policy: Core issues of an emerging field[J]. *Applied Linguistics Review*, 1(10): 171 - 192.

[10] Schwartz, M. 2012. Second generation immigrants: A socio-linguistic approach of linguistic development within the framework of family language policy [J]. *Current Issues in Bilingualism*, (5): 119 - 135.

[11] Spolsky, B. 2004. *Language Policy*[M]. Cambridge: Cambridge University Press.

[12] Spolsky, B. 2009. *Language Management*[M]. Cambridge: Cambridge University Press.

[13] 陈美华.2020.面向"一带一路"建设的外语规划研究[M].北京：外语教学与研究出版社.

[14] 程晓堂.2022.关于"双减"政策背景下大规模高利害考试命题的思考——以英语学科为例[J].中国考试(3): 1 - 6 + 14.

[15] 丁鹏.2019.中国跨国婚姻家庭的语言规划研究[J].语言战略研究(2): 42 - 50.

[16] 董洁.2019.家庭中的"声音"：海外华人家庭语言规划案例二则[J].语言战略研究(2): 51 - 59.

[17] 柯清超,鲍婷婷,林健.2022."双减"背景下数字教育资源的供给与服务创新[J].中国电化教育(1): 17 - 23.

[18] 李英姿.2018.家庭语言政策研究的理论和方法[J].语言战略研究(1): 58 - 64.

[19] 李宇明.2015.中国语言规划三论[M].北京：商务印书馆.

[20] 梁德惠.2020.美国中西部城市华人移民家庭的语言规划研究[J].云南师范大学学报(对外汉语教学与研究版)(2): 77 - 84.

[21] 马陆亭,郑雪文.2022."双减"：旨在重塑学生健康成长的教育生态[J].新疆师范大学学报(哲学社会科学版)(1): 79 - 90.

[22] 沈骑.2017.全球化 3.0 时代我国外语教育政策的价值困局与定位[J].当代外语研究(4): 26 - 31.

[23] 妥洪岩,李增垠.2019.撒拉族家庭语言政策个案调查研究[J].民族论坛(2): 107 - 112.

[24] 汪卫红,张晓兰.2017.中国儿童语言培养的家庭语言规划研究：以城市中产阶级为例[J].语言战略研究(6): 25 - 34.

[25] 王娟,郑浩,高振,等.2022."双减"背景下在线教育智慧治理框架构建与实践路径[J].中国电化教育(2): 38 - 46.

[26] 王莲.2019.贵州台江苗族家庭语言政策调查研究[J].贵州民族研究(4): 190 - 195.

[27] 王玲.2016.语言意识与家庭语言规划[J].语言研究(1): 112 - 120.

[28] 王玲,支筱诗.2020.美国华裔家庭父母语言意识类型及影响因素分析[J].华文教学与研究(3): 28 - 36.

[29] 徐晖明,周喆.2016.广州青少年语言使用与语言态度调查与分析[J].语言文字应用(3)：20－29.

[30] 杨清.2021."双减"背景下中小学作业改进研究[J].中国教育学刊(12)：6－10.

[31] 姚小平.1995.人文研究与语言研究[M].北京：外语教学与研究出版社.

[32] 尹小荣,李国芳.2019.锡伯族家庭语言态度的代际差异研究[J].语言战略研究(2)：31－41.

[33] 余雅风,姚真.2022."双减"背景下家长的教育焦虑及消解路径[J].新疆师范大学学报(哲学社会科学版)(4)：39－49＋2.

[34] 俞玮奇,苏越,李如恩.2020.我国国际化城市外籍家庭语言政策研究——基于上海韩籍家庭的考察[J].语言文字应用(1)：11－19.

[35] 张治国,邵蒙蒙.2018.家庭语言政策调查研究——以山东济宁为例[J].语言文字应用(1)：12－20.

[36] 周洪宇,齐彦磊.2022."双减"政策落地：焦点、难点与建议[J].新疆师范大学学报(哲学社会科学版)(1)：69－78.

Exploring Family Language Planning under the "Double Reduction" Policy: A Case from Ninth Grade Students in Chongqing

Jinlong Yang, Zhenxin Wang, Qian Xiong

Sichuan International Studies University

Abstract: The "Double Reduction" policy may threat the test-oriented extracurricular training, and further make some direct or indirect impacts on learners' family language planning. Therefore, this study applied a mixed methods to investigate the family language planning of students at grade nine in Chongqing against the background of the "Double Reduction" policy. By exploring participants' language awareness, language practice and language management, we found that with the implementation of the "Double Reduction" policy, the instrumental value of English tends to be weakened, while the humanistic value of Chinese begins to be recognized by the students and their parents. Besides, with the test-oriented family language management gradually being diminished, the extracurricular time provides more possibilities for interest-oriented family language practices. These new tendencies can facilitate the information value and humanistic value for both English and Chinese, and arouse mutual learning between Chinese and Western culture when the learners acquire languages.

Keywords: the "Double Reduction" policy; family language planning; ninth grade students

外语多元读写能力与学科核心
素养协同培养路径研究

——基于新人教版高中英语教材多模态语篇分析①

胡　勇②　谢晟杰③

江西师范大学

摘　要:21世纪以来,随着科学技术的发展,传统的外语教学模式正在不断受到冲击,外语学习者多元读写能力的培养开始受到国际教育界的重视。反观国内的外语教学,《普通高中英语课程标准》(2020年修订版)指出的中国高中生所应具备的英语学科核心素养成为当今英语教学与人才培养的"金标准",是英语教学模式的指南和目标。基于此,本文聚焦新人教版高中英语教材中的视频多模态语篇资源,挖掘其中各种符号系统协同建构意义的内在机制,有机融合多元读写教育理念的和英语学科核心素养培育,探索多模态语篇驱动下中国外语学习者多元读写能力与学科核心素养的协同培养路径,助力培养具有中国情怀、国际视野和跨文化沟通能力的新时代国际化外语人才。

关键词:多模态语篇分析;多元读写能力;英语学科核心素养;人才培养

1　引言

科技与信息技术的发展正在重塑当今的外语教学模式。一是信息技术赋能外语教学。与传统的外语教学模式不同,信息技术在很大程度上促使传统的以文字为主要交际形式的模态与其他模态(如听觉,视觉等)相结合,多模态教学手段正在不同阶段的外语教学中发挥着重要作用。二是信息技术引发的国际间更为密切的交流"倒逼"外语教学本身的变化与发展。日益增强的文化交流引发了各种语言变体的出现,传统的外语教学模式并不能够很好地满足多元文化之间的交流与沟通。基于此,新伦敦小组(the New London Group)在1994年的国际会议上首次提出"多元读写"这一概念,目的是适应信息技术发展所带来的对于不同文化之间沟通交流的新要求,即学生的读写能力不应局限于单一的文字读写能力,而应该转向由文字与其他模态组成的多模态语篇读写能力的培养;外语教学,尤其是英语教学不能够只满足于讲授"标准的书面语言",而应该将更多精力放在学生的多元读写能力以及读写多模态意义能力的培养上。

作为世界上将英语作为外语学习者人数最多的国家,中国的外语教学模式也应当与时代同频,适应时代的变化。《普通高中英语课程标准》指出:英语学科核心素养主要包括语言能力(language capacity)、文化意识(culture awareness)、思维品质(thinking quality)和学习能力(learning ability)。

---

① 本文获江西省学位与研究生教育教学改革研究项目(JXYJG－2022－046)和江西省高等学校教改课题重点项目(JXJG－21－2－25)资助。
② 胡勇(1987—　),男,博士,江西师范大学外国语学院副教授,硕士生导师;主要研究方向:系统功能语言学、多模态话语研究;通信地址:南昌市紫阳大道99号江西师范大学外国语学院;邮编:330022;电子邮箱:526732445@qq.com。
③ 谢晟杰(2001—　),男,江西师范大学外国语硕士研究生;主要研究方向:系统功能语言学、外语教学;通信地址:南昌市紫阳大道99号江西师范大学外国语学院;邮编:330022;电子邮箱:759940039@qq.com。

其中,语言能力构成英语学科核心素养的基础要素,文化意识体现英语学科核心素养的价值取向,思维品质体现英语学科核心素养的心智特征,学习能力构成英语学科核心素养的发展条件。2019 年,新人教版高中英语教材正式开始服务一线教学,教材内容的更新在很大程度上决定了我国高中阶段外语教学模式改革的方向,而其中全新增加的"Video Time"板块更是创新性地将视频这一多模态语篇资源融入高中阶段的英语教学,对培养学生多元读写的能力方面有着无可替代的作用,很好契合了英语学科核心素养的要求。但是,在经过随机走访江西省几所重点中学之后不难发现,这一板块的内容在教学过程中并未得到教师足够的重视,有些学校甚至直接将这一部分省略不讲。

　　基于此,本文通过对新人教版高中英语教材中"Video Time"板块的多模态语篇进行深入分析,旨在挖掘多模态语篇内部各种符号系统协同建构意义的机制、多模态语篇与单元目标之间的有机联系以及多模态语篇对外语多元读写能力与学科核心素养的协同培养模式建构的完善与促进作用,希望为我国基础外语教育提供更具国际视野、紧跟时代潮流的理论模式与实践路径,助力培养具有中国情怀、国际视野和跨文化沟通能力的社会主义建设者和接班人(《普通高中英语课程标准》,2020)。

2　多模态语篇与多元读写：理论建构与应用

2.1　语篇分析的多模态转向：多模态语篇分析

　　生命科学的研究告诉我们,人类主要通过五大器官——眼、耳、鼻、舌、身接收外界信息,因此所有的模态都必须通过这五大感觉器官被人感知。根据感官的类型区分,模态可以分为视觉模态、听觉模态、嗅觉模态、味觉模态和触觉模态(朱永生,2007：82)。随着科学技术的发展,语篇从传统的单一文字模态转向兼具文字与图像、声音等其他模态的组合。在具体的社会情境中,人们总是运用包括语言在内的多种符号资源来完成意义建构,如手势、表情、语境中的事物、讲话者和听话者共知的事物等,包括语言在内的这些符号资源构成了多模态(multimodality)(Kress & van Leeuwen, 2001)。欧哈罗兰(O'Halloran,2004)指出：多模态指语篇中使用的多种符号资源,比如口头语和书面语、图像以及其他可以用来构建语篇的资源。

　　多模态语篇分析的基本理论来源于韩礼德提出的"语言是社会符号"(Language as social semiotic)这一观点(Halliday,1978)。根据韩礼德的观点,语言只是符号系统当中的一种,其他形式的符号系统也具有传递意义的功能,不同的符号系统之间可以组合运用以期产生单一符号系统无法表达和传递的社会意义。多模态语篇分析作为语言学研究当中的一个流派开始于克瑞斯(Kress)和范陆文(van Leeuwen)在 1996 年出版的 *Reading Images: The Grammar of Visual Design* 一书(见田海龙、潘艳艳,2018)。在这本书中,作者的基本观点包括系统功能语言学中语言的三大元功能可以适用于除语言之外的其他表意符号系统,包括图像、声音、颜色等。参照语言的三大元功能,作者提出针对视觉图像的分析框架：对应概念意义的再现意义(representational function)、对应人际意义的互动意义(interactive function)以及对应语篇意义的构图意义(compositional function)(Kress & van Leeuwen,1996)。21 世纪初,以朱永生、张德禄、李战子为代表的一些系统功能语言学学者对多模态语篇分析相关理论在中国的普及和传播起到了积极作用,也正因如此,多模态语篇分析这一新兴的研究领域开始在中国发展起来,其中一个重要的研究方向就是多模态语篇在外语教学中的实际应用,研究内容主要包括教师多模态课堂话语分析和多模态教材分析两个方面。

　　从实践上讲,课堂话语具有很强的多模态性,且语言之外的媒体占据主要位置：教师的教态、情绪、讲话速度、板书等都直接引发课堂中师生之间的多模态话语交际,直接影响课堂教学的效果(张德禄,2015)。国内学者对于课堂话语的多模态研究集中在不同模态教学资源如何服务课堂,达到预设的教学目的,形成良好的教学效果。张德禄(2009)将系统功能语言学的理论应用于多模态语篇的分析与研究,并在此基础上提出了在现代媒介技术环境下,如何进行有效的教学流程与实践的选择。原伟亮(2014)以多模态语篇分析理论为基础,结合程序-体裁教学法,探索了基于网络的多模态英语写作教学模式的可行性与积极意义。楼淑娟和何少庆(2014)通过研究发现,在口译课堂教学过程中丰富的多模态话语符号通过相互协同、强化、补充、调节,共同实现话语意义,并基于有效原则和适配原则,选择和设计口译教学模态。

随着多模态语篇分析理论的不断发展和完善,一些学者也将目光投向了外语教材的多模态语篇分析中,旨在挖掘教材内多模态语篇各种符号系统的特点和结构,为教学提供实质性的建议。任何教材都会对学习者产生影响,没有这些影响,教材就失去了其应有的作用,就无法发挥其教学功能(邹为诚,2015)。通过文献研读和梳理不难发现,针对国内英语教材的多模态语篇研究,学者大多数基于系统功能语言学和社会符号学理论,聚焦教材中的图文关系(王荣花、江桂英,2015;李华兵,2017),而对首次在高中英语教材中出现的视频资源并没有进行很好的解读。

2.2　读写能力的多元化：多元读写能力

读写能力(literacy)在语言教育中的重要性不言而喻,被视为语言教育的"文化风向标"(张德禄,2012)。传统意义上的读写能力一般被认为是对纸质语篇读写能力的培养,主要集中在以文字为主的单一模态语篇中,而多元读写能力则是对于多模态语篇读写能力的培养,既包含传统的语言读写能力,又涉及人类对于各种模态的感知能力。

2.2.1　多元读写能力的分类与英语学科核心素养

思韦茨(Thwaites)在1999年提出了多元读写能力的分类标准(Thwaites,1999),而2020年修订版《普通高中英语课程标准》则明确了英语学科的四大核心素养。通过仔细比较多元读写能力和英语学科核心素养之后不难发现,二者在能力内涵方面具有诸多的相似之处。

首先,作为英语学科核心素养的基础要素,语言能力与多元读写能力教育理念中的语言读写能力相对应。语言能力是指在具体的社会交际情景中,通过听、说、读、写等方式理解和表达意义的能力,还包括英语学习者在学习过程中所形成的语感和恰当使用语言的意识。语言读写能力可以被理解为语言能力,但是作为多元读写能力的基石,与传统的语言能力相比,其更加强调语言模态与其他符号模态的协同与互补特征,即学生在进行某些具体情境下的社会交际时,能够同时使用语言模态和其他符号模态来更好地完成意义的传递。也就是说,语言读写能力是语言能力在多模态环境之下的具体表征与体现,学习者在提高语言读写能力的同时,自身的语言能力也在不断提高。

其次,作为英语学科核心素养的价值取向,文化意识与多元读写能力当中文化读写能力相匹配。文化意识是外语学习者在学习非母语文化过程中对于中外文化的理解以及对于世界上优秀文化的认同,是学生跨文化交际能力的基础与前提。文化读写能力是文化意识的具体体现,要求学生掌握相关的跨文化交际知识,并在进行跨文化语篇读写时能够正确使用相关的社会与文化背景知识。因此,在培养学生文化读写能力的过程中,学生的文化意识也得到了潜移默化的提高。

再次,作为英语学科核心素养的心智特征,思维品质与批评读写能力和后现代读写能力有着较为紧密的联系。思维品质指学生的思维能力在逻辑推断、批判创造等方面所表现的能力和水平。思维品质的发展有助于提高学生分析和解决具体问题的能力。批评读写能力和后现代读写能力则是随着语篇的多模态转向应运而生的读写能力,前者强调学生能够对所选择的模态和表达的意义进行评判,后者强调沟通和交际方式的多元化和异质性,即个体对语篇内符号资源的选择、组合和表达具有差异性。

最后,作为英语学科核心素养的发展条件,学习能力很好地体现在学生的科技读写能力和媒体读写能力上。学习能力指的是学生能够积极运用各种学习资源,拓宽学习渠道,以期提高学习效率的意识和能力。科技读写能力和媒体读写能力要求学习者掌握现代媒体技术的知识和使用能力,包括不同的媒体可以呈现怎样的模态以及这些模态如何在语篇中组合进而表达和传递意义。科技的进步和发展使得传统的以听和读为主要输入渠道的外语学习模式已经不能够满足学生的学习需求,科技读写能力和媒体读写能力能够很好地对传统学习模式的不足进行补充。

2.2.2 多元读写能力的培养模式

随着人们交际方式和媒介的快速变化,语篇的多模态特征日益显现,传统的以文字为主的语篇已经无法满足人们交际的需求,传统的读写能力培养模式的弊端也逐渐显现。为了应对这一变化,新伦敦小组在 1994 年举行的国际会议上首次提出多元读写(multiliteracies)这一概念,并在 1996 年发表《多元读写教学法:设计社会未来》(*A Pedagogy of Multiliteracies: Design Social Futures*)一文,进一步阐释多元读写概念的同时提出多元读写能力培养的四个方面。

第一,实景实践,这一方面旨在让学生在一个真实的语言交际情景中内化所学知识。教师在教学过程中充当"专家指导"的角色,为学生搭建一个较为真实的语言交际场景,学生可以在高度语境化的学习环境中进一步吸收所学知识。

第二,明确指导,这一方面主要关注多元读写教学过程中的元语言系统。根据新伦敦小组的观点,明确指导并不意味着直接进行知识的传递、操练和机械记忆,相反,它包括教师的积极干预,让学生对于所学知识有一个系统的、深入的、具有解释力的理解,从而指导学生的学习活动。这一环节的重点是师生合作,其中教师充当"脚手架"(scaffolding)的角色,在学生需要外部指导时搭建,在学生已经掌握所学知识之后撤下。

第三,批评性框定,这一方面聚焦多元读写能力与社会和文化之间的关系,这也是批评语言学所持有的观点。以费尔克劳夫(Fairclough)为代表的批评语言学家们认为,语言能够被社会活动者用来实现其交际意图,并且批评语言学研究的目的之一就是通过对语篇的理解、阐释和评价来挖掘语篇背后深层次的意图和思想,包括语言使用背后的意识形态问题和社会问题。批判性框定主张通过学习来增强学生的批判阅读能力和批判性思维能力,基于自身的独立思考对语篇和学习材料中所表征的价值观及社会文化现象进行理性、客观的解读和分析(邱晴,2020)。在具体的教学实践过程中,教师首先应当引导学生站在作者的视角理解语篇中的情感、态度和观点。对语篇有了一个整体感知和理解之后,再适时跳出作者视角,关联具体的社会文化背景对这些观点和意识形态进行再次思考与解读,最后联系自身做出最后的价值判断。

第四,转化实践,这一方面主要强调学生恰当使用所学语言知识的能力。在经过实景实践、明确指导和批评性框定之后,学生所学习和内化的语言知识应该在恰当的社会文化语境之下被正确地使用。在具体的教学实践中对应语言的产出环节,学生根据要求完成相应的高度情景化的语言产出活动,教师观察学生的产出过程并对产出结果进行分析,了解学生的学情,明确下一步的教学内容与方向。

3 研究设计与启示

本研究选取 2019 年人教版高中英语必修一教材,针对首次在教材中出现的"Video Time"板块中的视频资源进行多模态语篇分析,主要采用张德禄在 2018 年提出的多模态话语分析综合框架(如图 1)。结合中学生学习实际情况,本研究主要聚焦文化语境、意义系统和词汇语法系统的分析。完成视频语篇的多模态分析之后,聚焦单元主题目标与视频语篇的联系,换言之,视频语篇如何服务单元整体教学目标,促进学生多元读写能力的提高以及英语学科核心素养的培养,从而概括出适合中国外语学习者的多元读写能力和学科核心素养协同培养路径。

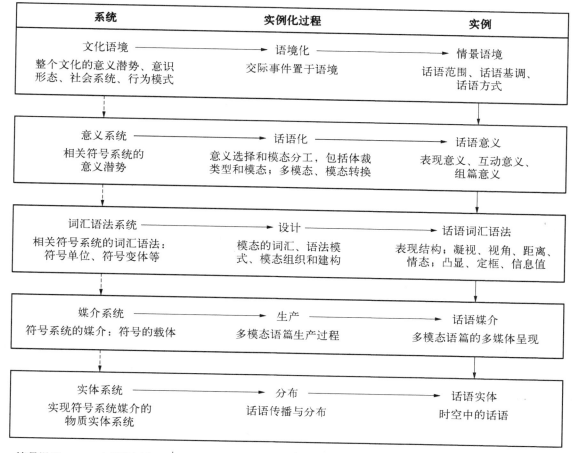

图1　多模态话语分析综合框架

3.1　教材中视频资源的多模态语篇分析

　　必修一教材各单元"Video Time"板块视频多模态语篇分析结果如表1所示。需要注意的是,在进行多模态语篇分析时,针对意义系统和词汇语法系统部分只选取视频中最具典型性的意义特征和词汇语法特征进行分析,并不代表其他意义系统和词汇语法系统没有在视频语篇中体现。

表1　视频多模态语篇分析结果

	文化语境	意义系统	词汇语法系统
Teenage Life	两代人成长环境的对比	主要体现在表现意义:通过 Mamorena 和母亲 Tandi 在青少年阶段不同的成长环境和行为串联多模态语篇	文字模态与图像模态互补协同构建意义:图像提供更为直观的两代人不同的成长环境对比
Travelling Around	文化遗迹的旅游业发展	主要体现在互动意义:旅游业的繁荣是否会给这一遗迹造成破坏,引发读者的思考,寻求读者的答案	不同模态间的协调构建意义:图像模态与文字模态在内容方面一致
Sports and Fitness	特殊地貌的攀岩运动	主要体现在表现意义:户外攀岩者在喀斯特地貌的山上进行攀岩的行为和感受	声音模态与文字图像模态的协同互补:宏大叙事元素的背景音乐协同构建中国奇妙壮观的喀斯特地貌

续 表

	文化语境	意义系统	词汇语法系统
Natural Disasters	自然灾害的形成与破坏力	主要体现在表现意义：海啸带给人们的直观感受—海啸的形成过程—海啸巨大的破坏力串联多模态语篇	图像模态作为文字模态的补充：海啸的形成过程以及海啸巨大的破坏力；声音模态协同图像与文字模态
Languages around the World	中华文化的发展与传播	主要体现在表现意义：汉字的产生与发展再到汉字的国际传播串联多模态语篇	图像模态直观解释文字模态：动态图像阐释古代汉字的产生和发展

通过对视频语篇的多模态分析，不难发现：

第一，教材中视频资源的选择很好地服务单元整体教学目标。从 Teenage Life 单元两代人成长环境之间的对比再到 Languages Around the World 单元关于汉字的发展历程和当今的国际传播，都与单元主题高度一致。作为单元内部最后一个教学板块，Video Time 部分承载着小结单元内容，培养学生综合运用语言的能力以及拓展学生知识广度的功能，因此视频资源的选取应该服务于单元整体教学目标，对单元整体进行内容总结、技能综合、价值升华。

第二，教材中视频资源的选择很好地考虑到高中学生的学情。通过对视频语篇文化语境的分析，视频中所阐述的事实和探讨的话题都能够在课程标准中找到相对应的主题语境（如表2）。通过对视频语篇意义系统的分析，发现视频中所传达的意义都有一条较为明显的线索：对比分析、问题意识、攀岩感受、逻辑关联和时间顺序，较为明显的组篇意义能够让学生很好地接受视频当中传递的信息与表达的意义，为后续更为高阶的思考奠定基础。

表 2 视频语篇文化语境与主题语境的对应

	视频语篇文化语境	课程标准中对应的主题语境
Teenage Life	两代人成长环境的对比	人与自我：个人、家庭、社区及学校生活
Travelling Around	文化遗迹的旅游业发展	人与社会：物质与非物质文化遗产
Sports and Fitness	特殊地貌的攀岩运动	人与自我：健康的生活方式
Natural Disasters	自然灾害的形成与破坏力	人与自然：自然灾害与防范
Languages around the World	中华文化的发展与传播	人与社会：物质与非物质文化遗产

第三，教材中视频资源内部各种符号系统的组合方式很好地助力学生对视频语篇意义的理解。通过分析不难发现，视频语篇内部以文字模态、图像模态和声音模态为主，不同类型的模态协同以传递意义。与传统文字模态语篇相比，视频中图像模态的使用克服了单一文字叙述所带来的表意困难与抽象的问题，用最直观的图片或动画对文字部分的叙述进行补充；而声音模态的使用搭建了更贴近内容的叙述方式，通过声音的变化体现语篇生产者的情态，也是对文字和图像模态的协同。

3.2 多元读写能力与英语学科核心素养的协同培养：路径与启示

21 世纪以来，多元读写模式因其显著的时代特征受到西方教育界的广泛关注，多元读写教学法应运而生(朱永生，2008)。作为全国范围内使用范围最广的高中英语教材，人民教育出版社 2019 版高中英语教材创新性地将视频这一多模态语篇资源融入高中英语教学，对学生多元读写能力的提高以及英语学科核心素养的培养都能起到较好的促进作用。

第一，视频多模态语篇较好服务于实景实践这一多元读写能力培养板块，对学生的语言读写能力提高具有促进作用，进而培养语言能力这一英语学科核心素养。必修一教材 Teenage Life 单元中的视频资源涉及两代人不同的成长环境这一主题。相较于单一文字模态语篇对于此类话题的直接叙述，视频资源融合图像模态和声音模态，与文字模态共同搭建起一个更加真实的语言运用与交际情景。学生在观看视频的同时，以听力和阅读两种输入形式对于语言进行学习，相较于单一文字阅读能够更好地进行知识的吸收。此外，实景实践同时也促进学生文化读写能力的提高，进而培养学生的文化意识。Languages Around the World 单元中介绍汉字的发展与传播视频通过动画这一符号系统直观描述古代汉字的产生与演变，与文字介绍协同构建意义，让学生身临其境，感受中国汉字的无限魅力，领悟优秀中华文化的内涵，树立文化自信。实景实践这一培养板块启发教育者打破传统的以文字中心的教学模式，利用各种多模态资源为学生建构真实的语言学习与交际情景。但是在实际教学过程中，教师要注意多模态语篇教学资源的选择，要认识到多模态语篇是服务于单元整体教学目标，不宜过度进行知识的拓展，应该尊重学生的学情和接受能力，合理选择适合的多模态语篇来进行教学，从而达到培养学生语言读写能力和语言能力的目标。

第二，视频多模态语篇方便教师对学生进行明确指导。学生在观看视频的同时，精神高度集中于视频内容，教师可以根据学生的面部表情及肢体动作对学生理解与消化视频内容的情况进行实时判断。必修一教材中 Natural Disasters 单元的教学视频涉及海啸的形成与破坏力，视频中出现了一些专业性较强的词汇，对高中生而言在理解方面存在困难。这时教师应通过观察学生表情上细微的变化来进行合理介入，具体表现为暂停视频，将已经播放的部分进行讲解，确保学生已经初步了解之后继续播放视频。如果是通过阅读文字资料的形式来完成这一部分的授课内容，教师很难及时发现学生遇到的困难，这正是多模态视频资源的优势所在。明确指导这一培养板块要求教育者充分利用多模态语篇资源的优势，适时、及时地对学生的学习情况进行评估与介入。但是，教师也要避免在具体操作过程中的过度介入，要注意选择合适的时机进行介入讲解，避免学生对教师的讲解产生依赖，注意培养学生独立思考的能力。

第三，视频多模态语篇建构起批评性框定这一多元读写能力培养板块，促进学生批评读写能力和后现代读写能力的提高，进而助力学生思维品质核心素养的培养。以必修一教材 Travelling Around 单元中 Machu Picchu 这一遗迹旅游业发展的课堂教学为例，在简单介绍这一遗迹之后，语篇生产者应将重点放在引导学生对旅游业发展的利弊进行思考，采用多方视角，以持有不同意见人群的采访实录为话语方式，搭建学生与各方"面对面"沟通交流的桥梁，培养学生对不同观点的概括与综合能力，更好地发展学生的批判性思维、批评读写能力以及后现代读写能力。批评性框定培养板块说明多模态资源在培养学生思维品质方面具有得天独厚的优势，教育者要深刻认识到这一点，并且在教学实践过程中合理使用各种多模态教学资源。

第四，视频多模态语篇间接培养起学生的学习能力，主要体现为学生科技读写和媒体读写能力的提高。随着科技在社会生活各方面的出现和利用，除视频之外的各种多模态语篇也将出现在社会生活的方方面面。在课堂教学中逐渐适应视频多模态语篇的话语特征及呈现方式之后，学生在其他社会生活场景中对视频资源的解读能力也将得到提高。因此，教育者要认识到，视频多模态语篇不仅能够培养学生多元读写能力和英语学科核心素养，对于学生今后的发展也发挥着不可替代的作用，教育者要持之以恒将地视频或是其他类型的多模态语篇融入外语教学，为社会培养更多更全面的人才。

4　结语

多元读写能力是科技化时代化的产物，也是新时代对于外语人才提出的更高的能力要求。通过分析视频这一类多模态语篇发现,在服务单元整体教学目标、学生现阶段学情和意义建构与传递方面,多模态语篇有着传统文字语篇所不能比拟的优势。通过研究发现,多元读写能力与普通高中英语课程标准要求的英语学科核心素养具有理论内涵方面的相似之处,新伦敦小组建构的多元读写能力培养的四个方面能够有效促进学生英语学科核心素养的提高。将多模态语篇融入学生多元读写能力的提高和英语学科核心素养的培养具有诸多优点,教师应当利用各种多模态资源为学生建构真实的语言学习与交际情景,适时、及时地对于学生的学习情况进行评估与介入,在教学实践过程中合理使用各种多模态教学资源,坚持将多模态语篇资源融入外语教学当中,助力培养更多具有中国情怀、国际视野和跨文化沟通能力的新时代国际化外语人才。

参考文献

[1] Futures, D. S. 1996. A Pedagogy of Multiliteracies: Designing Social Futures[J]. *Harvard Educational Review* (1): 60 – 92.

[2] Halliday, M. A. K. 1978. *Language as Social Semiotic: The Social Interpretation of Language and Meaning*[M]. London: Edward Arnold.

[3] Kress, G. & van Leeuwen, T. 1996. *Reading Images: The Grammar of Visual Design* [M]. London: Routledge.

[4] Kress, G & van Leeuwen, T. 2001. *Multimodal Discourse: The Modes and Media of Contemporary Communication*[M]. London: Edward Arnold.

[5] O'Halloran, K. 2004. *Multimodal Discourse Analysis: Systemic Functional Perspective* [M]. New York: Continuum.

[6] Thwaites, T. 1999. Multiliteracies: A New Direction for Arts Education [OL]. http://www. swin. edu. au/aare/99pap/thw99528. htm.

[7] 教育部.2020.普通高中英语课程标准(2017 年版 2020 年修订)[S].北京:人民教育出版社.

[8] 李华兵.2017.多模态的意义潜势与多元识读能力研究[D].重庆:西南大学.

[9] 楼淑娟,何少庆.2014.多模态话语理论在口译教学中的应用[J].常州大学学报(社会科学版),15(1): 100 – 103.

[10] 邱晴.2020.多元读写与国际化人才培养模式的构建[J].江西社会科学(6):247 – 253.

[11] 田海龙,潘艳艳.2018.从意义到意图:多模态话语分析到多模态批评话语分析的新发展[J].山东外语教学(1): 23 – 33.

[12] 王容花,江桂英.2015.多模态外语教学:图文资源的整合:以人教版小学英语教材中故事部分为例[J].基础教育(3): 84 – 90.

[13] 原伟亮.2014.多模态话语分析在英语写作教学中的应用[J].浙江海洋学院学报(人文科学版)(2): 67 – 70.

[14] 张德禄.2009.多模态话语理论与媒体技术在外语教学中的应用[J].外语教学(4): 15 – 20.

[15] 张德禄.2012.多模态学习能力培养模式探索[J].外语研究(2): 9 – 14.

[16] 张德禄.2015.多模态话语分析理论与外语教学[M].北京:高等教育出版社.

[17] 张德禄.2018.系统功能理论视阈下的多模态话语分析综合框架[J].现代外语(6): 731 – 743.

[18] 朱永生.2007.多模态话语分析的理论基础与研究方法[J].外语学刊(5): 82 – 86.

[19] 朱永生.2008.多元读写能力研究及其对我国教学改革的启示[J].外语研究(4): 10 – 14.

[20] 邹为诚.2015.对我国部分高中英语教材内容的分析性研究[J].基础外语教育(5): 3 – 11.

A Collaborative Approach to the Cultivation of Multiliteracies and Core Competencies: A Multimodal Discourse Research on the English Textbook by People's Education Press

Yong Hu, Shengjie Xie
Jiangxi Normal University

Abstract: Since the 21st century, with the development of science and technology, the traditional foreign language teaching model has been continuously impacted, and the cultivation of multiliteracies has begun to attract the attention of the international education community. The core competencies of English subject for Chinese high school students highlighted in the 2020 revision of *English Curriculum Standards* have emerged as the "gold standard" for English teaching and talent development, serving as a guiding principle and objective for English teaching models. Based on this foundation, this study focuses on video multimodal discourse resources within senior high school English textbooks published by People's Education Press. It aims to uncover the internal mechanisms behind the collaborative construction of meaning through various semiotic systems, integrating the concept of multiliteracies education with the cultivation of English core competencies. Furthermore, it explores how cooperative cultivation of multiliteracies and core competencies driven by multimodal discourse can contribute to nurturing international foreign language talents in the new era with a combination of Chinese sentiment, global perspective, and cross-cultural communication skills.

Keywords: multimodal discourse analysis; multiliteracies; English core competencies; talent cultivation

非英语专业研究生学术交流英语能力培养中教师和学生的角色^①

袁平华^②

华东交通大学

摘　要： 国际化趋势使各国间学术交流日渐频繁，研究生学术交流英语能力的培养显得非常重要。在非英语专业研究生学术交流英语能力培养中，教师和学生扮演着重要的角色。教师是思想道德的引领者、专业知识的传播者、专业技能的培养者、课程教学的设计者和教学效果的评鉴者，帮助学生在学术交流中取得进步。同时，学生作为自主学习者、积极合作者、勤力践行者、审慎思辨者和自我发展者，积极参与学术交流各项实践活动，提升自己的英语表达能力，为学术和职业发展奠定坚实基础。

关键词： 非英语专业研究生；学术交流英语能力；教师角色；学生角色

1　引言

当今学术界正经历着全球化的趋势，来自不同国家和文化背景的学者需要进行跨国界、跨文化的交流。我国非英语专业研究生学术交流英语能力培养既可以为他们未来的学术和职业道路打下坚实的基础，还有助于他们在学术生涯和职业发展中更具竞争力。然而，一直以来，我国非英语专业研究生英语教学以提升学生通用英语能力为主要教学目标，较少考虑学生对学术交流英语能力的需求（蔡基刚，2017；马晓雷等，2013）。研究生学术交流英语能力很大程度上制约了高校科研发展的潜势和学生个人的学术成长。因此，在高校培养研究生学术交流英语能力势在必行（张彧、马瑾，2020）。在当今高校研究生学术交流英语能力的培养中，有关教材体系、教学模式和教学方法的研究较多，而对教师和学生各自应承担的角色和发挥的作用研究较少，这是一个值得探讨的问题，将直接或间接影响研究生掌握学术交流英语技能的效果。

2　学术交流英语能力培养中教师和学生的关系

在学术交流英语能力培养过程中，教师和学生之间的关系起着关键作用，教学相长，彼此促进（陆根书、胡文静，2022）。教师和学生之间的互动和合作对于学生英语交流能力的发展至关重要。教师是学业指导者、知识传播者、课程设计者和学生的榜样，而学生则是学习者、参与者和积极的合作者。教师在学术交流英语能力培养中担任导师的角色，指导学生进行有效的学术交流，提供口头和书面交流的建议，以及指导学生如何参与学术讨论和演讲。教师还可以通过引导学生分析文献、评估观点等方式，培养学生的批判性思维，从而在学术交流中更加深入地参与讨论和表达观点。教师可以为学生提

①　基金项目：江西省学位与研究生教学改革研究项目"国际化背景下研究生学术交流英语能力培养研究——整体任务型教学模式探索与实践"（编号：JXYJG‐2019‐101）。

②　袁平华（1966—　），男，博士，华东交通大学外国语学院教授；主要研究方向：二语习得、外语教学、双语教学等；通信地址：江西省南昌市双港东大街 808 号华东交通大学外国语学院；邮编：330013；电子邮箱：phyuan2004@sina.com。

供学术交流方面的知识和资源,如学术写作指南、演讲技巧材料、学术词汇表等,这些资源有助于学生更好地提升他们的学术交流能力。教师通过组织模拟演练,让学生在没有心理压力的环境下练习学术演讲、参与学术讨论等,使学生克服紧张情绪,增加自信,提升表达能力。教师在教学中能激发学生对学术交流的兴趣,鼓励他们积极参与讨论、研究项目和演讲,通过培养兴趣,使学生更有动力提升学术交流能力。教师还给学生的学术交流表现提供反馈,指出他们的优点和待改进之处,使学生更好地了解自己的表现,做出必要的调整。总之,教师和学生在学术交流英语能力培养中是紧密合作的伙伴。教师的指导、资源提供、个性化支持和榜样作用,以及学生的学习态度、参与热情和努力,能共同推动学生的英语交流能力的全面提升。

3　教师在学术交流英语能力培养中的角色

"传道、授业和解惑"非常贴切地诠释了教师在研究生学术交流英语能力培养中发挥的积极作用。"传道"意味着教师要落实立德树人的根本任务,向学生传递正能量,提升学生的思想品德,使其遵守职业道德和学术规范;"授业"要求教师传授专业知识,帮助学生掌握相应的学术英语知识、跨文化交际意识和跨文化知识;"解惑"要求教师帮助学生提升思维品质和解决实际问题的能力,把学生最终培养成德才兼备的社会主义建设者和接班人(叶飞,2023)。

3.1　思想道德的引路者

思想道德是人才培养的根本,唯有高尚的思想道德方能使学生在以后的事业发展中历久弥坚,走好人生的每一步。教师作为研究生思想道德的领路人,首先要做到"德高为范",言传身教,在教书育人过程中做学生的表率(张爱勤,2023)。在学术交流英语教学中向学生展示严谨的治学态度、不懈的探求精神和规范的学术行为。此外,在教学中还应向研究生阐述各国文化的差异,培养学生的家国情怀,让学生在国际学术交流中维护国家和民族的尊严,为国家建设服务。

3.2　专业知识的传播者

学术交流英语涵盖了许多专门领域的知识,用于学术研究、学术写作和学术交流。教师作为专业知识的传播者,在学术交流英语课程中,要向学生传授学术英语专业词汇、特定语法结构和惯用表达法。掌握这些特殊用语有助于研究生准确表达思想并与同行进行有效的交流。教师应向学生讲明学术英语写作规范,使学生能够选择合适的词汇,运用恰当的语言风格,遵循特定的格式、引用规范和结构,以确保英语论文的准确性和可读性。教师应向学生阐明学术研究需要遵循科研伦理,包括对研究对象的尊重、数据处理的合理性和规范性等(蔡基刚,2023)。此外,教师还应提醒学生意识到在学术交流中常涉及来自不同文化背景的人士,需要注意跨文化交流的技巧和对交流对象的尊重。在日常的教学中,教师要培养学生跨文化交际的意识,利用各种机会介绍不同国家的文化和习俗,使学生在国际学术交流中能从容应对各种文化产生的差异和矛盾,与各国学术界人士和谐相处(吕丽盼、俞理明,2021)。

3.3　专业技能的培养者

教师还是研究生学术交流专业技能的培养者。首先,学生在学术环境中的英语听、说、读和写的能力需要在教师的指导下进行有效训练,达到相应水平。具体地说,在学术交流环境中,学生要能够有效地倾听他人的演讲和陈述,理解他们的观点,并从中获取关键信息;学生要能够在学术会议、研讨会、讲座等场合进行清晰、有条理的演讲;学生还应能够读懂本专业相关的英文文献,并用英语撰写专业论文,清晰地陈述自己的观点,并使用逻辑和证据来支持这些观点(王春岩,2019)。其次,在学术交流中用英汉两种语言进行思维的能力需要进行培养,从而提高学生的思辨能力,以便完整准确地表达自己的观点,理解交流对象的思想。此外,教师还应培养学生跨文化交际能力,使其用得体的语言或非语言(面部表情和手势等)形式与听众进行互动和沟通。

3.4 课程教学的设计者

教师在学术交流英语课堂教学中扮演着课程设计者的重要角色。他们负责制定学习目标、选择教学内容、规划和组织课堂活动,以确保学生获得有价值的学习体验并达到学习目标。教师首先需要明确课程的学习目标和预期成果,并据此选择合适的教材、主题和内容,然后将它们组织成一个有逻辑结构的教学计划。同时,教师还应根据教学目标和按照"金课"标准的"高阶性、创新性和挑战度"原则设计和组织教学活动,包括讲座、小组讨论、案例研究、实践操作等,以促进学生的参与和互动(吴岩,2018)。在教学活动中,教师要针对学生参加学术会议或讨论的情境,鼓励学生积极思考、分析和批判,培养他们的思辨能力,提升他们的学术素养,为将来的学术研究和学术交流奠定基础。

3.5 教学效果的评鉴者

教师还是学生学术交流英语能力发展的见证者和评鉴者。教师的职责不仅在于教学,还负责对教学效果的评价(Tsagari et al.,2023)。首先,教师在教育领域中主要负责对学生的学习表现进行评估。他们通过考试、作业、项目、演讲等方式,评估学生的理解、掌握程度以及思维能力。这些评估有助于了解学生的学术进展,为他们提供及时的反馈和指导。其次,教师在学术研究中发挥着评估和指导作用。他们对学生的研究提出建议、指导方向,并评估研究方法和成果的质量。教师的反馈有助于学生改进研究并取得更好的成果。另外,在学术界,教师是对学术研究进行评估和审查的专业人员。他们参与同行评议(peer review)过程,审查研究论文的质量、方法和创新性,确保学术成果的可靠性和信任度。总之,教师作为评鉴者在教育、学术研究等方面扮演着关键角色。他们的评估和指导有助于学生的成长和发展,教师的专业知识、经验和道德责任使他们在学生学术交流英语能力评估过程中具有重要的地位。

4 学生在学术交流英语能力培养中的角色

4.1 学生在学术交流英语能力培养中的角色

在当今研究生教育中,学生是学习的主体,应对自己整个学习过程和学习效果负责,主动去熟悉和钻研自己学科领域的知识,在实践活动中提升自主学习和解决问题的能力,促进专业知识水平和学习效率的提高。在学术交流英语能力培养中,学生扮演着多重角色。这些角色有助于他们在学术环境中获得更好的表达、交流和学习能力。在现代教育中,教师需要鼓励学生发挥积极的主动性、创造力和自主性,以更好地应对未来的挑战。以下是学生在学术交流英语能力培养中扮演的角色。

4.2 自主学习者

进入研究生阶段,学生有更强的自主学习能力和探究能力,可以开展深度学习,提升自己的学术交流英语能力(Smith,2023)。他们在学习过程中会保持积极态度,相信自己的能力会不断提高。学生在很大程度上要自己设定具体的学习目标,制定每日学习计划,确定时间用于英语阅读、写作、听力和口语练习,并努力扩展词汇和语法知识。他们还应利用在线资源、语言学习应用和语言交流伙伴,拓展课堂学习之外的知识,充实和提高自己的学术资源。研究生还应能够运用有效的学习策略,如记忆技巧、阅读理解方法、写作技巧等,提高学习效率,提升自己的学术英语能力。学生自己还需定期评估学习进展情况,识别自身学习中的弱点,调整学习策略,找到改进的方法,确保达到预期的学习目标。

4.3　积极合作者

在研究生学术交流英语能力培养过程中,要培养学生的积极合作意识和合作能力。学生在学术英语学习过程中不仅要自己学习,而且需要和他人一起完成某些语言学习任务或研究任务(范玉梅,2019)。因此,研究生阶段的学生要与团队成员有真诚合作的意识。合作可以促进学生之间的知识共享和协同学习,从彼此的经验中学习,填补自己的知识不足和盲点。合作性学习使学生从不同角度思考问题,吸收各种观点和意见,有助于培养学生的多元思维和开放性思考能力(张凯等,2023)。因此,不同背景和专业的研究生汇聚在一起,可以将各自的知识和技能融合,形成综合性的解决方案。他们可以共同撰写文档、交流进展,并协调工作任务。合作能力的培养也涉及有效的沟通和人际交往技巧。这对于建立人际关系、进行学术交流以及日后的职业发展都至关重要。学术界强调合作研究和合著论文,培养学生的合作能力可以帮助他们更好地参与学术研究项目,推动个人学术发展。总之,培养学生的积极合作意识和合作能力有助于他们在学术和职业领域中更好地融入团队,更有效地参与合作项目,并在合作中取得更好的成就,对于研究生的全面发展和未来的职业成功都很重要。这种合作意识和能力能有效提升研究生学术交流英语能力。

4.4　勤力践行者

研究生学术交流英语能力的培养目标需要学生不断在学术场景实践中得以实现。学生进入各种学术交流场合,需要将自己在课堂所学到学术英语知识和技能综合性运用于学术会议、学术沙龙和学术讨论中,与同行进行分享交流。在现实的课堂和虚拟的场景中,学生也可以参加各种学术交流活动,如获取学术会议资讯、进行学术通信、撰写和发表学术论文、学术会议发言展示,以及回答学术会议中听众的提问等,提高自身的学术交流英语能力。学术交流的实践活动能使学生亲身感受到英语的工具性作用和媒介作用,使他们意识到学术交流英语能力不仅是学到的,而且更是通过践行才能最终获得(张阳、屈社明,2017)。

4.5　审慎思辨者

学术交流英语能力培养除必备的英语语言能力外,学生还需要有较强的思辨能力。思辨能力在学术领域中具有极其重要的作用,它涵盖了批判性思维、逻辑推理和深度分析,有助于学生更深入地理解问题、提出有力的论点并作出有根据的判断。学生需要在学术交流中展示思辨能力,分析不同观点,评估证据,并提出有根据的论证。在学术写作和口头表达中,思辨能力使学生能够用清晰、有力的方式表达自己的观点,以及对他人的观点提出建设性的反驳(穆从军,2023)。当今学术界,各种学术观点和视角不断涌现,各种思潮和学派均可存在。对于这些观点和思想,学生不应一味地全盘接受,而要有明辨是非、去伪存真的能力,做一个审慎的思辨者。语言是思想的载体,研究生需要分析复杂的文本,逐步解构论点,确定主要观点并评估证据(李莉文,2017)。在对某些观点进行评判后,他们需要用精准和符合逻辑的学术性语言表达自己的观点,做到实事求是,反映事物的客观规律,满足学术的要求。

4.6　自我发展者

在学术交流英语能力培养过程中,研究生作为自我发展者,需要关注自身的学术交流技能和能力,并采取积极的行动来不断提升自己(张君博,2022)。首先,自我发展的第一步是设定明确的学术交流目标和规划。研究生可以思考自己希望达到的英语交流水平,以及在何种情境下需要运用这些能力,从而制定切实可行的发展计划。其次,研究生应对自己的英语交流技能进行诚实评估。这可以通过参与模拟演练、进行口语和写作测试,或请教师、同学提供反馈来实现。这些反馈可以帮助他们识别自己的强项和待提升之处。此外,研究生作为自我发展者会不断应对挑战,超越舒适区。他们可能会主动报名参与学术演讲、参加国际会议,从而锻炼自己的交流能力。研究生在自我发展过程中会不断进行反思,回顾自己的表现,分析成功的地方和需要改进的地方,从而调整自己的发展计划。通过积极扮演自我发展者的角色,研究生可以不断提升自己的学术交流英语能力,为未来的学术和职业发展奠定坚实的基础。这种自我驱动的学习和发展态度将使他们在学术界和职场中取得更大的成功。

5　结语

在非英语专业研究生学术交流英语能力培养中,教师和学生各自扮演着重要的角色,共同推动学生的学术交流能力发展。教师和学生在学术交流英语能力培养中形成一种互动合作的关系。教师成为学生思想道德的引领者,为学生提供专业知识,培养他们的学术英语交流能力,引领学生在学术交流领域不断成长。学生则以积极务实的学习态度参与各种学术交流实践活动,对各种学术观点和思想进行评判和分析,不断提升自己的学术交流英语能力,为未来学术和职业发展打下坚实基础。

参考文献

[1] Smith, S. 2023. The independent self-directed language learner and the role of the language educator: Expanding access and opportunity[J]. *Journal of Language Teaching and Research*, 14(2): 269 – 277.

[2] Tsagari, D., R. Kirstin., & L. Lucilla. 2023. Teacher beliefs and practices of language assessment in the context of English as a lingua franca (ELF): Insights from a CPD course[J]. *Frontiers in Educational Research*, 8(1): 58.

[3] 蔡基刚.2017.基于项目研究的学术论坛教学法在研究生英语教学中的作用[J].学位与研究生教育(2):18 – 24.

[4] 蔡基刚.2023.《中国学术英语能力量表》设计考虑:分类与分级[J].外语教学理论与实践(2):62 – 69.

[5] 范玉梅.2019.任务类型对同伴互动中学习者投入的影响研究[J].解放军外国语学院学报(6):29 – 37.

[6] 李莉文.2011.英语写作中的读者意识与思辨能力培养[J].中国外语(3):66 – 73.

[7] 陆根书,胡文静.2022.高校师生关系:一个重要而亟待加强的研究领域[J].江苏高教(3):8 – 13.

[8] 吕丽盼,俞理明.2021.双向文化教学:论外语教学跨文化交际能力培养[J].中国外语(4):62 – 67.

[9] 马晓雷,张韧,江进林.2013.学术外语能力层级模型的理论与实践探讨[J].外语界(1):2 – 10.

[10] 穆从军.2023.读后创写思辨能力培养模式及其有效性研究[J].外语教学与研究(2):225 – 237 + 319 – 320.

[11] 王春岩.2019.全球 20 所大学学术英语能力内涵调查及对我国的启示[J].解放军外国语学院学报(3):56 – 63.

[12] 吴岩.2018.建设中国"金课"[J].中国大学教学(12):4 – 9.

[13] 叶飞.2023.面向数字化转型的教师育人能力结构及其提升路径[J].南京社会科学(8):114 – 122.

[14] 张爱勤.2023.学高为师,德高为范:孟宪承师范教育思想及其当代价值[J].江苏理工学院学报(1):107 – 116.

[15] 张凯,李玉,陈凯泉.2023.情绪体验与互动模式对合作学习情感投入的作用机理[J].现代外语(3):371 – 383.

［16］张君博.2022.研究生自我发展与人生境界培育探析［J］.哈尔滨学院学报（6）：128 - 131.

［17］张阳,屈社明.2017.大学英语课堂综合性语言实践活动的设计与实施［J］.山西教育（高教）（11）：13 - 14 + 16.

［18］张彧,马瑾.2020.硕士研究生学术英语能力培养模式：以语言学系统理论为视角［J］.沈阳大学学报（社会科学版）（4）：486 - 489 + 495.

Roles of Teachers and Students in Cultivating Academic Communication English Proficiency for Non-English Major Graduate Students

Pinghua Yuan

East China Jiaotong University

Abstract: The trend of internationalization has led to increasingly frequent academic exchanges among countries, and the cultivation of graduate students' English proficiency in academic exchange is crucial. Teachers and students play important roles in cultivating academic communication English proficiency among non-English major graduate students. Teachers are guides of ideology and morality, disseminators of professional knowledge, cultivators of professional skills, designers of curriculum teaching, and evaluators of teaching effectiveness, helping students make progress in academic exchanges. Simultaneously, students, as autonomous learners, active collaborators, practitioners of self-discipline, critical thinkers, and self-developers, actively participate in various practical activities of academic exchange, improve their English communication skills, and lay a solid foundation for their academic and professional development.

Keywords: non-English major graduate students; academic communication English proficiency; roles of teachers; roles of students

中华优秀文化融入中小学英语教材：
现状、挑战和评价指标体系构建[①]

杨银花[②]　蒋　婷[③]

重庆大学

摘　要：中华优秀文化融入中小学英语教材是培育青少年强基固本、打好中国底色、向世界讲好中国故事的必由之路。然而通过梳理中小学英语教材中中国文化融入的现状及挑战，本文发现教材中存在"中华文化失语失重"现象，加之政策落实不到位、育人功能认识不清、遴选标准不明等，现行教材离落实文化育人的目标还相距甚远。实现中华优秀文化"有机融入"教材的最佳进路是构建"中华优秀文化融入中小学英语教材的评价指标体系"框架。因此，本文以"立德树人"为总目标，以经典性和适宜性为构建原则，从内容和布局维度统筹构建了"一标两翼"为总布局的多维分析图谱，以期为中小学英语教材编写提供可操作性框架。

关键词：中华优秀文化；中小学英语教材；评价指标；教材编写

"尺寸教材，悠悠国事"（郑富芝，2020）。教材建设事关国家事权（郝志军、王鑫，2022），而中华优秀文化包括优秀传统文化、革命文化和社会主义先进文化（汤玲，2019），进教材更是强力体现国家事权、践行中华优秀文化铸魂育人功能，落实中华优秀文化实现制度化发展和传承的重要举措（中华人民共和国教育部，2022）。"铸魂育人"始于"固根守魂"（习近平，2022），即培植国人文化自信须从青少年抓起，通过中华优秀文化入中小学教材的方式牢固构筑国家文化安全的堡垒（曾敏，2015），用中华优秀文化武装青少年头脑、引领青少年思想，让其在他们心中生根发芽、发扬光大。英语教材作为青少年感知了解世界优秀文明成果和讲好中国故事的重要窗口，厚植和融入中华优秀文化意义重大（梅德明，2022）。然而，现行中小学英语教材中中华文化融入现状并不尽如人意，这对于培育青少年文化自信极为不利。那么，中小学英语教材中中华优秀文化融入现状存在什么问题？中华优秀文化融入中小学英语教材有什么现实挑战？关于"融什么""融多少"和"怎么融"有什么解决方案？接下来，笔者将就这3个问题进行深入探讨。

1　现状

英语教材对于传播人类优秀文化具有不可或缺的重要作用，但关于英语教材中文化呈现和意识形态的研究却起步较晚，始于20世纪60年代（Risager，2023），在近几年才引起学者普遍关注（Liu et al.，2022；张虹、李晓楠，2022）。现有研究表明，圈外[④]和扩展圈[⑤]国家的英语教材中充斥着严重的本

---

① 本文为北京外国语大学中国外语教材研究中心"双一流"建设重大标志性项目"多维视角下的大中小学外语教材研究"（项目编号：2022SYLZD014）阶段性研究成果之一；并获"上海外国语大学外语教材研究院外语教材研究项目"中华优秀文化融入中小学英语教材的评价指标体系构建与教材文化内涵探析"的资助（项目编号：2023CQ0001）；重庆市研究生科研创新项目（CYB240007）。
② 杨银花（1991—　　），重庆大学外国语学院博士生；研究方向：系统功能语言学和教育语言学。
③ 蒋婷（1976—　　），重庆大学外国语学院教授，博士生导师；研究方向：系统功能语言学、教育语言学、生态语言学研究；通信地址：重庆大学外国语学院；电子邮箱：37262497@qq.com。
④ 圈外国家指曾为英国殖民地而将英语列为官方语言的国家，包括孟加拉国、加纳、印度、肯尼亚、马来西亚、新加坡、斯里兰卡等。
⑤ 扩展圈国家将英语作为第二外语使用的国家，包括中国、埃及、日本、韩国、俄国等。

国文化失真失语现象，而作为圈内①国家的英美文化则占主导地位，如哥伦比亚（Moss et al.，2015）、匈牙利（Weninger & Kiss，2013）、新加坡（Curdt-Christiansen，2015）、日本（Matsuda，2002；Lee，2014）、韩国（Song，2013）等国家的中小学英语教材都揭示了这一突出问题。

中国作为扩展圈国家，其基础教育阶段的英语教科书中也存在着严重的文化失语失重现象，且英美文化占据教材的"大片江山"。具体表现为我国香港地区小学英语教材（Lee & Li，2020）和初中英语教材中的亲英美文化现象（Yuen，2011；Xiang & Yenika-Agbaw，2019），我国台湾地区高中英语教材中的文化同质和"去中国化"现象（Su，2016），以及国内某套高中英语教材中的西方文化霸权现象（Lu et al.，2022；杨冬玲、汪东萍，2022；张虹、李晓楠，2022）等。纵有学者曾就我国英语教材中文化失语症危机提出诸多关切，学界对此问题的重视度仍明显不足。

从历时角度来看，最早揭示我国教材中中华文化缺失的研究始于 20 世纪 90 年代，《中华传统文化与课程教材建设》（邵宗杰，1993）一文从宏观视角着重强调中华文化进课程教材是培育年轻一代文化自觉、树立文化自信的关键一环。随后，从丛在《中国文化失语：我国英语教学的缺陷》一文中再次敲响"中华文化危机"的警钟，但并未引起教育界重视（从丛，2000）。10 年之后，才陆续有学者重新反思当前外语教育的价值取向和文化意识形态问题（任平，2009；唐霜，2011；曾敏，2015），但收效甚微。直至近些年，面对西方"怼华、制华和辱华"的一系列错误言论，我们却有理说不出，有口传不开，传开叫不响。尤其在目睹我国一些年轻人产生崇洋媚外、丢弃淡化中华优秀文化等文化自卑行为时，我们才幡然醒悟。我们认识到西方文化正通过"入侵英语教材"的方式架空我国优秀文化，积极渗透"去意识形态化"和"泛娱乐主义"等"毒"文化（范卿泽等，2023），并形成文化包围圈（曾敏，2015），悄无声息地毒害着我们青少年的心灵，左右着他们的文化认知，致使他们出现文化意识淡薄、道德信仰缺失、文化自知和文化自信力低下等意识形态错位问题。针对此现状，少数学者以英语教材为根本依托，提出加大中华优秀文化融入英语教材的比重和力度，并从政策解读（张海水，2021；唐彬，2022；杨冬玲、汪东萍，2022）和思政视角提出了中华优秀文化入教材的策略及意义（任平，2009；孙有中，2020；杨昌娜，2022）。但如何将中华优秀文化"有机融入"教材，提升外语教材体系的"中国色彩"（罗英、徐文彬，2023），还未提出可行的方案。

综上，中小学英语教材中因"中华优秀文化失语症"而导致的"文化安全危机"并非今日之故，而是长期得不到我国教育学界重视而演变成的"历史问题"。因此，笔者认为扭转这一局面的根本路径是尽快为中小学英语教材"换血"，注入"中华优秀文化"新鲜血液，为培养拥有中国心、饱含中国情、充满中国味的下一代而强基固本，打好中国底色。然而，将中华优秀文化融入中小学英语新教材并非易事，关键要评估好"融什么""融多少"和"怎么融"的问题。很显然，实现这一目标也面临着一些现实挑战。

2　挑战

作为中华民族的灵魂和精神命脉，中华优秀传统文化、革命文化和社会主义先进文化在实现青少年启智增慧、培根铸魂过程中起着中流砥柱的作用。纵然中华优秀文化教育工作已取得一定的进步和成效，但疏于对中华优秀文化融入教材的思想认识、文化育人、实施策略等方面的深度阐释和明确规范指引，致使当前教育界对中华优秀文化融入中小学英语教材"融什么""融多少"和"怎么融"的成效评估面临着一些困境和挑战。鉴于此，笔者从方针、育人和编写视角对现存困境和挑战进行解读，为中华优秀文化融入基础教育阶段英语教材贡献一些学理依据。

---

① 圈内文化指英语为母语而形成的文化，包括美国、英国、加拿大、澳大利亚和新西兰（Kachru，1992）。

2.1　方针视角：对政策的解读不深，执行力不足

"教材体现国家意志"(郝志军、王鑫，2022)。然而，因对中华优秀文化入教材的政策内化不深、落实不到位，致使中小学英语教材中本土文化的融入仍处于"有法不依""有融无评"的乱序状态。

政策制度的顶层设计在中华文化入教材中具有重要的规划管理作用。自改革开放以来，党中央和政府关于大力推进中华优秀文化教育工作推出了一系列政策措施。具体来讲，2014 年教育部在《中华优秀传统文化进中小学课程教材指南》中首次提出推进中华优秀传统文化分段有序地融入中小学教材(中华人民共和国教育部，2014)。随后，党中央和国务院在《关于实施中华优秀传统文化传承发展工程的意见》一文中强调要重点构建"中华文化课程和教材体系"(中华人民共和国教育部，2017)。虽有政策的指导和引领，但我们的中小学英语教材改革工作并未与时俱进，将政策的新要求和新精神落实到教材编写中来，仍处于观望状态。笔者初步调研国内现行的各个版本的中小学英语教材，发现小学和初中依旧沿用根据 2011 年的英语课程标准编纂的教材(2013 年教育部审订)开展教学，且教材中关于中华优秀文化的内容偏少，教材"西化"现象较为明显。纵然高中英语教材已依据 2017 年的高中英语课程标准重新改编，加大了中华优秀文化内容进教材的比例，但仍存在中华优秀传统文化被简单"塞进""补进""挤进"教材的现象(田慧生等，2022)。可见，文化自信监测机制和相关的配套政策的一度缺位，致使教材实施文化育人的政策目标并未达成，从而陷入了"有法不依"的"钝化"局面(范卿泽等，2023)。见此情景，教育部于 2020 年又印发了至今最为详细、操作性最强的两条指导性文件。一条是《中华优秀传统文化进中小学课程教材指南》，该指南为我们明确了遴选中华优秀传统文化进教材需围绕核心思想理念、中华人文精神、中华传统美德三个主题来展开。另一条是《革命传统进中小学课程教材指南》，为对中小学进行革命文化教育确立了基本原则和主题定位(中华人民共和国教育部，2020)。两条指南虽未就中华优秀文化和革命文化入中小学英语教材提出明确指引和要求，但我们可通过研读两条指南对其他学科教材的融入细则，探索在英语教材中融入中华优秀文化内容的编写目标和原则。紧接着，2021 年，教育部印发了《习近平新时代中国特色社会主义思想进课程教材指南》，为社会主义先进文化入中小学课程教材提供了落地指南，并编写了《习近平新时代中国特色社会主义思想学生读本》，现已投入使用，但使用效果尚需通过构建较为系统的评价体系加以评估。

以上一系列方针政策都为推动青少年深入学习中华优秀文化奠定了政治、思想和实践基础，为我们回答中华优秀文化进教材"融什么"的问题指明了方向。但因缺乏对这些政策的深入解读及适时的行动力，我们的教材改革仍处于无序状态，对"融多少"和"怎么融"问题还有待进一步挖掘和探索。

2.2　育人视角：育人功能认识不清，定位不明

英语学科旨在培养学生的语言能力、文化意识、思维品质、学习能力等核心素养，兼具工具性和人文性(梅德明，2022)。但受应试教育的影响，大部分教师仅注重英语的工具性，而忽略了对学生文化意识的培养(何丽芬，2018；杨冬玲、汪东萍，2022)。教师和学生对中华优秀文化的认识尚停留在概念化阶段，仍处于对真正的文化经典拎不清、辨不明的混沌阶段。这表明外语教材在文化育人方面存在短板和不足，亟需对教材"换血"，注入能培根铸魂的中华优秀文化，达到启智增慧、心怀家国的育人旨归。"换血"不是一味地"求多""求新"和"追古"，而是要结合时代育人的要求和学科特点，借助数字化媒体和手段，有机融入贴近学生生活实际的中华优秀文化，保证各个学科、各个学段中华优秀文化的全覆盖，但也要避免学科间内容交叉重复的问题(李俊堂，2022)。

另外，在开展英语教育过程中，相当数量的编者、教师和学生对西方文化的"入侵"和"渗入"是"无意识"和"无目标化"的(曾敏，2015)。"无意识"主要表现为单元主题与中华优秀文化的内容选材间呈

断层现象,导致教材内容趋于无主题化和形式化,不利于学生对中华优秀文化的系统性学习。而"无目标化"则指对中华优秀文化重在培养学生哪方面能力的问题认识不清、主次不明,主要表现为文化内容的编排位置乱序化,如在某版高中英语教材中,仅有少数中华文化出现在正文系统,而其他关涉中华文化的内容则被冷落至练习环节(张虹、李晓楠,2022)。这也使得中华优秀文化在英语教材中被边缘化。

因此,中华优秀文化入中小学英语教材应加强价值引领,克服"教材工具化"的育人意识及"育人逻辑偏移"等失范问题,落实立德树人根本任务,为教材使用者树立一个"真实、立体、全面"的中国(刘英才,2022)。

2.3　编写视角：缺乏明确的遴选标准和指引

因缺乏中华优秀文化融入中小学英语教材的明确选材标准和策略指引,现行中小学英语教材中的本国文化呈现失语失重现象,进而间接致使我国出现国家文化安全受到西方文化的侵犯和威胁,国际地位和综合国力的提升与国际形象和国家文化软实力地位不相符、不相称(杨昌娜,2022)等问题。这也敦促我国教材编写者,尤其是外语教材编写者深刻反思如何通过教材编写加强学生跨文化交际能力、国际交流能力和讲好中国故事的能力。当然,中华优秀文化入英语教材亦面临着学科层面的困境。

一方面,学科育人旨归决定了教材中文化内容在选材广度和深度上存在一定挑战。英语课程的总目标为培育具有家国情怀、国际视野和跨文化沟通能力的社会主义建设者和接班人(梅德明,2022)。此课程目标也决定了教材内容的选取既要将内圈、外圈和扩展圈国家的优秀文明"引进来",也要大力推动中华优秀文化"走出去"。要将深邃渊博的世界优秀文明和中华优秀文化适切地融入教材,且要保证语篇原汁原味,做到不使各国文化呈现碎片化、主观化和随性化(张洪仪、柳文佳,2022),就需要构建更为明确的遴选标准和指南指引。令人庆幸的是,有少数学者对英语教材中文化融入的梯度和配比做了努力,基于学界对英语教材中文化呈现的内容分类,构建了适合我国当前国情的可视化文化内容层级分析框架,并提出加大中国文化在教材中的占比(何丽芬,2018;杨冬玲、汪东萍,2022)。这些努力都为适切融入各国文化进英语教材提供了新的编写视角,但依旧很难回答中华优秀文化进英语教材"融什么""融多少"和"怎么融"的问题。

另一方面,中华优秀文化历史悠久,博大精深,融入尺寸教材对编者具有极高的文化素养要求。具体来讲,每一个文化分支,包括中华传统优秀文化、革命文化和社会主义先进文化,都有其独特的时代价值和文化内涵,联结着中华民族的过去、现在和未来,是一个具有时间坡度、梯度和向度的伟大创造(汤玲,2019)。将体量如此庞大的中华文化融入中小学英语教材,要求编写者既要做到融通中外、连贯古今,又需具备对3种主体文化扎实的积累、独到的见解、高屋建瓴的思想认识和较高的中华优秀文化修养。这对于教材编写者来讲是极具挑战的。总之,在未深度学习和理解这3种主流文化的情况下,在英语教材中全面系统体现中华优秀文化是很难的。这种特质也为编写和评估英语教材带来了极大挑战。

总之,通过分析现行中小学英语教材中普遍存在的中华文化失语问题及中华优秀文化入教材所面临的困圄和挑战,我们认为解决这一现状的最佳方案是构建中华优秀文化融入中小学英语教材的评价指标分析图谱,以期为中华优秀文化入教材提供清晰、明确的准入细则,为打造高质量精品力作提供新的方案。

3　评价指标体系构建

对中华优秀文化融入中小学英语教材"融什么""融多少"和"如何融"进行评估,目前较为系统、权威和科学的参考依据是教育部课程教材研究所联合多学科专家共同研制的多维分析图谱(田慧生等,2022)。该研究明确指出中华优秀传统文化进教材必须围绕培养学生德智体美劳全面发展这一育人目标来立意,以开展"人格修养""社会关爱""家国情怀"和"人类命运共同体"为教育主题的纵横架构来立题。鉴于此,为全面科学合理地评估中华优秀文化融入中小学英语教材的情况,本文基于此框架,结合英语学科的学科特色,遵循特定的构建原则,从内容和布局维度搭建突显英语学科中华文化新样态的评价指标体系。

3.1　构建原则

中华优秀传统文化融入英语教材重在培养学生的"文化自信"(侯前伟,2023),实现这一目标的前提是引导青少年树立"文化自知""文化真知"和"文化自觉"意识,这就需要从两个"原则"上下功夫。

首先,强化经典性原则。中华优秀文化作为一个体量庞大、内容丰富多元的超容量数据库,是青少年对外讲好中国故事的资源宝库。要在不增加学生学习负担,不加重课时压力的情况下,从浩瀚的文库中选取合适的素材进英语教材就要遵循"经典性"原则。"经典性"要求我们在选材时,重点考虑该素材是否有利于大力弘扬中华传统美德,是否凝聚了中华优秀文化核心思想,是否集中体现了中华优秀文化的人文精神(中华人民共和国教育部,2020)。用英文诵读经典有助于学生从外文视角领略和鉴赏中华优秀文化的古老智慧,激发学生的爱国情怀(周刘波,2023),在对比学习外国文化的过程中,强化自身跨文化意识和文化自信。另外,"经典"文化进英语教材要有代表性,既要强化热门和广为流传的优秀传统文化的传播力度,也要着力推广冷门小众的非遗产物重现历史舞台,通过进英语教材的方式延长其长尾效应。

其次,内容适宜性原则。其一,内容选取应考虑学习对象的适应性,应贴近学生生活。缺乏学生生活场景的文化内容既不利于激发学生的文化志趣,也不利于学生对经典的内化,更谈不上积极弘扬中国文化(Qu,2022);除此之外,中华文化内容进英语教材,也要规避"文化中立"的问题,以防学生出现价值观"摇曳不定"的错位现象(罗英、徐文彬,2023)。其二,在内容选取的量度上,要确保中华优秀文化在中小学英语教材中的全覆盖性。"全覆盖"并不意味着所有主题的文化都要集中在某一个学段的教材中全部呈现,而是要结合学生生物节律、认知特点和英语课程的编排逻辑,分阶段、有重点、有层次地融入教材,确保中华优秀文化在整个基础教育阶段实现延续性、渐进性和全面性,避免出现中华优秀文化"扎堆""缺席"或"冗余"现象。"全覆盖"实现的同时,也应落实好中华优秀文化融入各个学段、不同年级的内容"衔接性"。此处的"衔接性"既包括文化主题与载体间的内部衔接,也包括文化育人功能的"连贯性和有序性",遵循从易到难、从低到高的选材原则。其三,在内容呈现方式上,应紧跟时代发展,结合学生现实数字化生活场域,打造数字化赋能教材(李萌、王育济,2023),借助视频叙事方式,创造性地将传统文化元素与现代文化有机融合,拉近学生与传统文化的认知距离,让学生沉浸式地体验中华传统文化独特的艺术美、悠长的意境美和深厚的文化美。

3.2　评价指标

英语学科区别于其他学科的跨语言的鲜明特征决定了中华优秀文化入教材也有其独特的评价指标,主要包含内容和呈现布局两个方面的内容。

3.2.1　内容维度

基础教育阶段英语课程重在培养中小学学生感知了解不同国家文化,逐步促成其跨文化沟通和交流的能力,学会从国际视角珍视弘扬中国文化,培养具有家国情怀、站稳中国立场、坚定文化自信的社会主义建设者和接班人(中华人民共和国教育部,2022)。为实现这一目标,中华优秀文化进中小学英语教材就要发挥好核心素养的统摄作用和文化主题的统领作用。

首先，核心素养是英语课程内容选取的标尺，作为五育并举育人目标下的子目标，主要包括语言能力、文化意识、思维品质和学习能力四个方面的素养。中华优秀文化进英语教材，从文化角度，可将核心素养理解为重在培养各学段学生感知、认识、理解、对比、传承和创新关于人与自我、人与社会、人与国家、人与自然四大板块内容的能力。这四大主题分别对应田慧生等（2022）提出的四大教育主题——人格修养、社会关爱、家国情怀、人类命运共同体。其中，家国情怀作为个体对家庭与国家的情感联结（赵毅、马冲，2017），是"藏于心，刻于骨，现于行"的基于共同民族心理的生命自觉（周刘波，2023）。而此处的"人类命运共同体"包含两方面的内容：① 在处理本国利益与他国关切的关系时，我们应培育青少年树立同舟共济、权责共担、增进人类共同利益的全球意识（赵可金，2017）；② 在面临全球资源危机、全球变暖等一系列生态危机时，青少年应与世界一道，为全球生态保护和人类可持续发展作出努力并贡献自己的生态智慧（何星亮，2021）。把握好这四大主题的文化育人功能对于联结和统领中华优秀文化入教材起着重要作用（中华人民共和国教育部，2022）。

其次，载体，作为主题的承载者，是落实学生核心素养的具体表现形式。从文化角度来看，载体可细分为一级载体和二级载体，后者是前者的最终表现形式。就一级载体而言，四大主题主要通过中华优秀文化人物、文化产品、文化实践、文化观念和文化社群（张虹、李晓楠，2022）得以初步呈现。在中华优秀文化语境下，文化人物指经历史检验，被中华民族甚至世界公认的捍卫中华民族独立、自由和利益，为民族发展作出突出贡献的仁人志士，如孔子、孟子、秦始皇、毛泽东、邓小平、袁隆平等时代先锋。文化产品可定义为为了满足自身和社会生存发展需求而创造的凝聚了中华民族智慧、烙印和结晶的产品，包括文学作品、艺术品、工艺品、建筑、工农业品、科技成就等。文化实践指中华民族经过长期创造性实践而形成的具有悠久历史的生产和生活方式，如传统节日、文化习俗、饮食习惯、时令节气、中华礼仪、改革开放、科技创新、抗震救灾、生态文明建设、大国外交等。文化观念指蕴含中华优秀文化核心思想、人文精神和传统美德的信仰、价值和态度等，如修齐治平、精忠报国、仁爱诚信、崇德向上、尚和合、求大同等中华传统美德或观念。文化社群指因民族、语言、信仰、宗教、生活方式、劳动方式相近而构成的具有共同文化价值理念和行为模范的集合体，如傣族人、戏曲家、中国共产党等。最终，这些文化内容通过经典篇目、人文典故、文化常识、科学成就、艺术、文化遗产等（中华人民共和国教育部，2020）二级载体表现出来。另外，值得一提的是，在全球环境不断恶化、环境问题日益凸显的大背景下，生态文明建设作为中国特色社会主义建设事业的重要内容，已成为我国各个受教育阶段的重要学习内容。因此，笔者创造性地提出一个新的文化分类——文化生态。文化生态指我国为节约资源、保护环境、保护濒临灭绝动植物、实现全球可持续发展所做的一系列文化生态环保举措，如环境保护、生态文明建设、自然灾害治理等。概而论之，这六个维度将为我们纵横审视中华文化的教育旨归提供分析原则和方向（如表 1 所示）。

3.2.2　布局维度

基础教育阶段英语学科教材主要是由文字和图片构成的多模态语篇系统。首先，在教材前言页，编写者应详细说明中华优秀文化入英语教材的编写理念、编写原则、文化育人目标和教学策略。其次，中华优秀文化以其显性或隐性方式出现在教材的正文系统、助学系统和练习系统（张虹、李晓楠，2022），且出现的方式不同、位置不同，其育人目的亦有差异（田慧生等，2022），这就要求编者严格按照前言的文化育人目标立体和立意。另外，中华优秀文化入英语教材也要把握好在必修和选修中的比例，如高中英语必修教材中中华优秀文化占比应高于选修教材，以确保所有学生在必修课程中学习大量中华优秀文化。最后，中华优秀文化入英语教材应根据不同学段编写基础、进阶和高阶教材，在保证内容衔接完好、全面覆盖和贴近学生生活的基础上，满足不同地域、不同英语能力的教师和学生使用。

表1 中华优秀传统文化主题、载体及其教育价值

核心素养	一级主题	二级主题	一级载体	二级载体	教育价值
感知	人格修养	人与自我	文化人物	人文典故	崇德向善、见贤思齐、孝悌忠信、礼义廉耻、自强不息、革故鼎新
认识	社会关爱	人与社会	文化产品	经典篇目	敬业乐群、扶危济困、见义勇为、孝老爱亲
理解	家国情怀	人与国家	文化实践	文化常识	精忠报国、振兴中华、天下兴亡,匹夫有责、讲好中国故事
对比			文化观念	科技成就	
传承	人类命运共同体	人与自然	文化社群	艺术工艺	维护世界和平、协和万邦、和平共处、亲仁善邻、天人合一、美美与共、与自然和谐共生,生态保护
创新			文化生态	文化遗产（非遗）	

综上,笔者基于两条构建原则,从内容和布局维度,构建适用于中小学英语教材中融入中华优秀文化的评价指标体系框架(见图1)。

图1 中华优秀文化融入中小学英语教材的多维评价指标分析框架

整体来看,该框架呈"一标两翼"的总体布局。三者内在统一,相互促进、相符相称。"一标"指坚持"五育"并举,严格落实"立德树人"育人总目标(田慧生等,2022),以重塑中小学生中华优秀文化"核心

素养"为子目标，培育具有家国情怀、站稳中国立场、用英语讲好中国故事的社会主义建设者和接班人（中华人民共和国教育部，2022）。其中，中华优秀文化"核心素养"的培育应根据不同学段不同年级学生的认知规律进行内容和布局编排。小学阶段重在引导学生感知和认识中华优秀文化的丰富性和多样性，以培育其文化自知能力；初中阶段重在引导学生理解中华优秀文化，通过对比本土文化与他国文化的异同，树立对本国文化的文化自豪感，进而提升其对中华优秀文化的文化自觉意识；高中阶段重在引导学生传承和创新中华优秀文化，坚定其文化自信。在遴选中华优秀文化进教材的过程中，应将"经典性"和"适宜性"原则贯穿始终，做到每个主题都有序有机地分布于教材的各个方面。"两翼"主要由以中华优秀文化主题和载体为纵横架构的内容维度和以基于两原则构建的前言系统、文字系统、图片系统为编写体例的布局维度两部分构成。前者回答了中华优秀文化入中小学教材"融什么"和"融多少"的问题，后者则回答了"如何融"的问题。

据此框架，我们可从全方位、多视角审视中华优秀文化进教材的情况，科学合理地回答"融什么""融多少"和"怎么融"的问题。视角一，我们可以五育并举为育人总目标，以核心素养为次级目标，对各学段英语教材中的文字系统和图片系统中的中华优秀文化的育人旨归进行纵横分析。视角二，我们也可从主题出发，分析我国中小学英语教材中如何体现以人与自我、人与社会、人与国家、人与自然为主题的中华优秀文化，进而为教材编写提供较为科学的编写建议。视角三，我们也可采取大处着眼，小处着手、实处着力的角度进行分析。如以经典篇目中的文化人物分析为例，分析小学、初中至高中各学段中的分布特征，然后从纵横架构维度，将文字系统和图片系统中的内容与总目标与主题对标，深入挖掘教材中各个文化载体所承载的文化育人理念。

4　结语

教材传授何种内容、弘扬何种价值都是国家意志的体现。中华优秀文化入英语教材更是培育学生继承弘扬中华文化、体现国家事权的重要一环。然而我国中小学英语教材因重视不够而长期存在"中华文化失语"问题，加之政策落实不到位、育人功能认识不清、遴选标准不明朗等现实挑战，现行教材在落实此目标上还相差甚远。因此，笔者认为构建"中华优秀文化融入中小学英语教材的评价指标体系"框架是解决此问题、实现中华优秀文化在教材中"融什么""融多少"和"怎么融"问题的有效途径。关于"融什么"，在处理好育人目标与主题关系的基础上，我们应以培植学生文化核心素养为重心，以"人格修养、社会关爱、家国情怀、人类命运共同体"主题为要领；关于"融多少"，在兼顾文化共性和个性关系的基础上，确立强化经典和内容适应性为融入原则；在"如何融"上，应着重处理好总体育人目标与学科特色的关系，统筹构建了内容和布局为纵横架构的多维分析图谱。期望本文为更多从事教材研究的学者提供研究思路，为外语教材评估者探究教材中中华优秀文化融入和呈现的实然样态提供路径借鉴，也为编写者研发新教材提供切实可行的方法和分析框架，进而为推进外语课程思政建设贡献智慧。

参考文献

[1] Curdt-Christiansen, X. L. 2015. Ideological tensions and contradictions in lower primary English teaching materials in Singapore[A]. In X. L. Curdt-Christiansen and C. Weninger. *Language, Ideology and Education: The Politics of Textbooks in Language Education*[C]. New York, Routledge: 129 – 144.

[2] Kachru, B. B. 1992. World Englishes: Approaches, issues and resources[J]. *Language Teaching* 25(1): 1 – 14.

[3] Lee, J. F. K. & X. Li. 2020. Cultural representation in English language textbooks: A comparison of textbooks used in mainland China and Hong Kong[J]. *Pedagogy, Culture &*

Society, 28(4): 605 - 623.

[4] Lee, J. F. 2014. A hidden curriculum in Japanese EFL textbooks: Gender representation[J]. *Linguistic Education* 27: 39 - 53.

[5] Liu, Y. & L. J. Zhang et al. 2022. A Corpus Linguistics Approach to the Representation of Western Religious Beliefs in Ten Series of Chinese University English Language Teaching Textbooks[J]. *Frontiers in Psychology* 12: 6156.

[6] Lu, J. & Y. Liu, et al. 2022. The cultural sustainability in English as foreign language textbooks: Investigating the cultural representations in English language textbooks in China for senior middle school students[J]. *Frontiers in Psychology* 13: 944381.

[7] Matsuda, A. 2002. Representation of users and uses of English in beginning Japanese EFL textbooks[J]. *JALT J* 24: 182 - 200.

[8] Moss, G. & N. Barletta et al. 2015. Educating citizens in the foreign language classroom: Missed opportunities in a Colombian EFL textbook[A]. In C. X. L. and C. Weninger. *Language, Ideology and Education: The Politics of Textbooks in Language Education*[C]. New York: Routledge: 69 - 89.

[9] Qu, J. 2022. Urban-Rural Differences under the Context of China's Political Textbook System: Student Perspectives[J]. *Education and Urban Society* 54(4): 423 - 444.

[10] Risager, K. 2023. Analysing culture in language learning materials[J]. *Language Teaching* 56 (1): 1 - 21.

[11] Song, H. 2013. Deconstruction of cultural dominance in Korean EFL textbooks [J]. *Intercultural Education* 24: 382 - 390.

[12] Su, Y. 2016. The international status of English for intercultural understanding in Taiwan's high school EFL textbooks[J]. *Asia Pacific Journal of Education* 36(3): 390 - 408.

[13] Weninger, C. & T. Kiss 2013. Culture in English as a foreign language textbooks: A semiotic approach[J]. *TESOL Quarterly* 47: 694 - 716.

[14] Xiang, R. & V. Yenika-Agbaw. 2019. EFL textbooks, culture and power: A critical content analysis of EFL textbooks for ethnic Mongols in China[J]. *Journal of Multilingual and Multicultural Development* 42(4): 327 - 341.

[15] Yuen, K. 2011. The representation of foreign cultures in English textbooks[J]. *ELT Journal* 65(4): 458 - 466.

[16] 曾敏.2015.外语教育中的文化安全研究[D].武汉：华中师范大学.

[17] 从丛.2000.中国文化失语：我国英语教学的缺陷[N].光明日报.

[18] 范卿泽,郑智勇,等.2023.新时代中小学生文化自信培育机制的三重审视[J].西南大学学报(社会科学版),49(4)：187 - 194.

[19] 郝志军,王鑫.2022.加快形成中国特色高质量教材体系——习近平总书记关于教育的重要论述学习研究之三[J].教育研究,43(3)：4 - 14.

[20] 何丽芬.2018.高中英语教材中的中国文化融入现状分析[J].教学与管理(12)：84 - 87.

[21] 何星亮.2021.坚定文化自信的历史和理论依据[J].中南民族大学学报(人文社会科学版),41(10)：56 - 65.

[22] 侯前伟.2023.传统文化进教材：研究进展、难点与突破[J].教育科学研究(3)：11 - 17.

[23] 李俊堂.2022.跨向"深层治理"——义务教育新课标中"跨学科"意涵解析[J].四川师范大学学报

（社会科学版），49（4）：116 - 124.

[24] 李萌，王育济.2023.中华优秀传统文化传播的数字机制与趋势[J].人民论坛(2)：104 - 106.

[25] 刘英才.2022.中华优秀传统文化对外传播的话语构建与实践路径[J].出版广角(5)：88 - 91.

[26] 罗英，徐文彬.2023.文化诠释、意义生成、文化发展：教材理解的文化逻辑[J].西南大学学报(社会科学版)：1 - 11.

[27] 梅德明.2022.正确认识和理解英语课程性质和理念——基于《义务教育英语课程标准（2022 年版)》的阐述[J].教师教育学报，9（3）：104 - 111.

[28] 任平.2009.新课标角度下英语教材中中国文化意识的缺失——以人教版高中第一册英语教科书为个案[J].当代教育科学(10)：13 - 16.

[29] 邵宗杰.1993.中华传统文化与课程教材建设[J].上海教育科研(4)：10 - 12.

[30] 孙有中.2020.课程思政视角下的高校外语教材设计[J].外语电化教学(6)：46 - 51.

[31] 汤玲.2019.中华优秀传统文化、革命文化和社会主义先进文化的关系[J].红旗文稿(19)：31 - 32.

[32] 唐彬.2022.高校外语教学中中华传统文化的融入路径[J].山西财经大学学报，44（S1）：196 - 198.

[33] 唐霜.2011.新旧版高中英语教材文化内容对比分析[J].西南大学学报（社会科学版），37（S1）：295 - 296 + 303.

[34] 田慧生，张广斌，等.2022.中华优秀传统文化融入课程教材体系的理论图谱与实践路径[J].教育研究，43（4）：52 - 60.

[35] 习近平.2022.高举中国特色社会主义伟大旗帜为全面建设社会主义现代化国家而团结奋斗——在中国共产党第二十次全国代表大会上的报告[M].北京：人民出版社.

[36] 杨冬玲，汪东萍.2022.外语教材思政建设研究：文化分析内容、方法与理论视角[J].外语电化教学(3)：16 - 22 + 104.

[37] 杨吕娜.2022.高中英语教材讲好中国故事策略研究[J].课程·教材·教法，42（7）：125 - 131.

[38] 张海水.2021.多源流理论视角下中华优秀传统文化进中小学课程教材政策分析[J].教育评论(12)：144 - 150.

[39] 张虹，李晓楠.2022.高中英语教材文化呈现研究[J].外语教育研究前沿，5（4）：42 - 52 + 92.

[40] 张虹，李晓楠 2022.英语教材文化呈现分析框架研制[J].中国外语，19（2）：78 - 84.

[41] 张洪仪，柳文佳.2022.新文科背景下的"理解当代中国"阿拉伯语系列教材编写研究[J].北京第二外国语学院学报，44（6）：91 - 101.

[42] 赵可金.2017.人类命运共同体思想的丰富内涵与理论价值[J].前线(5)：28 - 31.

[43] 赵毅，马冲.2017.中国古代家训与士大夫的家国情怀[J].西南大学学报（社会科学版），43（4）：179 - 188.

[44] 郑富芝.2020.尺寸教材　悠悠国事：全面落实教材建设国家事权[J].人民教育(Z1)：6 - 9.

[45] 中华人民共和国教育部.2014.教育部关于印发《完善中华优秀传统文化教育指导纲要》的通知[N].http://www.moe.gov.cn/srcsite/A13/s7061/201403/t20140328_166543.html.

[46] 中华人民共和国教育部.2017.关于实施中华优秀传统文化传承发展工程的意见[N].https://www.gov.cn/zhengce/2017-01/25/content_5163472.htm.

[47] 中华人民共和国教育部.2020.《中华优秀传统文化进中小学课程教材指南》《革命传统进中小学课程教材指南》的通知[N].http://www.moe.gov.cn/srcsite/A26/s8001/202102/t20210203_512359.html.

[48] 中华人民共和国教育部.2022.中华优秀传统文化进中小学课程教材指南.北京：北京师范大学出版社.

[49] 中华人民共和国教育部.2022.义务教育英语课程标准.北京：北京师范大学出版社.
[50] 周刘波.2023.青少年家国情怀教育：时代蕴涵、教育机理与行动路向[J].西南大学学报(社会科学版),49(4)：195－205.

Integrating Excellent Chinese Cultures into Primary and Secondary Schools' English Textbooks: Current Situation, Challenges and Construction of Evaluation Index System

Yinhua Yang, Ting Jiang

Chongqing University

Abstract: Integrating Chinese culture into English textbooks of elementary and secondary education is the only path to cultivating and strengthening teenagers' value identities and love toward Chinese culture and promoting Chinese cultural voice in the world. However, through reviewing the current situation and challenges with regard to the integration of Chinese culture into primary and secondary school English textbooks, we found an imbalanced "Chinese culture aphasia" in textbooks. Additionally, faced with challenges of incomplete implementation of policies, lack of deep comprehension of education function and unclear selection criteria, current textbooks are far from fulfilling the goal of implementing cultural education. Thus, we argue that the best way to realize the organic integration of Chinese excellent culture into EFL textbooks is to construct an "Evaluation Index System", expecting to provide an operable framework for the compilation of English textbooks for primary and secondary schools.

Keywords: excellent Chinese culture; English textbook of elementary education; evaluation index; textbook compilation

基于"产出导向法"的留学生在线语言文化教学模式构建[①]

彭小娟[②]　徐宁阳[③]

大理大学

摘　要： 在人类命运共同体构建背景下，留学生语言课中如何融入文化教学成为近年来学者关注的焦点。留学生的汉语教材中融入了大量中国社会主流价值观和公共道德规范的内容。为丰富语言中文化内容融入的新路径与新方法。本文以"产出导向法"为理论指导，采用定量分析法，运用 SPSS26.0 软件对中文学习者的前测、后测进行统计以检验教学效果，以大理大学 2019 级临床医学专业 56 名本科阶段留学生为研究对象，从中国主流价值观和公共道德规范的视角，阐释留学生语言课中的文化教学，实施了"产出导向法"的"驱动—促成—评价"教学模式，并进行了教学实验。实验结果表明：实验组的成绩及体验感均高于对照组，说明语言课中的文化教学"驱动—促成—评价"教学模式实施效果优于传统教学模式，实现了知识体系与价值体系的有机统一。

关键词： 产出导向法；语言文化教学；教学模式；留学生

1　引言

国际中文教学作为国家和民族的事业，是国家发展战略部署的重要组成部分。社会主流价值观与公共道德规范的培养在国际中文教学中的运用具有重要的战略意义。在人类命运共同体构建背景下，留学生语言课中如何融入文化教学成为近年来学者关注的焦点与敏感点。国际中文教材中蕴含诸多价值观与公共道德规范的内容，从价值观与公共道德规范的视角去阐释留学生语言课中的文化教学是中华文化海外传播与良好中华形象海外塑造的有效途径，也是国际中文教育应有的责任与担当。语言无不渗透着文化，文化又依赖语言的记录和诠释(吴琳，2003)。吕必松(2011)在谈到语言与文化的关系时说，文化隐含在语言系统中，反映一个民族心理状态、价值观念、生活方式、思维方式、道德标准、风俗习惯、审美情趣等。这些特殊的文化因素正是我们在国际中文教学中关注的焦点，它反映了母语文化与目的语文化的差异。然而，如何在国际中文教学中产生更好的教学效果还需要更多人的努力探索(吴琳，2003)。

已有研究多建议采用文化推广、文化渗透、文化分析、文化体验等方法提高文化教学效果。然而，已有方法有其局限性，其建议不能解决线上文化教学问题，而"产出导向法"能有效调动在线学习者的学习积极性，同时也便于教师及时监测在线学习者学习中存在的问题。鉴于此，本文尝试基于"产出导向法"理论将文化教学融入以汉语为二语或外语学习者的语言课教学中，并对教学效果进行检验，最后对留学生语言课中的文化教学进行反思与评价。

[①] 本文受 2022 年教育部语合中心国际中文教育研究课题一般项目"新加坡华文教师准入与培养模式研究"(项目批准号：22YH13C)资助。

[②] 彭小娟(1985—　)，女，博士，大理大学国际教育学院副教授、硕士生导师；主要研究方向：国际中文教学、外向型汉语学习词典；通信地址：云南省大理白族自治州大理市大理大学下关校区教师公寓 1809 号；邮编：671003；电子邮箱：413718212@qq.com。

[③] 徐宁阳(1999—　)，女，大理大学国际教育学院硕士研究生；主要研究方向：词典学与国际中文教学；通信地址：云南省大理白族自治州大理市大理大学古城校区一教 3 楼国际教育学院；邮编：671003；电子邮箱：1362798851@qq.com。

2　文献综述

"产出导向法"（以下简称 POA）由北京外国语大学文秋芳团队在十几年的理论和实践循环中构建与完善。该理论强调学生先产出，教师记录学生产出过程中出现的问题，然后有针对性地输入相关知识，接着学生再次产出（文秋芳，2015）。文秋芳（2015）强调在各个课程中都要以产出为导向。除了在中国进行英语教学外，POA 还适用于国际中文教学（桂景、季薇，2018；朱勇、白雪，2019）。王俊菊（2023）指出 POA 被广泛用于专业英语、大学英语、专门用途英语、对外汉语和非通用语的教学中，并有明显的促学效应。陶继芬（2021）从教学研究的角度出发，考察了 POA "读说"模式英语口语课堂教学设计。学生反馈说明 POA "读说"口语教学模式能有效提高学生二语交际意愿，促进课堂教学达到预期效果。

2017 年 5 月在北京举办的"首届创新外语教育在中国"国际论坛上，加拿大多伦多大学阿利斯特·卡明（Alister Cumming）教授、美国密西根州立大学沙琳·波利（Charlene Polio）教授等学者首次建议将 POA 应用到国际中文教学中（朱勇、白雪，2019）。在这一背景下，陆续有学者将 POA 理论运用到国际中文教学实践中，研究成果主要集中在以下四方面：

（1）POA 在国际中文教学中的应用。桂靖和季薇（2018）运用 POA 理论对汉语综合教材中的一课从单元结构、生词、语言点以及练习设计等方面进行 POA 化处理，并进行了 4 课时的教学实践，对教材编写与使用有一定的启示意义。朱勇和白雪（2019）运用 POA 理论中的"教学材料与评价理论框架"考察了 POA 在对外汉语教学中的适用性，实施结果表明该框架有较强的适应性，并从课文知识结构视角考察了 POA 理论对教材编写的启示；然而，其研究因词汇语法促成不够导致学生有一定的不适感。鲁文霞（2022）按照 POA "驱动-促成-评价"的教学流程介绍了《新时代汉语口语》教材，提出其在编写流程和板块设计上的主要特点，其编写流程反向设计与以最终产出任务为核心的方法对本研究有启发，然而其未考虑教材中文化内容的设计要点与特点。

（2）POA 在国际中文教学中的有效性。刘露蔓、王亚敏和徐彩华（2020）以埃及开罗大学孔子学院为例，将 POA 理论应用于中级汉语综合课教学实践中，考察了 POA 在海外汉语综合课教学中的有效性。研究结果表明，POA 在海外中级汉语综合课教学中，技能方面：阅读、写作效果显著，听力无显著变化；知识方面：总体内容、结构、文字词汇效果显著，语法不显著。文章考察了 POA 理论在语言知识与技能方面的有效性，但未考察 POA 理论在语言课文化教学中的有效性。

（3）基于 POA 理论的国际中文教学模式探索。栾著（2016）提出以问题导向为主的任务型教学模式与以表达导向为主的综合型教学模式。许希阳和吴勇毅（2016）以"产出导向法"理论为视角，从输入、输出和评价反馈三方面，构建对外汉语写作教学新模式，并进行了教学实验，实验结果证明"产出导向法"指导下的新型写作教学模式优于传统教学模式。两位学者都探讨了 POA 指导下的语言课教学新模式，但均未探讨语言课中文化教学新模式。

（4）基于 POA 的中国文化和国情教学。梁霞（2022）从质性角度研究了 POA 指导下的中国文化和国情教学新思路，张晴和张璐（2018）评价了束定芳主编的《中国文化英语教程》，认为该教材成功地将"产出导向法"运用到了文化教学中。两位学者的研究都构建了文化教学新模式，然而其研究主要是思辨性的，缺乏数据支撑。

通过文献梳理，我们发现已有研究主要集中在对 POA 在国际中文教学中语言要素、语言技能、语言教学模式领域的研究。其研究对语言文化教学有一定的启发性，然而其局限性在于因词汇语法促成不够导致学习者有一定的不适感，且 POA 指导下的语言文化教学模式构建研究成果鲜见。张晴和张璐（2018）评价了束定芳主编的《中国文化英语教程》，认为该教材成功地将"产出导向法"运用到了文化教学中，然而其针对的是中国英语学习者，未涉及国外汉语学习者。教育部中外语言交流合作中心（2022）的《国际中文教育用中国文化与国情教学参考框架》为文化教学目标与内容的设定提供了参考，然而未提及语言课中的文化教学模式与评价手段。梁霞(2022)从教学经验的角度总结了"产出导向法"在美国大学高年级中文课教学中中国文化和国情教学的新思路,归纳了传统教学的几个误区,认为"产出导向法"可以纠正那几个误区。然而,文章仅凭借个人教学经验,从宏观上总结了传统教学的几个误区,通过案例的形式展示了"产出导向法"的教学效果,未对教学过程进行示例,也未采用测试法来检验教学效果。

为弥补前人研究不足,本文的研究拟运用 POA 理论对教材进行 POA 化处理,产出前布置词汇、语法学习任务,避免学生的不适感。此外,拟运用 POA 理论构建语言文化教学新模式并运用 SPSS26.0 工具进行有效性检验。

3 研究设计

3.1 研究目的

本文基于"产出导向法"挖掘语言课中的文化因素,以丰富语言课中文化融入的新路径与新方法;通过"诚信与拾金不昧"价值观的教学促进留学生对中国主流价值观与公共道德规范的认知与理解;通过"诚信与拾金不昧"价值观的国别对比,促进留学生跨文化交际能力,从而助力人类命运共同体的构建。

3.2 研究方法

本文采用了对比研究法和测试分析法。首先从大理大学 2019 级临床医学专业本科留学生 1、2 班中随机抽取 6 名不同国籍的学生进行面对面深度访谈,每位访谈对象的访谈时间设置在 1 小时左右,以确保被试对实施中国"诚信与拾金不昧"价值观的教学不反感。然后,将 56 位被试分为实验组与对照组,实验前采用拜拉姆(Byram, 2014)的评价量表进行中国语言文化水平测验,并运用 SPSS26.0 对两个组的成绩进行独立样本 t 检验,保证实验前两个组的水平相当。

3.3 被试

笔者教授大理大学 2019 级临床医学本科留学生汉语综合课,以所教的两个班作为研究对象,一个班作为实验组,另一个班作为对照组,两个班的人数均为 28 人。为了确保实验组和对照组具备可比性,我们在实验前对两个班进行了一次"文化内容"模拟测试,评分标准参照拜拉姆(Byram, 2014)的跨文化能力(ICCC)评价量表。我们把成绩输入 SPSS26.0 进行独立样本 t 检验,结果显示,实验组与对照组的成绩无明显差异($t = -0.611$, $p = 0.502 > 0.05$),说明两个班可以进行对比,见表 1。

表 1 第一次模拟测试成绩独立样本 t 检验结果

项　　目	对照组均值	对照组标准差	实验组均值	实验组标准差	t 值	显著性
第一次模拟成绩	81.26	5.102	82	4.01	-0.611	0.502

3.4 实验设计与步骤

POA 理论的教学方法为"驱动—促成—评价"的 N 循环(文秋芳,2018),这种多次循环有利于知识的"内化"。基于 POA 教学法,我们以从《发展汉语·初级综合 2》第 14 课《第一次打的》中提炼的文化主题"诚信与拾金不昧"为例,进行了以下设计。

首先,实验前对被试进行模拟测试,保证两个组实验前的水平相当。然后,实验组采用新的教学模式,即产出—输入—评价教学模式,对照组采用传统的教学模式,即按照课文展示顺序照本宣科教授语言知识,没有以产出为导向的文化内容训练。

教学目标:通过分享评价、角色扮演,帮助学生认识和理解中国"诚信与拾金不昧"价值观;通过老师的点评反馈加深理解;通过角色扮演、采访与评价等活动促进文化交流,提升跨文化交流能力,从而提高构建人类命运共同体意识。

教学模式:整个教学由课前、课中、课后 3 部分组成,分为教师职责与学生职责,见图 1。

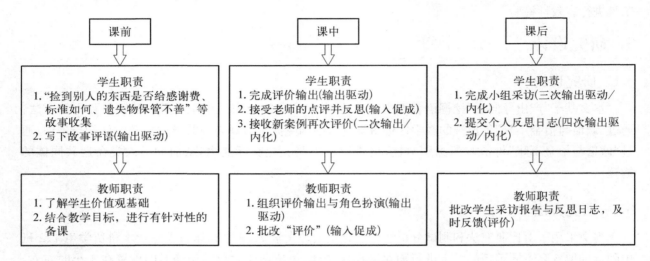

图 1　语言课融入文化教学模式

教学示例:为检验教学设计的可行性,我们进行了教学实验。

教师采访不同国别的处理方式:教师对来自孟加拉国、老挝、卢旺达、喀麦隆、马里、巴西的 6 名留学生进行了一对一访谈,从不同国家对于遗失物的普遍处理方式、失主对于归还者的感激方式、自己丢失或捡到东西的经历、对"拾金不昧"的理解 4 个方面进行调查,了解不同国家对于归还遗失物的态度和看法。访谈结果如表 2 所示。

表 2　留学生"遗失物"处理访谈结果

		孟加拉国	老　挝	卢旺达	喀麦隆	马　里	巴　西
处理遗失物的普遍方式	法律规定	有	否	否	否	否	否
	社会公约	有	有	否	否	有	否
	是否专人负责	是	否	否	否	否	否
	怎样寻找失主	原地等待	网络	原地等待	原地等待	原地等待	原地等待
	可否自己保留	否	否	否	可	可	可
对归还者的感谢方式	口头感谢	是	是	是	是	是	是
	赠送礼物	否	否	否	是	否	是
	请客吃饭	是	是	是	是	是	是
	给感谢费	是	是	是	是	是	是
	感谢费是否必须	是	否	否	否	否	是
	感谢费的标准	80~400 元	无	无	500~1 000 元	50%左右	无

从表 2 中,我们发现不同国家处理以下问题的方式呈现显著差异。

(1) 处理遗失物方面是否有法律规定或社会公约。除孟加拉国外,其他国家并没有相应的规定或明确的社会公约。如马里和老挝同学认为虽然法律没有规定,但是大家公认应归还遗失物,因此一般也不会自己保留。而其他 3 个国家的同学则认为是否会归还和个人品德相关,属于个人行为。然而,孟加拉国法律规定拒不归还的人要承担归还或赔偿责任,《古兰经》中也有将遗失物据为己有会带来不幸的说法,所以在孟加拉国不能保留或使用捡到的东西。如果寻找不到失主,在孟加拉国会将遗失物交给一位在当地被大家公认的有名望的人(不是政府官员),而在老挝年轻人主要采取在网上发帖的方式,其他国家则一般交给警察。

(2) 是否必须支付感谢费和感谢费的标准。在孟加拉国和巴西必须给感谢费,而在其他国家主要由失主和遗失物的价值来判断。关于感谢费的标准,喀麦隆、孟加拉国与马里有明确的标准,如在喀麦隆需支付 500～1 000 元;在孟加拉国需支付 80～400 元;在马里如遗失物是大笔现金,应该支付 50%。其他国家则一般由失主决定,无统一标准,有时归还者会提出要求。

(3) 自己丢失或捡到东西的经历。在访谈中,有 2 名同学具有在中国捡到东西并归还失主的经历。卢旺达同学在饭店捡到了一个手机,并将其交给了饭店老板。他认为"虽然我不知道是谁丢的,但是手机很重要,我应该还给他"。喀麦隆同学在学校食堂捡到饭卡,并通过饭卡上的信息联系了失主,将其归还。她说:"大家都没有要钱,在中国还给他是正常的。"

(4) 关于"拾金不昧"价值观的认同问题。采访结果表明,只有 1 名同学了解中国"拾金不昧"价值观,教师简单讲解"拾金不昧"的内涵后,6 名同学均表示赞同。巴西同学认为这有益于儿童教育;卢旺达、老挝和孟加拉国的同学认为这对人际交往和社会和谐有积极意义;而孟加拉国和喀麦隆的同学提出"拾金不昧"价值观的推广需要加强对人们的引导和教育。

通过访谈发现,关于处理捡到的物品有国别化差异,但都认同捡到东西还给失主是一个好行为,赞同"拾金不昧"价值观。这对于围绕"拾金不昧"展开教育,帮助学生认知和理解中国主流价值观和社会公共道德规范较为有利,不易引起学生反感。根据访谈中存在的分歧,教学中可以重点围绕"是否需要给感谢费""感谢费的标准""如何培养'拾金不昧'品德"等方面设置小组采访及报告任务,引导学生深入开展讨论,以加深学生对于"拾金不昧"的理解与认同。

4 教学形式及说明

4.1 教师组织个人分享

教师反馈学生课前已提交的故事评语(课前已布置同学们将自己或者亲戚、朋友"捡到别人的东西是否需要给感谢费、感谢费的标准、遗失物保管不善以及对'拾金不昧'"的理解写了下来,并在课前两天发给了老师),教师点评,学生学习。

(1) 任务形式:教师从同学们提交的故事评语中挑出写得最好的和最不好的评语,作为范本提问,以引导学生思考;学生小组讨论后回答问题,即判断并评价范本中认同的价值观和不认同的价值观(选 2 个组,开麦说);教师从中国主流价值观与社会公共道德角度点评小组讨论的结果。

(2) 教学说明。传统的语言课教学流程是先输入教材中的生词、课文,然后复述课文,最后完成课后习题,未进行专门的文化教学。由于课文文化内容与学生真实生活不一定相同,如果老师不组织专门的训练,学生很难理解文章中蕴含的文化内容,更不能有效迁移到自己真实的生活中。"驱动—促成—评价"这一教学流程是先产出后输入,再通过各种活动内化学生的价值观,输入内容为学生真实语境下产出的价值观,从而促使教师更有针对性地备课,解决学生在输出中产生的价值观问题,以帮助他们认知和理解中国主流价值观和社会公共道德。

4.2　角色扮演和评价

两个人分别扮演医生与丢东西的患者。情境为患者丢了钱,到导医台咨询,钱包被医生捡到。

(1)任务形式:先个人构思 5 分钟,而后小组讨论 20 分钟,合作完成剧本的创作(选 2 个组,开麦说讨论的结果,需要说至少 5 个句子),下课前学生上交小组创作的剧本。

(2)教学说明:在个人分享环节,学生已经能用叙述体表达"捡到别人的东西是否需要给感谢费、感谢费的标准、遗失物保管不善、丢东西的经历及对'拾金不昧'的理解",为角色扮演奠定了语言基础及价值观基础。这部分变叙述体为对话体,且故事根据专业改编,任务难度有所增加。小组讨论时,组员互相交流各自的观点,然后小组评议出集体一致认为的最佳处理办法。老师组织同学们分享各组的观点,带领同学们发现问题,包括汉字书写、词语、语法错误,以及对"拾金不昧与占有捡到物品"行为的点评。同学们在老师的指导下及时认识到错误思想,老师在纠正学生思想的同时纠正其语言表达上的错误,如引导同学把"我们在医院里搜查"改为"我们在医院里到处找"这类更准确的表达方式。

传统的中文课上,教师花大量时间讲解课文词汇、语法,缺少对文化内容的专门训练。POA 教学模式注重学生自身的语言产出与价值观的产出。在真实的产出下,教师帮助学生发现问题,分析问题,并最终解决问题。

4.3　小组采访及报告

(1)任务形式:小组采访,形成报告,提交课堂分享,教师点评,学生反思。

(2)教学说明:采访几个不同国家的人,围绕捡到别人的东西"是否需要给感谢费""感谢费的标准""遗失物保管不善""诚信与拾金不昧的理解"等做个小调查,并写成采访报告,然后在课堂上和同学们交流采访结果。老师点评典型采访报告(同上讲评环节),学生依据教师的反馈,反思采访报告。

调查提纲:① 在你们国家,如果捡到别人的东西,还给失主应不应该得到感谢费? ② 如果应该得到感谢费,一般给多少? ③ 如果不知道是谁丢的,应该交到哪儿? ④ 捡到的东西如果很长时间没有人来领取怎么办? ⑤ 捡到别人的东西后丢失了或者扔了怎么办?

(3)提交反思日志:本课学完之后,要求学生提交反思报告,从质性角度了解学生价值观变化过程及结果。

以上教学流程旨在完整地展示教学各环节,使学生在环环相扣中逐步掌握表述并评价"诚信与拾金不昧"的故事,并能结合专业改编课文,进行角色扮演。老师从学生角色扮演中发现问题,然后带领学生进行针对性的语言及价值观的学习。最后通过采访报告与反思日志再次输出,通过多轮实践与思考促进价值观的内化。

本研究所实施的教学流程不同于认知心理学所提出的"输入—内化—输出"流程,而是基于"产出导向法"提出的"驱动—促成—评价"N 次循环的方式实现价值观的内化。认知心理学认为,价值观需要内化才能被吸收(颜士刚等,2018)。因此,提前收集故事并点评、结合专业改编故事、角色扮演、小组采访等实践活动都有利于价值观的内化。

5　实验结果及分析

教学实验是确保研究科学性的必要手段。为了检验 POA 在语言文化教学中的效果,我们选取了两个平行班做了对比实验。试行新模式后,我们再次进行了测试,根据独立样本 t 检验的结果,这次测试实验组与对照组的成绩呈现明显差异的特征($t = -2.56$, $p = 0.016 < 0.05$)(见表 3)。

表3 第二次摸底测试成绩独立样本 *t* 检验结果

项 目	对照组均值	对照组标准差	实验组均值	实验组标准差	*t* 值	显著性
第二次摸底成绩	82.777	4.738	86.034	4.520	−2.58	0.016

研究表明,实验组的语言文化成绩明显高于对照组,实验组通过提前产出、老师即时点评、学生有针对性地输入、学生再次产出、老师再次点评等循环,将"诚信与拾金不昧"品质润物细无声地融入了语言教学中,且学生吸收良好。

6 讨论与建议

针对目前留学生文化课时不足、语言课与文化课脱节的问题,本文以"产出导向法"为视角,考察了文化主题如何融入中级汉语综合课教学实验中,构建了语言课融入文化教学新模式。经过教学实验,我们发现新教学模式优于传统教学模式,能够弥补国际中文教育讲好中国故事的教学策略与实施路径,也能促进国际中文语言教学与文化传播课程建设。

笔者认为教学反思是教师发展的持续动力,是高校提高教学质量的重要因素,是实现教学改革的必经之路。我们主要从知识与文化的融合、文化资源的挖掘、文化交融、中文教师的思想意识几方面进行教学反思与评价。

(1)实现语言与文化的协同发展。"以产出为导向"的文化教学实践是学生不以学习课文为目标,而是基于课文结构与主要词汇,结合专业进行改编以完成产出任务。语言教学与价值观培育紧密结合,既教会了学生语言知识,又让学生认知与理解了中国社会主流价值观及公共道德规范。

通过两次模拟测试,表明在 POA 理论指导下的文化教学"驱动—促成—评价"教学模式不仅提高了学生的中文水平,而且加深了留学生对中国主流价值观的认同。

(2)深入挖掘国际中文教育教材中的文化资源。国际中文文化教学的理念是培养"知华友华爱华"的留学生。国际中文教师应把握好度,合理挖掘课文中的文化元素,精心挖掘中文课中能引导留学生认知并理解中国主流社会价值观与公共道德规范的内容。以"汉语综合3"这门课为例,所用教材为《发展汉语·初级综合2》(北京语言大学出版社 2011 年第二版),教师可依据课文内容,提炼文化主题。

例如,第 1 课《入乡随俗》的主要内容为"我"不习惯中国早上 8 点上课以及打招呼的方式,慢慢就适应了,文化主题为"求同存异的外交观"。第 14 课《第一次打的》,主要内容为儿子生病了,"我"借钱后连夜赶到儿子所在城市,钱包却落在了出租车上,焦急万分时司机主动联系了"我"并及时归还救命钱的故事,文化主题为"诚信与拾金不昧"。

总之,每一课都能提炼一个文化主题。然而,《发展汉语·初级综合》中的文化主题并不集中,我们建议借鉴新加坡快捷华文教材的编写理念,将教材分为人和自己、人和社会以及人和自然三个主题,潜移默化地将中国文化元素与学生本土文化元素融入语言教学中(张男、彭小娟,2022)。

(3)考虑留学生所属国的法律与主流社会文化心理。在留学生语言课堂中融入文化教学须考虑留学生所属国的法律与主流社会文化心理。如中国传统文化强调"拾金不昧",即捡到别人的东西不求回报是美德,但有些国家的主流价值观认为干了好事就应该得到回报,不给回报的行为违反了社会公德,将受到道德谴责,至于捡到别人的东西是交到警察局还是站在原地等候失主,不同国家的同学做法不同。因此,课前应了解学生的价值观基础,进行国别化教学,以更好的方式传播中国的主流价值观,从而以润物细无声的方式培育留学生对中国主流价值观的认知与理解。

(4)国际中文教师应自觉树立文化教学意识。高校的基本任务是培养人才,教学是高校教师的基本任务。陈宝生(2018)指出对大学生思想、行为和成长影响最大的第一因素是专业课教师。因此,培养专业课教师文化教学意识尤为重要。

教师的文化教育管理意识和能力是实施作为外语类核心课文化教学最重要的保障,而国际中文教师肩负着"讲好中国故事,树立中国形象"的重任,更要树立文化意识。为此,国际中文教师首先要提升自身的跨文化素养,要认知和理解国内外主流社会价值观和公共道德规范,坚定文化自信,牢固树立"教书育人"与"立德树人"意识,更要清醒地认识到,留学生语言课堂不仅要教授语言知识,更要教其为人处世的道理。

7 总结与展望

本研究采访了 6 名不同国别的留学生关于遗失物的普遍处理方式、归还后的感激方式、自己丢失或捡到东西的经历以及对"拾金不昧"的理解等问题,以确保开展"诚信与拾金不昧"教育能被学生接受。然后,在产出前布置了词汇、语法学习任务。最后,对实验前后两个组分别进行了前测与后测,对比了有效性。研究结果表明,新的教学模式优于传统教学模式,实现了知识体系与价值体系的有机统一,弥补了因词汇语法促成不够导致学生不适感的问题以及语言课中文化教学缺乏有效的教学模式与评价问题。

本研究的局限性一方面在于样本量不足,笔者仅在所教授的"汉语综合 3"课程中融入了文化教学,并进行了教学实验与访谈,未在其他课型与班级中试用,另一方面,课前词汇语法的促成缺少典型环境的创设。

未来的研究在实施过程中,我们需要关注以下三点。第一,关于"产出驱动",一个完整的教学单元应包含 3~4 次产出,学生的价值观才能内化,即对课前布置任务的产出、对输入后的完整产出及迁移产出。第二,关于输入促成,输入在产出之后,而不是先入为主地强制灌输。需要注意的是,价值观的教学主要以评价为主,因此,学生输入的内容主要为师生的评语,课堂上活动结束后的立即评价为即时评价,即时评价形式应多样化,可以有组间评、组内评、全班评、师评等多种评价形式。评价过程即输入过程,课前任务与课后作业的评价一般是以教师为主的延时评价(输入),以便教师以问题为导向,精心备课,讲评错误典型,展示优秀范例。第三,关于内化,认知心理学认为,价值观只有内化后才能重构学生的价值体系,因而,宜开展一系列的实践活动来促进留学生价值观的内化。

参考文献

[1] Byram, M. 2014.跨文化交际能力的教学与评估[M].上海:上海外语教育出版社.

[2] 桂靖,季薇.2018."产出导向法"在对外汉语教学中的应用:教学材料改编[J].世界汉语教学,32 (04):546 - 554.

[3] 教育部.陈宝生:新时代全国高等学校本科教育工作会议上的讲话[EB/OL].(2018 - 6 - 21)[2021 - 9 - 9].

[4] 教育部中外语言交流合作中心.2022.国际中文教育用中国文化与国情教学参考框架[M].北京:华语教学出版社.

[5] 梁霞.2022.构建以产出为导向的中国文化和国情教学模式的新思路:以美国大学高年级中文课教学为例[J].国际汉语教学研究(02):16 - 24.

[6] 刘露蔓,王亚敏,徐彩华.2020."产出导向法"在海外汉语综合课教学中的有效性研究[J].汉语学习(04):87 - 97.

[7] 鲁文霞.2022.产出导向法在汉语口语教材编写中的应用研究[J].华文教学与研究(02):42 - 48.

[8] 栾著.2016.基于产出导向法的对外汉语教学模式探索[J].高教学刊(21):43 - 44.

［9］吕必松.2011.汉语和汉语作为第二语言教学［M］.北京：北京大学出版社.

［10］陶继芬.2021.POA"读说"模式英语口语课堂教学设计［J］.当代外语研究(3)：96－103.

［11］王俊菊,周杰.2023."产出导向法"促学效应的元分析［J］.外语教学与研究,55(1)：91－103＋160.

［12］文秋芳.2018."产出导向法"与对外汉语教学［J］.世界汉语教学,32(3)：387－400.

［13］文秋芳.2015.构建"产出导向法"理论体系［J］.外语教学与研究,47(4)：547－558＋640.

［14］吴琳.2003.对外汉语教学中的方位文化教学［J］.中南民族大学学报(人文社会科学版)(S1)：127－128.

［15］许希阳,吴勇毅.2016."产出导向法"理论视角下的对外中文写作教学模式之探索［J］.华文教学与研究(4)：50－60.

［16］颜士刚,冯友梅,李艺.2018.聚焦核心素养的教育目标分类体系构建：兼论"三层结构"模型的生成逻辑［J］.中国电化教育(10)：49－54＋106.

［17］张男,彭小娟.2022.新加坡快捷华文教材编排研究［J］.大理大学学报,7(1)：111－116.

［18］张晴,张璐.2018.基于产出导向法的中国传统文化教学之新探索：评《中国文化英语教程》［J］.出版广角(20)：89－91.

［19］朱勇,白雪.2019."产出导向法"在对外汉语教学中的应用：产出目标达成性考察［J］.世界汉语教学,33(1)：95－103.

The Construction of Online Language and Cultural Teaching Mode for Foreign Students Based on the Production-Oriented Approach

Xiaojuan Peng, Ningyang Xu
Dali University

Abstract: Under the background of building a community with a shared future for mankind, how can we integrate culture into the language classes for foreign students? This is a topic that has become the focus of scholars' attention in recent years, though it has not been resolved sufficiently. However, teaching the Chinese language to students of Chinese as a foreign language involves Chinese language textbooks that incorporate a large number of mainstream values and public ethics about Chinese society. To enrich the new ways and methods of integrating cultural content into language classes, this paper takes the "Production-Oriented Approach" as the theoretical basis. The comparative research method and data analysis method were used to generate statistics on the pretest and post-test results of Chinese learners by using SPSS software; the teaching effect was also tested. The research subjects comprised 56 foreign undergraduates of the 2019 clinical medicine major at Dali University. From the perspective of China's mainstream values and public ethics, cultural teaching in language classes for foreign students was explained. The teaching mode of "driving, facilitating and evaluating" under the "Production-Oriented

Approach" was adopted. The experimental results showed that the scores and the experience of the experimental group were better than those of the control group, which showed that the "driving, facilitating and evaluating" teaching mode was better than the traditional one for cultural teaching in language classes and achieved the organic unity of the knowledge system and value system.

Keywords: production-oriented approach; cultural teaching; teaching mode; foreign students

东南亚汉语作为第二语言教学模式的发展及其互联网化问题与对策①

吕军伟②　郭静蕊③

广西师范大学

摘　要：教学模式是贯通教学理论与实践的关键环节，成熟的教学模式可有效提高教学效率及效果。目前东南亚汉语教学及其研究对"教学模式"问题重视不够，存在认识不清、模式框架不明、教学实践不足等问题。东南亚汉语传统教学的互联网化研究成果稀疏，实现条件较难保证，操作程序尚未规范，评价体系未形成，实践不足且存在盲目性，亟待深究。基于互联网的中文教学问题已成为国际中文教育发展的核心议题，本文探究东南亚汉语教学模式的发展、现状及其存在的问题，聚焦其互联网化发展之问题与困难，进而提出相应对策，以期为新形势下东南亚汉语教学及其研究提供参考。

关键词：东南亚；汉语；教学模式；互联网化

1　导言

"教学模式"（Models of Teaching）是构成课程、选择教材、指导教学活动的一种计划或范型，最早由美国学者乔伊斯和韦尔（Joyce & Weil，1972：34 - 37）提出。钟启泉（1984：16）将之引入国内后，黄甫全和王本陆（1998：330 - 331）指出国内学界通常视"教学模式"为开展教学活动的一整套方法论体系，是在一定教学思想或教学理论指导下建立起来的、较为稳定的教学活动框架和活动程序，并进一步提出完整的教学模式应包括理论基础、教学目标、实现条件、操作程序和评价方法五要素，此观点在第二语言教学领域被广为接受。

东南亚汉语教学历史悠久，但相应研究始于 20 世纪 80 年代，早期聚焦于教学发展、教材编写、师资建设等问题，但对于东南亚汉语教学模式的探讨则起步较晚，且主要集中于泰国汉语教学。程爽（2008：65）最早基于对比实验探索适用于泰国儿童的汉语教学模式；张建强（2012：180）以泰国华侨崇圣大学为研究个案，致力于探究泰国大学的汉语教学模式；赵彤彤（2017：32）则聚焦于主题式教学模式在泰国汉语课堂应用问题。目前学界已逐步关注面向东南亚不同学习阶段、课型及语言要素的汉语教学模式。值得注意的是，随着互联网的兴起，东南亚汉语教学早在 20 世纪 90 年代已尝试与互联网技术相结合。邓秀均（2008：438）首次基于网络多媒体技术，构建面向泰国短期班的"长城汉语"教学模式。之后，学界开始关注东南亚线上汉语教师培训及网络教学平台建设，但鲜有研究涉及其互联网汉语教学模式问题。2020 年新冠疫情暴发，国内外传统课堂教学深受影响。基于互联网的汉语作为第二语言教学模

① 本文受国家自科基金项目"面向国际中文教育的汉字智能导学系统开发及应用研究（62367001）"、国家语委科研规划项目"面向东南亚的汉语'互联网＋'在线教学模式研究（YB135 - 170）"、广西高等教育本科教学改革工程项目"基于'互联网＋'的汉语国际教育专业实训实习模式创新与实践（2021JGA138）"资助。
② 吕军伟（1983—　），男，博士，广西师范大学教授、硕士研究生导师；主要研究方向：东南亚中文教学；通信地址：广西桂林育才路 15号广西师范大学文学院 69 号信箱；邮编：541004；电子邮箱：lvjunwei680@163.com。
③ 郭静蕊（1998—　），女，硕士，广西师范大学助教；主要研究方向：基于互联网的国际中文教学；通信地址：广西桂林雁中路 1 号广西师范大学雁山校区；邮编：541006；电子邮箱：gjr1005@qq.com。

式虽有诸多不足,但已为学界重视,且成为疫情背景及复杂的国际态势下国际中文教育发展的趋势。

截至 2022 年底,东南亚 11 国已有 8 国将中文纳入国民教育体系(李宝贵、吴晓文,2022:21)。然而,东南亚各国语言及文化等差异明显,情况复杂,且基于互联网的汉语作为第二语言的教学理论及应用等皆尚不成熟。在此背景下,针对东南亚汉语教学,如何基于第二语言教学与先进互联网教学理论构建互联网教学模式? 对于模式的实现条件该如何保障? 其操作程序该如何设计? 模式的应用效果该如何评价等诸多关键问题,学界语焉不详,亟待深究。鉴于此,本文通过梳理东南亚汉语教学及其模式的发展,旨在探明东南亚汉语教学及其互联网化存在的问题,进而提出相应对策,以期为东南亚汉语互联网教学及研究提供参考。

2　东南亚汉语教学模式的发展

2.1　传统教学模式的发展

学界对于东南亚汉语教学问题的关注始于 20 世纪 80 年代。马丽莹(1985:598)最早指出泰国汉语教育水准不高且授课时间受限,而王本尊(1993:47)则聚焦东南亚各国华文教学之困境及危机,但直至 20 世纪末,研究数量较少。进入 21 世纪,林华东(2000:33)、严奉强和陈鸿瑶(2006:113)等皆认为东南亚汉语教学面临严重的"三教"问题,即教材陈旧、师资匮乏、教法落后,需加强教材编写、教师队伍建设和教学方法改革。之后,廖新玲(2009:57-58)提出东南亚积极鼓励汉语教学,办学规模不断扩大,但"三教"问题依然严峻。基于此,周健(2010:10)着力探索东南亚不同国家汉语教材的编写及应用问题,王炯和洪明(2011:99)则致力于教师队伍建设与培训研究。值得注意的是,随着研究不断深入,学界开始聚焦于教学法乃至教学模式应用,而探讨重心则是具体教学法在东南亚汉语课堂教学中的应用,如高枫(2015:42)聚焦任务教学法在泰国清迈皇家大学汉语综合课中的应用。整体上,学界对东南亚汉语教学的研究重在解决教学问题,层次尚待提升。

东南亚汉语教学模式的研究始于杨刚(2005),起步较晚,加之学界对"教学模式"的认识至今存在诸多分歧及误区,故仅停留于教学手段、技巧和教学策略层面。值得注意的是,程爽(2008:70)最早认识到教学模式的重要性,并聚焦泰国汉语教学模式问题,通过对泰国幼儿园的"三明治、全汉语、浸入式"3 种课堂教学模式实验对比,提出针对泰国儿童的汉语教学不应拘泥于单一教学模式,但该研究并未明确其教学模式的理论框架、操作流程等。与之不同,陈晓静(2009:44)先对教学模式的含义与构成要素进行理论性探讨,并结合泰国快乐学习的政策要求,首次尝试从教学目标、实现条件、操作程序、教学手段及评价方法 5 方面构建适于泰国公立中学的"快乐学汉语"教学模式,后通过为期两年的实践进一步验证模式的有效性。该模式理论阐述与实际应用较为充分,研究过程及所构建的教学模式具有借鉴价值。张建强(2012:180)以泰国华侨崇圣大学为个案,基于建构主义及学习者汉语水平参差不齐的特点,提出"分类编班、分级教学、分层达标"的教学模式,然其未付诸实践。之后段延艳(2015:21)基于实际教学,总结出泰国小学汉语课堂以认知为基础、教师为主导的教学模式,并提出改善教学环境与设备、加强师资与教材建设及加强教学评价等建议。此外,曾阳(2012)还关注到针对汉语课型或语言要素的教学模式问题;史翠玲(2013:59)通过明确教学模式概念,根据其五大构成要素对泰国现行随文识字模式进行改进,明确其操作程序与评价标准。整体上,目前已有研究尝试探索适用于东南亚不同学习阶段、课型或语言要素的汉语教学模式,但数量少,且在理论层面上探讨不够深入,所建教学模式或所提建议多缺乏实践验证。

东南亚汉语教学研究亦有涉及教学模式应用问题,目前学界最为关注的是任务型和主题式两种模式的应用。就前者而言,徐敏(2010:55)最早探讨任务型教学模式在泰国汉语教学中的应用问题,其基于对任务型教学模式的理论基础、概念、特征、任务类型、设计原则等的探讨进行总体设计,并基于实践得出该模式具有明显优势。其后王静(2014：39)在理论层面试图将任务型教学模式与合作学习结合起来研究,其根据威利斯(Willis)任务教学三阶段理论,将该模式流程分为任务前、任务实施、任务后三阶段,并结合小组分工合作原则,探索适用于泰国汉语课堂的任务型合作学习模式,构建其操作模型。此外,王小会(2014：39)基于学生特点、教学现状以及任务型教学理论对具体汉语课型进行总体设计,并付诸实践以验证其可行性。学界目前对任务型教学模式应用于东南亚国家汉语教学的困难已达成一定共识：① 缺乏任务型汉语教材；② 教师水平与认识有限,任务选择与编排随意性较大；③ 课堂纪律散漫,任务型教学开展受限,教学效果难以保证,且评估困难。此外,就主题式教学模式而言,王彬(2012：61)根据主题式教学特点及泰国汉语教学现状,首次尝试建构适用于泰国的主题式汉语教学模式,制定出较为系统、完整的操作模型与评价体系。该研究较为系统、规范,但侧重理论探讨,缺乏实践检验。而最早将主题式教学模式应用于东南亚汉语教学实践的则是杨一鸣(2014：55),其以具体主题为例进行教学前端、内容与环节设计,并进一步通过实践印证该模式应用的可行性与有效性。其后,梁冰冰(2015：51)聚焦主题式教学模式与东南亚汉语课型教学相结合的问题。目前,学界探讨较多的是该教学模式应用于综合课的效果,而对象则以初级阶段学习者为主。

近年来,学界开始重视翻转课堂模式在东南亚汉语教学中的应用问题。王永固等(2017：143)最早以印尼高中为例,根据翻转课堂的教学流程,从课前、课中、课后3个阶段构建国外高中翻转课堂教学模式,并通过方案设计和教学实施两轮行动研究,验证其在印尼汉语教学中的效果。与之不同,连情男(2018：35)从泰国小学翻转课堂教学设计入手,通过实践验证该模式应用于泰国汉语教学具有明显优势,但在视频制作、教学计划、教师课堂组织等方面有待改善。

综上,东南亚汉语传统教学模式的研究发展以2011年为界,就论文数量而言,之前仅5篇,之后明显增加,但迄今也仅110篇,整体尚处于起步发展阶段,未被足够重视。究其原因主要有三：① 学界对“教学模式”认识不足,且存在分歧；② 东南亚汉语教学“三教”问题严重,对于模式的应用与研究更是欠缺；③ 较难通过长期、大量教学实践以检验模式之应用效果。现有研究着力探索不同模式应用于东南亚汉语教学的可行性,目前任务型、主题式与翻转课堂教学模式已被初步证明有一定优势,但整体上,模式框架、操作程序、评价标准等皆尚不完善,实践不足,亟待深入研究。

2.2　基于互联网的教学及其模式之发展

20世纪90年代以来,东南亚各国开始尝试将计算机和互联网技术应用于汉语教学(刘峰,2003：23),但直至21世纪初学界才开始探讨相应问题。邓小琴(2004：274)首次探讨泰国互联网汉语教学,提出现阶段教学存在网络技术限制、线上教学课件缺乏、网页建设不完善、师资匮乏等问题。之后,张晓莉(2007：42-43)尝试设计面向印尼的网络汉语教学课件。杨晓飞(2008：56)则调查东南亚汉语教师队伍现状,探讨通过远程教育建设教师队伍的策略。匡锦和易宏(2010：84)、崔晓霞(2012：82)等基于现有汉语网络教学平台的局限,提出建设面向东南亚的汉语教学网络平台的构想。随着互联网技术应用于东南亚汉语教学及相关研究的拓展,互联网课堂教学及其模式问题开始为学界所关注。邓秀均(2008：438)首次尝试将基于网络多媒体技术开发的“长城汉语”多元教学模式应用于泰国短期班汉语课堂,标志着东南亚互联网汉语教学模式研究的开始。之后,姚丽云(2013：57)分析网络多媒体教学与传统教学的优势和不足,提出将两种模式相结合的线上线下混合教学计划,并首次通过实验验证网络多媒体辅助泰国初级汉语课堂教学的可行性。黄雪华(2020：51)则进一步探究泰国汉语混合式教学模式应用问题,着重探讨模式理论与操作模型,并据此设计口语教学,但因缺乏教学实践且忽视评价标准,故其可操作性及效果等有待检验。

2020年全球新冠疫情暴发,国际态势骤变复杂,基于互联网的东南亚汉语教学模式研究受到学界重视,研究数量大幅增加。2020年前仅4篇论文,而之后不到两年便增加了18篇,且视野明显拓宽,研究更为深入。汪芬(2021：43)首先关注到泰国师生对于线上线下混合式教学模式的态度,调查发现大多数师生均认可。此外,学界也关注到基于具体网络平台的混合式教学问题。徐林玉(2021：32)通过探讨社交网络平台辅助教学的理论基础与现实依据,基于 Facebook 平台进行混合式教学实践。与之不同,林以勒(2021：55)结合混合式教学理论与原则,基于 Google 平台做出教学设计,并通过实践评测效果。二者将社交网络平台与汉语课堂相结合,是对混合式教学模式理论与实践的进一步探索。在研究范围上,2020年以前基于互联网的东南亚汉语教学模式研究仅限于泰国,之后拓宽至东南亚其他国家。具体而言,冯晓鹤(2021：46)对比分析柬埔寨"线上教学"与"线下教学"两种教学模式,并提出构建柬埔寨线下、线上教学融合发展。刘蕊(2021)对印尼大学汉语读写课进行混合式教学设计。然而,二者仅停留于理论探讨层面,未进行教学实践探索。阮氏清水(2021：153－154)针对越南高校汉语教学模式陈旧、学生自主学习能力低等问题,从教学模式的模型、实施流程、条件等方面构建适用于越南学生的 O2O 汉语教学模式,并制定相应评价方案,且基于 Edmodo 平台开展 3 轮教学实践,以验证教学模式的有效性。

受疫情影响,学界对东南亚汉语线上具体教学问题也更为重视。针对泰国汉语教学,汪芬(2021：42)指出疫情期间已有的线上汉语教学虽能满足大部分师生的教、学需求,但存在网络基础设施与技术落后、教师线上教学经验不足及教法使用不到位等问题。而谢晗(2021：36)则发现马来西亚孔子学院教学点线上教学发展受网络条件等制约,教学效率较低,并提出改进建议。目前东南亚汉语教学及研究以线上线下混合教学模式为主,汉语线上教学模式的研究及实践皆较欠缺,背后原因是东南亚国家网络设施建设不完善、技术条件相对落后,线上教学存在诸多制约,而传统教学具有成本低、课堂监督力度大、灵活度高等优势,难以被取代。

整体上,基于互联网的东南亚汉语教学模式研究处于初级阶段,而线上线下混合教学模式乃大势所趋。但相关研究起步晚、数量少,学界对于该模式在理论层面上认识不足,实践教学层面的研究缺乏,不同模式在东南亚各国汉语教学的适用性和有效性亟待实践检验。

3 东南亚汉语教学模式的研究现状

截至 2023 年 2 月,笔者基于中国知网、读秀、万方等数据库以"东南亚/东盟(泰国、马来西亚、印度尼西亚等)""汉语教学法/教学模式""互联网/在线/网络/线上"等为主题及篇关摘进行组合式检索,去重后得到 491 篇文献,其中以教学模式为主题的 132 篇(26.88%),而涉及东南亚互联网汉语教学模式的仅 22 篇(4.48%),具体情况如下。

3.1 研究对象

就考察对象而言,①从国别看,目前东南亚汉语教学模式的研究以泰国为主要对象(95 篇,71.97%),而针对其他国家的研究较少,具体情况见表 1;②从汉语水平看,现有研究明确区分学习者汉语水平的共 83 篇(62.88%),以初级水平学习者为主要对象(70 篇,53.03%),高级阶段鲜有涉及,具体情况见表 2;③从受教育阶段看,现有研究的重心为中学阶段的汉语学习者(55 篇,41.67%),且已关注到不同阶段,具体情况见表 3。

表 1 国 别 分 布

国　别	泰　国	印　尼	马来西亚	柬埔寨	菲律宾	越　南	缅　甸	老　挝	新加坡	未明确
数量(篇)	95	14	7	5	3	2	2	1	1	2
占比(%)	71.97%	10.61%	5.3%	3.79%	2.27%	1.52%	1.52%	0.76%	0.76%	1.52%

表 2　汉语水平分布

汉语水平	初　级	中　级	高　级	未明确
数量(篇)	70	12	1	49
占比(%)	53.03%	9.09%	0.76%	37.12%

表 3　受教育阶段分布

汉语水平	幼儿园	小　学	中　学	大　学	职　校	未明确
数量(篇)	4	14	55	23	11	25
占比(%)	3.03%	10.61%	41.67%	17.42%	8.33%	18.94%

整体上,研究数量最多的是泰国中学阶段初级水平的汉语学习者,此得益于泰国汉语教育政策及中泰长期稳定合作。

3.2　研究内容

根据是否基于互联网开展教学,现有东南亚汉语教学模式可分为传统教学模式和互联网教学模式。具体而言:

传统教学模式研究(110 篇,83.33%)根据重心不同,研究主题有二。① 侧重于东南亚传统汉语教学模式的理论探讨(30 篇,27.27%),包括针对不同教育阶段的教学模式探究(11 篇,36.67%),其中,中学阶段教学模式研究 5 篇(45.45%),职业教育和大学阶段各 2 篇(18.18%),小学和幼儿园阶段各 1 篇(9.09%);针对不同课型的教学模式研究(5 篇,16.67%);针对不同语言要素的教学模式研究(8 篇,26.67%);其他(6 篇,20%),主要包括东南亚国别化汉语教学模式探讨。此类研究虽已涉及不同教育阶段、课型、语言要素和具体学校的教学模式问题,但多囿于理论探讨,所构建的教学模式和改进建议等多缺乏实践检验。② 兼顾东南亚传统汉语教学模式的理论及实践的研究(80 篇,72.73%),包括教学模式整体设计与应用研究(55 篇,68.75%),即探讨某教学模式之理论基础、框架、操作流程、评价方式在东南亚汉语教学中的应用可行性,以及基于实践反思提出改进建议,具体情况见表 4;教学模式的操作程序研究(9 篇,11.25%);具体教学技巧研究(12 篇,15%);教学模式国别化及具体实践问题(4 篇,5%)。整体上,第二种情况内容较繁杂,不同层面均有关注,但面对东南亚汉语教学问题,具体模式的针对性及有效性等不足,模式探索与实践检验等皆亟待加强、深入。

表 4　教学模式分布

教学模式	主题式	任务型	翻转课堂	沉浸式	体验式	抛锚式	其　他
数量(篇)	21	11	8	5	3	2	5
占比(%)	38.18%	20%	14.55%	9.09%	5.45%	3.64%	9.09%

互联网教学模式探究有 22 篇,占比 16.67%。2020 年新冠疫情全球暴发,基于互联网的东南亚汉语教学模式始为师生及学界关注,现有研究主要集中在:① 线上线下混合式教学模式探索(9 篇,40.91%);② 线上教学模式研究(8 篇,36.36%);③ 其他(5 篇,22.73%),主要涉及具体教学模式与互

联网教学相结合问题等。整体上，现有研究的焦点为混合教学模式和线上教学模式的建构与应用，但数量有限，模式框架及实现条件等诸多问题尚不明朗。

整体而言，现有关于东南亚汉语教学模式的研究仍以传统教学模式为主，迫于疫情下汉语教学的实际需求，基于互联网的汉语教学模式的研究虽已为学界所关注，但数量少，尚处于起步阶段，诸多问题亟待深究。

3.3 研究方法

基于统计，现有研究所用方法主要有 6 种。① 文献研究法（79 篇，59.85%）。② 问卷调查法（83篇，62.88%），其中 47 篇（56.63%）未明确问卷来源，29 篇（34.94%）为自编问卷，而借鉴或改编前人问卷的仅 7 篇（8.43%），明确所用问卷之信效度的仅 5 篇（6.02%）。总体上，问卷内容设计的科学性及严谨性有待提高。③ 课堂观察法（55 篇，41.67%）。④ 访谈法（47 篇，35.61%）。⑤ 案例分析法（14 篇，10.61%）。⑥ 实验法（28 篇，21.21%）。此外，仅 13 篇（9.85%）运用 SPSS 软件处理数据。总体上，现有研究方法以质性方法居多，量化研究不足，更鲜有采用干预实验法，且量化分析较少使用专业数据分析软件，数据严谨性与科学性有待提升。

4 教学模式及其互联网化存在的问题

4.1 "教学模式"认识不足，理论构建薄弱，成果不成体系

教学模式问题在国际中文教学及研究领域至今得不到足够的重视。学界虽关注到东南亚汉语课堂中个别教学模式的设计及应用问题，但成果稀疏且不成系统。① "教学模式"理论探讨不足，对模式之认识存在分歧、误区，未严格区分模式与方法、技巧、手段等基本概念，导致概念不清及混用，如杨刚（2005）等人的研究。② 已构建的模式不完整，整体尚未成型。现有研究多着眼于教学模式的理论基础、教学目标及实现条件等，忽视操作程序及评价体系的建设，故鲜有设计出系统、规范且适应性强的操作程序及具有针对性及有效性的评价体系，如徐敏（2010）、黄雪华（2020）等人的研究。③ 研究视野、范围有待突破。目前研究对象以初级汉语学习者为主，缺乏针对中高级学习者的教学模式的探讨及实践。此外，从国别上看，现有研究主要针对泰国，而东南亚各国差异明显，针对其他国家汉语教学模式的研究较匮乏，亟待展开。

4.2 教学实践不足，效果难以保证且缺乏有效评价

现有东南亚汉语教学模式研究已尝试基于东南亚汉语教学现状、学生特点等构建"快乐学汉语""分类编班分级教学分层达标"等模式，且已关注到"主题式""任务型""翻转课堂"等模式在东南亚汉语课堂上的具体设计及应用问题，但具体教学模式的实践却十分匮乏。成熟的教学模式需基于大量、长期、反复的教学实践验证，而现有研究多为教学模式的短期或简单应用，甚至仅通过一节或几节课教学便评判其效果，可信度较难保证。此外，教学效果评估是教学活动的重要环节之一，重在衡量教学模式是否适用、有效。当前研究评估教学效果多采用问卷调查和成绩测试，少数结合访谈调查、课堂观察、考勤记录、作业检查等，且教学评估标准不一，评价不成系统，模式应用评估的严谨性、科学性等不足，针对性亦待提升，亟需改进。

4.3 线上教学过度依赖传统课堂，教学模式缺乏互联网理念和思维

东南亚互联网汉语教学萌芽于 20 世纪 90 年代，但发展较缓慢。新冠疫情暴发导致东南亚传统课堂教学受阻，基于互联网的汉语教学模式虽受到关注，但因相关研究起步晚，理论探讨及应用实践皆极

为匮乏,多是线下线上相结合,或将传统教学简单搬至互联网,研究与教学过程中多仅体现为教学载体、环境与传统课堂的不同,究其原因,主要有4个。① 互联网汉语教学理论尚不成熟,教学模式建设缺乏理论基础;② 东南亚国家网络基础设施建设与技术水平落后,汉语互联网教学受阻;③ 教师线上教学技术与经验不足,缺乏先进教学理念指导,易将传统教法直接硬搬至线上教学;④ 监督机制不完善,线上课堂管理难度大,对于学生线上学习过程监管力度不足,教学效果难以保证。整体缺乏互联网理念和思维,未把握互联网特质,因此无法实现真正互联网化。

4.4 研究方法的准确性、科学性不足,尚待优化

目前研究方法呈现多样化,但其严谨性与客观性有待提升,主要问题有3个。① 方法使用不到位,严谨性不足,如问卷调查法仅7篇(8.43%)参考或改编前人问卷[如王彬(2012)等]。问卷设计是否合理、调查对象是否具有代表性、调查人数样本量标准等问题皆考虑不周,且明确所用问卷信效度的仅5篇(6.02%),故其结论准确性及说服力不足。② 涉及访谈法的研究较少明确访谈对象标准与数量,访谈问题设置较随意,多通过询问教师或学生一些基本问题便得出结论,且缺少访谈记录呈现,可信度不足。③ 少数研究使用经验总结法(3篇,2.27%),通过个人实际教学经历或参考其他汉语教师的教学经验作为研究依据,主观性较强,有待改进。此外,仅13篇(9.85%)运用SPSS处理数据[如姚丽云(2013)等],方式单一且不够科学。整体上,现有研究方法准确性、严谨性与科学性不足,尚待优化。

5 问题的对策

5.1 重视"教学模式"建构,加强汉语作为第二语言教学模式理论研究

目前东南亚汉语教学模式的研究处于起步阶段,成果稀疏,不成体系,对"模式"的认识不够清晰,模式框架尚不完整。故后续应重视"教学模式"理论探究,厘清其概念与构成要素,明确其与教学方法、技巧、策略、形式等的不同。具体模式的框架构建除理论基础、教学目标、实现条件三要素外,更需加强操作程序建设,建立规范且可复制的流程。此外,针对现有研究的视野局限,后续应扩大研究范围,并加强其针对性。除初级阶段外,亦应重视具体模式在中、高级阶段汉语教学中的适用性问题,以便根据教学对象汉语水平差异调整教学操作流程等。而针对国别差异性,后续研究应重视东南亚各国汉语教学及国别化模式研究,根据不同国家的具体情况、学生特点、教学条件、资源等构建具有针对性的有效教学模式。

5.2 加强模式应用,基于实践建立完善的教学评价体系

针对东南亚国家汉语教学情况进行教学模式设计及应用,皆需经过长期、大量实践检验,故相应教学实践应确保一定的规模性和周期性,避免仅通过几节课就得出片面的结论。在实践层面,首先应全面了解所在学校或地区汉语教学情况(如学生水平、学习需求及教学资源等),以便有针对性地设计教学。同时,针对实践过程遇到的问题应及时反馈,以不断改进。教学评价是教学实践与研究的重要环节,完善的评价体系能够有效诊断教学问题,因此教学模式评价需从不同维度进行,做到形成性/终结性评价相结合、量化/质性评价相结合,绝对性/相对性评价相结合。另因不同教学模式存在差异,其评价方法与标准也应基于具体教学对象、目标与操作流程等形成具有针对性、有效性的评价体系。此外,评价互联网教学模式之效果还应充分结合网络技术与资源,以实现教学评价转型升级。

5.3 挖掘互联网理念、思维及特质,推进教学模式的互联网化

互联网教学乃大势所趋,针对东南亚互联网汉语教学面临的问题,后续应着力实施以下措施。

① 厘清"互联网教学模式""线上教学模式""混合教学模式"等核心术语,明确其内涵与形式,再根据互联网特质与思维进行理论研究与创新。② 加强网络基础设施及教学资源建设,提升技术水平,建立面向东南亚的多语种互联网汉语教学平台,为汉语教学提供稳定环境,提高流畅度,减少因网络卡顿、页面加载缓慢而造成的课堂效率低下等问题。③ 重视汉语师资国别化、专业化培养,利用网络信息技术建立汉语教师培训资源库,加强东南亚本土教师互联网教学技能及理念培训,并强化国际汉语教师队伍建设,为该地区汉语教学提供充足、优质的教师资源。④ 建立健全网络教学监督机制,可实施课前线上签到、点名,课中提问、师生互动、生生互动,教学内容随堂测试等措施,加强对学生学习过程及行为的监督。

5.4 优化研究方法,提升技术手段,重视行为数据,加强量化分析

针对现有研究方法存在的问题,后续研究应加强方法的严谨性与科学性。对模式实施过程的监测及对应用效果的考察应充分重视网络信息及数据分析技术,将量化与质性分析相结合,科学、客观地探究教学过程与效果。就调查问卷而言,后续应明确问卷或量表之来源,重视借鉴权威性问卷或量表,其内容设计应符合系统性、严谨性、针对性等原则,问题表述需准确到位,加强其信效度检测。另外还须考虑其发放的对象、范围等,加强监控调查问卷填写、回收过程,确保问卷填写及回收的有效性,进而提升研究的准确性及可信度。访谈法使用应保证样本量,明确对象的选择标准,加强访谈内容呈现与分析的客观性及严谨性,加强论证的说服力。此外,数据处理应尽量采用 Excel、SPSS、Python 等手段,提升结论的准确性、科学性。研究数据和结果的呈现应增强可视化,结合图表直观、清晰地呈现教学模式应用的过程、效果及问题。

6 余论

教育部等 8 个部门 2020 年印发的《教育部等八部门关于加快和扩大新时代教育对外开放的意见》强调:建立中国特色国际课程开发推广体系,优化汉语国际传播,支持更多国家开展汉语教学①。成熟的汉语教学模式可有效促进东南亚中文教育事业的发展。目前东南亚汉语教学模式研究已有初步积累,但不成体系,且基于互联网的东南亚汉语教学模式的研究及应用等尚处于萌芽阶段。面对"百年未有之大变局",针对东南亚汉语教学问题,如何基于其现有教学条件与设施水平构建具有针对性的互联网教学模式及其应用体系? 如何基于大量教学实践以检验所构模式的有效性与适用性? 如何建立切实有效的教学评价标准? 如何基于实践反馈进一步优化升级教学模式? 这些问题亟待一线师生、学者及技术人员等多方协力探究及推进。

参考文献

[1] Joyce, B. & M. Weil. 2004. *Models of Teaching*[M]. Upper Saddle River: Prentice Hall.

[2] 程爽.2008.基于对比实验的泰国儿童汉语教学模式研究[D].济南:山东大学.

[3] 陈晓静.2009.泰国公立中学"快乐学汉语"教学模式构想及实验[D].广州:暨南大学.

[4] 崔晓霞.2012.中国-东盟对外汉语网络教育平台的构建与发展战略构想[J].中国远程教育(1):82 - 87.

[5] 邓小琴.2004.关于泰国远程教育电视台汉语教学多媒体技术手段的使用[J].//中文教学现代化学会.数字化对外汉语教学理论与方法研究[M].北京:清华大学出版社:274 - 283.

[6] 邓秀均.2008."长城汉语"多元教学模式在泰国短期班课堂教学中的应用[J].//张普,徐娟,甘瑞

---

① 中华人民共和国教育部.http://www.moe.gov.cn/jyb_xwfb/gzdt_gzdt/s5987/202006/120200617_466544.htm12020-06-17.

瑗.数字化汉语教学进展与深化［M］.北京：清华大学出版社：448－453.

［7］ 段延艳.2015.浅析泰国小学的汉语教学模式［D］.天津：天津师范大学.

［8］ 冯晓鹤.2021.柬埔寨华文线上与线下教学对比分析［D］.郑州：华北水利水电大学.

［9］ 高枫.2015.任务教学法在泰国清迈皇家大学汉语综合课中的应用案例分析［D］.北京外国语大学.

［10］ 黄甫全，王本陆.1998.现代教学论学程［M］.北京：教育科学出版社.

［11］ 黄雪华.2020.泰国汉语口语混合式教学设计［D］.南宁：广西大学.

［12］ 匡锦，易宏.2010.云南面向东南亚多语种多模块汉语教学网络平台建设研究［J］.云南师范大学学报（对外汉语教学与研究版）（5）：84－88.

［13］ 林华东.2000.走向 21 世纪的东南亚华文教育与教学［J］.泉州师范学院学报（5）：33－35＋46.

［14］ 刘峰.2003.东南亚华文教育的现状及发展趋势［J］.八桂侨刊（5）：22－23.

［15］ 廖新玲.2009.东南亚华文教育发展现状及趋势研究［J］.八桂侨刊（1）：54－59.

［16］ 梁冰冰.2015.泰国中学生汉语综合课主题式教学模式研究［D］.苏州：苏州大学.

［17］ 连倩男.2018."翻转课堂"教学模式下泰国初级汉语口语课教学设计［D］.呼和浩特：内蒙古师范大学.

［18］ 林以勒.2021.基于谷歌课堂平台的汉语综合课教学设计［D］.石家庄：河北师范大学.

［19］ 刘蕊.2021.基于课堂观察的国际汉语远程教学研究［D］.呼和浩特：内蒙古师范大学.

［20］ 李宝贵，吴晓文.2022.东南亚各国中文教育政策对中文纳入国民教育体系的影响［J］.天津师范大学学报（社会科学版）（1）：21－28.

［21］ 马丽莹.1985.略谈泰国学校汉语教学的情况与经验［J］.//第一届国际汉语教学讨论会组织委员会.第一届国际汉语教学讨论会论文选［C］.北京：北京语言学院出版社：598－600.

［22］ 阮氏清水（NGUYENTHITHANHTHUY）.2020.提升自主学习能力的 O2O 对外汉语教学模式研究［D］.华东师范大学博士学位论文.

［23］ 史翠玲.2013.泰国汉字教学模式调查研究［D］.北京：中央民族大学.

［24］ 王本尊.1993.东南亚华文教育的现状及发展路向［J］.东南亚研究（3）：47－50.

［25］ 王炯，洪明.2011.菲律宾华文师资队伍现状与建设思考［J］.海外华文教育（4）：99－103.

［26］ 王彬.2012.泰国中学主题式汉语教学模式建构与研究［D］.济南：山东大学.

［27］ 王静.2014.任务型合作学习模式在泰国汉语口语教学中的应用研究［D］.重庆：重庆大学.

［28］ 王小会.2014.泰国洛坤府童颂女子中学初级汉语口语任务型教学研究［D］.西安：陕西师范大学.

［29］ 王永固，等.2017.国外高中汉语翻转课堂教学模式的行动研究：以印度尼西亚高中汉语教学为例［J］.中国信息技术教育（Z3）：143－146.

［30］ 汪芬.2021.泰国线上汉语学习高效课堂研究［D］.西安：西北大学.

［31］ 徐敏.2010.泰国汉语课堂任务型教学模式设计［D］.济南：山东大学.

［32］ 徐林玉.2020.社交网络平台在泰东北初级汉语综合课中的应用研究［D］.西安：西安石油大学.

［33］ 谢晗.2021.马来亚大学孔子学院 UiTM Perlis 汉语教学点线上教学研究［D］.北京：北京外国语大学.

［34］ 杨刚.2005.歌词教学模式在越南留学生汉语习得中的运用［J］.云南师范大学学报（2）：43－47.

［35］ 严奉强，陈鸿瑶.2006.东南亚华文教育：现状、问题与对策［J］.深圳大学学报（人文社会科学版）（4）：113－117.

［36］ 杨晓飞.2008.远程教育在海外汉语师资队伍建设中的作用研究［D］.广州：暨南大学.

［37］ 姚丽云.2013.网络多媒体在泰国初级汉语课堂教学的运用［D］.南宁：广西民族大学.

［38］ 杨一鸣.2014.泰国中学汉语主题式教学设计［D］.南京：南京师范大学.

[39] 钟启泉.1984.着眼于信息处理的教学模式：现代教学模式论研究札记之一[J].外国教育资料(1)：16－24＋15.

[40] 张晓莉.2007.面向印尼人的汉语网络课件设计与实现[D].北京：北京语言大学.

[41] 周健.2010.《新编菲律宾华语课本》的探索[J].华文教学与研究(1)：10－15.

[42] 张建强.2012.泰国大学的汉语教学模式探索：以泰国华侨崇圣大学为研究个案[J].国际汉语学报(1)：180－187.

[43] 曾阳.2012.泰国职业学校汉语综合课教学模式及应用研究[D].济南：山东师范大学.

[44] 赵彤彤.2017.主题式教学模式在对泰汉语综合课中的应用研究[D].锦州：渤海大学.

Chinese as a Second Language Teaching Model in Southeast Asian: Problems and Countermeasures in Its Internet-Based Development

Junwei Lyu, Jingrui Guo

Guangxi Normal University

Abstract: Teaching model is the key link connecting teaching theory with practice. Mature teaching model can effectively improve teaching efficiency and effect. At present, there is insufficient emphasis on the issue of teaching model in Chinese teaching and research in Southeast Asia, leading to many problems such as fuzzy understanding, unclear model framework and insufficient teaching practice. The internetization of traditional Chinese teaching in Southeast Asia has not become a theory system, the results are sparse, the realization conditions are difficult to guarantee, the operation procedures have not been standardized, the evaluation system has not been formed, and the practice is insufficient and blind, so it is urgent to be further explored. The Internet-based Chinese teaching has become the core issue of Chinese international education development. To explore the development, status and existing problems of Chinese teaching model in Southeast Asia, we need to focus on the problems and difficulties of its Internet-based development, and then put forward corresponding countermeasures, with a view to provide reference for Chinese teaching and research in Southeast Asia under the new situation.

Keywords: Southeast Asia; Chinese as a second language; teaching model; Internet-based development

英语议论文写作 ChatGPT 反馈合作加工的学习投入研究[①]

陈　静[②]　梁泽堃[③]

中山大学

摘　要：议论文写作是外语学习者学业能力的重要组成部分。ChatGPT 能够提供个性化和情境化的写作反馈，帮助外语学习者解决议论文写作中论证和语言使用的难题。然而，学习者需要积极投入进行 ChatGPT 反馈加工，从而有效利用它提升议论文写作质量。本研究以一组 6 名本科一年级非英语专业学生为研究焦点对象，收集并分析了学生的课堂讨论录音、个人学习日志、ChatGPT 反馈文件以及合作写作文本，以探究其在合作加工 ChatGPT 反馈活动中的学习投入情况。结果表明，学生在反馈合作加工中呈现出多样化的学习投入，且在学习投入各维度呈现出不同的发展模式。在行为、认知和社会投入方面，学生能积极参与到 ChatGPT 反馈的加工活动中，但在情感投入方面既认为 ChatGPT 反馈有利于提升写作质量，又认为反馈不够清晰和具体。在一个学期的过程中，学生在行为、认知和社会方面的学习投入有所提高，但在情感上对 ChatGPT 反馈则从学期初的赞赏转变为批判态度。本文的发现为有效利用 ChatGPT 反馈进行写作教学提供了实证启示。

关键词：议论文写作；ChatGPT；反馈合作加工；学习投入

1　引言

议论文写作是核心学术素养之一（Ferretti & Graham，2019），要求学习者针对特定观点展开论证，同时考查学习者的论证和语言使用能力（Qin & Karabacak，2010）。为实现有效的论证，学习者需要提出合理的观点、有力的论据和清晰的推理（Lee，2013），但是很多学习者在论证的内容与连贯性方面都存在困难（Chuang & Yan，2023）。在进行英语议论文写作时，中国外语学习者还面临着语言使用的难题（Su et al.，2021）。因此，提供及时、细致且有效的写作反馈能够帮助外语学习者提升英语议论文写作的质量（Hyland & Hyland，2006）。随着生成式人工智能（generative artificial intelligence）技术的发展，已有外语教师尝试运用 ChatGPT 为学习者生成写作反馈（魏爽、李璐遥，2023）。现有研究发现，ChatGPT 可以根据指令生成符合特定语境且语法正确的文本（Shin & Lee，2023），并为学习者的议论文写作提供指导与反馈（Barrot，2023），其生成的写作反馈可以有效提升学习者英语议论文写作的论证质量、文本连贯性和语言使用，是议论文写作的重要学习资源（Su et al.，2023）。

然而，虽然 ChatGPT 能够生成高质量的反馈，但这些反馈有时会因含义模糊（Barrot，2023），需要

① 本文获外教社全国高校外语教学科研项目和中山大学本科教学质量工程项目资助。感谢《教育语言学研究》编辑部与匿名审稿专家的反馈意见。
② 陈静（1976—　），女，博士，中山大学外国语学院副教授；研究方向：系统功能语言学、外语教学与语言评估；通信地址：广东省广州市海珠区新港西路 135 号中山大学外国语学院；邮编：510275；电子邮箱：chenjing@mail.sysu.edu.cn。
③ 梁泽堃（2001—　），男，中山大学外国语学院研究生；研究方向：二语写作、计算机辅助语言学习；通信地址：广东省广州市海珠区新港西路 135 号中山大学外国语学院；邮编：510275；电子邮箱：liangzk3@mail2.sysu.edu.cn。

外语学习者在理解、评价及使用时有较高程度的学习投入（Bauer et al.，2023）。学习投入是指外语学习者在语言学习过程中付出的努力（Fredricks et al.，2004），与其语言学习成果密切相关（Hiver et al.，2024）。过往研究发现，合作学习有利于提升外语学习者在写作时的学习投入（Zheng et al.，2022）。投入度较高的学习者会积极参与小组讨论，在写作中表现得更好（Zhang，2021）。施展等人（Shi et al.，2022）发现，当外语学习者合作加工英语议论文写作反馈时，反馈素养和议论文写作的质量都有所提升。然而，目前尚未有研究关注外语学习者具体如何参与合作加工使用 ChatGPT 针对议论文写作的反馈。基于此，本文将采用个案研究的方法，探究中国大学生在合作加工 ChatGPT 议论文写作反馈时的学习投入情况。

2 文献综述

2.1 议论文写作的 ChatGPT 反馈研究

议论文写作是指学习者表明个人立场的写作过程（Newell et al.，2011），注重有效的论证、逻辑连贯的结构和恰当的语言表达（MacArthur et al.，2019）。学习者在议论文中需要融入完整的论证要素，包括话题引入、作者立场、己方观点、反方观点、反驳论证、论证依据和观点总结（Crossley et al.，2022；Qin & Karabacak，2010；Toulmin，2003）。同时，论证要素的内容、衔接以及语言使用（Chuang & Yan，2023）都会影响议论文写作的质量。因此，教师需要针对论证内容、衔接连贯以及语言表达提供写作反馈，从而提升外语学习者的议论文写作能力（Ferris，2010；Hyland & Hyland，2006）。

在以往的英语议论文写作教学中，教师为外语学习者的议论文写作提供书面纠错反馈、同伴反馈和自动写作评价（automated writing evaluation，AWE）反馈（Fu et al.，2022）。生成式人工智能工具 ChatGPT 的出现为议论文写作提供了一种全新的反馈途径（Su et al.，2023）。ChatGPT 利用其数据库中的信息，能够为学习者写作的议论文生成个性化的反馈（Praphan & Praphan，2023）。较之其他类型的写作反馈，ChatGPT 生成的写作反馈具有多重优点。首先，ChatGPT 生成连贯且语法正确的文本，可以作为学习者议论文写作的模板（Kohnke et al.，2023）。其次，ChatGPT 可为外语学习者提供一个互动的自主学习环境（张震宇、洪化清，2023），学习者能够就议论文的内容、连贯性和语言与 ChatGPT 展开讨论，以此获得符合自身需求的反馈（Guo & Wang，2023）。此外，ChatGPT 相比于 AWE，能够为写作学习者提供更多与论证内容相关的写作反馈（Barrot，2023）。其后台大量的语言数据让 ChatGPT 能够根据不同话题生成高度情境化的反馈，帮助学习者提高议论文写作质量（魏爽、李璐遥，2023）。

然而，ChatGPT 生成的议论文写作反馈也会引发各种问题。现有研究表明，ChatGPT 会生成含义不清晰的反馈（Kohnke et al.，2023），甚至会生成与话题无关或虚假的信息（Su et al.，2023）。ChatGPT 反馈的质量还受到指令清晰度的影响（Escalante et al.，2023）。如果指令要求不明确，学习者就无法准确理解 ChatGPT 议论文写作反馈的信息（Kubota，2023）。此外，学习者在使用 ChatGPT 反馈时会遇到学术诚信问题（Casal & Kessler，2023），可能会无意中剽窃他人的成果，或者改变自己的身份认同（Praphan & Praphan，2023）。因此，在教师的教学指导基础之上，学习者还应以积极的学习投入来解读和甄别 ChatGPT 反馈的信息，有效提高议论文写作的质量（Bauer，2023）。

2.2 写作反馈加工中的学习投入研究

学习投入是指学习者在学习过程中的参与程度（Fredricks et al.，2004），是一个多维构念，包括行为投入、认知投入、情感投入和社会投入（Hiver et al.，2024）。在语言学习中，行为投入主要表现为学习者任务的完成情况（陈静等，2021）；认知投入是指学习者心智层面的付出，包括专注度和学习策略的使用(Oga-Baldwin，2019);情感投入是指学习者对学习环境的感受、态度或情绪反应(Salmela-Aro et al.，2016);社会投入是指学习者与学习环境的联系,表现为学习者之间的相互支持(Hiver et al.，2024)。学习投入的不同维度动态发展(Zheng et al.，2022),并在同一学习环境中相互影响(Jin et al.，2022;Philp & Duchesne，2016)。

写作反馈加工是指学习者理解反馈、评估其有效性并在修订中加以利用的过程(Bauer et al.，2023),受到学习投入的深刻影响(Zhang & Hyland，2023)。研究发现,在加工教师反馈、同伴反馈或AWE 反馈时,行为、认知和情感上投入度较高的外语学习者往往有更出色的修改表现,写作质量因此较高(Koltovskaia，2020;耿峰、于书林,2023;张亚、姜占好,2022)。然而,在学习投入匮乏时,学习者会无法准确理解反馈信息,并难以在修订时有效地使用反馈(Tian & Zhou，2020)。将以 ChatGPT 为代表的生成式人工智能技术应用于外语写作教学实践,对外语学习者积极投入、有效利用其反馈提出了新的挑战。对此,合作写作能有效帮助学习者利用技术提升写作能力和水平,共建写作知识(陈静等,2024)。

2.3　写作反馈合作加工研究

合作学习可以有效提升外语学习者在英语议论文写作中的学习投入(Zheng et al.，2022)。通过小组协商与互动,学习者能够共同产出一篇结合所有成员思想和价值取向的议论文(Storch，2005)。积极合作的小组一般会在议论文写作中投入大量的努力(Abrams，2019),采用多种写作策略(Bai et al.，2022),表现出较高的学习热情(Yu et al.，2022),并保持紧密的互动支持(Azkarai & Kopinska，2020)。因此,研究者们建议外语学习者在议论文写作时通过合作的方式加工写作反馈,以获得较个人加工更加有效的成果(Shi et al.，2022)。

写作反馈合作加工是指学习者在解读和利用写作反馈的信息时,共同理解和构建知识的过程(Storch，2011;Wigglesworth & Storch，2012),能够帮助学习者提高写作的准确度(Elabdali，2021;Kim & Emeliyanova，2021),发展批判性思维(Shi et al.，2022)和元认知技能(Carr，2023)。穆吉塔巴等人(Mujtaba et al.，2021)实证对比了独立加工和合作加工写作反馈的效果,通过编码学习者 4 次英语议论文写作中出现的错误类型,发现参与反馈合作加工的学习者的写作准确率更高,英语议论文的质量显著提升。合作加工反馈也促进学习者的批判性思维。例如,施展等人(Shi et al.，2022)采用个案研究的方法探究外语学习者如何合作加工 AWE 的写作反馈。他们发现学习者一开始非常信任AWE 反馈,后期转变为对其持批判态度,该结果证明了反馈合作加工能够促进深层理解与提升高阶思维技能。同样,卡尔(Carr，2023)运用活动理论来探究两名外语学习者合作加工书面纠错反馈时的互动情况,发现当学习者改变为对合作的认可态度时,能够积极地参与到反馈合作加工中,表明反馈合作加工有利于培养元认知技能。

合作学习还能促进学习者在加工写作反馈时的学习投入。例如,彭欣等人(Peng et al.，2023)调查了外语学习者在合作加工反馈时的行为投入与认知投入。结果表明,合作能促进学习者深层次的认知加工,提升学习自主性。此外,惠·布朗森等人(Hui et al.，2023)对外语学习者的问卷调查显示,合作学习能够鼓励学习者投入大量的时间和精力到反馈加工中。然而,在当今数字时代 2.0 背景下,面对如 ChatGPT 等生成式人工智能技术的快速发展及其具有"双刃剑"特征的写作反馈,尚未有研究关注外语学习者如何具体投入进行 ChatGPT 反馈的合作加工。因此,本研究采用个案研究的方法,深入、细致地探究中国大学生在一个学期内合作加工 ChatGPT 对其英语议论文写作反馈的学习投入情况,聚焦以下两个研究问题:

(1)中国大学生合作加工英语议论文写作 ChatGPT 反馈的学习投入情况如何?

(2)中国大学生合作加工英语议论文写作 ChatGPT 反馈的学习投入是如何发展的?

3 研究方法

3.1 研究对象

本研究的对象为我国南方某大学修读"大学英语写作"课程的 35 名学生(14 名女生和 21 名男生),英语水平相当于欧洲语言共同框架(CEFR)的 B1 水平。学生在开学初自主选择组员,最终组成 5 个六人小组和 1 个五人小组。本研究采用个案研究法聚焦其中一个小组,以深入、细致地探究该组学习者在合作加工 ChatGPT 所提供的英语议论文反馈过程中的学习投入情况(Yin,2018)。在 6 个小组中,一个小组因其组员在反馈合作加工活动中的投入程度不同且均同意参与本研究,而被选为本研究的焦点小组(Patton,2015:466)。该小组 6 位组员均为女生,匿名为 A、B、C、D、E、F,其中 A 被组员推选为小组组长,负责传达组员课程作业,并提醒她们按时完成各项学习任务。

3.2 教学情境

"大学英语写作"课程教学为期 14 周,采用小组合作写作的教学方法,旨在提高非英语专业本科新生的英语议论文写作能力。课程每周一次课,每次课时长 90 分钟,除第 1 周和第 14 周外,教师每周都会根据特定话题进行写作教学活动。第 1 周为课程介绍,教师主要向学生说明课程的教学目标和流程,并介绍在线写作平台"金山文档"(https://www.kdocs.cn/)的功能及使用方法,指导学生学习运用平台与组员合作编辑文本、发表评论和查看修改历史,为后续合作写作活动做准备。课程第14 周为学期最后一次课,教师对整个学期的课程学习进行总结,帮助学生巩固在课程中习得的议论文写作技巧。

课程一共设置有 4 次英语议论文写作任务,每次写作任务针对一个特定话题(包括"婚姻的主要原因""同伴压力的影响""人工智能的影响"以及"技术对学习的影响"),用时 3 个星期,分别为"合作构思""合作写作"和"合作修改"(陈静等,2024)。在第一周的"合作构思"阶段,学生课上合作阅读与话题相关的素材,就此讨论并提出支持其立场的观点;课后,每位组员就其中一个观点进行论证写作,即通过上网搜集证据后,在金山文档作业链接中完成议论文写作的个人分工任务,字数要求不少于 200 单词。在第二周的"合作写作"阶段,小组课堂上讨论并整合组员的个人写作,进行口头班级汇报。之后,教师对此进行反馈评讲,同时教授议论文写作技巧,以提高学生的议论文写作能力。基于课堂活动,小组于课后利用金山文档合作写成一篇完整、逻辑通顺的英语议论文初稿。

ChatGPT 写作反馈的合作加工在第三周的"合作修改"阶段进行,包括"线下小组讨论"和"线上合作修订"两个步骤(陈静等,2024)。在"线下小组讨论"步骤,学生首先阅读由教师课前制作完成的ChatGPT 写作反馈文件(图 1),随后进行小组讨论并完成对 ChatGPT 写作反馈的意见,用时约 20 分钟。如图 1 所示,每条 ChatGPT 写作反馈旁附有一个五点李克特量表,供小组讨论评定对于该条反馈的接受程度(1 = "非常不同意",5 = "非常同意")。学生讨论结束后,每组由一位组员代表进行班级发言,陈述小组对 ChatGPT 反馈的总结及意见,之后教师给予学生议论文写作修订指导和教学。最后,学生有约 15 分钟的时间根据 ChatGPT 写作反馈讨论制定小组的修订计划。本研究对该步骤中的学生讨论全程录音,作为学生课上学习投入的观察数据。为使学生能够顺利、深入地讨论 ChatGPT 反馈,保证合作加工的效率,小组讨论时可使用中文交流。"线上合作修订"步骤于课后进行。每位学生需要首先在"金山文档"中撰写个人学习日志,内容包括对 ChatGPT 写作反馈和小组合作的意见,然后再根据课上制定的修订计划合作修改小组议论文初稿。

课程使用的英语议论文写作反馈由 ChatGPT 4 生成。为避免引发学术不端问题,所有的写作反馈均由教师在课前生成。英语议论文写作 ChatGPT 反馈的生成包括 3 个步骤。首先,教师从"金山文

AIWE Feedback	5	4	3	2	1
Content					
1. Lead：The introductory paragraph begins with an acknowledgment of the existence of positive discourse around peer pressure but swiftly introduces the idea that peer pressure also has a negative side. The lead could be strengthened by incorporating a more compelling hook, such as a pertinent statistic or anecdote					

Read the AIWE feedback and note down what you think of it.
(5-Strongly agree，4-Agree，3-Neither agree or disagree，2-Disagree，1-Strongly disagree)

图 1　ChatGPT 写作反馈文件示例

档"中提取学生整合后的小组议论文初稿文本。然后，基于苏彦方等人(Su et al.，2023)的指令，教师设计指令输入 ChatGPT 4，针对每篇议论文的内容、连贯及语言使其生成评价反馈。最后，教师将每个小组的 ChatGPT 写作反馈保存为独立文件，在反馈合作加工活动时分发给各个小组进行阅读和讨论。

3.3　数据收集及分析

本研究收集了焦点小组的课堂讨论录音、ChatGPT 写作反馈文件、合作写作文本和个人学习日志，这 4 种数据均用于回答两个研究问题，并用于不同数据间的相互验证。经过一个学期的反馈合作加工活动之后，本研究共收集到 136 分钟的讨论录音[①]、4 份 ChatGPT 写作反馈文件、4 份整合版的议论文、4 份修订版的议论文和 24 份个人学习日志。

为回答第一个研究问题，研究者首先将小组讨论录音转写成文字。接着，根据金檀等人(Jin et al.，2022)的合作学习投入分析框架对小组讨论转写文字和学习日志进行编码：行为投入为学生合作完成学习任务所采取的行动；认知投入为学生在合作完成任务时的专注度以及策略使用情况；情感投入为学生合作完成学习任务的意愿和对学习任务的态度；社会投入为学生合作学习时与学习环境间的联系程度以及学生间的互惠性(Hiver et al.，2024；Jin et al.，2022)。随后，研究者根据初次编码结果和课程教学设计修订完善编码框架，并基于此框架再次进行编码。两位研究者的编码信度 Cohen's Kappa 系数超过 0.9，表明编码一致性良好。最后，研究者对不一致的编码部分展开讨论并达成共识。在编码工作完成之后，研究者对 ChatGPT 写作反馈文件与合作写作文本进行分析：统计焦点小组对 ChatGPT 写作反馈接受程度的平均评分，用于佐证学生合作加工 ChatGPT 反馈时情感投入的特点(Salmela-Aro et al.，2016)；对比每次合作写作任务的整合版和修订版文本，分析并记录焦点小组的修订情况，用于考察组员在线上合作修订时的行为投入(陈静等，2021)。

为回答第二个研究问题，研究者通过纵向对比 4 次反馈合作加工的课堂讨论录音和个人学习日志的编码结果、小组对 ChatGPT 反馈接受程度的平均评分以及小组写作修订的情况，来考察学生在行为、认知、情感和社会投入各维度上的发展情况。

4　研究结果

4.1　ChatGPT 反馈合作加工中的学习投入

4.1.1　行为投入

焦点小组的行为投入具体表现为积极参加反馈合作加工的课堂活动和修改小组议论文。在线下

---

① 第三次反馈合作加工时小组分享的所用时长较长，因此只收集到 31 分钟的讨论录音；其余三次反馈合作加工均收集到 35 分钟的讨论录音。

小组讨论中，学生按照教师的要求对 ChatGPT 的写作反馈进行阅读和讨论，并根据反馈制定修订计划。根据课堂讨论录音转写文件，我们统计出焦点小组在 4 次反馈合作加工讨论中的话轮数（见表 1）。结果表明，每位组员均参与了写作反馈的讨论，且组长 A 在 4 次反馈合作加工中的话轮数均为最高，分别为 32 个（31.07%）、45 个（34.88%）、23 个（32.86%）和 38 个（27.14%）。

表 1　小组课堂线下讨论话轮统计

小组组员	写　作　一		写　作　二		写　作　三		写　作　四	
	数量	百分比	数量	百分比	数量	百分比	数量	百分比
A	32	31.07%	45	34.88%	23	32.86%	38	27.14%
B	25	24.27%	22	17.05%	19	27.14%	21	15.00%
C	15	14.56%	21	16.28%	9	12.86%	24	17.14%
D	13	12.62%	20	15.50%	8	11.43%	21	15.00%
E	9	8.74%	15	11.63%	9	12.86%	27	19.29%
F	9	8.74%	6	4.65%	2	2.86%	9	6.43%
总计	103	100.00%	129	100.00%	70	100.00%	140	100.00%

线上合作修订时，学生在个人学习日志中给予 ChatGPT 写作反馈质量较高的评价。为观察学生在线上合作修订时的行为投入，我们计算了每位组员在个人学习日志中评价 ChatGPT 写作反馈时的单词数（见表 2）。由表 2 可见，除了组员 B 在写作一中没有评价 ChatGPT 写作反馈，其余 5 位组员在撰写个人学习日志时均积极地评价了 ChatGPT 写作反馈的质量，其中组员 C、D、F 的投入较高，4 次反馈评价的平均词数分别为 55.75 词、55.75 词及 58.75 词。

表 2　小组组员个人学习日志中用于评价反馈质量的单词数

小组组员	写　作　一		写　作　二		写　作　三		写　作　四		平均数	标准差
	数量	百分比	数量	百分比	数量	百分比	数量	百分比		
A	21	11.93%	29	12.24%	50	15.67%	52	13.10%	38.00	15.384
B	0	0.00%	31	13.08%	39	12.23%	39	9.82%	27.25	18.554
C	32	18.18%	48	20.25%	59	18.50%	84	21.16%	55.75	21.854
D	64	36.36%	41	17.30%	63	19.75%	55	13.85%	55.75	10.626
E	22	12.50%	39	16.46%	47	14.73%	79	19.90%	46.75	23.894
F	37	21.02%	49	20.68%	61	19.12%	88	22.17%	58.75	21.823
总计	176	100.00%	237	100.00%	319	100.00%	397	100.00%	282.25	96.358

此外，学生还根据课上制定的修订计划和 ChatGPT 反馈的信息，在线上积极合作修改小组的议论文初稿。表 3 汇总了焦点小组在 4 次反馈合作加工时对文本的修订次数。在 4 次修订中，小组对文章的内容、连贯和语言各个方面都进行了修改。其中，语言层面的修改在 4 次修改中占比均为最多，分别为 26 次（63.41%）、24 次（54.55%）、20 次（43.48%）以及 26 次（50.98%）。

表 3 小组的修订次数

修订层面	写作一 数量	写作一 百分比	写作二 数量	写作二 百分比	写作三 数量	写作三 百分比	写作四 数量	写作四 百分比	平均数	标准差
内容	7	17.07%	9	20.45%	14	30.43%	10	19.61%	10.00	2.944
连贯	8	19.51%	11	25.00%	12	26.09%	15	29.41%	11.50	2.887
语言	26	63.41%	24	54.55%	20	43.48%	26	50.98%	24.00	2.828
总数	41	100.00%	44	100.00%	46	100.00%	51	100.00%	45.50	4.203

4.1.2 认知投入

焦点小组学生的认知投入不仅体现为专注于 ChatGPT 写作反馈的加工,还体现在运用了不同的学习策略。在线下小组讨论中,学生通过"自言自语"式的朗读来专注于解读 ChatGPT 的反馈。经由课堂观察发现,由于 ChatGPT 反馈的信息量较大,学生无法在短时间内阅读完所有内容,会采取每人负责阅读一部分的方式来合作完成。在第一次反馈合作加工时,在小组讨论议论文引入部分的反馈时,不负责阅读该部分的组员 E 并没有马上参与讨论,而是认真地朗读这一部分的 ChatGPT 反馈(见表 4)。这些"自言自语"在反馈讨论中高频出现,体现了焦点小组在课上认真投入进行 ChatGPT 议论文写作反馈的合作加工。另外,在 4 次反馈合作加工中,均未发现小组讨论时有闲聊话语片段,也表明学生在此合作加工过程中专注程度较高。

表 4 课堂讨论片段一(选自写作一的反馈内容讨论)

小组组员	讨 论 话 语
A	好像文章的引入部分它也说我们存在一点问题。
F	我好像只看了引入这一部分。
A	对,它指出了我们的引入不够吸引人。
E	"The lead is mostly ..."
A	那这部分 ChatGPT 是怎么说的,F?

学生在线下小组讨论时采取了不同学习策略开展 ChatGPT 写作反馈的合作加工。根据课堂观察以及录音,我们发现组员在阅读反馈时会使用在线词典或翻译软件帮助其自主理解反馈内容,并在小组讨论时采用提问、复述和解释等互动策略以确定反馈信息的意思并总结提炼其中的重要内容。另外,在制作修订计划时,组员们会设定学习目标,并使用比较策略对比不同组员所提出的修改建议,以确定最佳修改方案。

在线上合作修订时,小组组员的认知投入体现在她们会根据课上讨论的结果,运用分工的策略,每人负责不同部分的修改,最终将修订的结果整合到金山文档之中。比如,在写作三的课堂讨论中,组长 A 提到她们要分配线上合作修改的任务,需要指定一名组员来"负责段落之间衔接"的修改(见表 5)。

4.1.3 情感投入

焦点小组合作加工 ChatGPT 反馈的情感投入体现为对 ChatGPT 写作反馈的矛盾情绪。一方面,学生在学习日志评价反馈时均表示 ChatGPT 生成的反馈非常全面,并认为 ChatGPT 针对议论文内

容、连贯和语言的反馈均有助于发现写作中的问题,提高议论文写作的质量。例如,组员 E 表示
"ChatGPT 在词汇和句子结构方面提供的建议有助于我们清晰地表达观点"①。另外,学生还在个人学
习日志里表达了对合作加工 ChatGPT 反馈的认可,比如组员 B 提到"与组员一起讨论和解读
ChatGPT 的反馈让我能够更好地理解反馈里的信息,帮助我在修改时利用反馈信息提高写作质量"。

表 5　课堂讨论片段二(选自写作三的修订计划讨论)

小组组员	讨　论　话　语
A	我们是不是应该抽一个人出来?
E	干什么?
A	负责段落之间的衔接。
F	那我们可能得先一个人负责一个段落。
E	修改段落衔接的话,是不是提一下上一段的内容,然后写完前和下一段内容接一下的意思?
D	对的。

但另一方面,小组组员又经常提到 ChatGPT 提供的反馈不够具体。比如,组员 F 在第四次反馈合
作加工时在个人学习日志中写道:

> 我对 ChatGPT 给我们文章的反馈感到满意。它的反馈能帮助我提高议论文的清晰度和说服
> 力。但是,如果 ChatGPT 能够提供更具体的建议,或者提供额外的解释或例子来阐明它的建议的
> 话,我觉得我会更容易理解并运用它的反馈。

由组员 F 的学习日志可见,虽然学生对 ChatGPT 生成的议论文写作反馈比较认可,但是
ChatGPT 的语言表达比较模糊,无法让学生准确理解它的建议,为后续修订带来一定的困难。

4.1.4　社会投入

焦点小组在 ChatGPT 反馈合作加工过程中的社会投入主要体现为线下小组讨论时的相互支持与
帮助。在一个学期的反馈合作加工中,小组组员均积极主动地回答其他组员的提问,对 ChatGPT 的反
馈提出自己的见解,帮助同伴更好地理解 ChatGPT 反馈的写作信息。比如,在第一次反馈合作加工
时,组员 B 不了解议论文写作相关的概念,组长 A 和组员 D 积极地回应她的提问并给予解释(见表6)。

表 6　课堂讨论片段三(选自写作一的反馈内容讨论)

小组组员	讨　论　话　语
B	反馈的"coherence"是什么意思呀?
D	是"连贯"的意思吧。
B	真的吗?
D	我感觉应该是的,后面都在评价我们不同部分的衔接与连贯。
B	那我们现在要一段一段改,连贯性要怎么改呢?
A	我们可能要看每一段的开头和结尾和相邻段落是否连贯。

---

① 学生个人学习日志的原文为英文,本文将其翻译为中文用于展示研究发现。

从课堂录音中我们还发现,不同身份角色的组员会为小组合作提供不同的帮助。A 作为组长,在小组讨论中会起到引导小组讨论方向的作用,鼓励小组组员发表自己的观点,活跃小组讨论的气氛。在讨论开始的时候,她会主动问其他组员是否完成阅读,并邀请她们发表自己的见解(见表 7)。通过课堂观察和讨论录音分析,我们发现组员 D 是一位非常积极合作的组员,在线下小组讨论阶段经常给予同伴帮助。例如,在第二次反馈合作加工时,组员 E 被教师抽中分享小组对 ChatGPT 反馈的意见。由于组员 E 发言时比较紧张,坐在她旁边的组员 D 一直小声地给她提示。

表 7   课堂讨论片段四(选自写作二的反馈内容讨论)

小组组员	讨　论　话　语
A	你读完了吗?
F	我读完了。
A	那你讲一下你对第二段的反馈有什么看法?
F	我觉得它的反馈内容好像和上次的差不多。
A	嗯,你继续说。
F	它说我们第二段提出的观点要更契合我们的立场,但它也没有具体说应该怎么契合。
B	是的。

4.2　ChatGPT 反馈合作加工中学习投入的发展情况

4.2.1　行为投入

基于对课堂讨论录音、ChatGPT 写作反馈文件、合作写作文本和个人学习日志的分析,我们发现在一个学期的反馈合作加工中,焦点小组的行为投入发生了 3 个明显的变化。首先,小组越来越积极地参与到讨论中。除了第三次反馈加工时,由于小组分享用时较长,导致学生讨论的时长与话轮数有所减少,其他 3 次反馈加工中小组的话轮总数整体上呈现增加的趋势(见表 1)。其次,小组组员在个人学习日志中评价 ChatGPT 反馈质量时投入了更多的努力。由表 2 可见,小组评价反馈时的单词数量呈持续上升趋势。其中,除组员 D 在 4 次反馈评价时的词数体现出起伏波动外,其他 5 位组员所用的词数均逐次增加。增幅比较明显的为组员 C、E 和 F,虽然教师并未规定评价 ChatGPT 写作反馈的词数要求,她们 3 人在第四次评价反馈质量的时候写了较多意见,词数分别为 84 词、79 词和 88 词。

第三个变化为学生合作修改小组议论文的修订次数(见表 3)。在 4 次 ChatGPT 反馈合作加工中,焦点小组修改的总次数越来越多,从最开始的 41 次逐渐增加到最后的 51 次。其中,虽然小组在语言层面的修改最多,但语言层面的修订次数在 4 次反馈合作加工中变化并不大;相较之,变化较为明显的是内容和连贯方面的修订次数,随着课程的进行而越来越多。对此,基于小组讨论分析发现,焦点小组在后两次的反馈合作加工中会花更多的时间讨论 ChatGPT 对议论文内容层面的反馈。例如,在第四次反馈合作加工中,小组在讨论修订计划时经常提到针对议论文论证要素的修改建议,比如论证依据和反方观点的使用(见表 8)。

4.2.2　认知投入

在认知投入上,焦点小组的主要变化体现为使用了更多样化的学习策略。通过课堂观察和讨论录音分析发现,在第一次反馈合作加工中,学生在阅读反馈的过程中较少使用学习策略,反馈阅读的速度相对较低。当组长 A 发出指令"我们开始讨论一下"时,其他组员还未完成反馈阅读,因而没有回应组长 A。然而,自第二次反馈合作加工开始,学生运用在线翻译软件,将 ChatGPT 写作反馈中不理解的英文内容翻译为中文,提高了阅读反馈的速度,合作加工的进度因此更加流畅。例如,组长 A 在第二次反馈合作加工的小组讨论中提道:"我也不太懂 ChatGPT 说的反驳论证是什么意思,我刚刚用翻译软件翻译了一下,这里它的意思好像是'除了论证同辈压力的负面效果,还要承认一定程度的同辈压力可以带来积极的反应'。"

表 8　课堂讨论片段五(选自写作四的修订计划讨论)

小组组员	讨　论　话　语
C	ChatGPT 让我们加更多的例子,但是我好像找不到相关的例子了。
D	要怎样的例子呢?它是不是让你引用一些心理学方面的研究?
C	是的。
D	或许你可以找一些和语言习得相关的例子。
E	我赞同 D 的建议。
A	我觉得我们这里可以接受 ChatGPT 的建议,加一些反方的观点来论证我们的立场。
F	真的吗?
E	对的。
A	就是需要看一下和我们立场相反的观点是怎么样的。

此外,在前两次反馈合作加工中,焦点小组在讨论修订计划时主要通过比较策略,对比不同组员所提出的修改建议。从第三次反馈合作加工开始,小组会在讨论修订计划时主动设定学习目标。例如,表 9 是小组在第四次的反馈合作加工中的对话,组员 E 提到 ChatGPT 关于论证依据这一论证要素的建议,组长 A 为小组设定了两个学习目标:小组在修改时要实现"同时包括国内和国外的例子",并且还需要在参考文献列表里"加上资料的日期"。

表 9　课堂讨论片段六(选自写作四的修订计划讨论)

小组组员	讨　论　话　语
E	我们还要改什么呢?AI 说我们最好增加一些国外的例子。
C	你们觉得这个建议怎么样?
A	我觉得我们确实应该同时包括国内和国外的例子。
E	可是我们有国内和国外的例子了呀。
F	会不会是我们的例子太旧了。
A	大家回去的时候要记得看一下自己的例子,而且在参考文献列表里记得要加上资料的日期。

4.2.3　情感投入

焦点小组的情感投入变化体现在对 ChatGPT 写作反馈的态度。在第一次反馈合作加工时,学生在个人学习日志中一致认为 ChatGPT 生成的写作反馈有利于提升议论文写作的质量,欣然接受大部分的反馈,计划在合作修改时根据 ChatGPT 的修改建议进行修订。然而,自第二次写作任务开始,学生对 ChatGPT 反馈的态度随着加工次数的增多发生了变化。例如,组员 E 在第二次反馈加工的个人学习日志中提道:"我希望 ChatGPT 能为我们提供更具体的建议,这样我们就能更清晰地知道如何改善我们小组的文章。"同时,组员 B 还认为 ChatGPT 提供的建议不够详细,她希望"ChatGPT 的反馈可以更详细和实用,能让人一下子就能抓住重点"。

到第三次和第四次反馈合作加工时,学生对 ChatGPT 反馈的信息产生了质疑,发现反馈中的评价与建议与小组的写作思路不一致。比如,组长 A 在第四次反馈合作加工的个人学习日志中评价道:"在观点和推理方面,我认为 ChatGPT 提供的建议和我们原本想要表达的内容不一致,它的内容经常前后矛盾。"此外,小组对 ChatGPT 写作反馈的接受度评分(1 = "非常不同意",5 = "非常同意")也发生了逐次降低的变化(见表 10)。在第一次反馈合作加工时,学生对 ChatGPT 反馈接受度的平均评分为 4.0,但到了第四次反馈合作加工时,平均评分下降到 3.4。

表 10　小组对 ChatGPT 写作反馈接受程度的平均评分

	写作一	写作二	写作三	写作四	平均数	标准差
平均评分	4.0	3.8	3.7	3.4	3.73	0.25

4.2.4　社会投入

焦点小组在社会投入的变化体现在她们在讨论中给予同伴越来越多的支持。在前两次反馈合作加工中,学生给予同伴的帮助表现为积极回答后者的提问并提供解释(见表 6)。在后两次反馈合作加工时,学生除了提供清晰的解释外,还会在回答时加入具体的修改建议,加深组员对 ChatGPT 写作反馈的理解。例如,表 11 的对话出现在第三次反馈合作加工中,在这个片段中,组长 A 和组员 C 均根据自己对反馈的理解来回答同伴的问题,同时提出了具体的修改建议。其中,组长 A 在解释 ChatGPT 反馈要点的基础上,提到"可以讲一下人们应该如何更好地利用人工智能";组员 C 则在回答组长 A 的提问后,建议精简小组议论文的语言,让读者读懂她们"想要表达的观点"。

表 11　课堂讨论片段六(选自写作三的修订计划讨论)

小组组员	讨　论　话　语
B	那我是不是得修改一下我们的引言?
A	是的。它还建议我们选取多样化和有时效性的一些例子,并在结尾的时候提出我们自己的建议。我觉得它这个建议是可行的,值得我们去参考,我们可以讲一下人们应该如何更好地利用人工智能。
E	可以加入一些现在人们利用人工智能的例子。
A	你们那边的反馈是怎样的?
C	因为我们写的时候说人工智能可以帮助我们整理数据,所以 ChatGPT 要我们提供一些更有说服力的例子,我觉得我们要缩短一下我们的长句,让读者看得懂我们想要表达的观点。
B	可能是我们用的词太复杂了。

5　讨论

本研究聚焦一组本科一年级非英语专业学生合作加工 ChatGPT 议论文写作反馈时的讨论录音、写作文本、ChatGPT 反馈文件以及学习日志进行分析,旨在探究外语学习者在 ChatGPT 写作反馈合作加工过程中的学习投入情况。结果表明,学生的行为投入表现为积极参与线下的小组讨论和线上的合作修订。该结果进一步支持了过往研究的发现,证实了合作学习有利于学生在行动上积极参与反馈的加工（Hui et al.，2023）。研究还发现,随着反馈合作加工次数的增多,学生在解读反馈信息和合作修订文本上付出了更多的努力,特别是在议论文的内容和连贯性方面。这可能是因为学生逐渐将反馈讨论和文本修改的重心从语言转向内容（Chuang & Yan，2023；Zhang & Hyland，2023）。这也为未来的议论文写作教学设计提供了启示：当指导外语学习者加工 ChatGPT 写作反馈时,外语教师可以分阶段来安排和调整 ChatGPT 写作反馈的侧重点,从而鼓励学生更有效地积极投入加工不同层面的写作反馈,提升议论文写作质量。

在认知投入方面,本研究发现学生在反馈合作加工 ChatGPT 议论文写作反馈的过程中专注度较高且使用了不同的学习策略,可见合作写作的教学设计可以有效帮助学生熟练掌握与运用多种学习策略（Su et al.，2021）,并能提高学生在写作学习课堂的专注度（陈静等,2021）。随着 ChatGPT 写作反馈合作加工的次数增多,学生使用学习策略的种类也不断增加。其中最显著的变化为,学生后期开始使用在线翻译软件,加快阅读反馈的速度,并为修订活动设定好目标。该研究结果与卡尔（Carr，2023）的研究结果相似,即发现学生在合作加工反馈时能够逐渐利用更多样的认知和元认知策略加工写作反馈。因此,外语教师在开展 ChatGPT 写作反馈的加工活动时,可以利用合作写作的教学模式,设计合适的教学任务,帮助学生练习运用外语写作的认知和元认知策略,提升学生的外语写作能力和素养。

在情感投入方面,本研究发现学生对 ChatGPT 生成的议论文写作反馈持有矛盾态度。一方面,学生对 ChatGPT 反馈的内容产生浓厚兴趣,认为 ChatGPT 反馈能在一定程度上帮助其提升议论文写作的质量（Guo & Wang，2023）。另一方面,学生也表示 ChatGPT 的写作反馈有时缺乏具体的说明,难以照其修改。这提醒教师应在学生反馈合作加工时给予足够的指导,帮助学生理解 ChatGPT 写作反馈的内容,并提供具体修订的办法,提高学生写作反馈加工的情感积极性（Barrot，2023）。此外,与以往合作学习情境中学习投入研究的发现不同（Jin et al.，2022）,本研究的焦点小组学生在 4 次反馈合作加工中的情感投入并不是稳定不变的。随着课程的进行,学生对 ChatGPT 写作反馈的态度从第一次反馈合作加工时的完全接受逐渐转为第三次和第四次时的质疑,这一结果与施展等人（Shi et al.，2022）的发现相似,说明学生在反馈合作加工过程中批判性思维得到了发展。这也提示在未来研究和教学实践中,教师应注重指令质量,生成准确且具体的 ChatGPT 写作反馈,从而减轻学生在加工 ChatGPT 反馈时的认知负担,提高学生的情感投入和学习积极性（Su et al.，2023）。

在社会投入方面,本研究发现学生在反馈合作加工的过程中持续相互给予同伴支持,并在后期加工中给予同伴更多的帮助。这一现象可能源于两方面的原因。首先,学生的社会投入受到情感投入的影响（Philp & Duchesne，2016）。由于小组成员均认为 ChatGPT 的写作反馈有利于提高议论文写作质量,并认为合作学习有利于解读和使用反馈,因此在合作加工 ChatGPT 写作反馈时都愿意主动为同伴提供支持。其次,学生之间的熟悉程度也会影响小组合作的情况（Jin et al.，2022）。由于本研究的课程采用学生自主分组的方式,学生在课程学习之前相互熟悉,因而在反馈合作加工时更容易开展讨论与合作。另外,研究还发现不同身份角色的组员在小组合作中会给同伴提供不同的支持和帮助,这与陈静等人（Chen et al.，2022）的发现相似。这个发现说明外语教师在采用合作学习的教学模式时,可以根据学生的身份认同,指派学生不同的小组角色和任务,以切实提升学生的合作效率（Zheng et al.，2022）。

6 结语

本文以个案研究的方法,探究了外语学习者在一个学期中合作加工 ChatGPT 议论文写作反馈时的学习投入情况,对将生成式人工智能技术融入英语议论文写作教学具有一定的理论和实践意义。首先,本文的发现证实了同伴合作在加工 ChatGPT 写作反馈时的促学作用。其次,本文揭示了外语学习者在合作加工 ChatGPT 写作反馈时行为、认知、情感和社会各维度的学习投入情况,有助于外语教师在写作课堂实践进行教学活动设计,帮助学习者有效理解和利用 ChatGPT 写作反馈的信息,提升作文质量。此外,本文还揭示了学生在合作加工 ChatGPT 议论文写作反馈中学习投入 4 个维度的发展变化情况。在实际教学中,教师应持续关注外语学习者的学习情况,实时灵活地调整教学设计,给予教学指导,以确保其获得积极的学习成效。

本文的研究也存在以下不足。首先,本研究的焦点小组由 6 名女生组成,且相互熟悉,未来研究可选择学生性别比例较为平衡的焦点小组,关注其在合作加工 ChatGPT 写作反馈过程中的学习投入表现。另外,本研究只进行了 4 次反馈合作加工活动,一个学期的时间可能不足以全面揭示学习投入的变化发展情况。未来研究可持续更长时间,以关注外语学习者如何长期地进行 ChatGPT 议论文写作反馈的合作加工。

参考文献

[1] Abrams, Z. I. 2019. Collaborative writing and text quality in Google Docs[J]. *Language Learning & Technology*, 23(2): 22 - 42.

[2] Azkarai, A. & M. Kopinska. 2020. Young EFL learners and collaborative writing: A study on patterns of interaction, engagement in LREs, and task motivation[J]. *System*, 94: 102338.

[3] Bai, B., J. Wang, & H. Zhou. 2022. An intervention study to improve primary school students' self-regulated strategy use in English writing through e-learning in Hong Kong[J]. *Computer Assisted Language Learning*, 35(9): 2265 - 2290.

[4] Barrot, J. S. 2023. Using ChatGPT for second language writing: Pitfalls and potentials[J]. *Assessing Writing*, 57: 100745.

[5] Bauer, E., M. Greisel, I. Kuznetsov, M. Berndt, I. Kollar, M. Dresel, M. R. Fischer, & F. Fischer. 2023. Using natural language processing to support peer-feedback in the age of artificial intelligence: A cross-disciplinary framework and a research agenda[J]. *British Journal of Educational Technology*, 54(5): 1222 - 1245.

[6] Carr, N. 2023. Feedback on writing through the lens of activity theory: An exploration of changes to peer-to-peer interactions[J]. *Assessing Writing*, 56: 100720.

[7] Casal, J. E. & M. Kessler. 2023. Can linguists distinguish between ChatGPT/AI and human writing? A study of research ethics and academic publishing[J]. *Research Methods in Applied Linguistics*, 2(3): 100068.

[8] Chen, J., T. Jin, & J. Lei. 2022. Exploring learner identity in the blended learning context: A case study of collaborative writing[J]. *System*, 108: 102841.

[9] Chuang, P. L. & X. Yan. 2023. Connecting source use and argumentation in L2 integrated argumentative writing performance[J]. *Journal of Second Language Writing*, 60: 101003.

[10] Crossley, S. A., P. Baffour, Y. Tian, A. Picou, M. Benner, & U. Boser. 2022. The persuasive essays for rating, selecting, and understanding argumentative and discourse elements (PERSUADE) corpus 1.0[J]. *Assessing Writing*, 54: 100667.

[11] Elabdali, R. 2021. Are two heads really better than one? A meta-analysis of the L2 learning benefits of collaborative writing[J]. *Journal of Second Language Writing*, 52: 100788.

[12] Escalante, J., A. Pack, & A. Barrett. 2023. AI-generated feedback on writing: Insights into efficacy and ENL student preference[J]. *International Journal of Educational Technology in Higher Education*, 20: 55.

[13] Ferretti, R. P. & S. Graham. 2019. Argumentative writing: Theory, assessment, and instruction[J]. *Reading and Writing*, 32: 1345 – 1357.

[14] Ferris, D. R. 2010. Second language writing research and written corrective feedback in SLA: Intersections and practical applications[J]. *Studies in Second Language Acquisition*, 32 (2): 181 – 201.

[15] Fredricks, J. A., P. C. Blumenfeld, & A. H. Paris. 2004. School engagement: Potential of the concept, state of the evidence[J]. *Review of Educational Research*, 74(1): 59 – 109.

[16] Fu, Q. K., D. Zou, H. Xie, & G. Cheng. 2022. A review of AWE feedback: Types, learning outcomes, and implications[J]. *Computer Assisted Language Learning*, 37(1 – 2): 179 – 221.

[17] Guo, K. & D. Wang. 2023. To resist it or to embrace it? Examining ChatGPT's potential to support teacher feedback in EFL writing[J]. *Education and Information Technologies*, 29(7): 8435 – 8463.

[18] Hiver, P., A. H. Al-Hoorie, J. P. Vitta, & J. Wu. 2024. Engagement in language learning: A systematic review of 20 years of research methods and definitions[J]. *Language Teaching Research*, 28(1): 201 – 230.

[19] Hui, B., B. Rudzewitz, & D. Meurers. 2023. Learning processes in interactive CALL systems: Linking automatic feedback, system logs, and learning outcomes[J]. *Language Learning & Technology*, 27(1): 1 – 23.

[20] Hyland, K. & F. Hyland. 2006. Feedback on second language students' writing[J]. *Language Teaching*, 39(2): 83 – 101.

[21] Jin, T., Y. Jiang, M. M. Gu, & J. Chen. 2022. "Their encouragement makes me feel more confident": Exploring peer effects on learner engagement in collaborative reading of academic texts[J]. *Journal of English for Academic Purposes*, 60: 101177.

[22] Kim, Y. & L. Emeliyanova. 2021. The effects of written corrective feedback on the accuracy of L2 writing: Comparing collaborative and individual revision behavior[J]. *Language Teaching Research*, 25(2): 234 – 255.

[23] Kohnke, L., B. L. Moorhouse, & D. Zou. 2023. ChatGPT for language teaching and learning[J]. *RELC Journal*, 54(2): 537 – 550.

[24] Koltovskaia, S. 2020. Student engagement with automated written corrective feedback (AWCF) provided by *Grammarly*: A multiple case study[J]. *Assessing Writing*, 44: 100450.

[25] Kubota, R. 2023. Another contradiction in AI-assisted second language writing[J]. *Journal of Second Language Writing*, 62: 101069.

[26] Lee, O., H. Quinn, & G. Valdés. 2013. Science and language for English language learners in relation to Next Generation Science Standards and with implications for Common Core State Standards for English language arts and mathematics[J]. *Educational Researcher*, 42 (4): 223 – 233.

[27] MacArthur, C. A., A. Jennings, & Z. A. Philippakos. 2019. Which linguistic features predict quality of argumentative writing for college basic writers, and how do those features change with instruction?[J]. *Reading and Writing*, 32: 1553 – 1574.

[28] Mujtaba, S. M., B. L. Reynolds, R. Parkash, & M. K. M. Singh. 2021. Individual and

collaborative processing of written corrective feedback affects second language writing accuracy and revision[J]. *Assessing Writing*, 50: 100566.

[29] Newell, G. E., R. Beach, J. Smith, & J. VanDerHeide. 2011. Teaching and learning argumentative reading and writing: A review of research[J]. *Reading Research Quarterly*, 46 (3): 273 – 304.

[30] Oga-Baldwin, W. Q. 2019. Acting, thinking, feeling, making, collaborating: The engagement process in foreign language learning[J]. *System*, 86: 102128.

[31] Patton, M. Q. 2015. *Qualitative Research & Evaluation Methods: Integrating Theory and Practice*[M]. 4th ed. London: Sage Publications.

[32] Peng, C. X., N. Storch, & U. Knoch. 2023. Greater coverage vs. deeper processing? Comparing individual and collaborative processing of teacher feedback[J/OL]. *Language Teaching Research*, [2024 – 02 – 11]. https://journals. sagepub. com/doi/full/10. 1177/13621688231214910.

[33] Philp, J. & S. Duchesne. 2016. Exploring engagement in tasks in the language classroom[J]. *Annual Review of Applied Linguistics*, 36: 50 – 72.

[34] Praphan, P. W. & K. Praphan. 2023. AI technologies in the ESL/EFL writing classroom: The villain or the champion?[J]. *Journal of Second Language Writing*, 62: 101072.

[35] Qin, J., & E. Karabacak. 2010. The analysis of Toulmin elements in Chinese EFL university argumentative writing[J]. *System*, 38(3): 444 – 456.

[36] Salmela-Aro, K., J. Moeller, B. Schneider, J. Spicer, & J. Lavonen. 2016. Integrating the light and dark sides of student engagement using person-oriented and situation-specific approaches[J]. *Learning and Instruction*, 43: 61 – 70.

[37] Shi, Z., F. Liu, C. Lai, & T. Jin. 2022. Enhancing the use of evidence in argumentative writing through collaborative processing of content-based automated writing evaluation feedback[J]. *Language Learning & Technology*, 26(2): 106 – 128.

[38] Shin, D. & J. H. Lee. 2023. Can ChatGPT make reading comprehension testing items on par with human experts?[J]. *Language Learning & Technology*, 27(3): 27 – 40.

[39] Storch, N. 2005. Collaborative writing: Product, process, and students' reflections [J]. *Journal of Second Language Writing*, 14(3): 153 – 173.

[40] Storch, N. 2011. Collaborative writing in L2 contexts: Processes, outcomes, and future directions[J]. *Annual Review of Applied Linguistics*, 31: 275 – 288.

[41] Su, Y., Y. Lin, & C. Lai. 2023. Collaborating with ChatGPT in argumentative writing classrooms[J]. *Assessing Writing*, 57: 100752.

[42] Su, Y., K. Liu, C. Lai, & T. Jin. 2021. The progression of collaborative argumentation among English learners: A qualitative study[J]. *System*, 98: 102471.

[43] Tian, L. & Y. Zhou. 2020. Learner engagement with automated feedback, peer feedback and teacher feedback in an online EFL writing context[J]. *System*, 91: 102247.

[44] Toulmin, S. E. 2003. *The Uses of Argument*[M]. Cambridge: Cambridge University Press.

[45] Wigglesworth, G. and N. Storch. 2012. What role for collaboration in writing and writing feedback[J]. *Journal of Second Language Writing*, 21(4): 364 – 374.

[46] Yin, R. K. 2018. *Case Study Research and Applications* [M]. 6th ed. London: Sage

Publications.

[47] Yu, S., L. Jiang, C. Liu, & N. Zhou. 2022. Profiles of Chinese secondary students' L2 writing motivation and engagement[J]. *Educational Psychology*, 42(8): 972 – 990.

[48] Zhang, B. 2021. Engaging in dialogue during collaborative writing: The role of affective, cognitive, and social engagement[J/OL]. *Language Teaching Research*, [2024 – 02 – 11]. https://journals. sagepub. com/doi/abs/10. 1177/13621688211054047.

[49] Zhang, Z. V. and K. Hyland. 2023. Student engagement with peer feedback in L2 writing: Insights from reflective journaling and revising practices[J]. *Assessing Writing*, 58: 100784.

[50] Zheng, Y., S. Yu, & Z. Tong. 2022. Understanding the dynamic of student engagement in project-based collaborative writing: Insights from a longitudinal case study[J]. *Language Teaching Research*, [2024 – 02 – 11]. https://journals. sagepub. com/doi/abs/10. 1177/13621688221115808.

[51] 陈静,陈吉颖,郭凯.2021.混合式学术英语写作课堂中的学习投入研究[J].外语界(1): 28 – 36.

[52] 陈静,黄恺瑜,吴倩,金檀.2024.课堂生态视域下的混合式学术英语写作教学模式探究[J].中国外语,21(1): 68 – 77.

[53] 耿峰,于书林.2023.英语议论文写作中学习者对同伴反馈的投入研究[J].外语教育研究前沿,6(1): 67 – 74.

[54] 魏爽,李璐遥.2023.人工智能辅助二语写作反馈研究——以 ChatGPT 为例[J].中国外语,20(3): 33 – 40.

[55] 张亚,姜占好.2022.人机混合反馈环境对学习投入和二语写作水平的影响研究[J].外语界(4): 40 – 48.

[56] 张震宇,洪化清.2023.ChatGPT 支持的外语教学：赋能、问题与策略[J].外语界(2): 38 – 44.

Learner Engagement in Collaborative Processing of ChatGPT Feedback on English Argumentative Writing

Jing Chen, Zekun Liang
Sun Yat-sen University

Abstract: Argumentative writing is essential for academic performance. Given that many English as a foreign language (EFL) learners struggle with argumentation and language use in English argumentative writing, ChatGPT may provide them with individualised and context-based feedback. However, learners must engage actively in processing ChatGPT feedback to gain positive outcomes for their argumentative writing. Drawing on a group of six non-English major freshmen, the study attempted to investigate their engagement in the activities of collaborative processing of ChatGPT feedback, by analyzing their group discussions, reflective journals, ChatGPT feedback files, and written texts. The findings indicated that the participants manifested diverse engagement over a semester. They were behaviourally, cognitively, and socially engaged in the collaborative processing of ChatGPT feedback, while they had ambivalent feelings about ChatGPT feedback emotionally. The study also unveiled that the participants' engagement had different developmental trajectories. Their behavioural, cognitive, and social engagement increased over the semester, and they became critical of ChatGPT feedback at the end of the semester. These findings provide empirical implications for effective utilisation of ChatGPT feedback in EFL writing instruction.

Keywords: argumentative writing; ChatGPT; collaborative processing of feedback; learner engagement

自我效能感在外语"焦虑-成绩"中的中介作用

陈柯燃[①]   董连棋[②]

清华大学

摘　要： 外语成绩作为衡量外语能力的重要指标，受到学界诸多关注。外语成绩受多种个体差异的影响，如外语焦虑、自我效能感以及外语学习者自身的性别差异；但此三者与外语成绩的关系在强弱和方向上均存在较大争议。本文通过构建外语焦虑、自我效能感和外语成绩的结构方程模型，探讨了自我效能感在外语焦虑与外语成绩关系中的中介作用，并考察了其在不同性别间的差异。研究发现：① 外语焦虑负向预测自我效能感和外语成绩，自我效能感正向预测外语成绩，自我效能感在外语焦虑对外语成绩的预测中起部分中介作用；② 在性别差异方面，男生的外语焦虑直接负向预测自我效能感和外语成绩，自我效能感在男生的外语焦虑对外语成绩的预测中未起显著中介作用，但在女生的外语焦虑对于外语成绩的预测中起完全中介作用。相关发现可为外语教学中分性别进行情绪干预提供思路。

关键词： 外语成绩；外语焦虑；自我效能感；性别

1　研究背景

作为衡量外语能力的重要指标，外语成绩在中国大学生的学业和职业发展中都占据重要地位，外语焦虑是影响外语学习情感因素中最受关注的因素之一（Dewaele & MacIntyre，2014）。外语焦虑一般包括考试焦虑、交际焦虑和对负面评价的恐惧（Horwitz et al.，1986）。近几年，国外的三项元分析研究均证实外语焦虑与外语成绩存在显著负相关（Zhang，2019；Teimouri，2019；Dikmen，2021），对我国外语学习者的元分析研究也发现二者具有中等程度的显著负相关（董连棋，2021）。但以往研究在外语焦虑与外语成绩关系的探讨上还存在分歧。李航（2015）对我国 330 名非英语专业大学生的写作焦虑和写作成绩进行了一学期的追踪研究，交叉滞后回归分析结果显示，写作焦虑显著负向预测写作成绩（影响系数为 -0.308）；而王海贞（2019）对我国 190 名英语专业大二学生的外语焦虑、情绪智力、语言学能、工作记忆、学习动机及认知风格进行了调查，结构方程模型分析表明口语焦虑与口试成绩呈微弱但显著正相关（影响系数为 0.16）。外语焦虑对于外语成绩的影响呈现方向和强弱的分歧，这可能是由于加入其他变量后，外语焦虑对外语成绩的预测效力受其他心理及认知因素的调节从而呈现出不同结果。

自我效能感是指人们对自己拥有技能来完成某项工作的自信程度（Bandura，1977），是预测绩效的最佳指标之一（周文霞、郭桂萍，2006）。学习者可以通过行为选择和动机性努力等过程提升自我效

---

① 陈柯燃（1997—　），女，清华大学博士研究生在读；研究方向：阅读发展、二语习得；通信地址：北京市海淀区清华大学外国语言文学系；邮编：100084；电子邮箱：chenkr20@mails.tsinghua.edu.cn。

② 董连棋（1995—　），男，清华大学博士研究生在读；研究方向：二语习得、外语教育；通信地址：北京市海淀区清华大学外国语言文学系；邮编：100084；电子邮箱：HanksLarry886@live.com。

能感(Bandura,1994)。自我效能感高的学生心态更加积极,学习动机和解决问题的意识更强,能更充分有效地使用元认知策略有意识地观察和管控自己的学习行为(王幼琨,2015),从而更有可能成功。研究显示,自我效能感对我国英语学习者的英语阅读(王幼琨,2015)、写作(李航,2017)、听力(贾莉等,2022)和总体成绩(乔雯,2021)都具有促进作用,这与近期的元分析研究结果一致($r = 0.46$,Goetze & Driver,2022)。

目前国内外学界对于外语焦虑、自我效能感和外语成绩三者之间的关系研究大多聚焦特定技能领域,没有考察各技能焦虑与整体外语焦虑、外语成绩的关系,且研究结论尚未达成一致。一项对 344 名以英语为二语的土耳其学习者的研究发现自我效能感是对外语成绩最强的正向预测因素,外语焦虑是显著的负向预测因素(Özer & Akçayoğlu,2021)。该研究虽然考察了外语焦虑和自我效能感对外语成绩的影响,但是单独将各自变量与因变量进行回归分析,没有考察语言焦虑与自我效能感之间的相互作用。李航等(2013)通过结构方程模型考察了 356 名非英语专业大学生的写作焦虑、写作自我效能感和写作成绩之间的关系,发现写作自我效能感在写作焦虑对写作成绩的预测关系中具有完全中介作用。答会明(2007)在研究 501 名非英语专业大学生时发现,英语自我效能感在英语焦虑对英语成绩的预测关系中具有部分中介作用。以往研究结果不一致的原因可能是由于特定技能领域的外语焦虑不能代表整体的外语焦虑,导致三者的关系在不同领域呈现出不同结果(Zhang,2019)。

性别也是外语焦虑研究中的重要考察因素(Liu,2021)。首先,外语焦虑和自我效能感水平存在性别间差异。大多数研究发现,女性的外语焦虑水平显著高于男性(Dewaele et al.,2016;Choi et al.,2019;Salikin,2019),少数研究发现男性焦虑水平显著高于女性(答会明,2007;石运章,2008),还有研究发现外语焦虑不存在显著的性别差异(Jiang & Dewaele,2019)。同样地,很多研究发现女性的自我效能感显著高于男性(张日昇、袁莉敏,2004;答会明,2007),也有研究发现女性显著低于男性(曹扬波,2014)。此外,情绪与外语成绩的关系也存在性别差异。一项针对 95 名学习法语的美国大学生的研究发现,听力自我效能感与听力成绩在女性中呈显著正相关,而在男性中则呈负相关(Mills et al.,2006)。近期的一项元分析显示,女性的外语焦虑显著高于男性,但在外语焦虑和外语水平的关系上未证实有显著差异(Piniel & Zólyomi,2022)。综上,男性和女性的外语焦虑水平及其对外语成绩的影响均存在性别差异,且学界没有达成一致。因此,有必要考察外语焦虑、自我效能感和外语成绩三者的关系是否也存在性别间差异。

目前只有少量研究考察了外语焦虑、自我效能感和外语成绩间关系的性别间差异。王天剑(2010)采用结构方程模型考察了我国大二非英语专业学生的外语焦虑、自我效能感和外语成绩,发现各变量在相互关系上没有显著的性别差异。刘梅华(Liu,2021)基于我国 934 名大一新生的交叉滞后分析显示男生和女生的外语课堂焦虑都显著负向预测各自外语成绩;此外,男生的外语成绩负向预测他们对口语的自信程度,而女生则不存在这种预测关系。上述两项研究虽然探讨了外语焦虑、自我效能感和外语成绩之间关系的性别间差异,但其考察的是特定技能领域的外语焦虑,且尚未达成一致结论。

本研究旨在系统考察外语焦虑、自我效能感和外语成绩之间的相互关系以及这种关系的性别间差异。具体研究问题包括:第一,外语焦虑、自我效能感与外语成绩之间有何关系?第二,外语焦虑、自我效能感与外语成绩的关系是否存在性别差异?

2 研究方法

2.1 研究对象

研究对象来自北京某所高校的 119 位非英语专业大四学生,其中男性 40 名(34%),女性 79 名

(66%)。所有学生都参加过大学英语六级考试(CET-6)。

2.2 数据收集及处理

笔者采用方便抽样的方法,在学校线上发放匿名问卷,要求研究对象在认真阅读指导语后作答。问卷包括外语听力焦虑、写作焦虑、阅读焦虑、自我效能感和外语成绩 5 个部分,均采用李克特五级量表。剔除无效问卷 8 份(例如全部选择非常同意或非常不同意)后共获得有效问卷 111 份。采用 SPSS 26.0 进行相关分析、量表信效度检验和因子分析,采用 Mplus 8.3 进行结构方程模型建模。

2.3 研究工具

2.3.1 听力焦虑

外语听力焦虑量表(Foreign Language Listening Anxiety Scale)由口语畏惧、过程焦虑、自信匮乏和先验知识担忧 4 个维度组成(Kim, 2010),得分越高表明程度越高(下同)。本研究依据上述 3 个维度,从原量表的 33 个题项中选用其中 8 个题项,内部一致性为 0.868。

2.3.2 阅读焦虑

外语阅读焦虑量表(Foreign Language Reading Anxiety Scale)由阅读准备、阅读中的心理因素和阅读效果 3 个维度组成(编自 Kilinc & Yenen, 2016)。该量表覆盖了阅读过程且信效度理想(Kilinc & Yenen, 2016)。本研究依据上述 3 个维度,从原量表的 14 个题项中选用其中 8 个题项,内部一致性为 0.881。

2.3.3 写作焦虑

二语写作焦虑量表(Second Language Writing Anxiety Inventory)由认知焦虑、身体焦虑和回避行为 3 个维度组成(Cheng, 2004)。本研究选取原量表 3 个维度共 22 个题项中的 8 个题项,内部一致性为 0.888。

2.3.4 自我效能感

本研究从动机学习策略问卷(Motivated Strategies for Learning Questionnaire; Pintrich, 1990)中抽取了涉及自我效能感的 7 个题项(涵盖阅读、听力、口语 3 个维度)。原始量表包括 9 个题项,考察对自我能力的认知和对课堂表现的自信程度。本研究从上述 3 个维度中抽取 7 个题项,内部一致性为 0.864。

2.3.5 外语成绩

大学英语六级考试采用尺度相关-常模参照框架,测试者分数具有稳定性(杨惠中、金艳,2001)。本研究为保护研究对象隐私及参与积极性,将六级成绩以常模均值 500 分和合格 425 分为参照划分了 5 个档次:600 分以上、550～599 分、500～549 分、425～499 分以及 499 分以下,与其他量表中采用的李克特五点分档保持一致。由于大学英语六级成绩由阅读、听力、写作三部分成绩组成,因此研究者对应选取了阅读焦虑、听力焦虑和写作焦虑作为外语焦虑的维度。

3 研究结果

3.1 外语焦虑、自我效能感和外语成绩的描述性统计

外语焦虑、自我效能感和外语成绩的描述性统计结果见表 1。相关分析结果显示,3 种特定技能外语焦虑之间呈显著正相关;它们与自我效能感和外语成绩存在显著负相关;自我效能感与外语成绩存在显著正相关。

表 1　各变量的描述性统计结果

	平均值	标准差	1	2	3	4
1 写作焦虑	3.135	0.855	—			
2 阅读焦虑	2.874	0.983	0.512***	—		
3 听力焦虑	3.797	0.824	0.401***	0.263**	—	
4 自我效能感	3.292	0.797	− 0.430***	− 0.214*	− 0.295**	—
5 外语成绩	1.883	1.007	− 0.379***	− 0.249**	− 0.248**	0.419**

*** $p < 0.001$，** $p < 0.01$，* $p < 0.05$，下同。

3.2　自我效能感在外语焦虑和外语成绩关系中的中介效应

本研究首先检验了量表的信度和各项效度指标，如表 2 所示。各维度量表的组合信度均在 0.7 以上，表明量表的内部一致性较高(Hair et al.，2010)。收敛效度的两个指标是因子载荷和平均方差提取量，因子载荷均大于 0.6，平均方差大于 0.5，收敛效度可以接受(Hair et al.，2010)。各变量的平均方差提取量大于与其他变量间的相关系数，区分效度良好(Fornell & Larcker，1981)。

表 2　各维度量表信效度检验

	组合信度	平均方差提取量	1	2	3	4
1 自我效能感	0.845	0.524	0.724			
2 听力焦虑	0.835	0.504	− 0.436	0.710		
3 阅读焦虑	0.860	0.609	− 0.306	0.656	0.780	
4 写作焦虑	0.820	0.538	− 0.515	0.671	0.779	0.734

为检验自我效能感的中介作用，本研究构建了以外语焦虑为自变量，外语成绩为因变量，自我效能感为中介变量的结构方程模型。3 种特定技能外语焦虑和自我效能感均经过因子分析后降维为观测变量，研究者将前者提取为外语焦虑潜变量。数据符合正态性分布，采用极大似然估计法构建结构方程模型。拟合结果表明 Chi-square/df = 2.104，CFI = 1.000，TLI = 1.048，RMSEA = 0.000，假设模型拟合度较好(Kline，2010)。

如图 1 所示，外语焦虑($\beta = - 0.307$，$p < 0.01$)和自我效能感($\beta = 0.270$，$p < 0.01$)显著负向

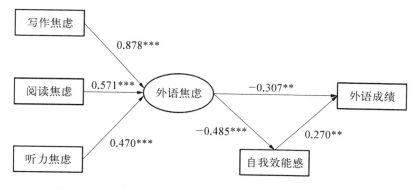

图 1　外语焦虑、自我效能感与外语成绩的结构方程模型

预测外语成绩，外语焦虑显著负向预测自我效能感（$\beta = -0.485$，$p < 0.001$）。外语焦虑对外语成绩预测作用的总效应为 0.587，其中直接效应为 0.411（$p < 0.05$），间接效应为 0.176（$p < 0.05$），间接效应占总效应的 29.98％。这些结果表明，自我效能感在外语焦虑对外语成绩的负向预测中起部分中介作用。

3.3　外语焦虑、自我效能感与外语成绩之间关系的性别间差异

为探究三者关系的性别间差异，本研究分性别进行了多群组分析。分组模型检验结果显示 Chi-square/df = 1.199，CFI = 0.979，TLI = 0.965，RMSEA = 0.060，模型参数理想，多群组模型可以接受。

图 2 显示样本中男生的结构方程模型。男生的外语焦虑对自我效能感（$\beta = -0.523$，$p < 0.05$）和外语成绩（$\beta = -0.692$，$p < 0.05$）具有显著负向预测作用，自我效能感对外语成绩没有显著预测作用（$\beta = -0.13$，$p = 0.65$）。

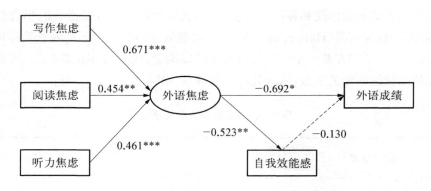

图 2　男生的外语焦虑、自我效能感与外语成绩的结构方程模型

图 3 显示样本中女生的结构方程模型。女生的外语焦虑对自我效能感具有显著负向预测作用（$\beta = -0.501$，$p < 0.001$），自我效能感对外语成绩具有显著正向预测作用（$\beta = 0.399$，$p < 0.01$），外语焦虑对于外语成绩无显著预测作用（$\beta = -0.200$，$p < 0.116$）。

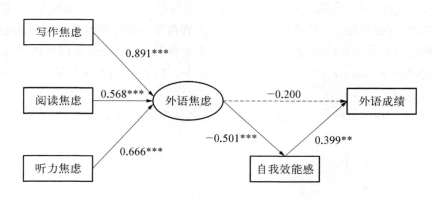

图 3　女生的外语焦虑、自我效能感与外语成绩的结构方程模型

以上结果表明，男生的外语焦虑直接负向预测自我效能感和外语成绩，自我效能感在男生的外语焦虑对外语成绩的预测中没有起到中介作用。女生的外语焦虑直接负向预测自我效能感，自我效能感直接正向预测外语成绩，女生的外语焦虑对外语成绩的直接预测不显著，自我效能感在外语焦虑对外语成绩的预测中起完全中介作用。

4 讨论

4.1 外语焦虑、自我效能感和外语成绩的关系

本研究发现,非英语专业大学生的外语焦虑对自我效能感和外语成绩均具有显著负向预测作用,自我效能感显著正向预测外语成绩,且在外语焦虑对外语成绩的预测中具有部分中介作用。

第一,外语焦虑显著负向预测外语成绩,3种特定技能外语焦虑均与外语成绩显著负相关,这说明外语焦虑越高的学生外语成绩越低,这支持了前人在特定技能范畴外语焦虑的研究结论(Truitt,1995;周丹丹,2003;施渝、徐锦芬,2011;潘存禄,2012;Ho,2016)。

第二,自我效能感与外语成绩呈显著正相关,这也与前人的研究结果一致(王幼琨,2015;李航,2017;贾莉等,2022)。这可能是由于自我效能感高的学生更加自信,对任务评估更加积极,更愿意付出努力完成既定目标。他们的情感体验良好,更容易设置高目标并努力达成,因此在外语学习中也更容易进步(郭继东,2018)。另外,自我效能感高的同学具有更高的认知卷入,他们倾向于丰富自己的元认知知识,对特定工作掌握整体性认识和方法,这帮助他们更容易达到较高水平(李航,2017)。同时,自我效能感高的同学动机更强,更愿意付出时间和精力(周文霞、郭桂萍,2006),而自我效能感低的同学由于动机不强,容易受挫,无法持续投入学习和提高成绩,因此外语成绩相对较低。

第三,自我效能感在外语焦虑对外语成绩的预测中具有部分中介作用。外语焦虑不仅可以直接影响外语成绩,还可以通过自我效能感间接预测外语成绩,这与过往研究的结论存在差异(如Mills,2006;Woodrow,2011;李航等,2013)。出现差异的原因可能是在特定技能范畴的自我效能感相比于整体的外语焦虑针对性更强,自我效能感能够更为精准地在外语焦虑对外语成绩的影响中发挥中介作用。另一个原因可能是上述3项研究聚焦特定技能范畴且仅包含了外语焦虑、自我效能感和外语成绩这3个变量,有可能存在其他变量同样具有中介作用,加入其他变量后完全中介作用可能变为部分中介作用(如答会明,2007)。

4.2 外语焦虑、自我效能感和外语成绩关系的性别间差异

本研究发现,男生的外语焦虑直接负向预测其自我效能感和外语成绩,自我效能感在外语焦虑对外语成绩的预测关系中没有中介作用;而女生的外语焦虑仅通过自我效能感预测外语成绩,自我效能感在外语焦虑对外语成绩的预测中具有完全中介作用。三者关系的性别间差异与前人研究有较大差异(如王天剑,2010;Chou,2019等)。原因可能包括两点。第一,外语焦虑对男生的影响更强,对其外语成绩的影响更为直接、显著,不需要经过自我效能感的中介。邱明明和寥菲(2007)研究发现,阅读焦虑对男生大学英语四级成绩的预测能力远远高于女生。因此,作为外语成绩的解释变量,男生的外语焦虑解释能力更强。第二,男生的自我效能感普遍较高(Aypay,2010;李松等,2019)。自我效能感可以经由他人的示范效应、以往的成败经验、社会劝说和情绪状况与生理唤起构建(Evans,1968),女生可能更容易受到影响而产生自我效能感的波动,而男生自我效能感波动较小,他们的外语焦虑难以对自我效能感产生影响,因此在面临外语焦虑的同时也可以保持较高的自我效能感。

4.3 对外语教学的启示

本研究结果可为外语教学提供两点启示。第一,教师应努力降低学生的外语焦虑,提高其自我效能感,这有助于提升学生的外语成绩。以往研究表明,翻转课堂的应用可以有效帮助学生降低焦虑,提升自信(黄冬梅,2021)。此外,结构化的明确任务、课前预习和课后复习等课堂活动可以有效降低学生的外语焦虑(张日昇、袁莉敏,2004),提高其自我效能感,进而促进外语成绩的提高。另外,教师需要关

注课堂上学生的情绪变化,通过表情、手势、语调、语速等方式及时干预学生的情绪(Horwitz,1995;Gregersen et al.,2017)。也有研究表明,一语与二语之间更远的言语距离会带来更高的外语焦虑(陶继芬、贺照敏,2021),教师也应正视这一现象,对外语焦虑采取接纳和疏导的态度,而非一味排斥。

为提升学生的自我效能感,教师可以增加师生之间社群式互动,营造教师支持与同伴支持体系,为学生提供享受语言学习的环境,提升他们的自我效能感(Guo et al.,2018);合作学习也可以有效降低学生的写作焦虑,促进外语成绩的提高(施渝、徐锦芬,2013)。

第二,教师应注意到不同性别的学生在外语焦虑和自我效能感方面的差异,努力帮助男生降低外语焦虑,帮助女生提升自我效能感。研究表明,男性在学习策略的使用上显著弱于女性,尤其在社交与情感方面,他们很少向周围同学寻求帮助(Green & Oxford,1995)。因此,在干预方面,对于男生,可以鼓励其在外语学习时更多地使用学习策略,引导男生有意识地进行策略选择从而降低外语焦虑。对于女生,可以通过多种途径提高其自我效能感,充分发挥自我效能感的作用,如选取难易适中的课堂阅读材料,培养阅读兴趣,使她们尽可能地在外语学习中感受到自信和成功的喜悦(石运章,2008),收获更高的自我效能感,从而在学习中更加投入,进一步提高外语成绩。

5 结语

本文通过构建外语焦虑、自我效能感和外语成绩的结构方程模型,考察了自我效能感在外语焦虑和外语成绩关系中的中介作用及其在不同性别间的差异。结果表明,外语焦虑直接负向预测自我效能感和外语成绩,自我效能感正向预测外语成绩,且在外语焦虑对外语成绩的预测中具有部分中介作用。男生的外语焦虑直接负向预测自我效能感和外语成绩,自我效能感在外语焦虑对外语成绩的预测中不具有中介作用;而女生的外语焦虑直接负向预测外语成绩,并通过自我效能感间接预测外语成绩。未来的外语教学可以充分利用课堂活动来引导学生降低外语焦虑,提升自我效能感,进而帮助学生提高外语成绩。教师也应关注学生的心理状态,着重帮助男生降低外语焦虑,帮助女生提高自我效能感,从而帮助学习者提升外语成绩。

参考文献

[1] Aypay, A. 2010. Genel Öz Yeterlik Ölçeği'nin Türkçe'ye uyarlama çalışması [The adaptation study of general self-efficacy (GSE) scale to Turkish][J]. *İnönü Üniversitesi Eğitim Fakültesi Dergisi*, 11(2): 113 – 132.

[2] Bandura, A. 1977. Self-efficacy: Toward a unifying theory of behavioral change [J]. *Psychological Review*, 84(2): 191 – 215.

[3] Bandura, A. 1994. Self-efficacy[A]. In V. S. Ramachaudran (ed.). *Encyclopedia of Human Behavior*[C]. New York: Academic Press.

[4] Cheng, Y. S. 2004. A measure of second language writing anxiety: Scale development and preliminary validation[J]. *Journal of Second Language Writing*, 13: 313 – 335.

[5] Choi, N., B. No, S. Jung, & S. Lee. 2019. What affects middle school students' English anxiety in the EFL context? Evidence from South Korea[J]. *Education Sciences*, 9(1): 39.

[6] Chou, M. 2019. Predicting self-efficacy in test preparation: Gender, value, anxiety, test performance, and strategies[J]. *The Journal of Educational Research*, 112(1): 61 – 71.

[7] Dewaele, J. M. & MacIntyre P. D. 2014. The two faces of Janus? Anxiety and enjoyment in the foreign language classroom[J]. *Studies in Second Language Learning and Teaching*, 4(2):

237 - 274.

[8] Dewaele, J. M., P. D. MacIntyre, C. Boudreau, & L. Dewaele. 2016. Do girls have all the fun? Anxiety and enjoyment in the foreign language classroom[J]. *Theory and Practice of Second Language Acquisition*, 2: 41 - 63.

[9] Dikmen, M. 2021. EFL learners' foreign language learning anxiety and language performance: A meta-analysis study[J]. *International Journal of Contemporary Educational Research*, 8(3): 206 - 222.

[10] Evans, R. I. 1968. *B. F. Skinner: the man and his ideas*[M]. New York: Dutton.

[11] Fornell, C. & D. F. Larcker. 1981. Evaluating structural equation models with unobservable variables and measurement error[J]. *Journal of Marketing Research*, 18(1): 39.

[12] Green, J., & R. Oxford. 1995. A closer look at learning strategies, L2 proficiency, and gender[J]. *TESOL Quarterly*, 29(2): 261 - 297.

[13] Guo, Y., J. Xu, & X. Liu. 2018. English language learners' use of self-regulatory strategies for foreign language anxiety in China[J]. *System*, 76: 49 - 61.

[14] Hair, J. F., W. Black, B. J. Babin, R. E. Anderson, & R. L. Tatham. 2010. *Multivariate data analysis: A global perspective*[M]. Upper Saddle River, NJ: Pearson Prentice Hall.

[15] Goetze, J., & Driver, M. 2022. Is learning really just believing? A meta-analysis of self-efficacy and achievement in SLA[J]. *Studies in Second Language Learning and Teaching*, 12 (2): 233 - 259.

[16] Horwitz, M. B., E. K. Horwitz, & J. A. Cope. 1986. Foreign language classroom anxiety [J]. *The Modern Language Journal*, 70(2): 125 - 132.

[17] Ho, M. 2016. Exploring writing anxiety and self-efficacy among EFL graduate students in Taiwan[J]. *Higher Education Studies*, 6(1): 24 - 39.

[18] Jiang, Y. & J. Dewaele. 2019. How unique is the foreign language classroom enjoyment and anxiety of Chinese EFL learners?[J]. *System*, 82: 13 - 25.

[19] Kim, J. 2000. *Foreign language listening anxiety: A study of Korean students learning English* [D]. Texas: The University of Texas at Austin, Texas.

[20] Kilinc, H. H. & E. T. Yenen. 2015. Investigation of students' reading anxiety with regards to some variables[J]. *International Journal of Higher Education*, 5(1): 117 - 118.

[21] Kline, R. B. 2010. *Principles and Practice of Structural Equation Modelling*[M]. New York, NY: Guilford Press.

[22] Liu, M. 2021. Foreign language classroom anxiety, gender, discipline, and English test performance: A cross-lagged regression study [J]. *The Asia-Pacific Education Researcher*. https://doi-org-s. qh. yitlink. com: 8444/10. 1007/s40299-020-00550-w

[23] Mills, N., F. Pajares, & C. Herron. 2006. A reevaluation of the role of anxiety: Self-efficacy, anxiety, and their relation to reading and listening proficiency[J]. *Foreign Language Annals*, 39(2): 276 - 295.

[24] Özer, O. & D. I. Akçayoğlu. 2021. Examining the roles of self-efficacy beliefs, self-regulated learning and foreign language anxiety in the academic achievement of tertiary EFL learners [J]. *Participatory Educational Research*, 8(2): 357 - 372.

[25] Piniel, K. & A. Zólyomi. 2022. Gender differences in foreign language classroom anxiety:

Results of a meta-analysis. *Studies in Second Language Learning and Teaching*，12（2）：173－203.

[26] Pintrich，P. R. & E. V. De Groot. 1990. Motivational and self-regulated learning components of classroom academic performance[J]. *Educational Psychology*，82：33－40.

[27] Salikin，H. 2019. Factors affecting male and female Indonesian EFL students' writing anxiety [J]. *Indonesian Journal of Applied Linguistics*，9：316－323.

[28] Woodrow，L. 2011. College English writing affect: Self-efficacy and anxiety[J]. *System*，39（4）：510－522.

[29] Teimouri，Y.，J. Goetze，& L. Plonsky. 2019. Second language anxiety and achievement: A meta-analysis[J]. *Studies in Second Language Acquisition*，41（2）：363－387.

[30] Truitt，S. 1995. *Anxiety and beliefs about language learning: A study of Korean university students learning English* [Unpublished doctoral dissertation][D]. Austin: The University of Texas at Austin.

[31] Zhang，X. 2019. Foreign language anxiety and foreign language performance: A meta-analysis[J]. *The Modern Language Journal*，103（4）：763－781.

[32] 曹扬波.2014.大学生一般自我效能感、外语学习焦虑感与学业成绩[J].中国健康心理学杂志（7）：1095－1098.

[33] 答会明.2007.非英语专业大学生CET－4成绩影响因素的结构模型[J].心理科学（3）：676－679.

[34] 董连棋.2021.中国英语学习者外语焦虑与学业成绩的关系：基于元分析的论证[J].外语界（1）：54－61.

[35] 郭继东.2018.写作自我概念和自我效能对大学生英语写作成绩的影响：写作焦虑的中介作用[J].外语学刊（2）：69－74.

[36] 黄冬梅.2021.翻转课堂对大学生英语学习焦虑影响的实证研究[J].解放军外国语学院学报，44（05）：26－33＋136.

[37] 贾莉，杨连瑞，张文忠.2022.动态评价对中国英语学习者自我效能感的影响[J].外语教学（1）：50－56.

[38] 李航.2015.大学生英语写作焦虑和写作成绩的准因果关系：来自追踪研究的证据[J].外语界（3）：68－75.

[39] 李航.2017.英语写作自我效能感对非英语专业大学生写作成绩的影响研究[J].外语教学理论与实践（3）：57－63＋79.

[40] 李航，刘儒德，刘源.2013.大学生外语写作自我效能感在写作焦虑对写作成绩影响中的中介效应[J].心理发展与教育（4）：385－390.

[41] 李松，冉光明，张琪，等.2019.中国背景下自我效能感与心理健康的元分析[J].心理发展与教育（6）：759－768.

[42] 潘存禄.2012.非英语专业大学生自我效能感，英语阅读焦虑与阅读成绩的相关性研究[D].兰州：西北师范大学.

[43] 乔雯.2021.大学生英语自我效能感与英语成绩的关系研究[R].二十三届全国心理学学术会议摘要集.

[44] 邱明明，寮菲.2007.中国大学生英语阅读焦虑感研究[J].西安外国语大学学报（4）：55－59.

[45] 陶继芬，贺照敏.2021.外语焦虑与语言学习困难因果指向论证[J].外语学刊，219（02）：78－83.

[46] 王海贞.2019.学习者因素与英语口语成绩关系的结构方程模型研究[J].外语教学理论与实践（4）：

17－26.

［47］吴育红,顾卫星.2011.合作学习降低非英语专业大学生英语写作焦虑的实证研究［J］.外语与外语教学(06)：51－55.

［48］施渝,徐锦芬.2013.国内外外语焦虑研究四十年：基于 29 种 SSCI 期刊与 12 种 CSSCI 期刊 40 年(1972—2011)论文的统计与分析［J］.外语与外语教学(01)：60－65.

［49］石运章.2008.外语阅读焦虑性别差异与四级外语成绩的关系探讨［J］.中国外语(2)：46－49＋53.

［50］王天剑.2010.焦虑和效能感与口语和写作技能关系的 SEM 研究［J］.外语与外语教学(1)：27－30.

［51］王幼琨.2015.阅读能力、阅读元认知策略与自我效能感的相关性研究［J］.教育评论(3)：105－108.

［52］杨惠中,金艳.2001.大学英语四、六级考试分数解释［J］.外语界(1)：62－68.

［53］张日昇,袁莉敏.2004.大学生外语焦虑、自我效能感与外语成绩关系的研究［J］.心理发展与教育(3)：56－61.

［54］周丹丹.2003.二语课堂中的听力焦虑感和情感策略［J］.国外外语教学(3)：22－29＋21.

［55］周文霞,郭桂萍.2006.自我效能感：概念、理论和应用［J］.中国人民大学学报(1)：91－97.

Mediating Role of Self-efficacy between Foreign Language Anxiety and Performance

Keran Chen, Lianqi Dong

Tsinghua University

Abstract: Foreign language achievement has long been recognized as an important indicator of effective foreign language learning, which meanwhile is subject to various individual factors, such as language learning anxiety, self-efficacy, and gender differences. Yet the relationship among language learning anxiety, self-efficacy, achievement, and gender is still in some dispute. This study investigated the relationship between foreign language anxiety, self-efficacy, foreign language performance, and gender differences among 119 non-English-major Chinese university students. The results revealed that: ① foreign language anxiety negatively predicted self-efficacy and foreign language performance, and self-efficacy positively predicted foreign language achievement; self-efficacy partially mediated the relationship between foreign language anxiety and performance; ② male participants' foreign language anxiety directly and negatively predicted their self-efficacy and foreign language performance, and their self-efficacy did not mediate the predictive effects of foreign language anxiety; ③ female participants' foreign language anxiety negatively predicted their self-efficacy which further positively predicted foreign language achievement and their self-efficacy fully mediated the predictive effects of foreign language anxiety. Pedagogical implications were provided for targeted interventions among students of different gender groups.

Keywords: foreign language performance; foreign language anxiety; self-efficacy; gender

文学理论话语的认知语义密度及其对教学的启示①

赖良涛②

华东师范大学

摘 要： 学科英语语义特征的科学分析是学科英语教学的基础。本文将语义密度理论和系统功能语言学相结合，基于小型语料库，使用语义密度连句工具，分析文学理论的语义密度及其知识结构特征，探讨其对文学理论教学的启示。结果表明，文学理论话语大量使用语义浓缩能力低的间隔型连句机制，使得其句间语义关系相对简单且具有一定的模糊性；掌握这些间隔型机制是学生理解文学理论的基础，并有助于其提出丰富多样的阐释。较多的水平型机制增加了文学理论的语义密度和浓缩能力，有助于建构水平型知识结构；对水平型机制的掌握能使学生充分理解、灵活建构明晰、精密、丰富多样的句间语义关系，发展水平知识结构的建构能力。少量垂直型机制的使用使得文学理论能够在较低程度上快速浓缩和累积语义，建构层级性知识结构；对垂直型机制的掌握能使学生理解高密度、层级性的复杂语义关系，发展层级知识建构能力。文学理论典型的横向知识结构特征使得其内部流派丰富多样，百花齐放，掌握这一特征有利于学生提出自己的见解，发展其独特的文学批评和创作能力。

关键词： 文学理论；语义密度；连句机制；知识结构；教学启示

1 研究背景与目的方法

伯恩斯坦（Bernstein，1990/2000）把教育话语过程分为知识创造、语境重构和知识再现（教学实践）3 个阶段，认为前一阶段制约着后一阶段，因而对各学科话语语义特征的深入了解是进行有效的学科话语教学的基础。这与国内外语言学家强调学科话语对于教育教学的重要性相一致（Hyland，2000；杨信彰，2019）。就英语教育来说，对以英语为载体的各学科话语的语义变体特征进行深入描写，是构成专门用途英语研究与教学的基础。为此彭宣维（2019）提出学科英语（disciplinary English）研究作为解决我国英语教育改革面临的问题从而实现高层次人才培养的主要方案；学科英语被定义为以学科群为代表的学校教育专业涉及的一组英语语域变体，涉及文学、语言学、数学、物理、生物等各门具体学科的语义特性，包括从高度专业化英语到普及读物英语等各种正式与非正式的语义连续体。

当前国内外学者对以英语为载体的学科话语开展了不少研究。比如魏格纳等（Wignell et al.，

① 本研究为国家社科基金一般项目"语类视域下的态度语义密度研究"（21BYY189）的部分成果。

② 赖良涛（1976— ），男，博士，华东师范大学外语学院教授；研究方向：功能语言学、教育语言学、话语语言学；地址：上海市闵行区东川路 500 号华东师范大学外语学院；邮编：200241；电子邮箱：billowswright@163.com。

1989)对地理话语中的语义组织和解释方式进行了研究；韩礼德（Halliday，1994）研究了达尔文《物种起源》等生物学话语中的语法对于知识建构的作用；奥哈洛兰（O'Halloran，2005）对数学话语的图文符号等多模态语义特征做了研究；考芬（Coffin，2006）则聚焦于历史话语中的时间、因果、评价等语义特征；格伦迪宁和霍华德（Glendinning & Howard，2007）对实际运用中的医学英语进行了研究；考德威尔等（Caldwell et al.，2017）从社会语言学视角分析了体育话语的特征；多兰（Doran，2018）研究了物理学话语中语言、数学符号和图像等多模态语义资源对知识建构的贡献。从学科分布来说，目前学者们主要关注数学、物理、地理、生物等自然科学话语，以及人文类的历史和体育话语，对文学学科的核心即文学理论话语的语义特征尚未从语言学视角进行深入研究。另外，当前研究主要关注这些学科话语所呈现的态度评价、人际互动、语场建构、因果解释、多模态耦合等方面的语义特征。对于学科话语的认知语义密度研究不多，主要关注英语科技话语中认知语义密度所体现的语义累积、知识结构以及课堂教学中语义密度的动态变化等（Maton & Chen，2016；Blackie，2014；Clarence，2014；Macnaught et al.，2013；Maton，2014；Matruglio et al.，2013），对文学理论话语的认知语义密度缺乏研究。

在英语语言文学专业中文学学科无疑占有重要地位。然而，文学理论英语往往因其高度概括抽象的表述形式而艰深难懂，让学生望而却步。基于认知语义密度理论对文学理论英语的语义特征进行深入细致的描写，既有助于揭示文学理论话语的建构规律，也有助于提高学生对文学理论英语的读写能力从而改善教学效果。本文将基于合法化语码理论的认知语义密度分析工具，结合系统功能语言学的语言描写（Martin & Rose，2007；Halliday & Matthiessen，2014），采用基于小型语料库的话语分析方法，分析文学理论英语语篇的认知语义密度，揭示文学学科英语的语义密度变化规律，为文学理论英语教学提供有益启示。语料来源于 *Norton Anthology of Theory and Criticism*，选取 20 世纪有代表性的 8 位大家的文学理论论文 8 篇，共计英文 4.3 万多词。分析时以自然段为基本单位，对段落内部各句子和段落间所呈现的各种连句规则进行标记、分析、统计，得出基本数据。再结合上述理论进行讨论，归纳出文学理论英语的典型语义连接机制，揭示其在段落层面的语义浓缩机制和知识结构特征，为文学理论英语的教学提供有益启示。

2　理论基础

合法化语码理论（Maton，2014）中，语义密度（semantic density）指社会符号实践中的术语、概念、词组、表达、手势、动作等各种符号语义浓缩的方式和程度（Maton，2011：65-66；Maton，2014）。语义密度越高，则符号中浓缩的语义越多。符号实践的语义密度与它所依存的语义结构相关。梅顿（Maton）等学者用语义关联度（relationality）、区分度（differentiation）和响应度（resonance）3 个指标来衡量语义密度（Maton & Chen，2016；Maton & Doran，2017a/2017b）。关联度指成分所属系统的语义复杂程度，即符号系统中一个成分与其他成分的语义关联越大，则该成分语义密度越大；一个语义与其他语义之间的关系越多，则这些语义关系的区分度越大，该语义也就越细致、精密，同时该语义与其他未言明的隐性语义之间的响应度也越高。语义浓缩（condensation）指符号实践中不断增加相互关联的语义，包括认知语义（epistemological meaning），即系统功能语言学的概念语义，以及价值语义（axiologoical meaning），相当于功能语言学的人际语义。认知语义浓缩是学科知识建构的主要动力，反映了学科话语不断把原有语义浓缩于个别符号中，不断集成原有知识而把理论体系层层推进。学科知识体系的语义密度越大，则其建构层级知识体系的能力越大，知识结构的垂直性、层级性也越高；反之则其知识结构的水平特征越明显。

梅顿和多兰（Maton & Doran，2017a/2017b）提供了措词（wording）、词组（grouping）、造句（clausing）、连句（sequencing）4 个工具分别在词、词组、句子和句间层次上研究话语的认知语义密度。

本文主要应用连句工具,揭示句间以及段落等更大的语篇单位之间如何浓缩认知语义,建构越来越复杂的知识结构体系。连句工具(Maton & Doran,2017b)区分累积型和片段型连接机制,前者显性地把不同句子(或段落)之间的概念相联系从而不断增加语义密度;后者非显性地把构成单位之间的概念相联系。累积连接又分为垂直连接和水平连接:前者把一个或多个句子(或段落)的概念语义浓缩于另一概念中并植入新句子或段落中;后者非显性地把所浓缩的语义植入新句或新段。垂直性连接又细分为集成(integrative)连接和包容(subsumptive)连接,前者把不同段落的概念语义浓缩并植入到其他段落,后者只浓缩和植入同一段落内的概念语义。水平连接又细分为依存(consequential)连接和顺序(sequential)连接,后者只是语篇展开顺序上简单的时间性连接,而前者则明确显示不同段落之间因果、条件、转折、添加、比较等认知逻辑关系。片段连接分为沉淀(sedimental)连接和间隔(compartmental)连接,前者把相似段落连接在一起,保持焦点的连续性和增加强调力;后者把相异的段落连接在一起,主要保持强调力。沉淀连接又细分为重述(reiterative)连接和重复(repetitive)连接,前者把具有足够多差异性的相似段落相连接从而丰富语义,而后者只连接高度相似的段落。间隔连接又细分为连贯(coherent)连接和非连贯(incoherent)连接,前者提供段落之间的连续性(continuity),而后者连接没有重要联系的段落从而对于语义复杂度累积来说几乎为零。按语义浓缩能力从大到小排列各小类连接机制,依次为集成型、包容型、依存型、顺序型、重述型、重复型、连贯型、非连贯型。

3 连句机制的整体分布

语料中的连句机制分析结果如表 1 所示。第 1 列箭头表示各类连句工具的认知语义浓缩能力大小,越靠上则浓缩能力越强。第 2、3、4 列分别为累积型与片段型机制及其下属各次类和小类统计数据。第 5、6 列是各小类按语法体现机制的再分类、分析标记及频次数据。沉淀型次类下的"重述"(reiterative)与"重复"(repetitive)两个小类在语料中没有出现,因而没有按体现方式进一步细分,也未纳入分析统计。为了使显示更为直观,表中原始统计数据转换成不同类别层次上的直观扇形图。

如表 1 和图 1 所示,累积型和片段型机制分别出现了 1 042 次和 1 548 次,各占比 40.23% 与 59.77%。可见片段型机制起主要作用,累积型起次要作用。大量的片段型连句机制意味着句间或段落间大部分认知概念之间的关系不甚明了,句间或段落间单位符号的语义密度低,从而大大降低了语义浓缩能力,增加了知识结构的横向片段性特征。另一方面,少量累积型连句机制的使用,意味着句间(段落间)的概念语义关系还是有少量清晰的呈现,保证了一定程度上的语义密度和语义浓缩能力,使得文学理论话语不至于出现扁平的认知结构,各片段内部具有一定的语义累积性和层级性。

在次类层次上,语料中没有发现沉淀类(包括重述与重复两个小类)连接,因而不再分析;其他次类机制分布比例如图 2 所示。对比图 1 和图 2 可以看出,语料中的片段型机制都是浓缩能力低的间隔型,占比达 59.77%,这使得所呈现的语义无法快速浓缩堆积而建立层级度高的知识结构,而是呈现为系列水平串联式的横向水平型结构,具有很强的片段性。累积型的次类中,垂直型连接只出现 231 次,占比 8.92%;水平型出现 811 次,占比 31.31%。垂直型机制把一个或多个句子甚至段落的语义浓缩于另一概念并进一步植入新的句子或段落中,由此造成语义累积性堆叠,形成层级知识结构;然而文学理论话语中垂直性机制很低的占比使得其语义密度增长不快,知识的层级性不高。水平连接通过连接词等手段把前句语义带入到后句语义的理解中,增加了后句语义关系的丰富性和复杂性,实现较低程度上的语义浓缩;由此这近三成水平型连接也大大增加了文学理论话语知识结构的水平性。换言之,虽然宏观上累积性连接占比达 40.23%,但其中四分之三都是语义浓缩能力较低的水平连接。这使得其累积性机制的语义浓缩效果主要呈现为横向水平性的知识结构。

表 1　连句机制分布数据表

EC	大　类	次　类	小　类	体现机制	小　计
	累积型 （1 042）	垂直型 （231）	连接 （37）	名词化<<1>>	6
				概括词<<2>>	30
				代词<<3>>	1
			包容 （194）	名词化<a>	20
				概括词词<b>	127
				代词<c>	47
		水平型 （811）	依存 （649）	转折类[1]	293
				条件类[2]	127
				因果类[3]	179
				其他[4]	50
			顺序 （162）	时间类{1}	147
				排序类{2}	15
	片断型 （1 548）	沉淀型 （0）	重述	♯	0
			重复	&	0
		间隔型 （1 548）	连贯 （1 548）	and@	206
				顺接词@	1 342
			非连贯	$	0

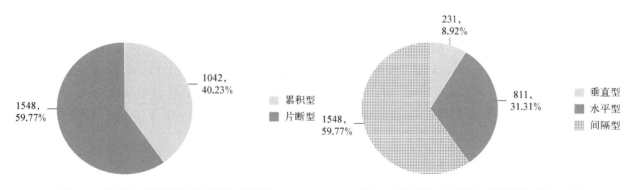

图 1　累积型与片段型连接机制分布比例　　　　图 2　垂直型、水平型与间隔型的分布比例

4　垂直型机制的功能与体现

接下来三节将分析垂直型、水平型和间隔型 3 个次类下各小类具体的分布、体现和功能。各小类分布比例如图 3 所示。本节先分析垂直型连句机制。垂直型连接的两个小类中，集成型出现 37 次，占比

1.43%,包容型出现 194 次,占比 7.49%。这使得文学理论话语能把前句语义浓缩转移到段内的另一句中,从而增加后句语义密度形成语义浓缩;段间语义浓缩转移的频率很小,即前一段语义只偶尔会通过浓缩的方式转移融合到下一段中,无法实现大规模快速的语义累积而建构复杂的高层级性知识结构。

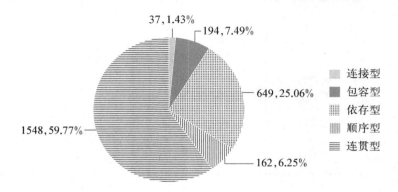

图 3　各小类机制的分布比例

　　语料中集成型连接主要通过名词化词组、概括词和各种代词(包括名词性、动词性、形容词性和副词性等代词)来体现。其中概括词频率最高(30 次);名词化词组的频率次之(6 次),代词的频率最低(只出现 1 次)。名词化方式把前面段落中某句或几句的语义浓缩于一个名词化词组并集成到下一段中。有时作者也用一个概括性词组来统称前面段落一句或几句的语义并融入后段;有时用一个代词来浓缩前段语义并融入下一段。例(1)中,"this opposition"作为概括词指文中上一段所提到的不同社会群体对于"cultural nobility"定义的对立,即文化高尚是来源于潜移默化的家庭教育还是后天的系统性学校艺术教育,由此作者浓缩前段所陈述的语义并集成到下段中,使下段建立于前段之上形成语义累积。"consumption"是由文中第一段"consumers of cultural goods"名词化而来的,由此浓缩了前段对文化产品消费的阐述,并集成到本段中,从而增加了本段的语义密度,实现语义累积。例(2)中,"that"指前段所虚构的莎士比亚具有同样天赋的妹妹在当时社会环境中最可能遭受到的悲惨命运,由此作者把前段语义浓缩并集成到新段落中,增加了新段落的语义密度,形成语义累积。

　　(1) The logic of what is sometimes called, in typically 'pedantic' language, the 'reading' of a work of art, offers an objective basis for ＜＜**2**＞＞ this opposition. ＜＜**1**＞＞ Consumption is, in this case, a stage in a process of communication, that is, an act of deciphering, decoding, which presupposes practical or explicit mastery of a cipher or code. (From "Distinction: A Social Critique of the Judgement of Taste" by Pierre Bourdieu)

　　(2) ＜＜**3**＞＞That, more or less, is how the story would run, I think, if a woman in Shakespeare's day had had Shakespeare's genius. (From "Shakespeare's Sister" in *A Room of One's Own* by Virginia Woolf)

　　与集成型类似,包容型连接也主要通过名词化、概括词和代词 3 种方式体现。其中概括词频率最高(127 次),其次是代词(47 次),最低的是名词化词组(20 次)。它们浓缩段内前句或几句的语义,并融入段内后句,从而增加后句的语义密度。例(3)中,"this relationship"作为概括词浓缩了"the kinship between writing and death"的语义,并融入下一句;例(4)中,"this closeness of relation"是前句"the art is closely related to life"的名词化表达,由此浓缩了前句语义并转移到后句;例(5)中,"that would be a thematic study"的"that"浓缩了前面两句的语义并转移到此句,从而增加了该句的语义密度,形成语义累积。

（3）The second theme is even more familiar: it is the kinship between writing and death. <b> This relationship inverts the age-old conception of Greek narrative or epic, which was designed to guarantee the immortality of a hero. (From "What is an Author" by Michel Foucault)

（4）As people feel life, so they will feel the art that is most closely related to it. <a> This closeness of relation is what we should never forget in talking of the effort of the novel. (From "The Art of Fiction" by Henry James)

（5）It is also possible to study the concrete actions that incorporate our abstract pattern. For instance, we may point out the different laws that become violated in the stories of the Decameron or the different punishments that are meted out. <c> That would be a thematic study. (From "The Structure Analysis of Narrative" by Tzvetan Todorov)

在集成型和包容型的 3 种体现方式中,代词只起临时指代作用,无法形成稳定的术语体系。名词化词组和概括词本身是名词词组,有可能作为术语来使用。然而,语料中名词化词组和概括词都只在特定某段或者某几段话语中作为语义浓缩、转移的手段,未在整个语篇中作为稳定的术语使用。换言之,这些垂直型连接机制所浓缩的语义只在特定某段或几段中起临时作用,而未用于整个语篇构建术语体系和复杂的层级性知识结构。

5　水平型机制的功能与体现

语料中水平型机制占比达 31.31%,是起主要作用的累积型连句机制。其中依存型连接出现 649 次,占比 25.06%,顺序型 162 次,占比 6.25%。可见较为丰富的依存型连接资源对文学理论话语的语义浓缩和横向性知识结构的建构起着重要作用;顺序型连接的频率很低,只起辅助作用。

依存型连接包括几个小类:转折类、条件类、因果类以及其他类。转折连接出现 293 次,表示前后句语义间出人意料的转折关系,语料中通过"however""though""yet""but""even though""although" "nevertheless""rather""while""whereas""on the contrary"等词组来体现;条件连接出现 127 次,表示前后句间存在某种逻辑上的事实性或假设性条件关系,通过"if""even if""provided""as long as" "granting""once""whatever""unless""in case"等词来体现;因果连接出现 179 次,表示前后句之间某种事实性或推理性的因果关系,通过"because""since""for""as""consequently""then""thus""so" "hence""therefore"等表示因果关系的词来体现;其他小类 50 次,表示前后句之间某种添加 (addition)、比较(comparison)(参见 Martin & Rose, 2007: 152)等其他类别的句间语义关系,通过 "similarly""just as""such as""on the other hand""moreover""in addition""in contrast""in comparison""or""neither"等体现。例(6)包含了依存型连接的四个小类。其中"however""but"指出本句的语义与前句语义之间具有转折关系;两个"if"表明了从句与相应主句之间的条件关系; "consequently"表明此句是前句基础上的推理;"more over"则表明此句是在前句基础上的进一步阐述,表明两句间的递增性关系。总体来说,这些词语表明前后句之间丰富精细的逻辑语义关系,增加了段落的语义密度和理解的复杂度。

（6）To learn, for example, that Pierre Dupont does not have blue eyes, does not live in Paris, and is not a doctor does not invalidate the fact that the name, Pierre Dupont, continues to refer to the same person; there has been no modification of the designation that links the name to the person. With the name of an author, [1] **however**, the problems are far more complex. The disclosure that Shakespeare was not born in the house that tourists now visit would not modify the functioning of the author's name; [1] **but**, [2] **if** it were proved that he had not written the sonnets that we attribute to him, this would constitute a significant change and affect the manner in which the author's name functions. [4]Moreover, [2]if we establish that Shakespeare wrote Bacon's *New Organon* and that the same author was responsible for both the works of Shakespeare and those of Bacon, we would have introduced a third type of alteration which completely modifies the functioning of the author's names. [3]**Consequently**, the name of an author is not precisely a proper name among others. (From "What is an Author" by Michael Foucault)

顺序型连接包括时间性连接和排序性连接两类。前者是把事件或过程按照时间先后顺序用显性词汇语法手段把前后句相连;后者按照事件发生或语篇组织的顺序把前后句用数词相连。本语料中时间性连接出现 147 次,主要通过"first""then""finally""lastly""before""after""when""while""as""at the same time""meanwhile""at the moment""till""until"等连词或副词来体现;排序性连接出现 15 次,主要通过基数或序数词来体现。例(7)中的两个"when"表明"rhythm"和"pattern"两个术语指称的不同时间情景;"later"则表明了这两个词出现比喻性用法的时间。通过言明所属句子语义的时间性,这些词丰富了主从句间的语义关系,增加了句子和段落的语义密度。例(8)通过 4 个序数词精确地表明了各阶段之间的时间先后关系,丰富了所属各段落间的语义精密度,增加了整个段落的语义密度。

(7) Some arts move in time, like music; others are presented in space, like painting. In both cases the organizing principle is recurrence, which is called rhythm {1}when it is temporal and pattern {1}when it is spatial. Thus we speak of the rhythm of music and the pattern of painting; but{1}later, to show off our sophistication, we may begin to speak of the rhythm of painting and the pattern of music. (From "The Archetypes of Literature" by Northrop Fry)

(8) I supply the following table of its phases: 1. The dawn, spring and birth phase … 2. The zenith, summer, and marriage or triumph phase … 3. The sunset, autumn and death phase … 4. The darkness, winter and dissolution phase … (From "The Archetypes of Literature" by Northrop Fry)

6　间隔型机制及其语义密度总体特征

间隔型连句机制出现了 1 548 次,占比 59.77%(见图 2),是主要的连接机制。语料中所有间隔型机制都是连贯型,未见非连贯型连接。由于连贯型连接只简单说明前后句间具有一定话题或述题的语义连续性,未能表明精确的句间语义联系,因而其所表明的语义联系不够丰富、精密,区分度不高,其语义浓缩累积能力很低,从而使文学理论的语义结构难以累积,更多是平行并列放置,表现出较强的横向性。

连贯型机制有时通过顺接连词来连接,最典型的是"and",语料中出现 206 次;更多的是通过保持前后句的话题或述题间各种程度的连续性来实现。例(9)中,除了一个"and"表示第 4 句的两个分句间的并列接续关系外,没有任何其他显性的手段表明其他各主句间的逻辑语义关系;句子之间主要通过保持一定的语义连续性来维持某种模糊的语义关系。具体来说,第 1、2、3 个分句的话题都包含"a poet";第 1 句的话题"interests"和第 3 句的述题具有相同的语义概念;第 2 句与第 3 句之间还具有相同的述题"the more intelligent"等。这些连贯型机制只在比较模糊的程度上维持各句之间的语义联系,对段落整体的语义浓缩作用甚小,无法实现语义的转移和累积,从而使得其语义结构呈现为一种水平横向并置的状态。

(9) The possible interests of a poet are unlimited;@ the more intelligent he is the better;

@the more intelligent he is the more likely that he will have interests: @our only condition is that he turn them into poetry, @and not merely meditate on them poetically. (From "The Metaphyical Poets" by T. S. Eliot)

话语实践中各类连句机制共同协作,一起发挥作用。例(10)中,"popular taste"与"pure taste"两个概括词分别指文中前几段所述的大众读者的艺术鉴赏品位和学者的品位,由此把前几段的语义浓缩并转移融入此段,大大增加了本段的语义密度;"and"与"so"表示此句与"Popular taste applies the schemes of the ethos"这句之间既有并列关系,同时又有因果关系;其他 3 个隐性的连贯型连句机制通过保持前后句中主题与述题间的连续性来呈现句间语义关系;"whereas"则表明前后句语义上的转折性对比关系。在此例中,垂直型机制连接前后段的语义,水平型机制阐明段内句间的水平性语义关系,而间隔型机制频率最高,起着基础性作用,把所连接的句子分列并置。由此本段虽然浓缩和集成了前段语义而表现出一定的层级性,但语义浓缩和累积程度不高,主要还是呈现为横向性的语义结构。

(10) <<2>>Popular taste applies the schemes of the ethos, @which pertain, in the ordinary circumstances of life, to legitimate works of art, @and[3]so performs a systematic reduction of the things of art to the things of life. @The very seriousness (or naivety) which this taste invests in fictions and representations demonstrates a contrario that<<2>>pure taste performs a suspension of 'naive' involvement which is one dimension of a 'quasi-ludic' relationship with the necessities of the world. @Intellectuals could be said to believe in the representation—literature, theatre, painting—more than in the things represented, [1] whereas the people chiefly expect representations and the conventions which govern them to allow them to believe 'naively' in the things represented. (from "Distinction: A Social Critique of the Judgement of Taste" by Pierre Bourdieu)

7 文学理论话语的语义密度特征及其对教学的启示

前述各节的分析表明,文学理论话语中,垂直型连句机制比例很低,主要用于浓缩前段或段内前面句子的语义,并转移集成到后段或后句中,一定程度上增高了话语的语义密度,形成具有一定累积性的垂直语义结构,但其语义的垂直累积程度总体较低。水平型连句机制比例较高,明晰地表述前后句(或段)间的转折、条件、因果、增添、比较等语义关系,增加了段内的语义密度;但其语义浓缩、转移和集成的功能不强,使得各句间形成具有复杂语义联系的横向性语义结构。间隔型机制占近六成,起主要作用,但只能通过保持前后句间话题或述题连续性,或者把前后句简单并列接续来表明模糊的句间语义关系,其呈现的句间语义密度低,语义浓缩能力也很低,使得各句间形成语义关系不甚明了、间隔性较强的片段型语义结构。总体来看,文学理论话语能在较低程度上形成累积型的层级语义结构,但总体呈现出很强的片段性,表现出鲜明的水平型语义结构特征。

文学理论的认知语义密度和知识结构特征的分析对于其教学具有重要启示。首先,文学理论的语义结构具有一定程度的垂直性。垂直性的知识结构语义密度大、累积程度高,虽然其比例不高,却是文学理论晦涩难懂的一个重要因素。知识结构的垂直度高低还因人而异,有的文学理论家借鉴社会科学(比如语言学)甚至自然科学(比如系统科学)的理论来发展其文学理论,语义浓缩程度更高,理解难度大大增强,因而垂直型知识的建构与解构应该成为文学理论话语教学的一个重点和难点。教学中需要向学生讲解名词化、概括词、语篇指示词等手段在段内和段间的语义浓缩作用;名词化和概括词等都可以建立稳定的术语体系,必须要求学生既要能稀释、还原其中浓缩的语义,也能灵活使用这些手段来浓缩语义,形成术语体系,建构具有一定垂直度的知识结构。

其次,文学理论中具有较多的水平型机制,这是其在连句层面上主要的语义累积和建构机制,也是其复杂难懂的另一源泉。教学中需要学生理解和掌握这些水平型的语义密度特征及其主要的体现,特别需掌握转折、条件、因果以及其他类依存型语义关系所依赖的丰富多样的表达手段,充分理解其表达的句间语义关系。在文学批评实践中,也必须使学生能够充分利用这些水平型连句机制表达各种清晰、精细的句间语义关系,构建符合文学批评特征的水平型知识结构。

第三,文学理论话语中的大量间隔型连句机制使得句间语义关系不够清晰、精密,具有较大的模糊性。这大大降低了文学理论的语义累积程度和复杂度,有利于学生的理解,因而掌握这些间隔型连句机制成为学生解读和建构高层级性语义结构的基础。另一方面,大量相对模糊的句间语义关系创造了丰富的阐释空间,使得不同读者对同一批评家、同一理论的解读往往仁者见仁、义者见义。这有助于学生理解文学阐释的主观性和多样性,由此学生也可以提出自己的独特见解;另外学生也可以充分利用这些间隔型机制在提出自己的理论和见解时留白,为读者提供充分的阐释空间。

另外,文学理论的知识结构具有典型的横向性特征,使得不同批评家的不同文学理论往往相互兼容程度很低;即使同一批评家也往往呈现出一系列相互水平放置的理论观点。这是文学理论流派丰富多样、百花齐放的基本源泉。教学中有必要让学生掌握文学理论的这一基本知识结构特征,按不同作品所依赖的理论体系进行批评鉴赏实践,不能采用某一派理论为标准强加于不同派别的作品。同时横向性的知识结构要求老师鼓励学生善于提出自己不同的理论观点,标新立异,并应用于批评和创作实践。

参考文献

[1] Bernstein, B. 1990. *The Structuring of Pedagogic Discourse: Class, Codes and Control* IV[M]. London: Routledge and Kegan Paul.

[2] Bernstein, B. 2000. *Pedagogy, Symbolic Control and Identity: Theory, Research, Critique* [M]. London: Taylor and Francis.

[3] Blackie, M. 2014. Creating semantic waves: Using Legitimation Code Theory as a tool to aid the teaching of chemistry [J]. *Chemistry Education Research and Practice*, 2014 (15): 462 – 469.

[4] Caldwell, D., J. Walsh, E. W. Vine, & J. Jureidini. 2017. *The Discourse of Sport: Analysis from Social Linguistics* [M]. New York & London: Routledge.

[5] Clarence, S. Enabling Cumulative Knowledge-building Through Teaching: A Legitimation Code Theory analysis of pedagogic practice in law and political science [D]. Rhodes University: South Africa. http://www. legitimationcodetheory.com, 2014.

[6] Coffin, C. 2006. *Historical Discourse: The Language of Time, Cause and Evaluation* [M]. London & New York: Continuum.

[7] Doran, Y. 2018. *The Discourse of Physics: Building Knowledge through Language, Mathematics and Image* [M]. New York & London: Routledge.

[8] Glendinning, E. & R. Howard. 2007. *Professional English in Use: Medicine* [M]. Cambridge: Cambridge University Press.

[9] Halliday, M. A. K. & C. Matthiessen. 2014. *Introduction to Functional Grammar* (4th edition)[M]. London and New York: Arnold.

[10] Halliday, M. A. K. 1994. The construction of knowledge and value in the grammar of scientific discourse, with reference to Charles Darwin's *The Origin of Species* [A]. In M. Coulthard (ed.). *Advances in Written Text Analysis* [C]. London & New York: Routledge: 136 – 156.

[11] Hyland, K. 2000. *Disciplinary Discourses: Social Interactions in Academic Writing* [M]. Essex: Pearson Education.

[12] Macnaught, L., K. Maton, J. R. Martin, & E. Matruglio. 2013. Jointly constructing semantic waves: Implications for teacher training[J]. *Linguistics and Education*, 24(1): 50 – 63.

[13] Martin, J. R. & D. Rose. 2007. *Working with Discourse: Meaning beyond the Clause* (2nd edition)[M]. London/New York: Continuum.

[14] Maton, K. 2011. Theories and things: The semantics of disciplinarity [A]. In F. Christie & K. Maton (eds.), *Disciplinarity: Functional Linguistic and Sociological Perspectives* [C]. London: Continuum: 62 – 84.

[15] Maton, K. & Y. J. Doran. 2017a. Semantic density: A translation device for revealing complexity of knowledge practices in discourse, part 1 — wording[J]. *Onomázein*, March: 46 – 76.

[16] Maton, K. & Y. J. Doran. 2017b. Condensation: A translation device for revealing complexity of knowledge practices in discourse, part 2 — clausing and sequencing [J]. *Onomázein*, March: 77 – 110.

[17] Maton, K. & R. T-H. Chen. 2016. LCT in qualitative research: Creating a translation device for studying constructivist pedagogy[A]. In K. Maton, S. Hood & S. Shay(eds), *Knowledge-building: Educational Studies in Legitimation Code Theory*[C]. London: Routledge: 27 – 48.

[18] Maton, K. 2014. *Knowledge and Knowers: Towards a Realist Sociology of Education* [M]. London and New York: Routledge.

[19] Matruglio, E., K. Maton, & J. R. Martin. 2013. Time travel: The role of temporality in enabling semantic waves in secondary school teaching[J]. *Linguistics and Education*, 24(1): 38 – 49.

[20] O'Halloran, K. L. 2005. *Mathematical Discourse: Language, Symbolism, and Visual Images* [M]. London & New York: Continuum.

[21] Wignell, P., J. R. Martin, & S. Eggins. 1989. The discourse of geography: Ordering and explaining the experiential world[J]. *Linguistics and Education* (1): 359 – 391.

[22] 彭宣维.2019.学科英语研究——高水平英语教育问题与对策述要[J].外语教学(2): 1 – 7.

[23] 杨信彰.2019.学科语篇研究的若干问题[J].外语教学(2): 8 – 12.

The Epistemic Semantic Density
of Literary Theory

Liangtao Lai

East China Normal University

Abstract: The systematic analysis of the semantic features of disciplinary discourse is the basis of disciplinary education. This paper presents a corpus-based study of the epistemic semantic density of literary theory by employing the sequencing tool of Legitimation Code

Theory and the language description of Systemic Functional Linguistics, and explores its significance for literature education. It is shown that in literary theory, the use of large quantity of compartmental sequencing resources that feature low condensation capacity makes inter-sentence semantic relation relatively simple and fuzzy, and the mastery of such resources constitutes the basis for learners' understanding of literary theory and is conducive to their diversified interpretation. The relatively small quantity of horizontal sequencing resources helps increase the semantic density and condensation capacity of literary theory and thus contribute to the construction of a horizontal knowledge structure; the mastery of such resources facilitates learners' full understanding and flexible construction of explicit, delicate and rich inter-sentential semantic relations and facilitates the development of learners' ability for the construction of horizontal knowledge structure. A few vertical sequencing resources help quickly condensate and accumulate meanings and construct hierarchical knowledge structure, and the mastery of such resources help learners understand high-density hierarchical semantic relations and develop their ability for constructing a hierarchical knowledge structure. Overall, the characteristic horizontal knowledge structure contributes to the development of diversified schools of theories, and facilitates learners' unique interpretation of literary theory and the development of their ability for literary critique and creative writing.

Keywords: literary theory; epistemic semantic density; sequencing tool; knowledge structure; significance for teaching

认知语义密度视角下汉语
摘要写作的知识构建模式

——以语言学期刊论文摘要为例①

王笑然②　王佶旻③

北京大学附属中学　北京语言大学

摘　要：本文基于合法化语码理论的认知语义密度转换机制，运用组词工具、造句工具和连句工具考察汉语语言学实证论文摘要的知识构建模式。研究发现，不同知识构建策略的综合使用增加了摘要文本中的语义密度和知识的复杂性。在组词上，摘要倾向于使用大量归类式组词为词语增加意义；小句层面以使用描述策略为主扩张语义；此外还使用了较多书面性的连句标记整合与衔接语篇中的意义。结果语步是摘要知识构建的核心语步，突出表现在使用语义浓缩度较高的分类和协调策略来构建新知识。本文将语义密度分析与体裁分析相结合，可以为学术写作及摘要写作教学提供参考。

关键词：语义密度；知识建构；学术语篇；合法化语码理论

1　引言

学术论文是共享与传递学科知识的重要载体。通常来说，学术论文写作要遵循学科惯用的学术话语模式；为了实现学科知识的有效传递，论文的语篇结构、修辞方式及语言特征使用会在一定程度上受到特定学术话语团体的规约支配。因此，不同学术语篇之间的共性和差异引起了学者们的研究兴趣。以往此类研究大多从学术论文的交际特征入手，运用体裁分析、元话语分析等方法探究学术论文的语篇建构模式与话语资源应用；也有研究从学术语篇的评价意义入手，考察作者对学术知识的投射与立场。而随着教育社会学中合法化语码理论的发展，近年来开始有研究从学科性知识本身出发，关注学术语篇在知识构建方面的特征（如 Maton & Doran，2017a/2017b）。

摘要是学科知识构建的一个重要体裁（Hyland，2000：63）。作为学术论文的构成部分，摘要简明而又准确地向读者传达了文章中的知识（Bhatia，1993：78）。由于篇幅限制，摘要较少使用人际互动资源和学术引用，而是更强调对知识内容本身的构建和呈现。在摘要写作中，作者需要运用有限的语言资源提出研究问题、陈述研究方法并报告研究结果等，这使得学术论文摘要中的知识具有高度浓缩的特点。

目前，许多研究关注学术摘要在宏观层面上的语步构成，如探究特定学科下摘要的语步模式和修辞功能（Dos Santos，1996；赵永青等，2019），或揭示本族语者和非本族语者论文在语步结构上的差异

① 本研究得到国家社科基金重大项目"汉语交际能力标准与测评体系研究"（项目编号：15ZDB101）和北京语言大学研究生创新基金（中央高校基本科研业务费专项资金）（项目编号：22YCX058）的支持。
② 王笑然（1995—　），女，北京大学附属中学教师，北京语言大学国际学生教育政策与评价研究院博士；主要研究方向：国际中文教育、学术中文、语言测试与评估；通信地址：北京市海淀区学院路 15 号；邮编：100083；邮箱：2545796129@qq.com。
③ 王佶旻（1974—　），女，北京语言大学国际学生教育政策与评价研究院教授；主要研究方向：语言测试、教育测量与评价；通信地址：北京市海淀区学院路 15 号；邮编：100083；电子邮箱：wjm903@126.com。

(Tseng，2011)。还有一些研究从微观层面考察了摘要内部或语步内部的语言特征,如学术词汇、作者自称语、词块使用等(曹雁、牟爱鹏,2011;柳淑芬,2011;胡新,2015)。可见,现有的摘要语篇研究主要围绕修辞目的和语言特征使用进行,对于隐含在二者背后的知识构建模式却鲜有研究。基于此,本文采用梅顿和多兰所提出的认知语义密度转换机制分析摘要文本,旨在探究汉语学术论文摘要中的学科知识是怎样通过一系列修辞策略和语言特征被构建起来的。

2 理论基础与前人研究

2.1 知识结构理论

伯恩斯坦(Bernstein,1999)认为知识可以通过不同类型的话语表现出来,包括垂直话语(vertical discourse)和水平话语(horizontal discourse)两种类型。水平话语体现了日常生活中的经验性知识,具有口语化和依赖于语境的特点,此类知识以片段的方式存在,不能进行更高层次的知识整合;而垂直话语需要通过系统的学校教育才能习得,属于特定学科的专门话语。根据其知识内部的组织方式,学科知识可以分为等级知识结构和水平知识结构。等级知识结构呈现出"金字塔"的发展模式,底层的基础性知识可以被整合成更高级的知识理论体系。因此,等级知识结构具有抽象性和概括性的特点,常见于自然科学科。与之相对,水平知识结构由一系列专业化语言组成,具有文本产生和传递的专业标准,此类知识之间的关系是并列的、线性的,常见于社会科学和人文学科之中。

随着教育社会学与系统功能语言学对话合作的深入,系统功能语言学理论成为研究语篇知识结构的一个切入点,可以用来分析语篇中实现知识建构的具体语言特征。在系统功能语言学的观照下,许多学者对不同学科的知识结构进行了探究。如威格奈尔等(Wignell et al.,1989)考察了地理学科知识是如何通过专业术语之间的内在联系体现的,罗丝(Rose,1998)分析了不同等级科技语篇中知识建构模式的差异,马丁(Martin,2003)从语篇的时间词使用、名词化、立场等方面探讨了历史学科的知识结构。在国内,汤斌(2013)讨论了名词化在知识建构中的作用,而后又从及物性、语气、评价 3 个方面探究了思政教育中的知识结构特征(汤斌,2021)。于晖、于婷婷(2017)通过语法隐喻对比了不同学科教育语篇的知识结构。近年来,合法化语码理论为研究学科知识和语篇知识提供了一个新视角,梅顿等(Maton et al.，2016)运用合法化语码理论对不同学科语篇的知识结构进行了探索。

2.2 认知语义密度

卡尔·梅顿在知识结构理论的基础上,参考哲学、社会学、教育学、语言学等多个学科创建了合法化语码理论(Legitimation Code Theory)。该理论为知识分析提供了一套多维概念工具包,所提出的合法化手段包括自主性、紧密性、专业性、语义性和时间性 5 个维度,每个维度都将组织原则分析为特定类型的语码模态(Maton,2014:18)。其中,专门性和语义性原则是研究进展较快的两个维度,常用来分析教育活动中的知识建构特点,广泛应用于研究课堂话语、课程设计和科学语篇等。

语义密度(semantic density, SD)是语义性原则下的概念,也是描述教育语篇知识建构的重要维度,它指的是同一语义单位内语义浓缩的程度(于晖,2018)。合法化语码理论关注知识实践自身的复杂性,并将这种复杂性概念化为语义密度。语义密度描述了意义在知识实践中是如何浓缩和相互关联的,其强度可以在连续体中不断变化。语义密度(SD+)越强,实践中浓缩的意义越多;语义密度(SD-)越弱,浓缩的意义越少。意义通过与其他意义之间建立联系而获得语义密度,所以意义的复杂性是不断累加的。根据语义浓缩方式的不同,语义密度可以分为认知语义密度和价值语义密度。前者指语义单位内概念意义的浓缩程度,强调了意义浓缩的认知关系;后者指语义单位内人际意义的浓缩程度,强调了意义浓缩的社会关系,如情感、审美、道德立场等。语义密度体现的是语境中意义的压缩程度,而语义引力(semantic gravity,SG)则是意义对语境的依赖程度。合法化语码理论认为,语义密度和语义引力交互构建出一种被称为语义波的语义框架,语义波是累积性知识构建的关键(Maton,2013),即知识或概念可以通过反复地"打包"与"解包"而被构建、分解与重建。

梅顿和多兰(Maton & Doran,2017a/2017b)认为话语是知识的表达方式之一,话语中的语义浓缩程度体现了知识的构建。因此他们构造了一组转换机制(translation devices),从认知语义密度的角度来探索话语中知识是如何被表达的。该转换机制为分析话语中的知识构建模式提供了可操作的分析框架,所提出的造词工具(wording tool)、组词工具(word-grouping tool)、造句工具(clausing tool)与连句工具(sequencing tool)可用于探讨包括词汇、短语、小句和句群层面的语义密度浓缩机制(Maton & Doran,2017a/2017b;赖良涛、王任华,2020)。运用该转换机制,梅顿和多兰(Maton & Doran,2017a/2017b)比较了中学历史课堂和科学论文摘要的语言片段,发现科学论文摘要具有极强的认知语义密度。于晖(2018)运用造词工具和组词工具比较了天体物理领域下英文科普读物与专业教材的语义密度,解释了二者知识构建方式的差异。赖良涛、王任华(2020)和王任华(2023)运用造词工具、组词工具分别考察了 SSCI 期刊论文关键词和文学术语词典的认知语义密度特征。此外,威尔莫特(Wilmot,2020)使用造句工具比较了一篇博士论文从起草到完成的过程中复杂性的变化,揭示了论文写作的"理论化"过程。付悠悠和袁传有(2023)从连句角度分析了国内法律英语教材的语义密度。回顾已有研究发现,目前尚未有对汉语学术语篇中知识构建模式的详细考察,对学术论文摘要中认知语义密度的分析也比较少。

学术论文摘要具有篇幅短、程式化和信息密度大的特点,摘要中的知识需要通过背景、目的、方法、结果等固定的语步呈现出来,知识构建模式会受制于语步,结合摘要语步探讨知识构建模式将有助于学术写作和学科知识传递。根据威格奈尔(Wignell,2007)对学科类型和知识结构关系的划分,语言学是介于等级知识结构与水平知识结构中间的一门学科,兼具二者的知识结构特性。该学科下摘要语篇的知识结构表现如何还有待探索。因此,本文将语言学论文摘要作为研究对象,以国内应用语言学期刊论文摘要为例,从认知语义密度的角度探究语言学学科下汉语摘要写作的知识构建模式。具体的研究问题:① 语言学期刊论文摘要的认知语义密度有何特点? ② 摘要的知识构建模式与摘要的语步结构呈现出怎样的关系?

3 研究方法与过程

3.1 认知语义密度分析框架

梅顿和多兰(Maton & Doran,2017a/2017b)所构造的转换机制体现为造词、组词、造句和连句 4 个部分。其中,造词的语义密度主要根据日常词与技术词来区分,文本中技术词的使用可以增加话语的语义密度。技术词是专业领域内假设已知的知识(Maton & Doran,2017a),与研究的对象、理论、方法等有关,是词语的固定特征。而本文重点关注学术写作中的知识构建策略,即知识如何随着写作过程的发展而实现累积和浓缩。当词语被组合成更大的语言单位时,文本中的语义密度也随之增加,并呈现出高低变化的语义波。因此,本文使用组词工具、造句工具和连句工具探究摘要的认知语义密度,所采用的分析框架如表 1 所示。组词工具体现了词语是如何通过意义的结合来增强语义密度的,造句工具强调意义在句子层面的扩展或联结,连句工具考察语篇之中句子间或词语间的关系,这三者的综合使用体现了知识是如何随着文本的展开而变得越来越复杂。表 1 中,ESD(epistemic-semantic density)显示了认知语义密度的变化,每个层面等级较高的知识构建类型都属于文本中加快语义密度累积的知识构建方式(表示为 ESD+)。

表1　认知语义密度的转换机制(改自 Maton & Doran, 2017a/2017b)①

转换机制	类　型	实　现　方　式	知识复杂度
组词工具	嵌入式	表明概念所参与的事件或过程,从而增强语义密度	↑ESD＋ ESD－
	归类式	通过对概念的具体分类增强语义密度	
	定位式	通过对时间或空间的限定增强语义密度	
造句工具	分类	定义性地连接术语或概念,如创建"类型-子类型""整体-部分"等关系	↑ESD＋ ESD－
	协调	将具有因果关系或相关性的概念进行连接	
	描述	描述概念的性质、作用、行为和话语等	
	存在	仅指出概念的存在;或关联到其他概念,但不指明关系的本质	
连句工具	垂直连接	将前面的内容进行浓缩或整合后在句子中使用	↑ESD＋ ESD－
	水平连接	通过逻辑关联词等为句子或段落创造关系,如时间顺序、因果关系等	

3.2　摘要的语步模式

　　语步反映了不同类型的文本体裁所具有的语篇结构。学术论文摘要作为一种独特的体裁,也有固定的语步模式;如 IMRD 模式(Swales,1990:181),以及针对语言学学科摘要所提出的五语步模式(Dos Santos,1996)、四语步模式(Tseng,2011)、三语步模式(Pho,2008)。每个语步具有不同的交际意图和写作范式,所采用的知识构建策略也会有所不同。综合前人的研究,本文采用较为完整的五语步模式作为宏观语篇的分析框架,将摘要内容划分为背景语步(M1)、目的语步(M2)、方法语步(M3)、结果语步(M4)以及结论语步(M5)5 种类型,进一步探究在宏观的语步模式下知识意义是怎样增强与浓缩的。

3.3　语料选取与标注

　　为了保证研究语料的专业性和规范性,本文将 CSSCI 期刊论文摘要作为语料来源。由于研究所涉及的语步、组词工具、造句工具和连句工具都需要人工标注,语料库容量不宜过大;同时,为避免特定期刊风格对摘要写作模式的影响,我们选择 5 本语言学期刊中近期发表的 10 篇实证论文摘要②建立小型语料库,共收集摘要语料 50 篇。语料标注工作在 UAM Corpus Tool 3.3 中进行,依据前文的分析框架对不同层面的文本内容进行归类划分,人工标注后使用该工具统计了几种知识构建策略的使用频率。具体标注方案如下:

　　(1)语步:语步划分参考桑托斯(Dos Santos,1996)和海兰(Hyland,2000)对 5 种语步类型的描述进行判断和标注。当句子内存在语步融合的情况时,既以小句和短语为单位分别标注语步(Tseng,2011),也对融合语步进行整句标注(如 M2＋M3)。

　　(2)组词工具:以一个概念或术语为核心对名词性短语的修饰语进行嵌套式标注。所标注的修饰

---

①　根据摘要的语言特点以及标注的可操作性,本研究对原分析框架中的内容进行了取舍和调整。
②　摘要语料选自《汉语学习》《世界汉语教学》《语言教学与研究》《外语界》及《中国外语》。

语仅限于表 1 中所提到的 3 种增强语义密度的类型,如短语"中国大陆学者与英语本族语学者的 80 篇论文"中仅标注对"论文"类型作出限定的"中国大陆学者与英语本族语学者",而不标注数量短语。

（3）造句工具:以小句或单句为单位,从整体上考察句子内容,标注其所对应的语义浓缩方式。

（4）连句工具:采用显性标记的标注方式,即标注出语篇中体现句子或小句之间水平连接关系与垂直连接关系的标记词。

4 研究结果

4.1 组词工具的使用情况

表 2 展示了 3 种组词工具在摘要中的频次分布,归类式组词的使用次数和出现篇数最多,说明对概念进行分类是摘要中增加语义密度的主要方式之一。这一结果与归类式的嵌套使用有关,在语料标注中,每一次归类式的使用都被标注为"[ ]"。例如:

（1）结果发现,[拼音知识]可以有效预测[学习者的[汉字[阅读成绩]]]。

例（1）中"拼音知识"是一个归类式组词,而"学习者的汉字阅读成绩"使用了 3 次归类式组词,说明研究的内容越具体或越复杂,对术语的限定和分类就越多,语义密度也随之增强。从语步分布来看,目的、方法和结果语步都使用了大量的归类式组词,由于这 3 个语步需要交代研究过程、介绍具体的研究对象和研究材料等,所以多采用复杂名词短语,通过为术语添加多层定语增强语义密度,以实现论文表述的严谨性。

表 2　组词工具在摘要中的使用频次

类　型	使用该工具的摘要篇数	在语料中使用的总频次	背　景	目　的	方　法	结　果	结　论
嵌入式	32	60	4	19	4	23	10
归类式	50	927	76	156	172	392	131
定位式	29	45	2	20	8	9	6

除归类式外,摘要中还使用了少量嵌入式和定位式。例如:

（2）本文以 4 名零起点汉语言预科生[为期 8 个月的 120 篇周记]为数据样本,采用微变化分析的方法考察[词汇、句法两个层面的[复杂度与准确度的动态发展]]。

（3）流利性是[衡量二语学习者口语水平高低的重要标准]之一。

例（2）中"为期 8 个月"从时间上对"周记"做出限定,但由于时间的限定所关联的意义较为简单,其语义密度要低于归类式。通过观察语料发现,语言学摘要中很少出现空间的定位,而是倾向于将概念定位于某一语言层面或语言技能之中,且这种情况多出现在目的语步,如例（2）中的"词汇、句法层面"。定位式组词同样增加了短语内的语义密度,是清楚呈现研究内容的方式之一。

例（3）中"衡量二语学习者口语水平高低的重要标准"是嵌入式组词,表明了"标准"所涉及的事件及过程,语义密度高于归类式和定位式。但是嵌入式组词在摘要中使用得较少,摘要写作以陈述研究的内容、方法和结果为主要目的,简洁明了地交代概念类型是摘要写作中更为常见的做法。在分布上,嵌入式短语常用于目的、结果、结论等需要对概念作出介绍和解释的语步。

4.2 造句工具的使用情况

为了实现知识的累积性建构,已经具有一定语义密度的词语和短语需要参与到更大的语言片段当中。造句工具的使用情况与语步所包含的小句数有关,大部分摘要文本的主要篇幅用于展示研究结果,所以各类造句工具在结果语步中出现的频次是最高的。如表3所示,句子中普遍使用的知识构建策略是描述,即描述概念的性质、动作或作用等。在语义密度理论中,这属于扩张式的语义密度累积方式,即单方面为词语增加暂时性的意义,其累积语义密度的速度较慢。例如:

(4) 本研究运用 Rasch 模型对跨文化能力测试初级试卷的质量开展分析。研究结果表明,该测试具有单维性,测试结果具有较高的可靠性。

例(4)中,作者采用描述的方式介绍了研究的内容、所采用的模型以及测试的性质,这扩展了词语本身的意义,但是没有与其他词语建立知识体系之间的联系,所以语义密度等级并不高。

表 3 造句工具在摘要中的使用频次[①]

类 型	使用该工具的摘要篇数	在语料中使用的总频次	背 景	目 的	方 法	结 果	结 论
分类	16	16	2	0	0	13	1
协调	36	64	5	0	0	54	5
描述	50	373	31	71	81	131	59
存在	8	14	1	0	0	11	2

此外,有少数句子仅指出了某一概念的存在,没有进一步对概念进行解释或关联,在文本中产生的语义密度较低。例如:

(5) 汉语二语口语和写作在各维度句法复杂度上存在本质差异。

例(5)指出了"差异"的存在,但没有描述"差异"的具体表现,也没有建立"差异"和其他词语的具体关系。此类小句使用得较少,说明在摘要的篇幅限制下,作者更倾向于使用其他造句工具呈现更多的知识信息。

与前两者相比,分类和协调两种小句策略强调知识之间的双向关联;由于为两个术语都增加了额外的意义,分类和协调体现了话语中语义的高度浓缩。其中,协调在语言学摘要中使用得较多,常用来揭示两个研究变量之间的关系。例如:

(6) [个体差异]是影响[感知训练效果]的重要因素。

例(6)中强调了"个体差异"与"感知训练"的相关性,这种概念之间的联系是双向且固定的,增加了文本中知识的复杂性,有助于产生学科领域的新知识(Maton & Doran, 2017b)。除协调外,摘要中还使用了少量分类。分类主要强调概念之间定义性的联系,如构成关系和类别关系;这种联系使更多的含义相互关联,不仅包括文本中所指出的术语,还包括了这些术语与概念体系内其他术语的隐性联系。例如:

(7) 本文提出了一个新的评估指标:语法丰富性,该指标包含了语法多样性、语法复杂性以及语法正确性三个维度。

在例(7)的句子中,作者指出"语法丰富性"由"语法多样性""语法复杂性"和"语法正确性"构成,既明确了这一概念的内涵,也进一步建立起了这些概念与写作质量评估中其他概念之间的联系。结果语

---

① 对于融合语步出现在同一小句的情况按该句的主要交际目的判断,如该句的研究方法以短语形式嵌入目的语步中,则将该小句类型归属为目的语步。

步是摘要中知识构建与呈现的重要场所,实证研究常在结果中报告一个变量的构成因素或是两个变量之间的关系,所以语义密度较高的造句工具主要出现在结果语步。

4.3　连句工具的使用情况

连句工具主要考察以整合意义为目的的垂直连接,以及以关联意义为目的的水平连接。由表 4 可知,两类连接标记在摘要文本中都有所使用,这说明作者注重语篇层面的逻辑与衔接。其中,垂直连接体现为指示代词和概括词两种标记形式;经考察,摘要文本中常用的代词有"其""此""该""之""这"等,另一种方式是用"研究结果""学习者"等词语指代前文所述的具体内容。例如:

(8)认知投入对学习者二语写作水平的影响最大,行为投入次[之]。

(9)结果表明,学习者选择使用的语篇层面空主语显著多于空宾语……[研究结果]支持"接口假说"关于句法–语篇外接口知识难以成功习得的观点。

例(8)中用"之"指代前文的"认知投入",例(9)用"研究结果"指代前文表述结果的所有内容。此类垂直连接的使用体现了摘要语言的精简性和书面性,由于浓缩的语义较多,是语篇中加速知识构建的主要方式,且多出现于后置的结果和结论语步。

表 4　连句工具在摘要中的使用频次

类　型	使用该工具的摘要篇数	在语料中使用的总频次	背　景	目　的	方　法	结　果	结　论
垂直连接	47	107	2	20	8	50	27
水平连接	41	114	8	9	11	71	15

水平连接在连接两个句子的同时增加了转折、因果、目的、顺序等意义,摘要中经常使用的水平连接标记有"但""由于""以""首先""最后"等。由于结果语步是摘要的核心语步,包含了复杂的知识信息,常使用水平连接标记突出内容之间的层次与关系。例如:

(10)三语汉语词汇需要借助一语俄语词汇通达语义,[但]不借助二语英语词汇,三语词汇与俄语词汇之间属于词汇连接模式。

(11)研究[最后]对多语多元文化背景下教师身份发展的长期探索提出了建议。

例(10)的"但"在两个小句之间增加了转折意义,突出强调了"一语俄语词汇"与"二语英语词汇"在研究中的对比关系。例(11)的句子通过"最后"与前文建立了顺序关系,使研究的步骤更加清晰。

5　摘要语篇的知识构建模式讨论

从组词工具的整体使用情况来看,通过归类式短语增加语义密度是摘要知识构建的一个特点。在认知语义密度视角下,语义密度越强,语义单位内浓缩的意义就越多,其所体现的知识复杂性也随之增加。在摘要语篇中,短语层面的知识构建主要通过多层嵌套的归类式短语实现,由此为单个词语增加了额外的知识信息。汉语学术语篇研究中关于语言特征的分析也体现了这一现象,张颖等(2020)指出学术研究的对象通常具有复杂的特性,为实现对复杂特性的准确描写,多层定语必不可少。这在语言上表现为名词性短语的大量使用以及词汇密度的增加,词汇密度高的篇章蕴含的信息语域广(吕文涛、姚双云,2018)。此外,将知识信息浓缩在短语和句子内,减少了句子数量,增加了句子的长度和复杂度,体现了汉语学术写作倾向于使用复杂长句的特点。亓海峰等(2022)也通过研究证实了汉语语言学论文摘要具有大量使用复杂长句的特征。因此,学术论文摘要具有信息密度大、知识浓缩度高的特点,目的、方法、结果语步作为摘要写作中的必选语步(Dos Santos,1996),也是呈现知识信息的重要语步。在进行摘要写作时,使用复杂名词短语界定清楚与研究相关的术语和概念,既实现了文本中知识的复杂性,也体现了学术语言的准确和精练。

由造句工具的使用情况可知,摘要最常用的造句工具是描述,即对某一概念的性质或相关行为展开详细介绍,这与梅顿和多兰(Maton & Doran,2017a)以及威尔莫特(Wilmot,2020)对其他学术文本的考察结果是一致的。摘要中经常使用描述小句来介绍研究过程,以及报告研究对象的作用或性质。其次,应用语言学摘要倾向于在结果语步中使用协调和分类策略,通过建立起两个概念之间的关系,提高摘要中知识的浓缩程度。根据话语中知识结构类型的划分,等级知识结构强调知识之间的联系,底层的知识可以被整合成高层的知识节点。应用语言学摘要在报告研究结果时,大多建立了知识之间的系统性联系,符合等级知识结构的特点。知识实践的一个重要过程是通过提供定义、进行分类、分析内部组织等方式来拆解知识,再通过概括能力和抽象思维能力将片段知识进行整合(朱永生,2015)。不同语步中几种知识构建策略的交替使用构成了摘要中意义起伏变化的语义波,实现了摘要中的累积性知识构建。因此,摘要写作要注重对研究内容的解构与打包,以实现从抽象到具体,再从具体到抽象的知识构建过程。

连句工具是将不同句子之间的知识内容进行连接或整合。在摘要中,每个句子都具有特定的交际目的,这种交际目的受到学术话语社团的规约固化为摘要的语步;根据摘要语步的不同,知识构建模式和语言表现也有相应的特点。首先,垂直连接常用于后置的结果和结论语步。考察语料发现,这两个语步的垂直连接多为跨句整合,即采用概括词指代前置语步中单句或多句内容,浓缩的知识量较大。结果语步倾向于使用概括性名词指代已出现的信息,如"学习者""选取的指标""三种句式"等。而结论语步是对研究结果进行解释或评价,需要对前文的研究结果进行打包整合,所以常使用"基于该结果……""研究结果说明……"等话语模式对结果语步进行延伸。另外,目的语步和方法语步中也存在垂直连接,整合的内容主要为背景、方法和目的中已有的概念,常使用"其""之"等代词对前文的词语进行浓缩。付悠悠和袁传有(2023)的研究发现法律英语教材中垂直连接的占比极低,导致语篇中的语义不能很好地浓缩,而本研究中垂直连接的大量使用体现了摘要文本高度浓缩的特点,反映了教材和摘要在知识构建模式上的差异。教材语篇重在传授知识和解构知识,其篇幅相对较长,句间语义密度过高反而不利于学生对知识的理解和习得。而摘要语篇需要在有限的篇幅内传递研究的重要内容,通过垂直连接词浓缩语篇中重复的知识信息符合语言的经济原则。其次,不同语步内水平连接词的使用也有其特点。结果语步内使用了较多"但""而"等水平连接标记,通过转折意义对比讨论结果所呈现的内容;或是使用"也""且"或数字标号对结果内容进行逻辑和顺序上的连接。方法语步常用"并""首先"和"然后"等水平连接词来列举研究方法所包含的步骤。背景语步的水平连接标记大多为"并未""但是"等反预期连接词,在总结研究现状的基础上指向已有研究的不足,其作用在于为自己的研究创建空间。此类水平连接词的使用,体现了人文社科类论文善于使用连词、介词等语言形式来表达复杂的概念或逻辑思路(张赪等,2020),也说明了摘要内部的知识建构过程与句子的交际目的有着紧密的联系。

6　结语

本文以合法化语码理论中的认知语义密度转换机制为分析框架,从组词、造句和连句 3 个方面探讨了汉语语言学实证论文摘要的知识构建模式。第一,归类式短语的使用是摘要中知识构建的主要手段,作者倾向于使用复杂名词短语来增加语义密度,以清楚地界定研究对象、交代研究过程。第二,摘要的知识构建离不开对研究内容的描述,在报告研究结果时重视新知识与已有知识的联结和整合;学术写作过程也是构建语义波的过程,可通过语义密度的高低变化实现知识产生与知识传递的平衡。第三,摘要使用了大量连词、代词、副词等语言资源对篇章内容进行整合和连接,体现了学术语言的逻辑性、书面性和简洁性。最后,由于本文是以语言学论文摘要为例对汉语学术文本进行的探索性研究,语料样本和范围存在一定局限。未来还可扩大语料库容量,明确和优化标注模式,通过语言特征的提取将机器标注与人工标注相结合;也可进一步探讨其他学科或学术体裁的知识构建模式及语言使用特征。

参考文献

[1] Bernstein, B. 1999. Vertical and horizontal discourse: An essay [J]. *British Journal of Sociology of Education*, 20(2), 157 – 173.

[2] Bhatia, V. K. 1993. *Analysing Genre: Language Use in Professional Settings* [M]. London: Longman.

[3] Dos Santos, M. B. 1996. The textual organization of research paper abstracts in applied linguistics[J]. *Text-Interdisciplinary Journal for the Study of Discourse*, (16), 481 – 500.

[4] Hyland, K. 2000. *Disciplinary Discourses: Social Interaction in Academic Writing* [M]. London: Longman.

[5] Martin, J. R. 2003/2012. Making history: Grammar for interpretation[A]. In Wang, Z. (ed.). *Collected Works of J. R. Martin: Register Studies, Vol. 3.* [C]. Shanghai: Shanghai Jiao Tong University Press. 311 – 346.

[6] Maton, K. 2013. Making semantic waves: A key to cumulative knowledge-building [J]. *Linguistics and Education*, 24(1), 8 – 22.

[7] Maton, K. 2014. *Knowledge and Knowers: Towards a Realist Sociology of Education* [M]. New York: Routledge.

[8] Maton, K., Hood, S. & Shay, S. 2016. *Knowledge Building: Educational Studies in Legitimation Code Theory* [C]. London: Routledge.

[9] Maton, K. & Doran, Y. J. 2017a. Condensation: A translation device for revealing complexity of knowledge practices in discourse, part 2 — Clausing and sequencing [J]. *Onomázein Número Especial SFL*, 77 – 110.

[10] Maton, K. & Doran, Y. J. 2017b. Semantic density: A translation device for revealing complexity of knowledge practices in discourse, part 1 — Wording[J]. *Onomázein Número Especial SFL*, 46 – 76.

[11] Pho, P. D. 2008. Research article abstracts in applied linguistics and educational technology: A study of linguistic realizations of rhetorical structure and authorial stance[J]. *Discourse Studies*, 10(2), 231 – 250.

[12] Rose, D. 1998. Science discourse and industrial hierarchy [A]. In Martin, J. R. & R. Veel (eds.). *Reading Science: Critical and Functional Perspectives on Discourses of Science* [C]. London: Routledge. 237 – 267.

[13] Swales, J. M. 1990. *Genre Analysis: English in Academic and Research Settings* [M]. Cambridge: Cambridge University Press.

[14] Tseng, F. 2011. Analyses of move structure and verb tense of research article abstracts in applied linguistics[J]. *International Journal of English Linguistics*, 1(2), 27 – 39.

[15] Wignell, P., Martin, J. R. & Eggins, S. 1989. The discourse of geography: Ordering and explaining the experiential world[J]. *Linguistics and Education*, 1(4), 359 – 391.

[16] Wignell, P. 2007. Vertical and horizontal discourse and the social sciences[A]. In Chirstie, F. & J. R. Martin(eds.). *Language, Knowledge and Pedagogy: Functional Linguistics and Sociological Perspectives*[C]. London: Continuum. 184–204.

[17] Wilmot, K. D. 2020. Building knowledge with theory: Unpacking complexity in doctoral writing[J]. *Critical Studies in Teaching and Learning*, 8(2), 18–38.

[18] 曹雁,牟爱鹏.2011.科技期刊英文摘要学术词汇的语步特点研究[J].外语学刊(3):46–49.

[19] 付悠悠,袁传有.2023.合法化语码理论视域下法律英语教材语义密度研究[J].外国语言文学,40(2):28–39.

[20] 胡新.2015.中外科技论文英文摘要的语步词块特征对比研究[J].现代外语,38(6):813–822.

[21] 赖良涛,王任华.2020.SSCI 期刊论文的认知语义密度[G].//赖良涛.教育语言学研究(2020 年).上海:上海交通大学出版社:31–39.

[22] 柳淑芬.2011.中英文论文摘要中作者的自称语与身份构建[J].当代修辞学(4):85–88.

[23] 吕文涛,姚双云.2018.词汇规制与立法语言的简明性[J].语言文字应用(4):65–74.

[24] 亓海峰,丁安琪,张艳莉.2022.汉语二语学习者学术汉语写作能力研究[J].四川师范大学学报(社会科学版),49(1):138–146.

[25] 汤斌.2013.知识结构与名词化的关系[J].外国语文,29(04):86–90.

[26] 汤斌.2021.思政教育中的知识结构特征及其话语体现[G].//赖良涛,严明,江妍.教育语言学研究(2021 年).上海:上海交通大学出版社:106–116.

[27] 王任华.2023.文学术语词典中措辞的认知语义密度特征[J].外国语言文学,40(2):40–52.

[28] 于晖.2018.基于语义密度的教育语篇累积性知识建构分析[J].中国外语,15(3):21–30.

[29] 于晖,于婷婷.2017.不同学科教育语篇知识结构的对比研究[J].北京科技大学学报(社会科学版),33(02):1–7.

[30] 张赪,李加鍫,申盛夏.2020.学术汉语的词汇使用特征研究[J].语言教学与研究(6):19–27.

[31] 赵永青,刘璐达,邓耀臣,刘兆浩.2019.国际文学类期刊论文英文摘要的语步—语阶序列分析[J].外语研究,36(1):18–23.

[32] 朱永生.2015.论 Bourdieu 文化再生产理论对 Maton 合法化语码理论的影响[J].外语与翻译,22(1):32–35.

A Semantic Density Perspective on Knowledge Building in Article Abstracts of Chinese Academic Journal

Xiaoran Wang, Jimin Wang

Beijing Language and Culture University

Abstract: Based on a translation device of epistemic-semantic density in the Legitimation Code Theory (LCT), this study investigates the knowledge-building that is revealed by the word-grouping, clausing and sequencing tools in abstracts of Chinese linguistic empirical articles. The analysis shows that the use of knowledge-building strategies could strengthen the semantic density and the complexity of knowledge in abstracts. For word-grouping, a large number of categorized groups are used to add meanings to individual words; characterizing, which is the most used strategy of clausing tools, also contributes to the augmentation of meanings; besides, literary sequencing resources are commonly used to integrate and connect meanings in the discourse. Result move is the key move for knowledge-building, presented mainly by using taxonomizing and coordinating strategy to construct new knowledge. Combining semantic density analysis and genre analysis, this study could provide a reference for teaching academic writing and abstract writing.

Keywords: semantic density; knowledge-building; academic discourse; Legitimation Code Theory

英汉学术论文修辞机制比较研究：元话语视角

孙　醒[①]　张大群[②]

苏州大学

摘　要：学术论文通常被认为是客观的、非人称的，然而大量研究表明其在传递客观信息时，包含着丰富的人际意义。元话语是实现人际互动、传播研究成果的重要资源。本文试图对比应用语言学英汉学术论文元话语的使用共性和差异，并从古典修辞学的三诉诸模式分析各部分元话语的使用。研究发现：英汉学术论文中的元话语以文本交互式元话语为主，人际互动式元话语为辅；整体来说，汉语论文元话语的使用少于英语论文，内指标记、模糊限制语、自我提及使用频率较低。英汉学术论文均以理性诉诸的修辞机制为主。在引言、讨论中，英语学术论文突出使用人格诉诸机制（模糊限制语、证源标记）；在结果部分，汉语学术论文使用较多的介入标记实现情感诉诸。

关键词：英汉学术论文；修辞三诉诸；元话语

1　引言

学术语篇在构建知识的同时，需要说服读者接纳观点，并考虑学术团体中已有声音或可能出现的质疑，这是与潜在读者对话的过程，因此学术语篇具有交际性（于晖、张少杰，2021；Hyland，1998a）。元话语是实现作者与读者交际互动的重要资源，能指导受众理解语篇，加强受众的参与，标示作者与其受众之间的关系，具有很强的劝说性（鞠玉梅，2013）。在语篇构建中，元话语可以作为一种劝说策略，帮助语篇实现古典修辞学所说的三种诉诸模式，即理性诉诸（logos）——对语篇结构及命题内容的安排；人品诉诸（ethos）——涉及写作者的个人品格和威望、能力等；情感诉诸（pathos）——调动读者的情感。这三大策略结合起来实现语篇劝说的目的。

元话语一直是专门用途英语（ESP）的研究热点。例如，在商业领域，海兰（Hyland，1998a）研究了CEO致股东信中元话语的使用和功能，发现了CEO的说服和修辞策略；付晓丽（Fu，2012）将元话语运用到公司的招聘指导中，提出了基于元话语的招聘者与求职者互动。对学术语篇中元话语的研究可以追溯到20世纪90年代初，并且倾向于将重点放在以下三方面。① 比较不同学科的文本上（Cao & Hu，2014；Khedri，2016；Hyland & Jiang，2018），例如探讨硬学科和软学科之间元话语的总体特征。海兰（Hyland，2004/2018）发现，软学科中的元话语资源较硬学科而言更加丰富；在过去的50年里，交互式元话语显著增加，互动式元话语显著减少。② 不同母语背景下的英语学术写作对比（Hussein et al.，2018；Shafique et al.，2019）。例如，侯赛因（Hussein et al.，2018）和莎菲克（Shafique et al.，2019）发

---

① 孙醒，苏州大学外国语言学及应用语言学专业在读硕士研究生；研究方向：功能语言学及语篇分析；通信地址：江苏省苏州市姑苏区十梓街1号苏州大学外国语学院；邮编；215006；电子邮箱：20224204028@stu.suda.edu.cn。

② 张大群，博士，苏州大学外国语学院教授，博士研究生导师；研究方向：功能语言学、语篇分析、翻译研究；通信地址：江苏省苏州市姑苏区十梓街1号苏州大学外国语学院；邮编：215006；电子邮箱：daqunzh@163.com。

现英语为外语者较英语为母语者在学术论文撰写中更多使用"交互式"（interactive）而非"互动式"（interactional）元话语。③ 不同语言及文化间的元话语特征，尤其是对比英语和欧洲语系元话语使用特点。例如，英语和巴西葡萄牙语（Hirano，2009），英语和芬兰语（Mauranen，1993），英语和西班牙语（Moreno，1997；Mur-Dueñas，2011；Soler，2011），英语和伊朗语（Simin & Tavangar，2009），英语和斯洛文尼亚语（Peterlin，2005），英语和波斯语（Zarei & Mansoori，2007）以及英语、法语和挪威语（Dahl，2004）等语言间元话语使用比较。已经证实，学术语篇中的元话语会因作者的文化背景而有所不同。然而，对英汉学术论文中的元话语资源对比还不多见（Mu et al.，2015；Pearson & Abdollahzadeh，2023）。

　　诚然，学界对英汉学术论文元话语的特征有过探索，为研究英汉学术语篇元话语特征提供了有价值的信息。例如，穆从军等人（Mu et al.，2015）比较了 20 篇英语和 20 篇汉语应用语言学学术论文的交互式和互动式元话语资源，结果显示，英语论文使用的模糊限制语明显多于预期，汉语论文使用的强调词语明显多于预期。最近，李志军和徐锦芬（Li & Xu，2020）以阿黛尔（Ädel，2006）对元话语的分类为框架，通过对 60 篇社会学领域的英汉学术论文的分析，发现在中英文引言和讨论中使用的非人际元话语多于人际元话语，且非人际元话语子类别的分布呈现相似性。但是，不少学者仅关注元话语的特定子类别或学术论文语篇的特定部分，胡光伟和曹峰（Hu & Cao，2011）只比较了应用语言学文章摘要中的模糊限制语和强势语的使用情况；李（Lee，2013）沿着语言和学科的轴线进行了双重比较研究，但只关注自我提及标记；洛伊和李姆（Loi & Lim，2013）只关注了中英学术论文的引言部分；鞠玉梅（2020）仅对学术论文摘要部分的修辞劝说机制进行了讨论。综上所述，对于英汉学术论文语篇的元话语特征有待进一步挖掘。本文选取应用语言学领域国际和国内权威期刊上的学术论文作为语料，讨论英汉元话语使用的共性和差异性，并探索学术论文语篇各部分在实现亚里士多德修辞学所讲的理性诉诸、人格诉诸和情感诉诸时的异同。

2　研究设计

2.1　语料收集

　　在考虑语料的可比性、代表性、平衡性基础之上，本研究建立两个语料库，即英文学术论文语料库（EN）和汉语学术论文语料库（CH）。两个语料库均来自国内外应用语言学权威期刊（见表 1），所选语料为 2017—2021 年发表在上述期刊的研究型论文，英汉语料各 20 篇，共 40 篇。摘要、附录、图表及参考文献不包含在内，英文学术论文语料库总量为 153 457 个词，汉语学术论文语料库总量为 165 019 个汉字。

表 1　语料来源期刊

	汉语学术期刊	英语学术期刊
Applied Linguistics （AL）	《外语电化教学》 《外语教学与研究》 《现代外语》	*Language Learning* *Modern Language Journal* *System*

2.2　理论框架

　　对于元话语的分类，许多学者（Vande Kopple，1985；Crismore，1989；Mauranen，1993）都进行

过尝试,提出了不同的分类框架。其中,海兰(Hyland,2005)的分类框架应用较为普遍,本文将采用这一分类框架,即将元话语分为文本交互式元话语(interactive metadiscourse)和人际互动式元话语(interactional metadiscourse)。

文本交互式元话语指能把语篇内部命题联系起来,或者同其他语篇联系起来,从而使语篇完整、连贯的那些语言成分,其主要功能是帮助组织语篇,引导读者对语篇的理解。这一类型的元话语主要涉及话语组织的方式,它可分为过渡标记(transitions)、框架标记(frame markers)、内指标记(endophoric markers)、证源标记(evidentials)和解释标记(code glosses)。

人际互动式元话语指那些能表明发话者对命题信息或受话者的态度或观点的语言成分,其主要功能在于帮助作者表达立场和评价,从而构建起与读者交流互动的空间。作者的目的在于使其观点明晰,并吸引读者对语篇作出反应,进而参与到语篇意义的构建。此类元话语包含模糊限制语(hedges)、强势语(boosters)、态度标记(attitude markers)、自我提及(self mentions)和介入标记(engagement markers)。

表 2　Hyland(2005)元话语框架

元话语类别	功　　能	英　语　示　例	汉　语　示　例
交互式元话语	帮助组织语篇,引导读者对语篇的理解		
过渡标记	表达子句之间的关系	however，thus；in addition	不仅……也……；因此；所以
框架标记	表示语篇界限和结构	Finally；in sum；the purpose is …	首先;其次;最后
内指标记	指向语篇的其他部分	As noted above；below；in the following section	下文;上述
证源标记	表明信息或观点来源	According to …；as … points out	根据……;……研究显示
解释标记	进一步解释命题意义	e.g.；such as；namely	即;如;换言之;定义为
互动式元话语	帮助作者表达立场和评价,构建与读者交流互动的空间		
模糊限制语	保留观点,开启对话	might；perhaps；somewhat	一定程度上;可能;似乎
强势语	强调确定性、关闭对话	in fact；must；indeed	一定;强调;尤其是
态度标记	表达作者对命题的态度	surprisingly；importantly；agree	出乎意料的是;重要的是
自我提及	提及作者自己	I；we（exclusive）；our；my	我们;笔者
介入标记	与读者建立联系的显性手段	we（inclusive）；see	我们;见;再看

从某种意义上说,修辞即劝说。亚里士多德将修辞看作"在任何具体情形中都能发现可用的说服方式的那种能力"(Aristotle,1991:74),并将劝说手段分为 3 类,即理性诉诸、人格诉诸和情感诉诸。理性诉诸是通过逻辑论证对受众的诉诸,即作者运用逻辑推理让读者理解或接受其观点。个人品格被亚里士多德称为"最有效的说服手段",品格对于说服几乎可以说是起支配作用,起到先入为主的积极作用。情感诉诸即我们通常所说的"动之以情",即调动受众感情以达成说服的效果。海兰(Hyland,2005)认为在书面语文本中,理性诉诸主要依赖于过渡标记、框架标记、内指标记和解释标记的语言手段实现;人格诉诸通过证源标记、模糊限制语、强势语和自我提及语实现;态度标记和介入标记实现情感诉诸。模糊限制语也是实现情感诉诸的一种手段,但我们认为,在学术语篇中,模糊限制语的作用与强势语相似,即实现人格诉诸。

图 1　元话语与修辞（Hyland，2005）

2.3　研究步骤

本研究将分两个阶段进行。第一阶段是语料收集和标注。建立语料库后，对汉语语料进行分词并同英语语料一起导入 UAM Corpus Tool。研究采用海兰（Hyland，2005）元话语框架进行手工标注，分别为：过渡标记（TRA）、框架标记（FRA）、内指标记（END）、证源标记（EVI）、解释标记（COD）、模糊限制语（HED）、强势语（BOS）、态度标记（ATT）、自我提及（SEM）、介入标记（ENG）。标注完成后，初步统计各类元话语数量及其频次，考察两组语料中元话语分布规律和使用特点，并采用卡方分析对英汉元话语特征的出现进行统计检验，以确定是否存在显著差异。第二阶段我们将讨论修辞三诉诸模式在学术语篇 IMRD 各部分的使用异同，如何帮助作者达到劝说的目的，使其观点被读者所接受与认同。

2.4　研究问题

本研究回答以下两个问题：

（1）英汉学术论文在元话语资源使用上有什么特点？两者有何异同？

（2）英汉学术论文修辞机制在学术语篇各部分使用有什么特点？两者有何异同？

3　结果与讨论

根据海兰（Hyland，2005）的分类框架，我们对英汉语料中的元话语进行分类统计，其结果如表 3 所示。

表 3　英汉学术论文语篇元话语分类统计

元话语类别	英 语 论 文			汉 语 论 文			卡方值	显著性
	频　数	百分比	每万字	频　数	百分比	每万词		
交互式元话语	6 195	58.88%	403.7	3 667	67.39%	222.2	117.71	0.000
过渡标记	2 285	21.72%	148.9	1596	29.46%	96.7	116.42	0.000
框架标记	686	6.52%	44.7	425	7.85%	25.8	9.69	0.002
内指标记	444	4.22%	28.9	314	5.80%	19.0	19.62	0.000
证源标记	1 745	16.59%	113.8	721	13.31%	43.7	29.34	0.000
解释标记	1 035	9.84%	67.4	611	11.28%	37.0	8.03	0.005
互动式元话语	4 326	41.12%	281.9	1 750	32.31%	106.0	117.71	0.000
模糊限制语	2 006	19.07%	130.7	695	12.83%	42.1	98.81	0.000
强调词语	1 146	10.89%	74.7	609	11.24%	36.9	0.45	0.503

续 表

元话语类别	英 语 论 文			汉 语 论 文			卡方值	显著性
	频 数	百分比	每万字	频 数	百分比	每万词		
态度标记	463	4.40%	30.2	182	3.36%	11.0	9.98	0.000
自我提及	534	5.08%	34.8	131	2.42%	7.9	63.15	0.000
介入标记	177	1.68%	11.5	133	2.46%	8.1	11.20	0.001
总 数	10 521	100%	685.6	5417	100%	328.2	——	

统计表明,元话语资源在英汉学术论文语篇中是普遍存在的,英语学术论文每篇平均出现 526 次,汉语学术论文每篇平均出现 271 次,英汉论文中使用频率最高的都是过渡标记。

3.1 英汉学术论文元话语分布情况

首先,我们想证明元话语出现在英语子语料库和汉语子语料库中的相似之处。如表 3 所示,在英语子库(6 195＞4 326)和汉语子库(3 667＞1 750)中,交互式元话语特征的初始频数均多于互动式元话语特征的初始频数。这一研究发现与洛伊、里姆(Loi & Lim,2013)和穆从军等人(Mu et al.,2015)的研究结果相一致。海兰(Hyland,2005:92)解释了文本交互式元话语在学术论文中的主导地位,因为它们具有"指示语篇组织、阐明命题联系和意义来指导阅读过程"的作用。因此,英汉学术论文作者都使用了大量的过渡标记,这是英语子语料库和汉语子语料库中出现频率最高的互动元话语特征之一。

在过渡标记语之后,证源标记是英语子语料库和汉语子语料库中出现频率最高的交互式元话语特征之一。英语子库和汉语子库中相当数量的证源标记的使用显示了学术文本的体裁特征,学术论文写作者引用前人研究,总结研究结果,确立研究空间,以证明其论点和研究的新颖性和必要性。

无论是英语子语料库还是汉语子语料库,互动式元话语中出现频率最高的子类都是模糊限制语,这说明了学术语篇中表达适当精确性的必要性,也体现了学术作者的谨慎和谦虚(Hyland,2005)。频率最低的元话语特征是介入标记语和自我提及。之所以较少使用这两个特征,是因为学术语篇在说服时需要客观、非人称化。总之,作为一种学术体裁,英语学术论文和汉语学术论文都使用了比互动式元话语更多的交互式元话语来显性地建构知识。

尽管英语学术论文和汉语学术论文在元话语特征的使用上有一些相似之处,但在本研究中,英语子语料库和汉语子语料库在元话语特征的使用上存在差异。首先,元话语频数在英语学术论文中高于汉语学术论文(英语元话语总频数为 685.6/万词,而汉语元话语总频数为 328.2/万字)。这一结果与以往关于英汉元话语的对比研究(鞠玉梅,2013;Mu et al.,2015)大体一致。我们赞同鞠玉梅(2013)的解释,即汉语中更多的是依靠意合连接话语成分,即使省略部分元话语,也能推断出逻辑联系,语篇的整体结构仍然完整。

其次,根据卡方检验结果(见表 3),相比较而言,汉语学术文本倾向于使用更多的交互式元话语,而英语学术文本倾向于使用更多的互动式元话语。这一结果表明,英语学术论文比汉语学术论文更注重与读者的互动。在交互式元话语 5 个小类中,英语学术论文使用的证源标记明显多于汉语学术论文。这一发现与穆从军等人(Mu et al.,2015)的研究结果相悖。我们推测,近年来,随着国际发表竞争逐步激烈,英文学术期刊也非常注重学术论文中的信息来源,使用引文来提供背景。

第三,如前所述,与交互式元话语相反,英语子语料库中互动式元话语特征显著高于汉语子语料库。这表明在应用语言学学科内,英语学术论文中作者和读者之间的互动比汉语学术论文中更强。结果表明,国际英文学术论文更加强调作者和读者的沟通和互动在新科学知识中的作用。与胡光伟和曹峰（Hu & Cao，2011）的研究类似，本研究发现英语学术论文倾向于使用模糊限制语（$p<0.001$），汉语学术论文倾向于使用强调词语。根据胡光伟和曹峰（Hu & Cao，2011）的观点，中国传统修辞学将写作视为"知识讲述"而非"知识建构"的手段。中国作家"不像英美作家那样模糊自己的立场或知识主张，而更有可能觉得需要采取一种确定性的语调来传达权威和可信度"（Hu & Cao，2011：2805）。值得注意的是，我们发现英文学术论文比汉语学术论文使用更多的自我提及语。这一发现与以往的跨文化研究（Loi & Lim，2013）相一致。长久以来，学术语篇被认为是客观化、非人称化的。中国学术论文避免将自己作为一个个体来提及，更倾向于使用排他性的"我们"来表达自己的作者声音，目的是为了避免可能的责任，同时也是为了向具有相似文化背景的其他二语作者展示自己的谦虚（Hyland，2002）。太田（Ohta，1991）和斯科隆（Scollon，1994）也指出，受集体主义文化影响，在亚洲文化传统中，第一人称代词的使用在很大程度上是不可接受的，因为它与个人而不是集体身份相联系。然而，第一人称单数代词"I"在英语子语料库中相当流行，既承载着文化建构的个人主义意识形态，又使作者承担着命题真值的责任。

3.2　英汉学术论文修辞机制分析

在语篇构建中，元话语可以作为一种劝说策略，帮助语篇实现古典修辞学所说的 3 种诉诸模式，即理性诉诸——对语篇结构及命题内容的安排；人品诉诸——涉及写作者的个人品格和威望、能力等；情感诉诸——调动读者的情感。这 3 种诉诸方式结合起来实现学术语篇人际互动、推销研究成果的目的。从图 2 可以看出，英汉学术论文作者在构建语篇时均以理性诉诸和人格诉诸方式为主，情感诉诸为辅。

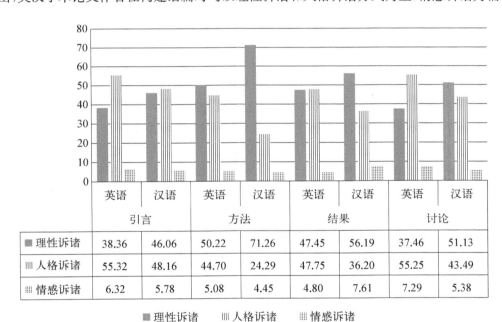

	引言		方法		结果		讨论	
	英语	汉语	英语	汉语	英语	汉语	英语	汉语
■理性诉诸	38.36	46.06	50.22	71.26	47.45	56.19	37.46	51.13
⫴人格诉诸	55.32	48.16	44.70	24.29	47.75	36.20	55.25	43.49
▦情感诉诸	6.32	5.78	5.08	4.45	4.80	7.61	7.29	5.38

■理性诉诸　⫴人格诉诸　▦情感诉诸

图 2　英汉学术论文各部分诉诸方式频率统计

3.2.1　元话语的理性诉诸功能：谋篇布局

理性诉诸来自古希腊的"理性"（logos）概念，即运用严谨的逻辑来进行劝说。学术论文主要是通过交互式元话语来实现谋篇布局的功能：作者如何定义问题、提供论据和得出结论对于劝说读者接受论点非常关键；作者如何开始其论辩、如何建立要素之间的连接同样重要；通过添加、比较、排序或者解释其成分对于语篇的整体劝说力非常关键（鞠玉梅，2020：89）。

研究结果显示，在学术论文中，理性诉诸的元话语资源出现的频率最高，因为学术论文主要承担着传递信息的功能。过渡标记是英汉学术论文最常用的理性诉诸手段。它指明命题间的逻辑关系，把零散的段落组织成相互关联的完整篇章。因此,过渡标记在论文的各个部分都具有普遍的应用性,出现频率最高。它主要是通过连接词、副词和介词短语来实现语篇的衔接,保证论述的清晰,帮助读者理清语篇的逻辑结构。例如:

[1] Others, <u>however</u>, have found clear indications of a (beneficial) impact of teacher education. (EN - 7)

[2] 大多数外语学习者在九岁或更大年龄时开始接触外语,<u>因此</u>,其外语很难达到接近母语的水平。(CH - 4)

英汉学术论文在方法部分的理性诉诸方式呈现显著差异性(英语 50.22%,汉语 71.26%,$p <$ 0.001)。汉语大量使用框架标记以帮助读者理清实验步骤,掌握逻辑关系(见例 3、例 4)。除此之外,英语学术论文作者对读者理解能力和效果的预设较高,因此使用较少的解释标记扩展对方法步骤的陈述,汉语学术论文与之相反(见例 5、例 6)。

[3] <u>Finally</u>, after reading each text, the participant was asked to recall whatever they remembered about it. (EN - 5)

[4] <u>首先</u>,分析抽样论文讨论部分……<u>其次</u>,将 101 篇论文由……(CH - 20)

[5] <u>For instance</u>, the documentary contained 832 word families (4,626 tokens) from which 146 (329 tokens) were tested on the meaning-recall test. (EN - 3)

[6] ……转化为半音音高峰对齐,<u>即</u>焦点词中音高峰至重读音结尾之间的时长。(CH - 8)

3.2.2 元话语的人格诉诸功能:赢得读者的信任

发话者要想达到劝说的目的,"除了设法使受众成员进入最有利于说服工作获得成功的感情状态以及向他们'摆事实,讲道理'之外,还必须展示出一种能赢得他们尊重和信赖、对他们具有感召力的人格,并利用这一人格所具有的威信来影响他们的决定"(刘亚猛,2004:165)。元话语的有效使用可以塑造作者值得信赖的个人形象以吸引读者的注意和参与,进而求得劝说效果。

通过对语料的分析,我们发现英汉学术论文均使用大量的证源标记和模糊限制语来帮助作者树立值得信赖和谦虚谨慎的形象,在引言和讨论部分尤为凸显(见表 4)。证源标记实现文本与其他语篇的互动。在引言部分,作者通过证源标记介绍与自身研究有关的其他研究成果,以说明该研究是建立在其他研究的基础之上的;在讨论部分,作者将自己的研究发现与论文话题涉及的相关研究进行比较论述,表明作者对相关文献非常熟悉。这有助于建立一个熟悉研究领域文献和掌握学术研究传统的作者形象,从而使自己的观点得到更多的支持,更具有说服力(见例 7、例 8)。

表 4　英汉学术论文各部分元话语统计

		引　言				方　法				结　果				讨　论			
		英　语		汉　语		英　语		汉　语		英　语		汉　语		英　语		汉　语	
		频数	频率	频数	频率	频数	频率	频数	频率	频数	频率	频数	频率	频数	频率	频数	频率
理性诉诸	TRA	651	20.07	357	25.78	499	20.26	233	25.27	406	24.70	319	26.67	729	23.00	687	35.91
	FRA	147	4.53	88	6.35	260	10.56	141	15.29	107	6.51	99	8.28	170	5.36	96	5.02
	END	64	1.97	36	2.60	162	6.58	86	9.33	174	10.58	147	12.29	44	1.39	45	2.35
	COD	382	11.78	157	11.34	316	12.83	197	21.37	93	5.66	107	8.95	244	7.70	150	7.84

续　表

		引　言				方　法				结　果				讨　论			
		英　语		汉　语		英　语		汉　语		英　语		汉　语		英　语		汉　语	
		频数	频率	频数	频率	频数	频率	频数	频率	频数	频率	频数	频率	频数	频率	频数	频率
人格诉诸	EVI	871	26.86	367	26.50	417	16.93	89	9.65	59	3.59	59	4.93	398	12.56	206	10.77
	HED	535	16.50	179	12.92	325	13.20	66	7.16	309	18.80	127	10.62	837	26.41	323	16.88
	BOS	291	8.97	109	7.87	174	7.06	34	3.69	352	21.41	212	17.73	329	10.38	254	13.28
	SEM	97	2.99	12	0.87	185	7.51	35	3.80	65	3.95	35	2.93	187	5.90	49	2.56
情感诉诸	ATT	153	4.72	67	4.84	61	2.48	12	1.30	49	2.98	24	2.01	200	6.31	79	4.13
	ENG	52	1.60	13	0.94	64	2.60	29	3.15	30	1.82	67	5.60	31	0.98	24	1.25

［7］As Rodgers（2018）points out, documentaries have a high degree of imagery-audio matching, which made it difficult to create a large set of imagery-based questions. (EN‐19)

［8］根据马广慧（2013）的标准,前两者感知与产出之间的相关程度为高相关,而宾语窄焦的感知与产出之间的相关程度为中相关。(CH‐6)

模糊限制语在学术论文中发挥着重要的人际互动作用。新论点或命题从提出到被接受,需要经过作者和读者之间的复杂的心理互动过程。模糊限制语引导读者考虑而不是被动接受作者的结论,是一种明显的修辞策略(鞠玉梅,2013:27)。英汉学术论文均通过使用大量模糊限制语以显示作者理性和谦虚谨慎的学术形象,它的使用意味着论断是基于作者的解释,所提供的只是一种可能性,而非最终论断,尚待进一步的研究和证实。例如:

［9］We considered that the analysis of production for idea units was pertinent and necessary because it could potentially offer additional insights into the quality of speech and writing. (EN‐1)

［10］二语学习者对二语独特构式的违反不敏感,这可能主要是由于这种构式具有相对较弱的线索。(CH‐1)

由图2可知,人格诉诸在英汉学术论文的方法部分呈现显著性差异(英语44.70%,汉语24.29%, $p < 0.001$)。相较于论文其他部分,英汉学术写作者在方法部分使用自我提及的频率最高,但是中国文化不喜欢公开展示自信,将谦虚视为美德,而西方流行个人主义思想。因此,在方法部分,汉语学术论文使用自我提及语较少(英语7.51%,汉语3.80%, $p < 0.001$),且大多以第一人称复数"我们"的形式出现。代词"we/我们"的使用,可以表现作者的谦逊态度,说明作者在努力地淡化自我因素,加大叙述的客观性,以显得客观与礼貌。例如:

［11］We also employed a wider range of performance measures tapping into the dimensions that had not been analyzed previously. (EN‐12)

［12］正式实验前,我们通过10个试次的练习使受试熟悉实验程序。(CH‐19)

3.2.3　元话语的情感诉诸功能:激起读者的情感

除了逻辑通顺的论证和可信的作者形象外,作者还可通过调动读者的情感来达到说服的目的。将受话者引入到某一特定的心境之中,"当我们心情愉快、对人友善的时候,我们的判断与我们感到痛苦、怀有敌意时的判断是不一样的"(Aristotle,1991:141)。作者在构建语篇时,使用态度标记和介入标记激起读者情感,邀请读者参与对话。

相较于理性和人格诉诸,英汉学术论文都在情感诉诸方面比较谨慎。这主要是缘于论文客观、严谨的文体要求(鞠玉梅,2020:91)。态度标记表明作者对所述论题的个人评价,用于表达惊讶、赞同、高兴、强调等等(见例 13、14),其在英汉学术论文各部分均有出现,差异性并不显著。

[13] Importantly, the recursive nature of L2 writing has been found to be proficiency dependent. (EN‐1)

[14] 出乎意料的是,当句中没有语用问题时,二语者对 after 句和 before 句的理解难度并没有明显不同。(CH‐19)

值得一提的是,在结果部分,情感诉诸在英汉学术论文中呈现较大差异性,突出表现在介入标记的使用上(英语 1.82%,汉语 5.60%,$p<0.001$)。汉语学术论文使用"见/详见"邀请读者参与到结果的发现中来,呼唤读者的积极介入,从而拉近与读者的心理距离,使读者感到在与作者面对面地、亲切地交流。例如:

[15] Let us first focus on the results of CNG. (EN‐17)
[16] 中国英语学习者的语法判断得分非常高(见表 3)。(CH‐5)

4　结语

学术论文"富有说服力而非平铺直叙"(Swales,2004:218)。元话语是作者组织语篇、表达态度与评价、构建与读者互动的有效资源,也是实现修辞劝说的重要资源。本文论述了应用语言学英汉学术论文中元话语使用的共性和差异性,并从古典修辞学的三诉诸模式分析论文各部分元话语的使用。

基于对语料的分析,本研究得出以下结论。① 英汉学术论文中元话语的出现以文本交互式元话语为主,人际互动式元话语为辅;整体来说,汉语论文元话语的使用少于英语论文,内指标记、模糊限制语、自我提及使用频率较低。② 英汉学术论文均以理性诉诸的修辞机制为主。在引言、讨论中,英语学术论文突出使用人格诉诸机制(模糊限制语、证源标记);在结果部分,汉语学术论文使用较多的介入标记实现情感诉诸。本文对英汉学术论文语篇中的元话语及其修辞功能的分析有一定启示,能够为学术语篇写作教学提供思路。

参考文献

[1] Ädel, A. 2006. *Metadiscourse in L1 and L2 English* [M]. Armsterdam: John Benjamins Publishing Company.

[2] Aristotle. 1991. *The Art of Rhetoric* [M]. London: Penguin Books.

[3] Cao, F. & G. Hu. 2014. Interactive metadiscourse in research articles: A comparative study of paradigmatic and disciplinary influences[J]. *Journal of Pragmatics*, 66: 15‐31.

[4] Crismore, A. 1989. *Talking with Readers: Metadiscourse as Rhetorical Act* [M]. New York: Peter Lang.

[5] Dahl, T. 2004. Textual metadiscourse in research articles: A marker of national culture or of academic discipline?[J]. *Journal of Pragmatics*, 36(10): 1807‐1825.

[6] Fu, X. 2012. The use of interactional metadiscourse in job postings[J]. *Discourse Studies*, 14

(4)：399 – 417.

[7] Hirano, E. 2009. Research article introductions in English for specific purposes: A comparison between Brazilian Portuguese and English[J]. *English for Specific Purposes*, 28 (4)：240 – 250.

[8] Hu, G. & F. Cao. 2011. Hedging and boosting in abstracts of applied linguistics articles: A comparative study of English- and Chinese-medium journals[J]. *Journal of Pragmatics*, 43 (11)：2795 – 2809.

[9] Hussein, A. A., A. J. Khalil., et al. 2018. Metadiscourse markers in master thesis abstracts of American and Iraqi English theses[J]. *Arab World English Journal*, 9(4)：347 – 360.

[10] Hyland, K. 1998a. Exploring corporate rhetoric: Metadiscourse in the CEO's letter [J]. *Journal of business communication*, 35(2)：224 – 244.

[11] Hyland, K. 1998b. *Hedging in Scientific Research Articles*[M]. Amsterdam: John Benjamins.

[12] Hyland, K. 2002. Authority and invisibility: Authorial identity in academic writing[J]. *Journal of Pragmatics,* 34：1091 – 1112 .

[13] Hyland, K. 2004. Disciplinary interactions: Metadiscourse in L2 postgraduate writing[J]. *Journal of Second Language Writing*, 13(2)：133 – 151.

[14] Hyland, K. 2005. *Metadiscourse: Exploring Interaction in Writing*[M]. London: Continuum.

[15] Hyland, K. & Jiang. F. 2018. "In this paper we suggest": Changing patterns of disciplinary metadiscourse[J]. *English for Specific Purposes*, 51：18 – 30.

[16] Khedri, M. 2016. Are we visible? An interdisciplinary data-based study of self-mention in research articles[J]. *Poznan Studies in Contemporary Linguistics*, 52(3)：403 – 430.

[17] Lee, T. 2013. Author manifestation and perceptions of self in Chinese academic discourse: Comparisons with English[J]. *Languages in Contrast: International Journal for Contrastive Linguistics*, 13(1)：90 – 112.

[18] Li, Z. & J. Xu. 2020. Reflexive metadiscourse in Chinese and English sociology research article introductions and discussions[J]. *Journal of Pragmatics*, 159：47 – 59.

[19] Loi, C. K. & J. M. Lim. 2013. Metadiscourse in English and Chinese research article introductions[J]. *Discourse Studies*, 15(2)：129 – 146.

[20] Mauranen, A. 1993. Contrastive ESP rhetoric: Metatext in Finnish-English economics texts [J]. *English for Specific Purposes*, 12(1)：3 – 22.

[21] Moreno, A. I. 1997. Genre constraints across languages: Causal metatext in Spanish and English RAs[J]. *English for Specific Purposes*, 16(3)：161 – 179.

[22] Mu, C., L. J. Zhang., J. Ehrich & H. Hong. 2015. The use of metadiscourse for knowledge construction in Chinese and English research articles[J]. *Journal of English for Academic Purposes,* 20：135 – 148.

[23] Mur-Dueñas, P. 2011. An intercultural analysis of metadiscourse features in research articles written in English and in Spanish[J]. *Journal of Pragmatics*, 43(12)：3068 – 3079.

[24] Ohta, A. S. 1991. Evidentiality and politeness in Japanese[J]. *Issues in Applied Linguistics*, 2(2)：183 – 210.

[25] Pearson, W. S. & Abdollahzadeh, E. 2023. Metadiscourse in academic writing: A systematic review[J]. *Lingua*, 293：1 – 32.

[26] Peterlin, A. P. 2005. Text-organizing metatext in research articles: An English-Slovene contrastive analysis[J]. *English for Specific Purposes*, 24(3): 307 - 319.

[27] Scollon, R. 1994. As a matter of fact: The changing ideology of authorship and responsibility in discourse[J]. *World Englishes*, 13(1): 34 - 46.

[28] Shafique, H., M. Shahbaz., et al. 2019. Metadiscourse in research writing: A study of native English and Pakistani research articles[J]. *International Journal of English Linguistics*, 9(4): 376 - 385.

[29] Simin, S. & M. Tavangar. 2009. Metadiscourse knowledge and use in Iranian EFL writing[J]. *Asian EFL Journal*, 11(1): 230 - 255.

[30] Soler, V. 2011. Comparative and contrastive observations on scientific titles written in English and Spanish[J]. *English for Specific Purposes*, 30(2): 124 - 137.

[31] Swales, J. M. 2004. *Research Genres: Exploration and Applications* [M]. Cambridge: Cambridge University Press.

[32] Vande Kopple, W. J. 1985. Some exploratory discourse on metadiscourse [J]. *College Composition and Communication*, 36(1): 82 - 93.

[33] Zarei, G. R. & S. Mansoori. 2007. Metadiscourse in academic prose: A contrastive analysis of English and Persian research articles[J]. *The Asian ESP Journal* (3): 24 - 40.

[34] 鞠玉梅.2013.英汉学术论文语篇中的元话语研究：从亚里士多德修辞学的角度[J].外语研究(03)：23 - 29.

[35] 鞠玉梅.2020.中外学者英语学术论文摘要修辞劝说机制比较研究[J].解放军外国语学院学报,43(01)：85 - 92.

[36] 刘亚猛.2004.追求象征的力量[M].北京：生活·读书·新知三联书店.

[37] 于晖,张少杰.2021.汉语学术语篇的多声系统探究[J].当代修辞学(06)：49 - 59.

A Comparative Study of Rhetorical Persuasion in English and Chinese Research Articles: A Perspective of Metadiscourse

Xing Sun, Daqun Zhang
Soochow University

Abstract: Research articles are generally regarded as being objective and impersonal, but studies have shown that they contain rich interpersonal meaning when conveying objective information. Metadiscourse is an important resource for realizing interaction and disseminating findings. This paper attempts to compare the similarities and differences in the use of metadiscourse in English and Chinese RAs in Applied Linguistics, and analyze the use of metadiscourse in each part from the perspective of Aristotle's classical rhetorical theory. It is found that in both sub-corpora, interactive metadiscourse is more frequently used than interactional metadiscourse. On the whole, the use of metadiscourse in Chinese RAs is less than that in English RAs, and the frequency of endophoric markers, hedges and self-mentions is much lower in Chinese RAs. Both English and Chinese RAs are mainly based on logos. In the introduction and discussion, English RAs highlight the use of ethos (hedges and evidentials); In the result part, Chinese RAs use more engagement markers to achieve pathos.

Keywords: research articles; rhetorical persuasion; metadiscourse

人际语义修辞视角下的裁判理由研究

——从话语资源选择到法律价值协商①

张冉冉②

华东政法大学

摘　要：刑事判决书中的裁判理由陈述本质上属于说服主导型文本,其话语表达修辞效果对于提升当事人及公众对判决公正性的主观评价与认同具有重要作用。基于说服行为,修辞学理论与系统功能语言学的评价系统之间存在着深层次联系。本文借鉴语言学、修辞学以及法学的研究成果,在评价系统与修辞劝说模式体现关系的基础上,整合判决书裁判理由阶段的语类与话语特征,建构刑事判决书裁判理由阶段人际语义修辞选择与法律价值协商分析框架,并以于某案二审判决书为例解释如何运用该框架进行判决书裁判理由的价值协商分析,展示裁判文书说理新的研究空间。研究发现,法官为实现其说服需求往往通过人际语义修辞资源选择构建裁判理由的对话性多声背景。在此过程中,尽管较多地诉诸逻辑建构与品格表现两种修辞劝说模式,也会适时地通过情感渲染劝说模式来激发受众的情感共鸣,合理化其裁判行为,并典型地通过程序性话语、正当化话语以及说明性话语实现与受众就程序价值、证据价值和规范价值的协商一致。

关键词：人际语义修辞;评价系统;价值协商;刑事判决书;裁判理由

1　引言

　　近年来,裁判文书说理水平和质量尽管已有较大提高,说理不足的现象仍普遍存在(潘自强、邵新,2018)。随着最高人民法院《关于加强和规范裁判文书释法说理的指导意见》的颁布(2018 年 6 月 1日),裁判文书说理再次成为学界和实务界关注的热点问题。裁判文书作为裁判活动的主要载体,既充分再现庭审的公正性,展现事实认定和法律认定的合法性,又体现了判决对当事人及公众的说服性(徐清霜,2015)。对于刑事裁判文书来说,说理一方面促使案件事实与判决内容相衔接,另一方面促进裁判文书专业性与受众大众性相协调(王永兴,2014)。

　　公众对司法实践活动的参与对裁判文书内容的制作提出了更高的要求。为促进当事人、公众与司法机构的有效互动,真正让当事人及公众感受公平正义,提升司法公信力,法官在司法实践中需充分考虑到他们对司法裁判的可接受性,即司法裁判多大程度上获得他们的主动认同与接受(杨建冲,2014)。有研究从新修辞学角度研究司法裁判的可接受性(张纯辉,2012;钟林燕,2022),将裁判文书说理视为一种语言游戏,认为当代中国裁判文书缺乏合理可接受性的根源在于文书缺少公共参与讨论的空间

① 本研究为国家社会科学基金青年项目"刑事庭审中程序正义话语重构历时研究"(19CYY015)阶段性成果。

② 张冉冉(1986—),女,华东政法大学副教授,研究方向:系统功能语言学、语料库语言学、法律话语研究;通信地址:上海市松江区龙源路 555 号;邮编:201620;电子邮箱:reneelove@126.com。

（黄现清，2016），在一定程度上忽略了裁判活动中的主体间性。因此也有研究从对话的角度关注裁判文书，认为对话性是裁判文书说理的升版，是一种更重视判决书受众的说理（张骐，2022），实现由不平等的主客间性的"独白式"走向平等的主体间性的"对话式"，也就是说者和听者之间的角色转换（聂长建，2011），而非单纯单向地向当事人发布命令。上述研究大都在较为宏观的层面探讨裁判文书可接受性、对话性等，较少涉及特定语境下微观话语资源对裁判文书可接受性、对话性的实现及效果等问题。

本文在评价系统与修辞劝说模式体现关系的基础上，整合判决书裁判理由阶段的语类与话语特征，提出刑事判决书裁判理由阶段价值协商分析框架，并以于某案二审判决书为例，具体阐释判决书如何在通过人际语义修辞资源选择构建对话性多声背景的同时，诉诸不同的修辞劝说模式，并与受众实现正当程序、法律事实、法律规范等方面的法律价值协商。

2 分析框架

本文主要借鉴法学有关裁判文书说理、语言学和修辞学的研究成果，从人际语义修辞的角度构建刑事判决书裁判理由中法律价值协商分析框架。就判决书构成而言，现行刑事判决书一般包括首部、事实和证据、理由、判决主文和尾部。其中，裁判理由包括控辩观点采信与论证、罪名评判、犯罪情节论证、法律引用等（周道鸾，2002）（表1）。在实际案例分析中，我们发现上述组成部分存在交叉现象，罪名评判、犯罪情节论证和法律引用一定程度上可归属于控辩观点采信与论证，也就是裁判理由阶段的核心构成部分。

表1 刑事判决书裁判理由组成

裁判理由组成	具 体 内 容
控辩观点采信与论证	有分析地表明控辩双方的观点是否采纳，并阐明理由。
罪名评判	根据庭审查明的事实和法律的有关规定，运用犯罪构成理论，对检察机关的指控是否成立、被告人的行为是否构成犯罪以及犯何种罪，做出法律上的评判。
犯罪情节论证	根据查明的事实，确认被告人是否具有法定从轻、减轻、免除处罚的情节或者从重处罚的情节。
法律引用	准确地引用判决的法律条文作为判决的依据。

因判决书的说服力应体现在"以论理为中心，以争议焦点为起点，用符合逻辑、符合法律的方式来引导出法官所寻求到的结论"（葛文，2016），本研究从语言学的角度，结合判决书裁判理由部分的交际功能与话语特征，认为刑事判决书中的裁判理由属于"论辩语类"（Martin & Rose 2008：118），由多个讨论文或质疑文构成的论辩语类复合体嵌入实现（图1），旨在陈述法庭对控辩双方争议或焦点问题的解决及理由。语类嵌入与语类复合体可分别类比小句嵌入与小句复合体（Halliday，1994），前者指语类结构的一个阶段由另一个语类来充当，将一个整体降级出现在另一个整体之中的级转移现象，后者指单一语类通过逻辑语义关系形成语类复合体（Martin，1994；卢楠、袁传有，2022）。

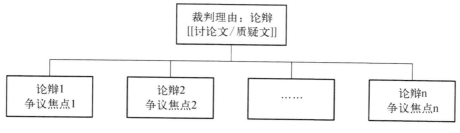

图1 作为论辩语类的刑事判决书裁判理由

已有研究表明，随着裁判文书质量的提高，裁判文书对于控辩双方事实分析和意见评价的陈述突破了以往法官一家之言简单粗暴型的说理方式（庄绪龙，2015；雷磊，2019），是庭审实质化司法改革在判决书中的话语体现，本文称之为程序性话语。而法官说理时的理由有说明性理由与正当化理由之分，前者使行为可以被理解，后者使行动可以被辩护（陈景辉，2009）。具体到判决书裁判理由阶段，各争议焦点有关案件事实的陈述，即作为理由的案件事实陈述（杨知文，2020），属于法官对当事人行为的说明性理由；法官对有关事实和证据的论证、评判以及法律引用等，则属于法官对裁判行为的正当化理由。本文将上述两种理由的话语陈述分别称为说明性话语和正当化话语（图 2）。在属于论辩语类的判决书裁判理由中，控辩双方争议焦点的解决过程就是法官通过程序性话语、说明性话语和正当化话语与当事人及公众进行程序、事实和法律规范等法律价值协商，并实现让当事人及公众感受公平正义的交际过程。不同类型话语的人际语义修辞选择便是本文的核心研究问题，即法官如何通过调用人际语义修辞资源与受众就上述价值实现协商一致。

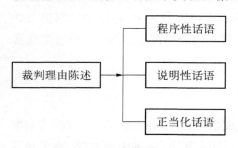

图 2　裁判理由陈述中的话语类型

作为系统功能语言学人际语义系统之一，评价系统（Martin & White，2005）已被广泛地应用于法律话语分析领域，讨论不同主体在立法或司法语境中的话语行为及功能，包括律师辩护词中修辞问句的说服力（袁传有、廖泽霞，2020）、庭审话语和裁判文书中的态度表达方式（施光，2016，2017）、态度构建（王振华、刘成博，2014）、身份关系构建等（石春煦，2019，2022；赵海燕、王振华，2022）。另一方面，马丁和怀特（Martin & White，2005）也指出，评价分析可激发语言理论中修辞研究的复兴，研究者关注概念语义修辞的同时可通过主体间性分析挖掘话语实践背后隐含的权势关系以及被谎言掩盖的真相，解释人们如何被自身感受支配，如何寻找合适的话语方式与他人进行有效协商。上述研究为我们拓展传统概念语义修辞、关注人际语义修辞提供了可能性。

亚里士多德（1991）认为，修辞就是在任何给定场景下找到说服对方方法的能力。从话语人际功能的角度看，修辞是一种社会活动，指对话者能够在具体语境中寻找和选择合适的话语方式与他人进行有效的协商。这也是本文人际语义修辞的内涵。陈文革和张冉冉（Chen & Zhang，2024）以转基因话语为例论证修辞劝说模式与评价系统人际语义范畴之间的体现关系（表 2）。

表 2　评价系统与修辞劝说模式

评 价 系 统		修辞劝说模式		
		情感渲染	品格表现	逻辑建构
态度	情感 意愿性　愉悦性　满意性　安全性	√①		
	判断 社会评判：态势性　能力性　可靠性 社会约束：真诚性　恰当性		√	
	鉴赏 反应性　构成性　价值性			√

① "√"表示"体现"关系。

续　表

评价系统			修辞劝说模式		
			情感渲染	品格表现	逻辑建构
介入	收缩	否认：否定　对立			✓
		公告：认同　断言　引证		✓	
	扩展	扩展：接纳　宣称　疏离		✓	
级差	语力 数量　体积　跨度　品质　过程 聚焦		✓	✓	✓

本研究借鉴陈文革和张冉冉（Chen & Zhang，2024）有关评价系统与修辞劝说模式的体现关系，整合判决书裁判理由阶段的语类与话语特征，提出刑事判决书裁判理由中的人际语义修辞选择与法律价值协商分析框架。下文将以本研究案例中的语言实例简单阐释表2相关内容。

［例1］
于某及其母亲苏某连日来多次遭受［－愉悦性］催逼、骚扰、侮辱，导致于某实施防卫行为时难免带有恐惧、愤怒等因素。

［例2］
本院还查明［断言］，本案系由吴某等人催逼高息借贷［－恰当性］引发，苏某多次报警后，吴某等人的不法［－恰当性］逼债行为并未收敛［－恰当性］。

［例3］
经查，冠县公安局和冠县人民检察院依法收集的相关证据，客观真实地证明了［＋价值性］案件相关事实，故相关证据可作定案证据使用。

［例4］
案发当天讨债人员大量饮酒属实，但［对立］没有［否定］证据证明讨债人员因为醉酒而丧失作证能力，排除其证言于法无据。

首先，情感渲染一般由态度子系统中的情感范畴体现，通过相关的情感话语表达，说话者可与受众分享感受或态度，并与其达成"认同"（identification）（Jenkins，2000）。如例1法官在重构案件事实时，"遭受"一词的情感意义，在一定程度上可唤起受众对于于某及其母亲遭遇的同情，从而实现受众对法官相关评判的认同，也就是伯克（Burke，1969）所说的同情认同策略。其次，品格表现主要由态度子系统中的判断、介入系统中的公告和扩展性介入体现，指向对人的行为或品性的规范性评价，突出评价者（评价来源）的可靠性/不可靠性（trustworthy）。如例2法官在陈述证据事实时，首先通过"本院还查明"表明评价来源的可靠性、可信赖性，属于介入系统中的断言，再由"本院"这一可靠来源对吴某等人的行为进行基于法律规范的消极行为判断，激发受众尤其是有共同经历而彼此熟悉的群体内部成员之间的认同，即伯克（Burke，1969）所提及的无意识认同策略，通过营造一种潜意识的"我们"，进而让受众产生共鸣。最后，逻辑建构主要通过态度子系统中的鉴赏和介入系统中的否认体现，突出话语论述的合理性，如例3中，法官对相关证据的评价"客观真实地证明了"，属于鉴赏中的价值性，通过价值性法官将证据表征为"相关证据可作定案证据使用"这一论断的原因，体现鉴赏的逻辑建构性；例4则通过否认话语资源"但""没有"承认受众可能有其他意见的同时，压缩对话空间调整受众对相关命题的期待，争取受众对于"排除其证言于法无据"的认同。这里的修辞效果类似于伯克（Burke，1969）论及的对立认同策略，特别是可用于争取群体外成员，即"他者"的认同。

此外，陈文革和张冉冉（Chen & Zhang，2024）因篇幅原因没有涉及级差系统与修辞劝说模式之间的关系。本文基于级差系统在整个评价系统中的作用认为，级差话语资源可增强或减弱三种劝说模式的修辞效果。综上，本研究分析框架如图 3 所示。

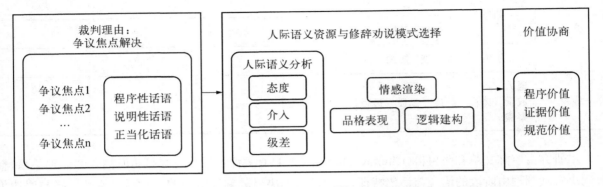

图 3　刑事判决书裁判理由中人际语义修辞选择与法律价值协商分析框架

考虑到当前庭审实质化改革对裁判文书互动性的要求，为理清判决书主体间性的话语构建过程及隐性互动，本文突出介入的对话性修辞效果，区分单声态度和多声介入态度，单声级差和多声级差（Martin & White，2005）。

3　研究方法

本文以于某案二审判决书为研究语料，通过深入分析法官在判决书程序性话语、说明性话语和正当性话语中的人际语义资源与修辞劝说模式选择，揭示法官如何合法化其裁判行为，并与受众就程序价值、证据价值、规范价值等方面的法律价值达成共识。本文选择于某案二审判决书的主要原因在于，于某案少有地引发了广泛的社会关注，二审裁判不仅需要符合法律规定，更需要回应社会大众心中的公平正义观，赢得公众对裁判的信任和认可；于某故意伤害案被最高人民法院审判委员会通过确定为 93 号指导案例，一方面可以为"同案同判"公平地处理案件提供实践指导意义，另一方面可以充分发挥以案释法的普法教育作用，构建司法权威；于某案的二审审理过程是落实以审判为中心的庭审实质化刑事诉讼改革要求的重要体现。

4　研究发现：人际语义资源选择与修辞效果

本文研究案例裁判理由阶段涉及"事实与证据""法律适用""刑罚裁量"和"诉讼程序"等 4 个争议焦点。评价资源在上述 4 个部分的分布如表 3 所示。为保证研究的可靠性和有效性，本文将评价资源出现频次依照每千字进行标准化处理（Bednarek、郇昌鹏，2018），统计和比较每千字相关语义资源频次。因争议焦点"诉讼程序"涉及较少内容，本文主要关注评价资源在其他 3 个主要争议焦点中的分布与使用。分析发现，除"刑罚裁量"较多使用态度资源（包括单声态度），较少使用多声介入资源外，评价资源在上述 3 个争议焦点中的整体分布差别并不大（图 4）。

在态度、介入和级差系统内部人际语义资源选择方面，主要争议焦点又呈现不同的倾向性，体现不同的修辞劝说模式。在态度资源选择上（图 5），"刑罚裁量"使用最多的判断资源，尤其是恰当性，特别地诉诸品格表现修辞劝说模式寻求受众的认同。态度系统中的判断范畴，作为一种社会化或者机构化的情感，是说话者依据一定的社会规范或行为准则对群体成员做出行为或品行评价，属于无意识认同策略的使用（Burke 1969），即通过营造一种潜意识的同属于一个社会群体的"我们"使受众产生共鸣。

"事实与证据"使用鉴赏资源突出,通过价值性把证据等陈述为某一论断的原因从而实现修辞劝说中的逻辑建构。"法律适用"则特别突出通过情感资源(主要是意愿性和满意性)对情感渲染的话语建构效果。

表 3　案例裁判理由阶段争议焦点及评价资源分布

裁判理由:争议焦点	字　　数		评价资源(绝对频次)	评价资源(次/千字)
事实与证据	1 040		116	112
法律适用	1 838	3 887	194	106
刑罚裁量	887		95	107
诉讼程序	122		13	107

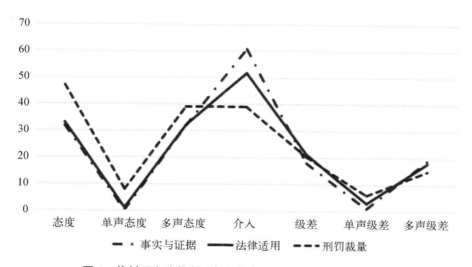

图 4　裁判理由阶段主要争议焦点中人际语义资源使用对比

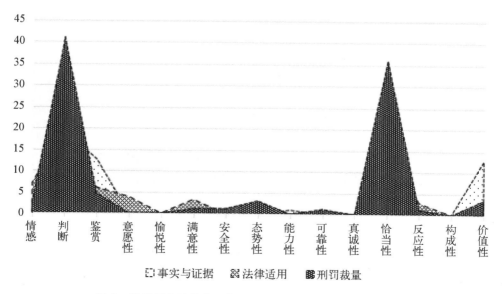

图 5　裁判理由阶段主要争议焦点中态度语义资源使用对比

　　在介入资源选择上(图 6),主要争议焦点均使用更多的收缩性介入,在构建话语多声互动背景的同时,通过压缩对话空间表明说话者的专业强势立场和机构权势地位。具体而言,"事实与证据"使用介入资源最多,尤其是属于收缩性介入否认范畴的否定和对立,表明"事实与证据"更倾向于选择逻辑建构修辞劝说模式。尽管数量稍少,"法律适用"中的介入资源选择倾向与"事实与证据"一致,凸显收缩性介入否认对逻辑建构修辞劝说模式的构建。另一方面,"事实与证据"又较多地选择扩展性介入中属于内部声源的接纳范畴,"法律适用"则较多地选择扩展性介入中属于外部声源的宣称范畴(张冉冉,2020),在体现品质表现修辞劝说模式的同时,构建话语不同的主体间性。"刑罚裁量"的介入资源选择与前两者相反,收缩性公告范畴使用突出,包括断言、认同和引证,表明"刑罚裁量"倾向诉诸品质表现的修辞劝说模式,将说话人表达为权威的、可信服的。

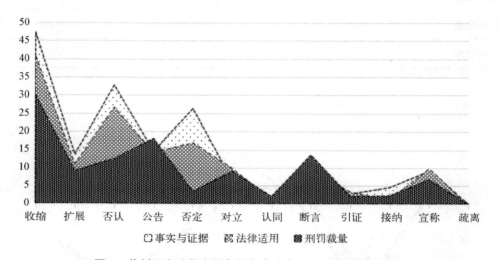

图 6　裁判理由阶段主要争议焦点中介入语义资源使用对比

　　最后,主要争议焦点在级差资源选择上整体较为一致(图 7),均使用较多的语力来增强或减弱人际语义修辞效果。"事实与证据"选择了一定的聚焦资源,且数量资源使用较为突出,"法律适用"则在质量和过程两个范畴选择方面较为突出。

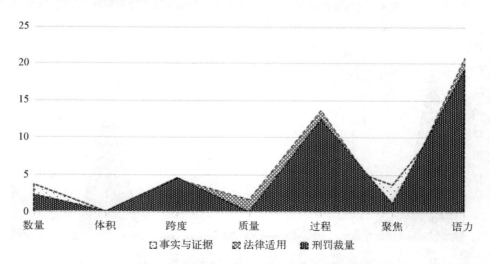

图 7　裁判理由阶段主要争议焦点中级差语义资源使用对比

　　裁判理由阶段多声态度和多声级差资源使用突出的结果表明,裁判理由被陈述为多声背景,聚焦裁判活动多主体间态度的对话协商,通过不同的声源选择收缩或扩大对话空间来实现劝说说服目的

（王振华、路洋，2010）。有关"事实与证据"和"法律适用"的争议焦点陈述主要通过鉴赏和收缩性否认介入资源突出逻辑建构修辞劝说模式，在"法律适用"中也会适时地诉诸情感渲染劝说模式，以激发受众的情感共鸣，实现对受众立场或态度的影响；有关"刑罚裁量"的争议焦点陈述则突出判断和收缩性公告资源对品格表现修辞劝说模式的构建。上述发现与修辞说服手段在中国刑事庭审（法律调查阶段和法庭辩论阶段）中的使用（赵军峰、杨之森，2020）基本一致。

5　结果讨论：法律价值协商

本研究案例中争议焦点陈述均呈现出"程序性话语^正当化话语[[说明性话语]]①"话语发展模式。其中，程序性话语是庭审实质化在裁判文书中的直接体现，正当化话语通过不同的人际语义资源选择，诉诸不同的修辞劝说模式，与受众进行价值协商，并在此过程中实现受众对裁判行为和裁判结果的认同，说明性话语则往往内嵌于正当化话语，被表征为正当化理由的基础。

5.1　正当程序价值

在审判中心主义改革下，实体真实和正当程序具有同等重要的价值，应坚持实体与程序的价值平衡，"实体公正并不能简单等同于实体真实，符合正当程序前提的实体真实才能实现实体公正"（郭航，2020）。程序性话语是"以审判为中心"庭审实质化司法改革在裁判文书的直接体现，是正当程序价值的话语体现。如：

［例5］
上诉人于某及其辩护人所提［宣称］原判未［否定］认定［－恰当性］杜某2受伤后自行［聚焦］驾车前往冠县人民医院，而［对立］未［否定］去距离更近［跨度］的冠县中医院，且到医院后还［过程］与门卫发生冲突［－恰当性］，延误救治，导致失血过多死亡［－价值性］的上诉意见及辩护意见，……

例5将庭审相关主体上诉人及其辩护人的意见表达为判决书话语多声背景中的一个，通过宣称、否定、对立等介入资源构建话语主体间性的同时，重构司法审判中控辩双方"理性的论证、辩论、说服、协商与交涉"等行为，并成为法官代表国家主持裁判，在听取和采纳双方证据、意见的基础上作出权威裁判的前提（陈瑞华，2022）。

5.2　法律证据价值

正当化话语在争议焦点"事实与证据"中主要通过鉴赏、否认、对立等人际语义资源诉诸逻辑建构的修辞劝说模式，并典型地通过"经查"等说明性话语标记合理化裁判论证理由，与受众协商证据事实价值。

［例6］
经查，冠县公安局和冠县人民检察院依法收集的相关证据，客观真实地证明了［＋价值性］案件相关事实，本案亦不［否定］存在依法应予回避的情形，故相关证据可［断言］作定案证据使用。
［例7］
经查，多名［数量］证人反映杜某2是［对立＋断言］由杜某7驾车送医院治疗，而［对立］非［否定］自行前往；选择去人民医院而［对立］未［否定］去更近的中医院抢救，是［对立＋断言］因为人民医院是当地［跨度］最好［＋价值性］且［过程］距离也［过程］较近［跨度］的医院……故对于某及其辩护人的该上诉意见及辩护意见，本院不［否定］予采纳。

---

① 依据系统功能语言学的传统（Hallidy，1994），双括号表示嵌入。

例 6 通过对"相关证据"的积极价值性评价,将其陈述为裁判行为的理由,诉诸逻辑建构的修辞劝说模式,突出裁判的合理性。例 7 通过"经查"这一手段合理化话语策略(van Leeuwen,2007/2008),具体化查明的事实,为结果采信提供理由。在理由阐述过程中,判决书并没有直接陈述庭审查明的事实是什么,而是引入并强化第三方声源"多名证人反映……""侦查实验证明……",并采用"……是……而非……""……是因为……""仅"等具有典型对话特征的介入资源,引导潜在听话人对其所论证观点的认同,突出逻辑建构的话语劝说模式。同时,"事实与证据"中的正当化话语(说明性话语)较多地使用与品格表现劝说模式相关的判断态度资源,如例 8,并通过意见评判("与……基本相符")将案件事实("查明的事实")陈述为裁判理由,使品格表现劝说模式成为逻辑建构模式的基础,从而与受众实现有关证据事实价值的协商。

[例 8]

案发时杜某 2 等人受吴某、赵某 1 指使[-恰当性],采用非法限制[-恰当性]自由的方式讨债并对于某、苏某侮辱、殴打[-恰当性]的上诉意见和山东省人民检察院的相关出庭意见,与查明的事实基本相符[+价值性],本院予以采纳。

5.3 法律规范价值

正当化话语在"法律适用"和"刑罚裁量"争议焦点论证中均着重于通过人际语义修辞选择实现规范价值的构建。在此过程中,基于法律文本的解释和基于案件事实的解释成为裁判理由形成的两个重要方面,前者主要通过引证资源援引相关法律规范实现,后者通过"经查"等说明性话语将案件事实由"证据事实"构建为"要件事实"(杨知文,2020),并使之成为裁判的实质理由与基础。有关法律适用和刑罚裁量争议焦点论证的话语陈述模式就典型地体现为"法律解释^(主观评判)^评判理由^主观评判(重述)",如例 9。

[例 9]

法律解释^

(1)根据刑法规定,对正在进行的行凶、杀人、抢劫、强奸、绑架以及其他严重危及人身安全的暴力犯罪,公民有权进行特殊防卫。

主观评判^

(2)但[对立]本案并[对立]不[否定]存在适用特殊防卫的前提条件。

评判理由^

(3)经查,苏某、于某 1 系主动通过他人协调、担保,向吴某借贷,自愿接受吴某所提 10% 的月息。既不存在苏某、于某 1 被强迫向吴某高息借贷的事实,也不存在吴某强迫苏某、于某 1 借贷的事实。

主观评判(重述)

(4)与司法解释有关强迫借贷按抢劫罪论处的规定不符。故对辩护人的相关辩护意见,本院不采纳;对出庭检察员、被害人及其诉讼代理人提出的于某行为不属于特殊防卫的意见,本院予以采纳。

例 9 是判决书在评判上诉人于某的行为是否属于防卫过当时的理由陈述,整体上呈现出"法律解释^主观评判^评判理由^主观评判重述"的话语发展模式:先使用引证解释依据刑法规定公民有权进行特殊防卫的前提条件,再由对立资源"但""并"和否定资源"不"作出评判的同时,诉诸逻辑建构的修辞劝说模式调整潜在听话人的价值立场,凸显法律规范的价值;然后通过"经查"进一步阐释"为何不",引出作为裁判理由的要件事实。

前文提到,案例在有关"法律适用"的争议焦点中比较突出地使用了情感类人际语义资源,尤其是意愿性和满意性,在实现情感渲染修辞效果的同时,一定程度上合理化了相关行为,从而可争取更多受众对裁判结果的价值认同,如例 10 用于传递于某和苏某的情感反应的话语资源"欲""警告"等。

［例 10］

经查,案发当时杜某 2 等人对于某、苏某实施了……苏某和于某欲［＋意愿性］随民警走出接待室……在于某持刀警告［－满意性］时仍出言挑衅并逼近……于某是在人身安全面临现实威胁的情况下才持刀捅刺,且其捅刺的对象都是在其警告［－满意性］后仍向前围逼人,可以认定其行为是为了制止不法侵害。

与"法律适用"不同,在有关"刑罚裁量"的争议焦点中说明性话语非常多地使用判断资源,在对案件事实的话语建构中突出品格表现的修辞劝说模式,如:

［例 11］

<u>本院还查明</u>［断言］,本案系由吴某等人催逼［－恰当性］高息借贷引发,苏某多次报警后,吴某等人的不法［恰当性］逼债行为<u>并</u>［对立］<u>未</u>［否定］收敛［－恰当性］。案发当日,被害人杜某 2 曾当着于某之面公然［－恰当性］……侮辱［－恰当性］其母亲苏某,虽然距于某实施防卫行为已间隔约二十分钟,<u>但</u>［对立］于某捅刺杜某 2 等人时难免不［接纳；＋态势性］带有报复杜某 2 辱母的情绪,在刑罚裁量上应当［断言］作为对于某有利的情节重点考虑。杜某 2 的辱母行为严重［质量］违法［－恰当性］、亵渎人伦［－恰当性］,应当［断言］受到惩罚［－恰当性］和谴责［－恰当性］,<u>但</u>［对立］于某在实施防卫行为时……,<u>且</u>［过程］其中一重伤者系于某持刀从背部捅刺,防卫<u>明显</u>［认同］过当。于某及其母亲苏某的人身自由和人格尊严应当［断言］受到法律保护［＋价值性］,<u>但</u>［对立］于某的防卫行为超出法律所容许的限度［－恰当性］,<u>依法</u>［引证］<u>也</u>［认同］应当［断言］承担刑事责任［－恰当性］。认定于某行为属于防卫过当,构成故意伤害罪,既是严格司法的要求［＋恰当性］,也［过程］符合人民群众的公平正义观念［＋价值性］。

由"本院还查明"可知,例 11 的论证过程是说明性话语对相关证据事实的话语重构过程。证据事实不可能是对已发生事实(客观事实)的完全再现,"只是借助证据对案件情况的部分还原",但证据事实也有其客观性,主要体现在"基于证据推导的事实状况的正确性"(杨知文,2020)。从话语的角度看,这里的证据事实由具有因果关系的两条态度衔接链形成,在增强话语衔接的同时凸显人际意义的韵律性特征(Hood,2010):态度的评价者均为判决书,评价对象分别为吴某、杜某等和于某。判决书将吴某、杜某的行为构建为于某犯罪行为的原因,对吴某、杜某行为的判断均为消极的恰当性,如"催逼""不法""未收敛""公然""侮辱""严重违法""亵渎人伦""受到惩罚和谴责"等。而有关于某方面的评价,尽管最后也是落脚于消极的恰当性,态度范畴变化比较多样:首先"难免不带有报复……的情绪"将于某的情绪表征为一种行为的态势性,同时通过"难免不"的介入性接纳意义,打开与潜在受众的对话空间,争取受众对此评价立场的认同,从而认同其有关刑罚裁量的决定;随后在论证于某防卫行为过当时,判决书先肯定了于某及其母亲人身自由和人格尊严的价值性:"应当受到法律",然后通过"但"的对立反驳功能,引导并调整受众对于某违法行为判断的主观认知。此外,例 11 在完成其作为"评判理由"的案件事实重构之后,还进一步通过"情理"等增强与受众的互动,从严格司法和人民群众公平正义观两个方面突出本判决对于某行为的刑罚裁量的合理性(杨贝,2022)。

换言之,例 11"刑罚量刑"的说明性话语(正当性话语)通过态度系统的判断资源构建案件相关主体的行为事实,并通过公告资源如"查明""应当""明显""也"诉诸品格表现,突出相关立场来源的可信赖性。另一方面,否认资源尤其是"但""并""未"的使用,以及"是严格司法的要求""符合人民群众的公平正义观念"等从逻辑建构的角度将法律规范价值转向司法公平公正价值的构建。

6　结语

本文基于评价系统与修辞劝说模式间的体现关系,整合刑事判决书裁判理由阶段的语类与话语特征,提出裁判理由阶段人际语义修辞选择与法律价值协商分析框架,并以于某案二审判决书为例探讨法官如何通过程序性话语、正当化话语以及说明性话语的人际语义修辞资源选择解决争议焦点,合理化其裁判行为,实现与受众就程序价值、证据价值和规范价值协商一致。本研究为判决书说理研究提供了一个新视角,对法治公共价值等研究具有启示意义。

根据最高人民法院《关于加强和规范裁判文书释法说理的指导意见》,裁判文书说理的目的是"通过阐明裁判结论的形成过程和正当性理由,提高裁判的可接受性,实现法律效果和社会效果的有机统一"。作为司法裁判过程的载体,判决书架起法律与社会沟通的桥梁。司法裁判本质上是一种价值判断,如何将社会公众对主流价值的认同移至司法判决并确定公众的认同,取决于法官释法说理的方法和方式(杨贝,2022)。本文从人际语义修辞视角对刑事判决书裁判理由陈述的讨论,对判决书理由阶段有关正当程序价值、法律证据价值和法律规范价值的话语协商方式及策略的分析,可为司法实践中增强裁判文书释法说理效果提供较为具体的参考。

参考文献

[1] Burke, K. 1969. *A Rhetoric of Motives*[M]. Berkley, CA: University of California Press.

[2] Chen Wenge and R. R. Zhang. 2024. The interpersonal semantics of rhetoric: Ideological variations and their rhetorical construction in the GM debate in China[J]. *Pragmatics & Society*, 15(2): 246–274.

[3] Halliday, M. A. K. 1994. *An Introduction to Functional Grammar*[M]. London: Edward Arnold.

[4] Hood, S. 2010. *Appraising Research: Evaluation in Academic Writing*[M]. London: Palgrave Macmillan.

[5] Jenkins, R. 2000. Categorization: Identity, social process and epistemology[J]. *Current Sociology*, 48(3): 7–25.

[6] Martin, J. R. 1994. Macro-genres: The ecology of the page[J]. *Network* 21: 21–52.

[7] Martin, J. R. & P. R. R. White. 2005. *The Language of Evaluation: Appraisal in English*[M]. London: Continuum.

[8] Martin, J. R. & D. Rose. 2008. *Genre Relations: Mapping Culture*[M]. London: Equino.

[9] van Leeuwen, T. 2007. Legitimation in discourse and communication[J]. *Discourse and Communication*(1): 91–112.

[10] van Leeuwen, T. 2008. *Discourse and Practice: New Tools for Critical Discourse Analysis*[M]. Oxford: Oxford University Press.

[11] 亚里士多德.1991.修辞学[M].罗念生,译.上海:上海人民出版社.

[12] 陈景辉.2009.裁判可接受性概念之反省[J].法学研究(4):3–17.

[13] 陈瑞华.2022.程序正义理论(第二版)[M].北京:商务印书馆.

[14] 葛文.2016.具有说服力裁判文书的形式构成[J].人民司法(应用)(22):85–88.

[15] 郭航.2020.刑事庭审实质化的权利推进模式研究[J].政治与法律(10):11–24.

[16] Bednarek, M. & 郇昌鹏.2018.评价系统研究中的关键原则[J].外语研究(1):39–45.

[17] 黄现.2016.裁判文书说理的法理分析[J].政法论丛(1):113–120.

[18] 雷磊.2019.从"看得见的正义"到"说得出的正义":基于最高人民法院《关于加强和规范裁判文书释法说理的指导意见》的解读与反思[J].法学(1):173–184.

[19] 卢楠,袁传有.2022.司法意见书的语类嵌入结构探析[J].外国语(上海外国语大学学报)(3)：34－47.

[20] 聂长建.2011."说者"与"听者"角色转换——司法判决可接受性的程序性思考[J].政法论坛(2)：122－131.

[21] 潘自强,邵新.2018.裁判文书说理：内涵界定与原则遵循[J].法治研究(4)：99－107.

[22] 石春煦.2019.个体化视角下公诉人身份建构的多模态设计[J].现代外语(2)：243－253.

[23] 石春煦.2022.身份研究：积极话语分析和批评话语分析的互补性[J].外语学刊(3)：48－54.

[24] 施光.2016.法庭审判话语的态度系统研究[J].现代外语(1)：52－63＋146.

[25] 施光.2017.刑事判决书的态度系统研究[J].外语与外语教学(6)：81－88＋147－148.

[26] 王永兴.2014.试论刑事裁判文书法律适用的说理[J].江南论坛(7)：35－37.

[27] 王振华,刘成博.2014.作为社会过程的法律语篇：态度纽带与人际和谐[J].中国外语(3)期：19－25＋33.

[28] 王振华,路洋.2010."介入系统"嬗变[J].外语学刊(3)：51－56.

[29] 徐清霜.2015.庭审与裁判文书实现司法公正的"两驾马车"[J].山东审判(4)：115－115＋73.

[30] 杨贝.2022.裁判文书说理的规范与方法[M].北京：法律出版社.

[31] 杨建冲.2014.新修辞学视野下的裁判文书及制作理念[D].重庆：西南政法大学.

[32] 杨知文.2020.指导性案例中的案件事实陈述及其编撰[J].环球法律评论(5)：38－51.

[33] 袁传有,廖泽霞.2010.律师辩护词中修辞疑问句的隐性说服力[J].当代修辞学(4)：24－30.

[34] 张纯辉.2012.司法判决书可接受性的修辞研究[M].北京：法律出版社.

[35] 张骐.2022.论裁判文书的对话性[J].中国应用法学(1)：49－61.

[36] 张冉冉.2020.介入意义在现代汉语中的体现方式研究[M].北京：九州出版社.

[37] 赵海燕,王振华.2022.律师身份的多模态符际建构[J].现代外语(5)：1－14.

[38] 赵军峰,杨之森.2020.西方修辞学视角下的法庭口译研究[J].中国翻译(5)：154－162.

[39] 钟林燕.2022.论裁判文书说理的积极修辞及其限度[J].法学(3)：21－34.

[40] 周道鸾.2002.关于刑事裁判文书制作中若干问题的研究(二)[OL].https://www.chinacourt.org/article/detail/2002/09/id/12420.shtml.

[41] 庄绪龙.2015.裁判文书"说理难"的现实语境与制度理性[J].法律适用(11)：83－92.

The Interpersonal Semantic of Rhetoric in the Statement of Reasons: From Discourse Choice-making to Value Negotiation

Ranran Zhang

East China University of Political Science and Law

Abstract: The statement of reasons in criminal judgment is essentially a persuasive text, and its rhetorical effect plays an important role in improving the subjective evaluation and recognition by the parties and the public of the justice of the judgment. Based on persuasion, there is a deep connection between the rhetoric theory and the appraisal system in systemic functional linguistics. Drawing insights from the development in linguistics, rhetoric and jurisprudence, and on account of the relationship between the appraisal system and the rhetorical forms of persuasion, this paper puts forward an analytical framework for the interpersonal semantic rhetoric selection and value negotiation in the reason stage of criminal judgment by integrating its generic structure and the discursive features. In order to illustrate how this framework works, the second instance of Yu Huan case is chosen as an example, which shows the new research space for reasoning in judgment documents. The findings suggest that to be persuasive the judge tends to construct a dialogistic heteroglossic background for the reason stage through the choice of interpersonal semantic rhetoric resources. In this process, although the two forms of persuasion, logos and ethos, are often resorted to, the form of pathos is also timely used to stimulate the emotional resonance of the audience. At the same time, the judge tries to achieve their alignment with the audience on procedural value, evidence value and normative value through procedural discourse, justifying discourse and explanatory discourse.

Keywords: interpersonal semantics of rhetoric; appraisal system; value negotiation; criminal judgment; reason stage

基于中印媒体"一带一路"报道的中国形象生态话语对比分析①

魏　榕②　胡燕岚③

中国矿业大学(北京)

摘　要: 本文采用中国形象生态化及物性分析框架,比较分析了中印媒体"一带一路"报道的生态化中国形象构建与其及物性特征,探究了中印媒体对"一带一路"与中国形象的生态性认知与态度。研究结果显示:① 中印媒体"一带一路"报道均以生态化及物性语义资源构建出有益性、中性和破坏性中国形象;② 虽然两国媒体主要聚焦有益性形象,但中媒的有益性比例明显高于中性与破坏性,印媒在有益性、中性和破坏性形象的建构上差异较小;③ 印媒赞同"一带一路"倡议的目标,但对加入该倡议持犹豫与谨慎态度。该研究为"一带一路"话语研究提供了新视角,对于构建理想中国形象、促进国际生态系统的动态平衡提供了重要启示。

关键词: 中印媒体;"一带一路";中国形象;生态化及物性分析框架

1　引言

近年来,随着中国形象研究的话语转向(陈琳琳,2018;郁昌鹏、管新潮,2022),"一带一路"报道的话语研究也逐渐成为研究热点。目前,研究视角广泛,涵盖了批评话语分析、积极话语分析、多模态话语分析和生态话语分析等。批评话语分析侧重于分析外媒对"一带一路"的认知及其背后的意识形态(Zhang & Wu,2017;Teo & Xu,2021);积极话语分析则着力于揭示国际社会对参与"一带一路"的兴趣与意向(何伟、高然,2018;张虹,2018;张冬梅、闫欣,2019;史康、金山,2021);多模态话语分析强调多模态符号在传播"一带一路"倡议中发挥的重要作用(杨颖,2017;孙小孟等,2020);生态话语分析从生态视角审视"一带一路"话语,旨在探讨其生态意义与话语中蕴含的生态意识(刘佳欢,2022)。就研究对象而言,当前的研究主要关注美国、英国等西方发达国家的媒体报道,鲜有涉及中国、印度等发展中国家,更少涉及中印媒体的比较分析。作为南亚地区的重要发展中国家,印度对"一带一路"倡议的态度及其报道会影响到该倡议与南亚的连接(王延中等,2019)。另外,中印两国都是重要的国际生态因子,从生态视角对比分析两国媒体的"一带一路"报道,对于促进国际生态系统和谐具有重要的现实意义。

鉴于此,本文采用生态话语分析范式,参照中国形象生态化及物性分析框架(魏榕,2022a),对比分析中印媒体"一带一路"报道的及物性表征和生态化中国形象建构,以期为"一带一路"新闻话语研究提供新的理论视角,在实践层面为"一带一路"的外宣提供有益参考。通过深入推进"一带一路"建设,本

---

① 本文受到教育部人文社会科学研究青年基金项目"新时代背景下的生态话语分析研究——以中外媒体'一带一路'报道为例"(项目编号:20YJC740068)、国家社科基金青年项目"中国形象在澳大利亚新闻话语中的传播效果评估与优化(1972—2021)"(项目编号:19CYY016)、北京市社会科学研究青年基金项目"新时代中美媒体北京形象之语料库辅助的生态话语对比研究(2012—2022)"(项目编号:22YYC015)、中央高校基本科研业务费专项项目(项目编号:2024SKPYWF02 和 2023KPYWF01)的支持。

② 魏榕(1987—　),中国矿业大学(北京)文法学院副教授;主要研究方向:系统功能语言学、生态语言学、语料库与话语分析;通信地址:北京市海淀区学院路丁 11 号中国矿业大学(北京)文法学院,邮编:100083;电子邮箱:weirongruby@cumtb.edu.cn。

③ 胡燕岚(1998—　),中国矿业大学(北京)文法学院硕士研究生;主要研究方向:生态话语分析;通信地址:北京市海淀区学院路丁 11 号中国矿业大学(北京)文法学院;邮编:100083;电子邮箱:1937559505@qq.com。

研究努力为树立中国的良好国际形象作出贡献(史康、金山,2021)。

2　理论基础

生态话语分析范式认同话语建构现实的观点(Halliday,1995/2006)。在此分析视角下,对中国形象的研究将中国视为国际生态系统中的生态因子(何伟、魏榕,2017),认为中国形象不仅是由话语建构的,而且是通过话语意义表征所揭示的社会现象(Tang,2021)。中国形象生态化及物性过程分析框架以建构中国形象为问题导向,旨在融合"多元和谐,交互共生"生态哲学观与系统功能语言学理论,以促成"东西方在应对生态问题方面的对话"(魏榕,2022b:3)。

一方面,"多元和谐,交互共生"生态哲学观比较全面地反映了自然生态系统和社会生态系统良性发展的需求,有助于揭示各类话语的生态意义(何伟等,2021)。这一生态哲学观融合了中国传统哲学精髓与马克思主义思想,被视为中国外交核心思想的精粹(何伟、刘佳欢,2020)。这些理念与"一带一路"倡议的核心目标不谋而合,即通过与其他国家合作,共享发展成果、实现共赢,共同维护国际社会生态系统良性运作(何伟、魏榕,2018)。另一方面,系统功能语言学以问题为导向,致力于解决与语言有关的各种实际问题(黄国文,2019),为生态话语分析提供了理论性的指导。该理论强调"适用性"与"社会责任性"(魏榕,2022b:3),旨在通过实用的语言研究方法回应社会实践的需求。及物性系统作为系统功能语言学理论的重要组成部分,反映了话语中的经验意义如何在小句中表现。通过及物性分析,能够有效判断话语的生态取向(魏榕,2023;何伟、程铭,2023),这被视为"提高人们生态意识、改善人们行为的有效途径之一"(何伟等,2021:57)。

"一带一路"倡议不仅是中国对外开放和国际合作的重要平台,也是构建和传播中国形象的关键载体(孙发友、陈旭光,2016)。不同国家媒体对"一带一路"的报道能反映它们对中国形象的不同建构机制和理解(Afzaal et al.,2022)。然而,单纯的新闻内容分析并不能全面揭示新闻的深层价值(Teo & Xu,2021)。因此,基于结合了话语意义与生态评判标准的中国形象生态化及物性过程分析框架(魏榕,2022a),本研究旨在分析媒体对"一带一路"报道的话语及物性表征和生态化中国形象,探讨新闻话语中蕴含的生态意义与价值。

在此分析框架下,中国形象由话语建构出 3 种生态化形象:有益性、中性与破坏性形象,它们由相应的生态化过程得以表征,其中有益性形象由遵循"多元和谐,交互共生"生态哲学观的有益性过程表征,能促进国际生态系统的动态平衡;中性形象由既不遵守、也不违背此生态哲学观的中性过程表征,不影响国际生态系统的动态平衡;破坏性形象由违背此生态哲学观的破坏性过程表征,会阻碍国际生态系统的动态平衡(魏榕,2022a)。

3　研究语料及过程

研究基于 LexisNexis 数据库,采用"belt and road"作为搜索词,检索了 2013 年 8 月 1 日到 2021 年 12 月 31 日间《中国日报》(*China Daily*)和印度媒体对"一带一路"倡议的报道。在《中国日报》(*China Daily*)中,共提取出 20 113 篇报道,据此建立了中媒"一带一路"语料库。同时,从 6 家主要印度媒体——《印度时报》(*The Times of India*)、《印度斯坦时报》(*Hindustan Times*)、《印度快报》(*Indian Express*)、《印度教徒报》(*The Hindu*)、《新德里时报》(*New Delhi Times*)和《星期日卫报》(*The Sunday Guardian*)中,提取出 7 046 篇相关报道,建立了印媒"一带一路"语料库。接下来,基于中印媒体"一带一路"语料库,利用 WordSmith 8.0 语料库软件制作了"belt and road"索引行,分别检索得到 52 277 和 2 668 个结果。通过以"belt and road"+ V 对索引行进行人工筛选,分别提取 4 416 和 617 个代表性结果。最后,本研究依据中国形象生态化及物性过程分析框架,利用 SPSS26.0 进行数据统计和分析。

4　结果与讨论

4.1　中印媒体"一带一路"生态化中国形象总体特征

研究统计分析了中印媒体"一带一路"报道中所展现的中国形象,重点关注"belt and road" + V 语义结构呈现的中国形象生态化属性特征(如表 1 所示)。结果显示,两国媒体均倾向于呈现中国形象的有益性特征,但中媒的有益性占比明显高于中性与破坏性比例,而印媒的 3 种生态性特征占比差异不甚明显。为增强分析结果的科学性和可信度,我们采用了 SPSS(版本 26.0)软件对中印媒体的中国形象生态取向频次进行拟合优度检验(表 2 和表 3),随后通过卡方检验,对比验证了中印媒体在中国形象的生态取向频次分布上的差异性,由此对比二者的相对生态程度(表 4、表 5、表 6)。

表 1　中印媒体中国形象生态取向频数分布

媒　体	有　益　性	中　　性	破　坏　性
中　媒	3 286	1 090	40
印　媒	275	194	148

表 2　中媒中国形象生态有益性和非有益性小句频次数据表及卡方检验数据表

	小句频次数据表			卡方检验数据表	
	实测个案数	期望个案数	残　差	数　值	
非生态有益性	1 130	2 208	− 1 078	卡方	1 052.612[a]
生态有益性	3 286	2 208	1 078	自由度	1
总　　计	4 416			渐进显著性	0

注:a. 0 个单元格(0.0%)的期望频率低于 5。期望的最低单元格频率为 2 208.0。

根据表 2 的结果,$X^2(1, N_1 = 4\,416) = 1\,052.612$,$p$ 值 = 0.000 < 0.01,表明中媒中国形象的生态语义表征具有显著差异,其中有益性话语明显多于中性话语和破坏性话语。据此,可以得出中媒"一带一路"报道的中国形象生态程度属于有益性。

据表 3 的数据分析结果显示,$X^2(1, N_2 = 617) = 7.276$,$p$ 值 = 0.007 < 0.01,印媒的中国形象有益性比例显著高于非有益性(中性和破坏性)比例,报道的整体呈现出中国形象的有益性。

表 3　印媒中国形象生态有益性和非有益性小句频次数据表及卡方检验数据表

	小句频次数据表			卡方检验数据表	
	实测个案数	期望个案数	残　差	数　值	
非生态有益性	275	308.5	− 33.5	卡方	7.276[a]
生态有益性	342	308.5	33.5	自由度	1
总　　计	617			渐进显著性	0.007

注:a. 0 个单元格(0.0%)的期望频率低于 5。期望的最低单元格频率为 308.5。

由此可见,中印媒体在"一带一路"报道中均涉及有益性、中性和破坏性的中国形象,且根据表 2 和表 3 可知,两国媒体的报道整体倾向于有益性。因此,为了深入研究中印媒体之间生态性的差异,我们分别对两国有关有益性、中性和破坏性的中国形象进行了生态取向交叉分析以及卡方检验(表4、表5 和表6)。

表 4　中印媒体与中国形象有益性生态取向交叉表及卡方检验数据表

媒体生态性交叉表					卡方检验数据表			
		生　态　性				值	自由度	渐进显著性(双侧)
		有 益 性	非有益性	总　计				
媒体语料库	中媒	3 286	1 130	4 416	皮尔逊卡方	232.959[a]	1	0.000
	印媒	275	342	617				
总　计		3 561	1 472	5 033	有效个案数	5 033		

注：a. 0 个单元格(0.0%)的期望计数小于 5。最小期望计数为 180.45。

从表 4 来看，$X^2(1, N_3 = 5\ 033) = 232.959$，$p$ 值 = 0.000＜0.01，中印媒体在中国形象有益性表达的分布上存在显著差异，而且中媒的有益性程度明显高于印媒。

表 5 展现了中印媒体中性中国形象的差异，$X^2(1, N_4 = 5\ 033) = 13.016$，$p$ 值 = 0.000＜0.01，表明中印媒体在中性表征上的分布上存在显著差异，但相对于有益性表征来说，两国媒体间中性表征的差异较小。

表 5　中印媒体与中国形象中性生态取向交叉表及卡方检验数据表

媒体生态性交叉表					卡方检验数据表			
		生　态　性				值	自由度	渐进显著性(双侧)
		中　性	非 中 性	总　计				
媒体语料库	中媒	1 090	3 326	4 416	皮尔逊卡方	13.016[a]	1	0.000
	印媒	194	423	617				
总计		1 284	3 749	5 033	有效个案数	5 033		

注：a. 0 个单元格(0.0%)的期望计数小于 5。最小期望计数为 157.41。

如表 6 所示，$X^2(1, N_5 = 5\ 033) = 802.062$，$p$ 值 = 0.000＜0.01，中印媒体有关中国形象破坏性表征之间有显著性差异，且与有益性、中性的对比卡方结果显示，两国媒体间的破坏性表征的差异性更为显著。接下来，我们将根据这些分析结果，深入讨论中印媒体"一带一路"生态化中国形象及物性过程表征。

表 6　中印媒体与中国形象破坏性生态取向交叉表及卡方检验数据表

媒体生态性交叉表					卡方检验数据表			
		生　态　性				值	自由度	渐进显著性(双侧)
		破 坏 性	非破坏性	总　计				
媒体语料库	中媒	40	4 376	4 416	皮尔逊卡方	802.062[a]	1	0.000
	印媒	148	469	617				
总计		188	4 845	5 033	有效个案数	5 033		

注：a. 0 个单元格(0.0%)的期望计数小于 5。最小期望计数为 23.05。

4.2　中印媒体"一带一路"生态化中国形象及物性过程表征分析

首先,中媒在报道中通过展示"一带一路"建设的成果与所获的国际认可,塑造了一个开放包容、推动经济共同繁荣的负责任大国形象。而印媒则通过关注"一带一路"提倡的和平发展与互通互联,营造了一个致力于全球发展、承担国际责任的有益性中国形象。其次,中媒建构了一个有发展潜力但仍需持续努力的中性中国形象;相比之下,印媒通过报道"一带一路"的发展情况,描绘了正在加强建设、不断进步的中性中国形象。此外,两国媒体都揭示了一个带有政治目的的霸权形象。不同的是,中媒提及的破坏性形象往往是源于国外政客对"一带一路"的认知偏差与恶意猜测(王延中等,2019);而印媒的破坏性形象则反映了其对"一带一路"可能带来潜在的经济和政治威胁的担忧,显示了其对该倡议的不信任态度。这种报道方式一定程度上反映了印媒对"一带一路"建设的警惕和疑虑(王延中等,2019)。

4.2.1　有益性中国形象及物性过程表征

中媒主要通过有益性动作过程(48.63%)、关系过程(36.67%)、心理过程(13.39%)和交流过程(1.31%)及物性资源,表征"一带一路"的有益性属性。这样的报道强调了"一带一路"倡议旨在连接并促进众多国家的共创共享,表达了中国渴望与各国共同发展的愿景。这不仅展现了开放包容、经济共荣繁荣的大国责任感,还塑造了爱好和平、促进国际合作与全球经济发展的负责任有益性中国形象(Zhang & Wu,2017)。同时,中国秉持的和平发展、互惠共赢的理念,也赢得了国际社会的认同与尊重。举例如下。

(1) Kenyatta said **the Belt and Road** has **enabled** different countries to establish even closer trade connections and partnerships, and it has been widely **recognized** by the international community. (*China Daily*: 2019/04/26)

(2) **Belt and Road Initiative represents** the country's offer of global public good and **is** "a manifestation of the CPC's people-oriented philosophy on a global level", he said. (*China Daily*: 2021/08/28)

(3) **The Belt and Road Initiative**, which **talks about** connectivity, has **opened** up a multitude of opportunities for cooperation, both in the energy sector and in other industries. (*China Daily*: 2017/11/28)

(4) Cambodian Minister of Tourism Thong Khon said on Wednesday that China's **Belt and Road Initiative**(BRI) will greatly **contribute** to the development of tourism for all participating countries. (*China Daily*: 2017/11/02)

在例(1)中,"belt and road" + V 的过程小句是投射句的内容,反映了投射源 Kenyatta 的观点。该投射小句包含动作和心理过程,"enable"动作过程描绘了"一带一路"倡议推动不同国家形成紧密的贸易合作伙伴关系,促进了共同发展;"recognize"情感心理过程则强调了"一带一路"倡议得到了国际社会的认可,其在全球范围内的影响力得到了提升(刘文波,2020)。例(2)通过使用"represent"和"is"归属关系过程,表明"一带一路"倡议对全球公共利益的贡献,反映了中国共产党"以人为本"的理念在全世界的展现。例(3)包含"talk"交流过程和"open"动作过程。"talk"交流过程突出了"一带一路"对全球互联互通的倡导,表达了中国对国际共同利益的重视,定位中国为经济全球化的重要"贡献者和捍卫者"(詹霞,2018:9)。"open"动作过程则强调了"一带一路"为能源领域和其他行业合作提供的实际机遇,体现了中国的实干精神(张虹,2018)。例(4)中,动作过程"contribute",其受事是"所有参与国的旅游业发展",指出了"一带一路"为参与国带来的实际贡献,强调了其对各国发展的真实推动,隐含了对"一带一路"的赞美与认可。这些例子共同体现了一个负责任、有担当的大国形象，成功塑造出有益性中国形象。

通过分析印媒对"一带一路"倡议的报道，可以看出印度对该倡议所倡导的和平发展和共同促进的目标持肯定认可的态度(刘文宇、毛伟伟，2020)。其话语及物性资源表征主要为有益性动作过程(42.18%)、关系过程(30.55%)、心理过程(22.91%)和交流过程(4.36%)。举例如下。

(5) China's **Belt and Road Initiative**(BRI) has not only **strengthened** bilateral ties but has also **opened** up new areas for cooperation, the Sri Lankan leadership has conveyed to the top Chinese leadership. (*Hindustan Times*：2017/02/08)

(6) China's expansive connectivity vision — **the Belt and Road Initiative(BRI)** — **is** an immensely ambitious development campaign to **boost** trade and **stimulate** economic growth across Asia, Africa, Europe and beyond. (*New Delhi Times*：2019/04/05)

(7) Proposed by Mr. Xi in 2013, **the Belt and Road project aims to** connect the world's three biggest continents — Asia, Africa and Europe — through a vast network of highways, rail lines and sea lanes. (*The Hindu*：2019/04/26)

(8) China on Saturday made a fresh pitch of President Xi Jinping's multi-billion dollar connectivity project, **the Belt and Road Initiative (BRI)**, to India, **emphasizing** its economic benefits. (*Hindustan Times*：2017/03/04)

在例(5)中，"strengthen"和"open"两个动作过程描述了"一带一路"倡议不仅加强了中国与斯里兰卡的双边关系，而且开辟了新的合作领域，肯定了该倡议在促进两国之间友好合作和共同发展方面的成效。例(6)的"is"归属关系过程、"boost"和"stimulate"动作过程强调了"一带一路"促进地区以及全球经济的互动与发展的能力(孟炳君，2018)，彰显了其促进亚欧非乃至全球各国经济贸易共同发展的宏伟目标。例(7)中，"aim to"意愿心理过程表明"一带一路"目标是在高速公路、铁路和水路三个方面实现亚欧非大陆的连通，促进各国的紧密联系，并形成有利于全球发展的合作理念(Teo & Xu，2021)，体现了中国扎实可靠、有强烈的责任意识的形象。例(8)涉及"emphasize"交流过程，突出了中国通过实际项目向印度展示"一带一路"建设的经济效益，既展现了中国实干笃行的诚恳态度，又突出了中国作为"一带一路"发起国，为区域和全球治理与发展贡献中国智慧和中国方案(陈俊、王蕾，2020：80)。印媒的以上报道从多个角度展现了"一带一路"有助于加强合作、促进经济增长，有利于国际社会和平发展，塑造出坚定、可靠、负责任的有益性中国形象。

4.2.2　中性中国形象及物性过程表征

中媒主要通过中性动作过程(28.62%)、关系过程(48.62%)、心理过程(21.10%)和交流过程(1.65%)及物性资源，表达"一带一路"面临的复杂环境以及中国在应对这些环境中需提升能力的信息。这种报道方式塑造了一个需要加强建设的中性中国形象。举例如下。

(9) **The Belt and Road Initiative** is now **facing** new challenges as the political environment in China's neighboring countries has become more complicated due to interference from the United States and other Western countries, according to a report on China's borderlands. (*China Daily*：2021/03/25)

(10) **Belt and Road is** still at the formative stage, and the forum will include a progress review and provide a forward vision. (*China Daily*：2017/04/14)

(11) "**The Belt and Road** concept still **needs** some time to consolidate here, and culture-related events such as this one are also fundamental to convey the initiative by arousing interest

in China and in its many different places," he said. (*China Daily*: 2016/05/16)

在例(9)中,"face"动作过程显示了"一带一路"倡议的实施面临新的挑战,特别是受到美国与其他西方国家干涉,以及邻国政治环境的复杂化(吴兆礼,2018)。例(10)的"is"归属关系过程客观指出了"一带一路"建设有待完善,暗示了中国应该继续强化对该倡议的关注与建设。例(11)的"need"意愿心理过程反映"一带一路"倡议理念仍需巩固,强调了努力将中国倡议转化为全球共识的必要性(陈俊、王蕾,2020:80),并指出可以通过文化交流增进各国对"一带一路"的理解和支持。通过这些话语表征,中媒展现了"一带一路"倡议在自身发展过程中尚存不足,面临困难与挑战,亟需加强建设,构建了一个需要持续努力与完善的中性中国形象。

印媒主要运用中性动作过程(57.73%)、关系过程(27.32%)、心理过程(7.73%)和交流过程(7.22%)及物性资源,塑造一个正在加强建设的中性中国形象,并隐含了印度出于对自身利益的考虑,对"一带一路"保持谨慎观望的态度(唐青叶、史晓云,2018)。举例如下。

(12) The **Belt and Road Initiative is** almost six years old and China has taken a stock of the "project of the century" in terms of its geo-economics as well as politics. (*The Sunday Guardian*: 2019/05/04)

(13) India has so far been cold to **the Belt and Road initiatives** — projects that have been **proposed** by Xi —, saying they have to be in "synergy" with New Delhi's development vision. (*Hindustan Times*: 2018/12/28)

在例(12)中,"is"归属关系过程陈述了"一带一路"的持续时长,旨在说明倡议的时间框架。例(13)"propose"动作过程明确指出"一带一路"是由习近平主席提出的,这一信息阐明了倡议的发起人,增强了报道的客观性。以上话语阐明了"一带一路"倡议相关的时间与人物,并未涉及哲学观的支持与违背,因此塑造出客观的中性形象。然而,值得注意的是,例(13)直接表达了印度冷淡而谨慎的立场,要求该倡议必须符合印度发展前景与其利益期望(林民旺,2015)。

4.2.3 破坏性中国形象及物性过程表征

中媒运用破坏性动作过程(45.00%)、关系过程(42.50%)、心理过程(7.50%)和交流过程(5.00%)及物性资源,转述了国外批评家有关"一带一路"倡议的破坏性言论,由此解构外媒针对该倡议的认知偏差与恶意揣测。举例如下。

(14) Some critics claim **the Belt and Road Initiative is** a much hyped project, but without sound field research or in-depth studies. (*China Daily*: 2019/09/28)

在例(14)中,"belt and road" + V 的表征过程存在于投射小句中,投射源为国外政客。通过使用"is"归属关系过程,这些言论将"一带一路"倡议黑化为虚假宣传的政策,进而给中国贴上了不负责且缺乏可靠性的破坏性标签。因此,针对破坏性话语,中媒旨在通过呈现国外政客针对"一带一路"提出的污蔑性言论,解构不利于国际社会良性发展的破坏性中国形象,纠正外界对中国角色和意图的误解,强调中国在全球发展中扮演的积极和建设性角色。

印媒通过使用破坏性动作过程(50.68%)、关系过程(24.32%)、心理过程(9.46%)和交流过程(15.54%),来表达对"一带一路"的怀疑态度,尤其是在政治和经济方面,塑造了一个具有潜在威胁的破坏性形象。

(15) Gwadar is a key part of the multi-billion dollar CPEC, a flagship project of China's **Belt and Road Initiative** that has been **opposed** by India as it passes through Pakistan-occupied Kashmir. (*Hindustan Times*: 2018/03/13)

例(15)使用了"oppose"情感心理过程,表达了印度对"一带一路"的反对态度,其原因是印度对该倡议途径巴基斯坦占领的克什米尔表示担忧,认为这可能威胁到自身的领土安全。这种话语建构不仅显示了印度对"一带一路"的反对立场,也体现了印度对倡议潜在的政治和经济影响的担忧。这主要是印度认为"一带一路"忽略了他们的关切,由此产生了不必要的担忧(唐青叶、史晓云,2018)。

5　结语

"一带一路"倡议秉承着"天下一家"的理念(田龙过,2018),致力于促进国际合作共享,推进人类命运共同体的建设,反映出中国作为国际生态因子,对促进国际生态系统的和谐发展发挥的重要作用。通过促进与世界各国的合作,该倡议不仅加深了国际间的联系,也有效地推动了中国形象的传播(毛继光、秦玉芳,2019)。鉴于此,我们采用中国形象生态化及物性过程分析框架,在生态话语分析范式下,比较了中印媒体的"一带一路"话语表征,由此揭示中印媒体生态化中国形象与其及物性表征的异同。

研究结果显示,中印媒体均构建出有益性、中性和破坏性中国形象,但二者各有侧重。一方面,中媒通过报道"一带一路"倡议的目标,塑造了一个友好发展、包容开放的有益性形象;同时,它们通过描述该倡议建设遇到众多挑战,呈现了需继续加强发展的中性形象;并且通过转述他国对该倡议的误解,展示了被误解的破坏性形象。另一方面,印媒更多地从"一带一路"的内涵及意义出发,塑造了一个负责任、有担当的有益性形象;通过加强建设的必要性和谨慎考量合作的态度,建构了一个中性形象;出于对"一带一路"的疑虑与担忧,印媒往往过度解读其实质与发展方向,从而形成了一种具有阻碍作用的破坏性形象(Zhang & Wu,2017)。

综上所述,中媒仍需要加强"一带一路"倡议的宣传力度,更加深入明晰地介绍该倡议的具体实施环节与合作机制,彰显其包容开放的立场,同时展现实际的发展机遇(陈俊、王蕾,2020),从而有效助推有益性中国形象的塑造。此外,中媒还需要更全面地了解印媒的"一带一路"报道,通过加强中印双方的沟通与交流,消除印度对"一带一路"倡议的误解和疑虑,建立政治互信,从而推动国际生态系统的健康和谐发展。

参考文献

[1] Afzaal, M., C. X. Zhang, & I. C. Chenxia. 2022. Comrades or contenders: A Corpus-based study of China's Belt and Road in US diplomatic discourse[J]. *Asian Journal of Comparative Politics*, 7(3): 684 – 702.

[2] Halliday, M. A. K. 1995/2006. Language and the reshaping of human experience [A]. In J. J. Webster(ed.). *The Language of Science: Of the Collected Works of M. A. K. Halliday* (Vol. 5)[C]. London: Continuum.

[3] Tang, L. 2021. Transitive representations of China's image in the US mainstream newspapers: A corpus-based critical discourse analysis[J]. *Journalism*, 22(3): 804 – 820.

[4] Teo, P. & H. M. Xu. 2021. A comaprative analysis of Chinese and American newspaper reports on China's Belt and Road Initiative[J]. *Journalism Practice*, 17(6): 1268 – 1287.

[5] Zhang, L. J. & D. Wu. 2017. Media representations of China: A comparison of China Daily and Financial Times in reporting on the Belt and Road Initiative[J]. *Critical Arts*, 31(6): 29 – 43.

[6] 陈俊,王蕾.2020.国家形象构建视角下《中国日报》"一带一路"报道的话语分析[J].传媒(19):78 – 81.

[7] 陈琳琳.2018.中国形象研究的话语转向[J].外语学刊(3):33 – 37.

[8] 何伟,程铭.2023.新时代生态文明建设对外传播话语与国家生态形象塑造研究[J].外语电化教学
　　　(4)：484 - 91 + 125.

[9] 何伟,高然.2018.新西兰媒体之中国"一带一路"倡议表征研究——以《新西兰先驱报》为例[J].中
　　　国外语(3)：46 - 51.

[10] 何伟,高然,刘佳欢.2021.生态话语分析新发展研究[M].北京：清华大学出版社.

[11] 何伟,刘佳欢.2020.多元和谐,交互共生：生态哲学观的建构与发展[J].山东外语教学(1)：
　　　12 - 24.

[12] 何伟,魏榕.2017.国际生态话语之及物性分析模式构建[J].现代外语(5)：597 - 729.

[13] 何伟,魏榕.2018.多元和谐,交互共生：国际生态话语分析之生态哲学观建构[J].外语学刊(6)：
　　　28 - 35.

[14] 黄国文.2019.中国系统功能语言学研究 40 年[J].外语教育研究前沿(1)：13 - 19 + 87.

[15] 林民旺.2015.印度对"一带一路"的认知及中国的政策选择[J].世界经济与政治(5)：42 - 57 +
　　　157 - 158.

[16] 刘佳欢.2022.中、美、俄、新、澳主流媒体"一带一路"新闻话语生态性比较研究[D].北京：北京外国
　　　语大学.

[17] 刘文波.2020.新时代提升中国"一带一路"倡议国际塑造力的进展与路径[J].吉林大学社会科学学
　　　报(5)：151 - 159 + 239.

[18] 刘文宇,毛伟伟.2020.非洲报纸媒体中国形象的语料库辅助话语分析[J].外语研究(2)：9 -
　　　15 + 55.

[19] 毛继光,秦玉芳.2019."一带一路"背景下汉英"路/road"隐喻对比研究[J].西安外国语大学学报
　　　(1)：18 - 22.

[20] 孟炳君.2018.沙特阿拉伯主流媒体对"一带一路"倡议的认知[J].外语学刊(6)：1 - 6.

[21] 史康,金山.2021.马来西亚媒体对"一带一路"的表征：基于及物性视角[J].外语研究(5)：24 - 32.

[22] 孙发友,陈旭光.2016."一带一路"话语的媒介生产与国家形象建构[J].西南民族大学学报(人文社
　　　科版)(11)：163 - 167.

[23] 孙小孟,贺川,廖巧云.2020.多模态隐喻与"一带一路"话语体系建构——评析大型纪录片《一带一
　　　路》第一集《共同命运》[J].外国语文(3)：68 - 74.

[24] 唐青叶,史晓云.2018.国外媒体"一带一路"话语表征对比研究：一项基于报刊语料库的话语政治
　　　分析[J].外语教学(5)：31 - 35.

[25] 田龙过.2018."一带一路"背景下中国价值观国际传播的"共识"策略[J].传媒(12)：91 - 93.

[26] 王延中,方素梅,吴晓黎,等.2019.印度对"一带一路"倡议态度的调查与分析[J].世界民族(5)：
　　　11 - 23.

[27] 魏榕.2022a.中外媒体中国形象的生态话语对比研究[J].现代外语(3)：318 - 330.

[28] 魏榕.2022b.国际生态话语分析的系统功能框架研究[M].武汉：武汉大学出版社.

[29] 魏榕.2023.大学英语教材中中国形象的国际生态话语分析[J].浙江外国语学院学报(1)：36 - 44.

[30] 吴兆礼.2018.印度对"一带一路"倡议的立场演化与未来趋势[J].南亚研究(2)：24 - 39 + 156.

[31] 郇昌鹏,管新潮.2022.中国形象研究的话语与翻译转向：基于信息贡献度与文献计量的知识图谱
　　　分析(1994—2021)[J].外语电化教学(1)：56 - 62.

[32] 杨颖.2017.短视频表达：中国概念对外传播的多模态话语创新实践[J].现代传播(中国传媒大学
　　　学报)(11)：160 - 161.

[33] 詹霞.2018.德国智库对"一带一路"倡议的认知[J].外语学刊(6)：7 - 12.

[34] 张冬梅,闫欣.2019.俄罗斯媒体对"一带一路"报道的话语分析与中国形象研究[J].俄罗斯东欧中亚研究(6)：33－57＋149.

[35] 张虹.2018.南非媒体视角的"一带一路"[J].中国外语(3)：66－71.

A Comparative Ecological Discourse Analysis of China's Image in Chinese and Indian Media on the "Belt and Road Initiative"

Wei Rong, Hu Yanlan

China University of Mining and Teconology(Beijing)

Abstract: Within an ecologized transitivity analytical framework of China's image, this study carries out a comparative ecological discourse analysis of China's image and the transitivity features in the media coverage of the "Belt and Road Initiative" (BRI) by Chinese and Indian media. It explores the ecological perceptions and attitutudes of the Chinese and Indian media towards the BRI and China's image. The findings reveal: ① both Chinese and Indian media construct beneficial, neutral and destructive China's images through ecologized transitivity resources; ② while both media landscapes predominantly feature beneficial images, the proportion of such images in Chinese media is significantly higher than that of neutral and destructive images, with Indian media showing minimal difference in the percentages of these ecological images; ③ Indian media agree with the objetives of the BRI but are hesitant and cautious about joining the initiative. This research offers a novel perspective on the BRI discourse, providing valuable insighats into constructing an ideal image of China and fostering a dynamic equilibrium within the international ecosystem.

Keywords: Chinese and Indian media; "Belt and Road Initiative"; China's image; ecological discourse analysis; ecologized transitivity analytical framework

一座城市、二语解读：《深圳脚步》汉英版本概念符际互补对比研究①

景　怡②

哈尔滨工业大学（深圳）

摘　要：视听翻译不仅涉及不同语言的转换，还会连带产生图文符际关系的变化。为研究这种变化，本文以概念符际互补为切入点，分析对比了深圳2021年宣传片《深圳脚步》汉英版本的图文概念符际互补方式。研究分析了参与者、过程、环境成分3个概念要素的图文符际互补方式，发现汉语版中涉及参与者和过程的图文概念元素通常构成较为密切的符际互补关系，而英语版中涉及环境成分的图文概念元素通常构成较为密切的符际互补关系。这种差异会在一定程度上改变宣传片在不同语言中的宣传主题，比如汉语中侧重宣传深圳人和深圳人的脚步，而英语中则侧重宣传深圳这座城市。这些发现对于视听翻译教学、实践及理论发展具有重要借鉴意义。

关键词：概念符际互补；英汉对比；图文关系；系统功能符号学

1　引言

短短40年，深圳从一个小渔村发展成为国内一线城市，并跻身世界城市前列。在收到来自全世界的目光的同时，深圳也主动向全世界介绍自己。城市宣传片是深圳向世界介绍自己的重要方式，其中，2021年年初发布的《深圳脚步》不仅有汉语（普通话）版本，还有英语、法语、西班牙语、葡萄牙语、俄语、日语6个外语版本，是深圳走向世界的重要一步。③从系统功能符号学角度来看，视频宣传片是融合了语言、图像等多种表意符号系统的多模态语篇，各模态通过互相协同共同构建意义。因此，当一部宣传片从一种语言翻译为另一种语言时，不仅涉及不同语言之间的转换，还会在一定程度上涉及语言与其他表意符号系统的协同方式，使之发生变化。这意味着，同一部宣传片在不同语言版本中表达的意义并不会完全一致。在多模态语境下，当通盘考虑多模态语篇这个语义整体，而非局限于语言这一种模态时，语言翻译会引发超出语言本身的意义变化。为研究这种变化，本文以《深圳脚步》的汉英版本为例，聚焦概念意义，具体探索以下研究问题：

（1）《深圳脚步》汉英版本中的概念符际互补情况有哪些异同？

（2）《深圳脚步》汉英版本中概念符际互补的差异性对于宣传片主题有何影响？

在回答这些问题前，本文将先介绍研究框架、步骤和聚焦语料，然后呈现研究发现，接着从宣传片的宣传主题角度对研究发现进行阐释，最后从视听翻译教学、实践及理论发展角度总结全文。

---

① 本研究系广东省哲学社会科学规划2024年度青年项目"大学英语教学视频资源的多模态促学机制研究"（项目批准号：GD24YWY11）、深圳市哲学社会科学规划课题青年项目"深圳城市形象的多模态研究"（项目编号：SZ2021C025）和中央高校基本科研业务费专项资金资助（项目资助编号：HIT.HSS.202318）项目的阶段性研究成果。

② 作者简介：景怡（1988—　），女，博士，哈尔滨工业大学（深圳）人文与社会科学学院助理教授，硕士研究生导师，研究方向：系统功能语言学、多模态、话语分析；地址：广东省深圳市南山区桃源街道深圳大学城哈尔滨工业大学校区M329；邮编：518055；电子邮箱：jingyi2020@hit.edu.cn。

③ 《深圳脚步》全长6分钟，主要通过5个人物的成长展示他们所在的城市——深圳——的城市特质。汉语（普通话）版见https://mp.weixin.qq.com/s/6fuEBZUvNaXPlfWUw5bYlQ，英语版见https://mp.weixin.qq.com/s/rQEnaYDDVoVefN-owQ5bQw。

2　多模态话语分析的概念符际互补框架

本研究重点关注语言与图像两种模态的符际关系,采用侧重于图文的元功能对应关系的符际互补分析框架(Royce,1999)(侧重于图文的逻辑语义关系的分析框架可参见 Martinec & Salway,2005：358；van Leeuwen,2005：230；Kong,2006：213；Unsworth,2007：1175)。符际互补分析框架自提出以来已被广泛应用于儿童图画书、教科书、宣传材料等多模态文本的分析研究(Guijarro & Pinar,2008；Bowcher & Liang,2013；Chang & Tsai,2022),展示了图文关系在构建读者关系、促进理解、参与社会生态过程等方面的作用。已有的符际互补研究主要考察静态多模态文本。本文认为,符际互补框架在动态多模态文本分析中同样适用。本节将对概念符际互补框架进行介绍,并在下一节对分析方法进行说明和展示。

符际互补分析框架充分借鉴了系统功能语言学(Halliday,1994)及以此为基础的图像研究(Kress & van Leeuwen,1996)。该框架将符际互补分为概念符际互补、人际符际互补、语篇符际互补 3 种类型。本研究将集中考察概念符际互补,因此将不对人际符际互补和语篇符际互补进行详细阐述。

概念符际互补框架参考了英语衔接研究的研究成果(Halliday & Hasan,1976),总结了语言与图像的 6 种互补方式：同义、近义、反义、上下义、整体与部分、搭配。在概念符际互补分析中,涉及参与者(谁)、过程(发生了什么)、环境成分(在什么时间、地点、以何种方式发生)、参与者特征(参与者有什么性质、特点)四大概念元素。在分析图文概念符际互补方式之前,需要分别明确图像表达的概念意义和语言表达的概念意义。语言的概念意义分析以小句为分析单位,一个小句表达一个念象(figure),其核心成分为过程,必然涉及参与者,小句中同时可能有环境成分和参与者特征。图像的概念意义以语言中小句对应的镜头为分析单位,本研究中一个小句通常对应一个镜头,个别小句对应 2～3 个镜头。本研究考察的每个镜头都包含参与者、过程、环境成分、参与者特征四大概念元素。

虽然概念符际互补的框架本身涉及参与者、过程、环境成分、参与者特征四大概念元素,但在具体分析中,罗伊斯(Royce,1999：236)将参与者特征并入参与者或过程当中,因为参与者特征通常与参与者或过程紧密相连,单独列出反而会使标注显得很费解。因此,本研究在标注环节就将参与者特征融入参与者或过程当中。也就是说,本研究中概念符际互补的分析单位考察参与者、过程、环境成分 3 类概念元素。以过程为例,概念符际互补分析图像过程与语言概念元素中的哪些元素存在同义、近义、反义、上下义、整体与部分、搭配关系。这里的语言元素不一定为语言中的过程,也可以是参与者或环境成分。例如,图像中呈现一位拓荒者在广袤荒芜的土地上行走的过程,而英语版同现的语言为 the city has blazed a new trail(这座城市杀出一条血路),与图像过程"行走"对应的语言概念元素是环境成分 trail(路),构成图文搭配关系。

3　研究步骤及聚焦语料

根据上节所述的概念符际互补分析框架,本研究首先对《深圳脚步》图像中的概念元素做了标注。图像标注以镜头为单位,每个镜头用 1～3 个截图做记录,依次编号(镜头编号,以阿拉伯数字记录),共计 182 个镜头。接着分别标注这 182 个镜头中的参与者、过程、环境成分(前两者同时标注相关的参与者特征)。为使研究更加聚焦,本研究对图像中的各类过程类型做了统计。统计结果显示,《深圳脚步》图像呈现的行走与奔跑过程显著高于其他过程类型,共计 28 例。由于其中 1 例不配有语言信息(但有背景音乐),该例不属于本研究的考察范围。本研究于是集中考察 27 例行走与奔跑过程,以这些图像过程为参照系,对标同时出现的语言,依次编号(语言编号,以字母"t"后跟阿拉伯数字记录),并分别对英、汉两种语言中的概念元素进行标注。表 1 展示了本研究的图文标注方式,其中语言序号指聚焦语料中的语言编号,图像序号指整个视频图像的镜头编号。

表1　《深圳脚步》汉英版本图文概念元素标注示例

序号	图像/语言	参　与　者	过　程	环境成分
24		孩童双腿、成人双腿	行走	客厅
t5	这里的孩子生来就跑得快	孩子	生来就跑得快	这里
	children here are born to run fast	children（孩子）	are born to run fast（生来跑得快）	here（这里）

　　基于图文概念元素标注，本研究对图文概念符际互补方式做出分析，并分别对《深圳脚步》汉英版本图文概念符际互补方式进行标注。参照罗伊斯的标注方式，本研究以图像概念元素为参照系，用语言概念元素对标图像概念元素，并以此判断图文概念符际互补方式。表2延续表1中的例子，呈现了本研究的图文概念符际互补标注方式（本例的标注理由将在4.1详细解释）。后文将详细分析聚焦语料中《深圳脚步》汉英版本图文概念符际互补的异同。

表2　《深圳脚步》汉英版本图文概念符际互补标注示例

序号	图像参与者	图　像　过　程	图像环境成分
24	孩童双腿	行走	客厅
t5	孩子【整体与部分】	生来就跑得快【近义】	这里【上下义】
	children（孩子）【上下义】	are born to run fast（生来跑得快）【近义】	here（这里）【上下义】

4　《深圳脚步》汉英版本概念符际互补对比

　　在本研究聚焦的27例图文概念符际互补情况中，每个概念元素（参与者、过程、环境成分）都涉及汉语和图像的概念符际互补、英语和图像的概念符际互补两个符际互补版本，本研究将这两个对应的符际互补版本简称为汉英图文概念元素符际互补对。研究共涉及58对汉英图文概念元素符际互补对，其中有29对互补对在汉英两个版本中呈现差异。也就是说，在《深圳脚步》汉英版本聚焦语料中，汉语版中的图文概念符际互补方式与英语版中的图文概念符际互补方式有半数的情况是不同的。具体差异情况统计如表3。下文将分别从参与者、过程、环境成分三大概念元素的角度详细分析聚焦语料中《深圳脚步》汉英版本图文概念符际互补的差异。

表3　《深圳脚步》汉英版本图文概念符际互补方式差异情况汇总

汉语版图文概念符际互补方式	对应英语版图文概念符际互补方式	参　与　者	过　程	环境成分
图文同义	图文上下义	6		
图文同义	【无图文互补关系】	4	1	
图文同义	图文互为搭配	1	2	1

续　表

汉语版 图文概念符际互补方式	对应英语版 图文概念符际互补方式	参　与　者	过　　程	环境成分
图文近义	图文互为搭配		1	
图文上下义	【无图文互补关系】		1	2
图文上下义	图文互为搭配		3	
图文互释整体与部分	图文上下义	1		
图文上下义	图文同义			
图文互为搭配	图文同义		1	1
【无图文互补关系】	图文同义			2
【无图文互补关系】	图文上下义	1		1
	合计	13	9	7

4.1　汉英图文参与者符际互补差异

由表 3 可见汉英图文参与者符际互补有五类差异，最常见的是汉语版图文同义对应英语版图文上下义的情况。这类情况可以汉语版的"企鹅和北极熊同时定居于此"一句为例。图像呈现的是腾讯和华强方特（深圳）的标志性吉祥物——企鹅与北极熊，图像中的企鹅与北极熊化身动画人物，奔跑进写字楼（宣传片第 1 分 40 秒起）。作为写实性视频中唯一的图绘式动画人物，腾讯企鹅与华强方特北极熊成为对应片段中最显眼的参与者。同时出现的与之对应的汉语版本参与者为"企鹅"和"北极熊"，汉语版图文参与者同义。英语版中对应的是 where penguins and polar bears both find their rests（企鹅与北极熊都找到了他们的居所）一句，其中的语言参与者为 penguins（企鹅）和 polar bears（北极熊），均为复数，表达泛指意义，而图像将语言中的企鹅和北极熊具化为腾讯企鹅与华强方特北极熊，因此，英语版中语言参与者为上义，图像参与者为下义。可以看出，这类图文参与者符际互补在汉英两个版本中的差异是由两种语言本身的差异造成的——汉语的名词对于特指和泛指的区分没有语法化，而英语则将这种区分语法化，这类差异无法避免。

另一种较常见的情况是汉语版图文同义对应英语版无图文互补关系。这类情况可以汉语版的"这是跟科技创新搏击的脚步"一句为例。图像用三个镜头呈现了一位男青年收拾材料出门、拉着行李奔跑的过程，第三个镜头是男青年脚部的特写镜头（宣传片第 1 分 10 秒起），与汉语中同时出现的"脚步"同义。对应的英语为 fight our way into the world of innovative technologies（在科技创新世界拼搏），由于句中主语省略，因此没有与图像参与者存在图文符际互补关系的元素。

其余汉英图文参与者符际互补存在差异的类型均只有一例。汉语版图文同义对应英语版图文互为搭配的情况为汉语版"脚步的宿命［……］"一句：图像同时呈现的是城市夜灯印照出的孩童双腿向前走（宣传片第 3 分 14 秒起），图像参与者与汉语中的"脚步"同义。对应的英语为 guided by the light of hope（在希望之光的指引下），其中的 hope（希望）可与图像中向前迈步的孩童双腿构成搭配关系。

汉语版图文互释整体与部分对应英语版图文上下义的情况为表 1 和表 2 中例句的汉语版"这里的孩子生来就跑得快"一句：图像给孩童双腿特写，呈现孩童向前迈步的过程（宣传片 42 秒起），参与者为孩童的双腿，即孩童的身体部分，而汉语中的"孩子"为整体性描述，因此构成图文互释整体与部分关系。对应的英语为 children here are born to run fast（这里的孩子生来跑得快），其中的 children（孩子）用复数，表示泛指，因此图像表达下义，英语表达上义，构成图文上下义关系。

　　还有一例汉语版无图文互补关系对应英语版图文上下义的情况，出现在"从跟跑到领跑［……］"一句中：图像用一个镜头展现了一位男青年从远处跑到近处的过程（宣传片第 1 分 26 秒起），图像参与者为这位男青年，而汉语中没有与之对应的概念元素，因此不存在图文互补关系。而对应的英语为 from being a sheep to being a chief（从跟从者到引领者），a sheep（跟从者）和 a chief（引领者）为语言参与者，与图像参与者对应。图像表达上义，语言表达下义，构成图文上下义关系。

4.2　汉英图文过程符际互补差异

　　本研究聚焦语料中发现 6 类汉英图文过程符际互补差异。最常见的是汉语版图文上下义对应英语版图文互为搭配的情况。例如汉语版"崭新的脚步出发了"一句：图像通过一位女青年腿部背影和上半身背影两个镜头呈现了她向前行进的过程（宣传片第 1 分 4 秒起），与语言中的"出发"对应，图像为上义，语言为下义，二者构成图文上下义。对应的英语为 people on this land are unstoppable（这片土地上的人们不可阻挡），语言中的 unstoppable（不可阻挡）与图像过程对应，构成图文搭配关系。

　　另有两例汉语版图文同义对应英语版图文互为搭配的情况。以汉语版"就是要在无路可走之处杀出一条血路"一句为例：图像中呈现一位拓荒者在广袤荒芜的土地上行走的过程（宣传片第 3 分 15 秒起），对应汉语中的"走"，构成图文同义。而对应的英语为 the city has blazed a new trail（这座城市杀出一条血路），其中的 trail（路）与图像展示的行走过程相关，构成图文搭配关系。

　　其余汉英图文过程符际互补存在差异的类型均只有一例。汉语版图文近义对应英语版图文互为搭配的情况出现在"如果你的脚步从不屑于踏入已知的安全"一句：图像信息用两个镜头呈现出一位男青年一手拿书包向前奔跑的过程，第一个镜头呈现青年向远处奔跑，第二个镜头仰角呈现该青年跑步上台阶（宣传片第 4 分 21 秒起）。图像中的奔跑过程与汉语中的"踏入"表达相近意义，但并不完全相同（图像过程比语言过程表达更快的行进速度），二者构成图文近义。对应的英语为 if you wish to set foot into the world of unknown（如果你想涉足未知世界），与图像过程对应的英语元素是 wish to set foot（想涉足），英语中表达了一个心理过程，与图像过程构成图文搭配关系。

　　汉语版图文互为搭配对应英语版图文同义的情况出现在"这是去舞台上破次元的脚步"一句：图像用两个镜头展示了一位舞者走向舞台的过程，其中第一个镜头是舞者脚部背影的特写，第二个镜头从上半身背影展示舞者前进的过程（宣传片第 1 分 16 秒起），图像过程与汉语中的"破"相关，构成图文互为搭配关系。对应的英语为 to the world of multi-dimensions（往多维世界），英语中的 to（往）与图像的行走过程构成图文同义。

　　汉语版图文同义对应英语版无图文互补关系的情况出现在汉语版"失败是当你学会走路之前就必然掌握的天赋"一句：图像呈现城市夜灯印照出的孩童双腿向前走的过程（宣传片第 2 分 58 秒起），该过程对应汉语中的"学会走路"，二者构成图文同义。对应的英语为 frustration is never a condemnation（挫折从来不是一种指责），表达一种非常抽象的意义，与图像不构成图文互补关系。

　　汉语图文上下义对应英语无图文互补关系的情况仍出现在"从跟跑到领跑［……］"一句：图像用一个镜头展现了一位男青年从远处跑到近处的过程（宣传片第 1 分 26 秒起），与汉语中的"跟跑""领跑"过程对应，图像过程为上义，语言过程为下义，构成图文上下义关系。而对应的英语 from being a sheep to being a chief（从跟从者到引领者）没有与图像过程相对应的概念元素，因此不存在图文互补关系。结合上文图文参与者符际互补分析可以知，本例的图像信息在汉语版本中构成图文过程上下义，而在英语版本中构成图文参与者上下义。语言转换的过程引起符际互补概念元素的置换。

4.3　汉英图文环境成分符际互补差异

　　汉英图文环境成分符际互补差异有 5 种类型，其中汉语版无图文互补关系对应英语版图文同义的情况出现过两次。继续以"脚步的宿命[……]"一句为例：图像呈现城市夜灯印照出的孩童双腿向前走（宣传片第 3 分 14 秒起），图像环境成分为城市夜灯，不对应汉语的任何概念元素，因此不构成图文互补关系。而对应的英语为 guided by the light of hope（在希望之光的指引下），其中的 light（灯）与图像环境成分同义。

汉语版图文上下义对应英语版无图文互补关系也有两例。以"这里有真性情，也有真高兴"一句为例：图像呈现一位女青年在办公楼内前进的过程（宣传片第 3 分 50 秒起），图像环境为室内办公环境，而语言中的"这里"意义较宽泛，因此图像下义、语言上义，二者构成图文上下义。对应的英语为 we show our sincere welcoming and greeting（我们展现真诚的欢迎与问候），语言中没有跟图像环境对应的概念元素，因此不存在图文互补关系。

其余每种汉英图文环境成分符际互补差异类型均只有一例。汉语版无图文互补关系对应英语版图文上下义的情况仍是"崭新的脚步出发了"一句：图像用两个镜头呈现一位女青年在室内办公环境中前进的情景（宣传片第 1 分 4 秒起），图像环境成分即为室内办公环境，语言中无对应概念元素，因此不构成图文互补关系。对应的英语为 people on this land are unstoppable（这片土地上的人们不可阻挡），语言中的 this land（这片土地）与图像环境成分对应，语言表意较为宽泛，为上义，图像表意较为具体，为下义，二者构成图文上下义关系。

汉语版图文同义对应英语版图文互为搭配的情况仍是"这是去舞台上破次元的脚步"一句：图像用两个镜头展示舞者在舞台上前进的情景（宣传片第 1 分 16 秒起），图像环境成分为舞台，与语言中的"舞台"构成图文同义关系。对应的英语为 to the world of multi-dimensions（往多维世界），英语中的 multi-dimensions（多维世界）与图像环境成分相关，可构成图文互为搭配关系。

汉语版图文互为搭配对应英语版图文同义的情况是"在辽阔的白纸上种下理想"一句：图像展现一位拓荒者在一片空旷荒芜的土地上前行（宣传片第 25 秒起），图像环境成分即为这片空旷荒芜的土地，语言中用"白纸"比喻这片土地，可与图像构成搭配关系。对应的英语为[they] filled their aspirations across this wide blank region（在这片广阔空旷的区域倾注他们的抱负），语言环境成分 this wide blank region（这片广阔空旷的区域）与图像环境成分表达相同意义，构成图文同义。

5 《深圳脚步》汉英版主题差异

罗伊斯（Royce，1999）提出的 6 类图文概念符际互补关系中，图文关系密切程度各不相同。在本研究关注的图文符际互补差异涉及类型中，图文关系密切程度大致按照如下顺序减弱：图文同义、图文近义、图文互释整体与部分、图文上下义、图文互为搭配，直至无图文概念符际互补关系。结合表 3 可以看出，《深圳脚步》汉语版的图文形成较为紧密的概念符际互补关系，而英语版的图文形成的概念符际互补关系较弱：以汉语版图文互释整体与部分对应英语版图文上下义一行为分界，表 3 的上半部分均为从汉语到英语图文关系紧密程度下降的情况，这类情况占据了所有汉英图文概念符际互补差异数量的五分之四（23/29），其中涉及参与者的情况最多，涉及过程的情况次之；表 3 的下半部分为从汉语到英语图文关系紧密程度增加的情况，占所有汉英图文概念符际互补差异数量的五分之一（6/29），主要涉及环境成分。

由此可见，在汉语版《深圳脚步》中，图文概念符际互补强化了宣传片中的参与者和过程，即有活力的深圳人和他们快速前进的脚步，特别对"脚步"做出了丰富饱满的阐释——不仅图像多次呈现不同参与者的脚步，语言中也多次出现"脚步"一词，紧扣宣传片名。而在英语版《深圳脚步》中，虽然图像与中文版完全相同，但受到汉英两种语言的差别，以及英语语义连贯性、优美性等方面的影响，图像中反复出现的脚步并没有通过语言得以加强。与之对应，英语版片名也不是"深圳脚步"的直译，而是用 Shenzhen Next（下一站深圳）。也就是说，英语版《深圳脚步》中"脚步"这一主题在很大程度上被弱化了。取而代之的是对深圳这座城市的强调,体现为英语中的环境成分更多与图像构成紧密图文互补关系。也就是说,《深圳脚步》汉语版强调深圳人和深圳人的脚步,而英语版则更多侧重深圳这座城市。

6　结语

本文运用系统功能语言学理论框架指导下的图文概念符际互补分析框架,对《深圳脚步》汉英版本的图文概念符际互补做出了对比分析。研究聚焦图像中的行走、奔跑过程,从参与者、过程、环境成分三个方面考察了汉英图文概念符际互补的异同。研究发现,《深圳脚步》汉语版与英语版的图文概念符际互补方式经常出现差异,在聚焦语料中,涉及参与者和过程的图文概念元素在汉语版中构成较为紧密的图文关系,而涉及环境成分的图文概念元素则在英语版中构成较为紧密的图文关系。在本研究中,这种差异在一定程度上引起了宣传主题的变化:《深圳脚步》汉语版侧重宣传深圳人和深圳人的脚步,其英语版则侧重宣传深圳这座城市本身。这种主题差异可能会让观看汉语版宣传片的观众与观看英语版宣传片的观众产生不同的观影体验,对深圳这座城市产生不同的印象。

虽然本文只考察了《深圳脚步》核心过程类型中汉英图文概念符际互补的差异,但这种差异揭示了更普遍的意义:这些差异及其引起的主题呈现、观影体验等方面的差异都始于翻译,因此,译者以及翻译教学和研究者有必要认识到视听翻译过程中不仅涉及不同语言之间的转换,还连带影响了模态间的符际关系。视听翻译因其文本的多模态属性对译者的语篇分析能力提出了更高的要求,同时也对语言学、多模态以及翻译理论的融合和发展提出了需求(Gambier,2006；Taylor,2016),有待更多的视听翻译者及研究者进行探索。

参考文献

[1] Bowcher, W. L. & J. Y. Liang. 2013. Chinese tourist site entry tickets: Intersemiotic complementarity in an ecosocial process[J]. *Social Semiotics*, 23(3): 385 – 408.

[2] Chang, P. & H.-J. Tsai. 2022. Text-image complementarity and genre in English as foreign language textbooks[J]. *Semiotica*, 244: 53 – 80.

[3] Gambier, Y. 2006. Multimodality and audiovisual translation [A]. In M. Carroll, H. Gerzymisch-Arbogast and S. Nauert (eds.), *Audiovisual Translation Scenarios: Proceedings of the Marie Curie Euroconferences MuTra*, Copenhagen, 1 – 5 May 2006[C]. Online publication at: http://www. euroconferences. info/proceedings/2006 _ Proceedings/2006 _ Gambier _ Yves.pdf.

[4] Guijarro, A. J. M. & M. J. Pinar. 2008. Compositional, interpersonal and representational meanings in a children's narrative: A multimodal discourse analysis[J]. *Journal of Pragmatics*, 40(9): 1601 – 1619.

[5] Halliday, M. A. K. 1994. *An Introduction to Functional Grammar* (2nd edition)[M]. London: Arnold.

[6] Halliday, M. A. K. & R. Hasan. 1976. *Cohesion in English*[M]. London: Longman.

[7] Kress, G. R. & T. van Leeuwen. 1996. *Reading Images: The Grammar of Visual Design*[M]. London: Routledge.

[8] Kong, K. C. C. 2006. A taxonomy of the discourse relations between words and visuals[J]. *Information Design Journal*, 14(3): 207 – 230.

[9] Martinec, R. & A. Salway. 2005. A system for image-text relations in new (and old) media [J]. *Visual Communication*, 4(3): 337 – 371.

[10] Royce, T. 1999. Visual-Verbal Intersemiotic Complementarity in the *Economist* Magazine [D]. Unpublished doctoral dissertation. Reading: University of Reading.

[11] Unsworth, L. 2007. Image/text relations and intersemiosis: Towards multimodal text description for multiliteracies education [A]. In L. Barbara and T. B. Sardinha (eds.), *Proceedings of the 33rd International Systemic Functional Congress* (33rd ISFC) [C]. Sao Paulo, Brazil: Pontifícia Universidade Católica De Sao Paulo (PUCSP). 1165 – 1205. Online publication at: http://www. pucsp. br/isfc/proceedings/Artigos% 20pdf/59pl _ unsworth _ 1165a1205. pdf.

[12] Taylor, C. 2016. The multimodal approach in audiovisual translation [J]. *Target*, 28(2): 222 – 236.

[13] van Leeuwen, T. 2005. *Introducing Social Semiotics* [M]. New York: Routledge.

One City, Two-Language Interpretations: A Comparative Study of Ideational Intersemiotic Complementarity between Chinese and English Versions of *Shenzhen Next*

Yi Jing

Harbin Institute of Technology, Shenzhen

Abstract: Audiovisual translation not only involves the conversion of different languages, but also brings about changes in the intersemiotic relations between image and text. To investigate such changes, this paper adopts the ideational intersemiotic complementarity framework, analyzes and compares the image-text intersemiotic complementarity of the Chinese and English versions of the Shenzhen 2021 promotion video *Shenzhen Next*. Based on the analysis of three ideational elements (i.e. participants, processes, and circumstances) in both image and text, this study finds that the complementarity involving participants and processes in the Chinese version usually constitutes closer intersemiotic relations, whereas the relations are closer for the complementarity involving circumstances in the English version. This difference may to some extent change the theme of the promotion video in different languages, in the current case, for example, from the focus on the promotion of Shenzhen people and their footsteps in Chinese, to the focus on the promotion of the city of Shenzhen in English. These findings will provide novel insights into audiovisual translation teaching, practice and theory development.

Keywords: ideational intersemiotic complementarity; English-Chinese comparison; image-text relations; systemic functional semiotics

澳门酒店业特色旅游汉语语料库建设[①]

王 珊[②]

澳门大学

摘 要：澳门在发展成为"世界旅游休闲中心"的战略目标下，旅游业迎来了前所未有的发展机遇。本文广泛收集澳门旅游业的语料，构建了澳门旅游汉语语料库，并根据 BIC 算法提取了主题词。对子语料库酒店业特色旅游汉语语料库进行分析发现，酒店业的词汇分布符合齐夫定律，以双音节词为主；主题词覆盖从客房、设施到餐饮、健身、个性化服务等方面，展现了澳门酒店业通过周到的服务来满足客户需求，进而打造具有特色的体验。酒店业作为专门用途汉语的重要组成部分，对其词汇的研究对于解决游客、汉语学习者和旅游业从业人员的语言需求、推动澳门旅游业的发展具有重要意义。

关键词：澳门；酒店业；旅游汉语；语料库；词汇；专门用途汉语教学

1 引言

2008 年发布的《珠江三角洲地区改革发展规划纲要》提出将澳门建设成为"世界旅游休闲中心"。2011 年发布的《中华人民共和国国民经济和社会发展第十二个五年规划纲要》支持澳门成为世界旅游休闲中心，并加快建设中国与葡语国家商贸合作服务平台。2015 年澳门特别行政区政府与国家旅游局签署《内地与澳门关于建立促进澳门世界旅游休闲中心建设联合工作委员会的协议》，积极建设澳门成为世界旅游休闲中心。2019 年国务院印发的《粤港澳大湾区发展规划纲要》指出，澳门要充分发挥其在区域发展中的独特优势，致力于建设成为世界旅游休闲中心和中国与葡语国家商贸合作服务平台，推动经济适度多元发展，并打造以中华文化为主流、多元文化共存的交流合作基地。此外，还提出在澳门成立大湾区城市旅游合作联盟，推进粤港澳地区旅游资源共享，共同构建大湾区旅游品牌，创新旅游产品，并扩大旅游客源市场。在这一背景下，旅游汉语作为专门用途汉语之一，对其进行研究和应用就变得尤为重要。

专门用途汉语是某项专门活动中使用的汉语，包括旅游汉语、法律汉语、医学汉语、学术汉语等。其中，旅游汉语指游客、旅游业从业者等在行、宿、食、游、娱、购六大旅游活动中所接触到的语言。旅游汉语已成为国际中文教育的重要组成部分，出版了多本教材，包括《旅游汉语》（董洪杰、白晓莉，2021）、《旅游汉语》（李倩，2022）、《酒店汉语》（王衍军等，2023）等，还编制了《旅游汉语词汇手册》（上海师范大学对外汉语学院旅游汉语词汇大纲课题组，2008）、《旅游汉语功能大纲》（上海师范大学对外汉语学院旅游汉语词汇大纲课题组，2008），设立了 HSK（旅游）职业汉语水平考试等。不过现有研究主要针对中国内地旅游市场，而澳门旅游汉语则侧重地域特色，对其探究有助于促进游客、旅游业从业人员、汉语学习者等更好地了解当地用语，符合澳门旅游市场的需求。

---

① 基金项目：国家语委"十三五"科研规划项目（项目号：YB135 - 159）。

② 作者简介：王珊（1982— ），女，博士，澳门大学人文学院、珠海澳大科技研究院、澳门大学亚太经济与管理研究所副教授；主要研究方向：词汇学、语义学、词典学；通信地址：澳门氹仔大学大马路澳门大学 E21A - 2092 室；电子邮箱：shanwang@um.edu.mo。

2　相关研究

近年来,专门用途语言研究受到了广泛关注。随着各个学科领域的不断发展以及学习需求的日益多样化,对特定领域专业词汇的研究也日益深入,包括计算机科学词汇研究,如罗斯勒(Roesler,2021)建立了包含350万单词的学术计算机科学文本语料库并提取了计算机科学词汇表;学科教材中的学术词汇研究,如菲茨杰拉德等(Fitzgerald et al.,2022)调查了小学教科书(科学、数学和社会学科)中学术词汇的数量和使用,提出了四个学术词汇变量:总学术词汇量、学科匹配学术词汇量、高难度总学术词汇量和高难度学科匹配学术词汇量;工程和技术词汇研究,如德雷顿和科克斯海德(Drayton & Coxhead,2023)介绍了国际民航组织标准用语在航空无线电通信中的重要性,并提出了基于语料库的塔台航空无线电技术词表,包括技术词汇、专有名词分类、数字分类、缩略语和多词单位。

专门用途汉语(Chinese for Specific Purposes,CSP)是借鉴专门用途英语(English for Specific Purposes,ESP)提出的概念。第一本CSP专书 *Chinese for Specific and Professional Purposes: Theory, Pedagogical Applications*(Tao & Chen,2019)于2019年9月问世。该书指出,针对英语等语言的特殊用途研究正蓬勃发展,但针对汉语的研究却相当少。该书收录的论文涉及了四个主题:学术汉语、商业汉语、医学和保健汉语、其他广泛定义的服务和行业汉语。

目前对于旅游汉语的研究主要集中在以下几个方面。① "旅游汉语"教学的性质研究。石慧敏(2001)就旅游汉语教学的性质、意义以及旅游汉语的基本特性、教学内容和目标等进行了初步论述。② 面向不同国别或地区的旅游汉语研究。王珊等(Wang & Luo,2019)于2018年4月收集澳门旅游局官网的资料构建了澳门旅游汉语语料库,分析了澳门旅游汉语与普通话的诸多不同,包括词形相同但含义不同、词义相同但词形有异、常用量词不同、习惯用法差异等。张婕(2019)从东盟留学生学习汉语的需求出发,分析了面向东盟留学生的旅游汉语专项教学及课外实践活动。赵艳梅(2023)以毛里求斯大学的旅游汉语课程为例分析了旅游汉语教学的本土化问题,认为在教学中应充分考虑本土化因素,包括教师的准备工作、教材选取和教法统一,以提高教学效果,并为其他非洲国家旅游汉语课程的本土化提供参考。李明(2016)阐述了三亚开展旅游汉语教学的必要性,指出应充分利用三亚丰富的旅游资源,促进旅游汉语教学与三亚旅游发展的有机结合。韩剑丰(2022)探讨了海南作为目的地的留学生学习旅游汉语的特点、优势和问题。③ 旅游汉语的教学方法研究。那英志和杜小平(2007)探讨了基于任务教学法的旅游汉语教学流程,提出任务设置、情境导入和任务实施等教学步骤的操作策略。黄艾(2010)从教学目的、语言功能和文化传播等方面探讨了如何开展旅游汉语教学,强调了专项教学的重要性和特殊性。张晶晶和那英志(2011)认为要依据特定职业的工作流程将相关任务整合为一体,并引入真实世界的时空结构,强化任务规则中的心理冲突设计和支持性策略的应用以推动语言学习与生活、工作实践的相互作用。张甜颖(2015)讨论了旅游汉语口语教学的现状与问题,指出旅游汉语教学的专业性和实践性以及口语教学的重要性,并提出改进教学方式的建议。褚鑫迪和赵越(2018)分析了旅游汉语微课教学模式,指出微课教学的灵活性和实用性。④ 旅游汉语教学中的文化因素研究。彭湃(2017)指出相较于通用汉语,旅游汉语由于其特定的使用领域、范围和场合,在语构文化特征、词汇文化含义以及语用文化内涵方面有自己的语言特点。可见,旅游汉语研究涵盖了旅游汉语的性质、教学方法、文化因素和教材编写等方面,旅游汉语教学正在向着更加本土化和多元化的方向发展。

澳门作为亚洲著名的旅游城市,酒店业在交流中扮演着重要角色。目前对澳门酒店业的研究涵盖了多个方面。① 客户关系管理与市场营销研究。彭凯源和张斌(2023)分析了澳门酒店业如何通过关系营销理论来实施客户关系管理从而提升顾客满意度和忠诚度。② 酒店设计研究。蔡嘉奕(2021)探讨了澳门摩珀斯酒店的参数化设计及其在酒店行业中的艺术性表达。③ 酒店员工发展与管理。张镒等(2015)基于心理契约理论分析了澳门酒店业外地劳工的工作满意度;文彤(2016)探讨了旅游企业履行社会责任行为对外来劳动力在澳门社会融入方面的影响；曹世武等（2012）通过对澳门酒店业中外地劳工的调查，分析了他们的社会认同感；王东等（2012）构建了涵盖知识技能、价值认知、个性特质和行为模式四个维度的酒店从业人员胜任力模型，并探讨了工作经验与胜任力之间的关系；郑勇和邹文篌（2011）分析了变革型领导风格对酒店新员工组织社会化过程的影响。④ 酒店业与区域经济发展。李国兵（2020）根据粤港澳大湾区的情况分析了澳门酒店业与经济发展的耦合协调度和动态关系。对澳门酒店业的研究为我们提供了了解澳门酒店业的多维视角。

综上所述，专门用途语言研究备受关注，涉及领域广泛。在专门用途汉语教学方面，旅游汉语成为研究热点，包括旅游汉语教学性质、面向不同国别或地区的旅游汉语研究、教学方法、文化因素、教材编写等。与此同时，对澳门酒店业的分析涵盖了客户关系管理、酒店设计、员工发展与管理、酒店业与区域经济发展等多个方面。然而，对澳门酒店业的词汇研究仍是空白。酒店业作为服务行业的一个重要分支，其语言使用对于构建企业形象、吸引目标客户群等方面发挥着至关重要的作用，因此有必要对澳门酒店业的词汇进行深入分析。

3　澳门酒店业特色旅游汉语语料库

为配合建设"世界旅游休闲中心"的目标，澳门特区政府旅游局在 2017 年发布了《澳门旅游业发展总体规划》。该规划是澳门旅游业发展的行动纲领，将澳门的旅游产业分为八大产品体系，包括酒店业、饮食业、零售业、博彩业、娱乐及体育、会展业、文化景点和自然景点。作为一座具有丰富历史和独特文化的城市，澳门每年吸引着来自海内外的大批游客，酒店业在澳门的旅游经济中扮演着重要角色。

澳门酒店业的历史可以追溯到 19 世纪。19 世纪 60 年代，澳门只有少数西式酒店，如皇家酒店和东方酒店，其他的则是旅馆和客栈，仅提供基础的住宿服务，且设施简陋，规模小，反映出当时前往澳门的旅客数量较少。随着 1880 年开业的兴记酒店和 1890 年开业的好景酒店等新型酒店的兴起，澳门的旅游设施和服务水平得到了提升。酒店的客房数量相应增加，受到游客的青睐，如好景酒店（后更名为峰景酒店）成为当时晚晴澳门颇具档次的酒店之一。这一阶段，澳门的酒店业开始注重提供周到的服务，并利用媒体宣传吸引更多国内外游客体验其新推出的产品与服务，这种营销和服务模式与当今的旅游业服务有相似之处（马宁、吴树燊，2015）。进入 20 世纪中叶，澳门酒店业因博彩合法化和国际旅游业的兴盛而步入了高速成长的新时期，并开始吸纳国际酒店管理经验和服务标准，推动酒店业向多样化和国际化方向发展。为了满足不断增长的旅游需求，澳门涌现了更多中等规模的酒店。到 20 世纪 70 年代初期，澳门首家五星级酒店葡京酒店开业，开启了澳门高端酒店业的篇章。进入 21 世纪以来，酒店业进入了崭新的发展阶段。自 2002 年博彩业赌权开放，酒店业从仅提供住宿的传统模式，转变为结合住宿和博彩的新模式。这一变化迅速促进了澳门旅游业的整体转型和升级，使澳门成为一个集合博彩、品牌酒店、高档购物中心、会议展览以及表演娱乐等多种功能的综合性度假目的地[1]。2007年澳门威尼斯人度假村酒店开业，象征着澳门迈入大型综合度假村时代。继此之后，众多知名的大型国际品牌酒店与度假村陆续落户澳门，例如 2009 年开业的新濠天地和 2010 年开业的澳门文华东方酒店等，不仅提供博彩娱乐服务，还具有会议展览、购物和餐饮等多种功能，使澳门发展成为一个集多种旅游活动于一体的综合旅游度假区，增强了澳门作为一个国际旅游目的地的魅力。

根据澳门政府 2022 年的统计[2]，澳门共有 99 家酒店和 34 家经济型住宿场所。其中，五星级酒店客房数量最多，达到 22 576 间，占总客房数量的 59.89%。四星级酒店以及三星级以下酒店和经济型住宿场所比重相当，分别为 20.02% 和 20.09%。此外，澳门有 80% 的酒店客房属于四星级或五星级的高

---

① https://m.traveldaily.cn/article/149419
② 根据 2022 年 1 月生效的第 8/2021 号法律《酒店业场所业务法》，二星级及三星级公寓分别被评为经济型住宿场所及二星级酒店。

级酒店[①],特别是五星级豪华酒店占比达 60%。澳门的豪华酒店在提供高级客房、多样化的餐饮服务、全面的便利设施、便捷的地理位置以及严格的安全措施方面表现出色(Yang & Lau,2015)。

本研究广泛搜集澳门旅游局官方网站、澳门经济论坛以及知名网站等来源的资料,进行文本清理,使用 Pynlpir 自动分词,开展多轮人工校对和标注,构建了澳门旅游汉语语料库,共有 34 万字符(含标点);去除字母和数字后,共有 17.6 万词例(形符),3.6 万词种(类符)[②]。其中,子语料库澳门酒店业特色旅游汉语语料库共包含 1.8 万字符(含标点);去除字母和数字后,共有 0.9 万词例和 2 242 个词种。为了更好地展示酒店业词汇的整体使用情况,本文将酒店业词种按照占比进行降序排列,并计算它们的累积频率,结果见表 1。澳门酒店业词种的词频分布符合齐夫定律,其中,仅"的""酒店"两个词的累积频率已达到总词例数的 10%;"您""客房""体验""享受""设计""宽敞"等 36 个词的出现次数也很多,累积频率达到三成;仅占词种数 6.29%的 141 个词的累积频率已达到 50%,如"入住""私人""尊尚""极致""品牌""优雅"等;累积频率达到 90%的共包含 1 343 个词,占词种总数的 59.90%,如"护理""惬意""酒廊""璀璨""定制""礼待"等。

表 1　澳门酒店业词种的累积频率

累 积 频 率	词 种 数 量	占　　比	例　　词
10%	2	0.09%	的、酒店
20%	13	0.58%	您、客房、体验
30%	36	1.61%	享受、设计、宽敞
40%	76	3.39%	入住、私人、尊尚
50%	141	6.29%	极致、品牌、优雅
60%	249	11.11%	护理、精致、格调
70%	425	18.96%	惬意、配套、雍容
80%	730	32.56%	酒廊、悠然、造型
90%	1 343	59.90%	璀璨、定制、礼待
100%	2 242	100.00%	夜景、甄选、珍馐

表 2 展示了澳门酒店业词种的音节数,包括单音节至五音节词,平均音节数为 2.02。以双音节词为主,比例高达 68.42%,如"酒店""澳门""套房"等;其次是单音节词,如"的""您""及"等,占比为总词数的 17.93%;三音节及以上词占比很少,主要为酒店品牌等专有名词以及成语,如"上葡京""美高梅""埃菲尔铁塔""无与伦比"等。

表 2　澳门酒店业词种的音节数

音节数	词种数量	占　　比	例　　词
单音节	402	17.93%	的、您、及、在、为
双音节	1 534	68.42%	酒店、澳门、套房、豪华、客房
三音节	183	8.16%	上葡京、美高梅、摩珀斯、度假村、游泳池

---

① https://www.dsec.gov.mo/zh-MO/Statistic? id = 804
② 感谢李冰同学参与语料的收集。

续　表

音节数	词种数量	占　比	例　词
四音节	110	4.91%	永利皇宫、绿茵胜境、无与伦比、表演湖景
五音节	13	0.58%	美狮美高梅、埃菲尔铁塔、拉斯维加斯
总　计	2 242	100.00%	/

4　澳门酒店业的主题词

主题词是指在某种标准下出现频率异常高的词,即在观察语料库中的出现频率明显高于参照语料库的频率(Bondi & Scott,2010)。本研究选择现代汉语平衡语料库 ToRCH2009[①] 作为参照语料库,该库是按照布朗语料库取样方法创建的 100 万词次语料库,共收集了 15 种文本。本研究分别截取它的各类文本的前 60%,使用 Pynlpir 进行分词,确保与观察语料库分词工具的一致性。

BIC(Bayesian Information Criterion)是一种评估统计数据显著性的方法。对 BIC 的解读为:① 超过 10:非常强有力的证据;② 6~10:强有力的证据;③ 2~6:提供了积极的证据;④ 0~2:仅值得简单的提及;⑤ 低于 0:不可靠。经多次尝试,p 值小于 0.000 1 时能够提取到最能反映酒店业特点的主题词,因此本研究选择这个 p 值以及 BIC 算法,利用 WordSmith 8.0 软件(Scott,2020)提取观察语料库中的全部主题词,并在此基础上去除数字、字母,以及四个停用词表[②]中的词,共得到 260 个主题词,它们的 BIC 都高于 2。

限于篇幅,表3 只展示了澳门酒店业的前 50 个主题词,BIC 都高于 60,说明它们是能够显著体现酒店业特征的词。表3 中 BIC 超过 200 的词包括"澳门""套房""豪华""客房""体验""奢华""宽敞""水疗""上葡京""度假"共 10 个词,表明它们在澳门酒店业的语料中占据着很重要的地位;BIC 在 100~200 的词共 21 个,包括"睡床""享""永利""美高梅"等;主题词在 62~100 的词共 19 个,包括"品味""花园""餐厅"等。

表3　澳门酒店业 BIC 最高的前 50 个主题词

序列	主题词 (酒店业语料库)	频次 (酒店业语料库)	百分比	频次 (参照语料库)	比例 (参照语料库)	BIC
1	澳门	126	1.29	66	0.010 1	804.96
2	套房	94	0.97	0	0	780.01
3	豪华	85	0.87	7	0.001 1	654.74
4	客房	72	0.74	5	0.000 8	557.46
5	体验	64	0.66	24	0.003 7	424.38
6	奢华	53	0.54	5	0.000 8	400.03
7	宽敞	41	0.42	2	0.000 3	316.54
8	水疗	38	0.39	0	0	307.34
9	上葡京	29	0.30	0	0	231.37
10	度假	29	0.30	5	0.000 8	203.13

① https://corpus.bfsu.edu.cn/info/1070/1558.htm
② https://github.com/goto456/stopwords

续　表

序列	主题词 （酒店业语料库）	频次 （酒店业语料库）	百分比	频次 （参照语料库）	比例 （参照语料库）	BIC
11	入住	27	0.28	2	0.000 3	200.00
12	睡床	25	0.26	0	0	197.61
13	享	27	0.28	4	0.000 6	190.77
14	永利	22	0.23	0	0	172.29
15	美高梅	21	0.22	0	0	163.85
16	设施	39	0.40	86	0.013 2	163.15
17	宾客	21	0.22	2	0.000 3	150.32
18	吋	18	0.18	0	0	138.53
19	摩珀斯	18	0.18	0	0	138.53
20	私人	23	0.24	13	0.002 0	134.02
21	厘米	24	0.25	24	0.003 7	123.34
22	设有	20	0.21	8	0.001 2	122.14
23	永利皇宫	15	0.15	0	0	113.21
24	浴室	17	0.17	5	0.000 8	106.65
25	景致	15	0.15	1	0.000 2	105.75
26	泳池	15	0.15	1	0.000 2	105.75
27	万利	14	0.14	0	0	104.76
28	瑰丽	14	0.14	0	0	104.76
29	时尚	23	0.24	35	0.005 4	103.86
30	极致	17	0.17	6	0.000 9	103.86
31	电视	22	0.23	31	0.004 7	101.27
32	面积	23	0.24	43	0.006 6	96.66
33	新葡京	13	0.13	0	0	96.32
34	品味	16	0.16	6	0.000 9	96.04
35	花园	18	0.18	14	0.002 1	95.08
36	餐厅	18	0.18	17	0.002 6	90.54
37	永利澳门	11	0.11	0	0	79.44
38	游泳池	14	0.14	9	0.001 4	74.24
39	客人	20	0.21	49	0.007 5	73.78
40	平方呎	10	0.10	0	0	71.00
41	海景	10	0.10	0	0	71.00
42	绿茵胜境	10	0.10	0	0	71.00
43	住客	10	0.10	0	0	71.00
44	贴心	11	0.11	2	0.000 3	68.34
45	尽情	13	0.13	9	0.001 4	66.82
46	护理	11	0.11	3	0.000 5	64.98
47	预订	10	0.10	1	0.000 2	64.33
48	缔造	10	0.10	1	0.000 2	64.33
49	殊荣	9	0.09	0	0	62.56
50	高清	9	0.09	0	0	62.56

澳门酒店业的 260 个主题词主要包括如下类型：

（1）客房类词汇,体现了该行业对于提供高品质和视觉美感住宿体验的追求。"套房"提供宽敞的空间和多功能的居住区,满足旅客对于住宿环境的需求。"景致"和"海景"强调房间位置和视野的重要性,许多酒店提供面向大海或城市的迷人景观。例句如(1)~(2)。

（1）万利豪华<u>套房</u>的每项配套设施都别具匠心,充分考虑您的需要。

（2）通过落地玻璃窗映入眼帘的开阔景色,无论是绿意盎然的绿茵胜境花园<u>景致</u>,还是迷人的路凼美景,都恰好为客房的尊尚布置增添唯美色彩。

（2）客房内部设备词汇,展示澳门酒店业中广泛应用的设备,提升客房的实用性和舒适度。如"床上用品""窗帘"体现对客人舒适度的关注,优质的床上用品和有效的光线控制能够显著提升客人的睡眠质量。"电视""面板""插座"代表房间内必备的基础电子设施,满足旅客对电子设备充电和数据连接的需求,保障宾客可以随时使用各种电子设备。"浴室""浴缸""淋浴间"反映酒店对个人卫生的关注。"化妆室"和"衣帽间"体现对宾客日常生活需求的考虑,提供便利的准备空间,使宾客能够在外出探索澳门之前,享受便捷和舒适的准备过程。例句如(3)~(6)。

（3）而独立睡房则设有永利品牌的舒适睡床,配以柔软的埃及棉织<u>床上用品</u>,让您放松酣睡。

（4）当然,这里还有其他配套设备让您尽情享受,包括客厅及睡房的 60 吋超薄液晶体<u>电视</u>。

（5）宽敞的大理石<u>浴室</u>尽显气派,配有壁挂式电视机、特深<u>浴缸</u>及独立玻璃<u>淋浴</u>间。

（6）套房更设客用<u>化妆室</u>及私人酒吧及座位,无论是与商业伙伴洽谈业务,还是与好友在私人天地里轻谈浅酌,都是理想之选。

（3）酒店设施词汇,描绘出一幅澳门酒店致力于提供全方位、高品质休闲的画面。如"泳池""游泳池"和"池畔"等设施,为游客提供游泳场所。"健身室"和"健身房"装备先进的健身器材,满足客人旅行期间维持健康生活方式的需求。"蒸汽室"通过提供高温的放松环境助力客人释放压力。例句如(7)~(8)。

（7）入住澳门上葡京,感受糅合中国风与西方设计的典雅风尚,更可于澄澈<u>泳池</u>写意畅泳,或在健身房享用优越设施。

（8）别墅提供独立餐厅,备有 85 吋高清电视的娱乐室、<u>健身室</u>、化妆室、桌球室和水疗室,全方位满足您对生活品味的极致追求。

（4）餐饮类词汇,展示人员、场所和菜肴等。澳门酒店的餐饮服务以其高品质和多元化著称,由"大厨"主理的菜肴不仅味道出众,而且在呈现上也极富创意,为客人带来视觉与味觉的双重享受。"餐厅"和"酒廊"是酒店为客人提供餐饮服务的场所,"餐厅"往往提供多样化的菜单,包括国际美食和当地特色菜肴,而"酒廊"则提供放松和社交的环境。"粤菜"在澳门普遍存在,体现了酒店提供地道的粤式美食,满足游客对地方特色美食的探索欲望。例句如(9)~(11)。

（9）小提琴手以动听的乐曲为您拉开夜幕,在氛围轻松的烛光晚餐中,您将品尝到我们酒店米其林星级粤菜餐厅的美食,那是出自紫逸轩<u>大厨</u>的手艺。

（10）套房面积广达 269 平方米(2 900 平方呎),配有宽敞瑰丽的客厅和<u>餐厅</u>。

（11）让宾客每次入住体验均无与伦比,米芝莲三星殿堂<u>粤菜</u>食府"誉珑轩"呈献极上珍馐、精雕玉馔,为君创新演绎世界鲜活食材。

（5）服务类词汇,体现澳门酒店业提供的一系列服务,用于提升客人的健康、美容等体验。如"水疗""桑拿""蒸汽""按摩""美发""护理"等词,展示酒店提供的休闲和美容服务为客人提供放松身心、提升健康和美丽的机会。特别是在经历了长途旅行后,客人可以通过这些服务恢复精神,缓解身体疲劳。"健身"指酒店设有的健身中心或健身房,配备先进的运动设备。"预订""礼宾部""量身"和"个人化"则更多地体现酒店业在服务层面上的专业化和个性化,如"预订"服务提供方便快捷的预订渠道,"礼宾部"为客人提供日常需求的服务,"量身"和"个人化"服务则表明酒店能够根据每位客人的需求和偏好,提供定制化的服务。例句如(12)~(16)。

(12) 上葡京<u>水疗</u>中心糅合欧洲巴洛克与中国传统设计风格,彰显澳门中西荟萃的文化特色,让人不期然沉醉于华贵舒适之中。

(13) <u>健身</u>中心分设于永利大楼及万利大楼,配备各式健身器材,专为永利澳门宾客而设。

(14) 凡<u>预订</u>此优惠,您更可于入住前 24 小时取消或更改预订,灵活打造完美假期。

(15) 我们还提供私人教练指导服务,针对您的特定需要<u>量身</u>设计运动计划,助您轻松提升体能和改善体形。

(16) 除了璀璨景致和无可比拟的<u>个人化</u>尊贵服务,住客还可以尽情享受由永利皇宫呈献的奢华度假体验。

(6) 品牌类词汇,展示澳门酒店中的高端品牌,如"上葡京""永利""美高梅""摩珀斯""永利皇宫""新葡京""永利澳门""励宫""巴黎人""星际""威尼斯人""丽思卡尔顿""新濠锋"。例句如(17)~(18)。

(17) <u>永利</u>大楼的两房式套房,为您诚意呈献登峰造极的度假体验。

(18) <u>美高梅</u>一直致力为宾客提供贴心服务及顶级设施,于 2021 年度《福布斯旅游指南》星级名单中,澳门<u>美高梅</u>连续六年夺得五星殊荣。

(7) 特色与体验类词汇,体现澳门酒店业在客房设计、装饰和体验方面的追求,如"豪华""奢华"的装修风格到"宽敞""私人"的空间布局,"瑰丽""时尚"的设计和注重"极致""品味"的服务理念等。例句如(19)~(21)。

(19) 在<u>豪华</u>客房中,透过视野开阔的落地玻璃观景窗,可尽情饱览南湾湖和澳门的壮观美景,享受无与伦比的绝美景致。

(20) 澳门上葡京设有 1 350 间<u>瑰丽</u>宽敞的客房,可俯瞰优美的绿茵胜境花园或眺望路凼城区。

(21) 除了这个关键元素之外,我们还充分利用了<u>品味</u>设计,采用时尚柔和的色系,加添奢华的金色点缀,尊贵品味浑然天成。

(8) 地理位置类词汇,覆盖从"澳门半岛"到"路凼城""新口岸"的关键地段,不仅便于客人探索澳门的丰富文化和娱乐活动,还提供便捷的交通连接到周边地区。例句如(22)~(24)。

(22) 您也可以搭乘度假村的免费穿梭巴士,往返关闸、横琴新口岸及<u>澳门半岛</u>。

(23) 在糅合当代中国风的优越享受中,与挚爱入住宽敞舒适的客房,饱览<u>路凼城</u>的繁华景致或充满欧陆式风情的绿茵胜境花园,投入非同凡响的悠闲度假时光。

(24) 星际酒店坐落于澳门的核心娱乐区,由国际知名建筑师倾力打造,是<u>新口岸</u>繁华盛景中的特色地标,更是澳门半岛最受欢迎的酒店之一。

澳门酒店业的主题词不仅反映了澳门作为一个世界级旅游目的地对提供高质量住宿体验的重视,还展示了该行业对卓越服务的追求。这些词汇涵盖了从客房、设施到餐饮、健身、个性化服务等方面的丰富选择,体现澳门酒店业通过细致入微的服务满足不同客人的需求,从而给客人创造独特且难忘的经历。研究这些主题词对于专门用途汉语教学具有重要价值,不仅能够为学习者提供实用的语言学习资源,还能够帮助学习者深入了解行业常用词汇的使用语境,从而在全球化背景下为其职业发展提供坚实的基础。

5 结论

随着澳门积极推进实现"世界旅游休闲中心"的战略目标,旅游业迎来了新的历史发展契机。本研究广泛收集澳门酒店业的资料,经过文本清理、自动标注、多轮人工校对和标注,建立了酒店业特色旅游汉语语料库。研究发现:① 酒店业词种的使用符合齐夫定律,表明少数高频词占了词例总量的绝大部分,使用频次最高的 141 个词构成了语料库中所有词例的一半;② 酒店业的词种主要由双音节词组成,占比高达 68.42%;③ 根据 p 值小于 0.000 1 和 BIC 算法提取出全部主题词,并去除数字、字母和四个停用词表中的词,共得到 260 个主题词。这些词包含从客房、设施到餐饮、健身、个性化服务等方面,展示了澳门酒店业通过周到的服务适应顾客的不同需求,进而打造出舒适的旅游体验。本研究不仅为专门用途汉语教学提供了颇具澳门特色的资源,丰富了旅游汉语的教学内容,也为设计具有针对性和实用性的特色旅游汉语教材提供了素材,对于满足不同背景学习者的多样化需求具有重要意义。

参考文献

[1] Bondi, M. & Scott, M. *Keyness in Texts*[M]. Amsterdam: John Benjamins Publishing, 2010.

[2] Drayton, J. & Coxhead, A. 2023. The development, evaluation and application of an aviation radiotelephony specialised technical vocabulary list[J]. *English for Specific Purposes*, 69: 51 – 66.

[3] Fitzgerald, J., Relyea, J. E., Elmore, J.. 2022. Academic vocabulary volume in elementary grades disciplinary textbooks[J]. *Journal of Educational Psychology*, 114: 1257 – 1276.

[4] Roesler, D. 2021. When a bug is not a bug: An introduction to the computer science academic vocabulary list[J]. *Journal of English for Academic Purposes*, 54: 1 – 11.

[5] Scott, M. 2020. Word Smith Tools version 8, Stroud: Lexical Analysis Software.

[6] Tao, H, Chen H-J. 2019. *Chinese for Specific and Professional Purposes: Theory, Pedagogical Applications, and Practices*[M]. Singapore: Springer.

[7] Wang, S. & Luo, H. 2019. A corpus-based study of the vocabulary of Macao tourism Chinese [C]. H. Tao, H.-J. H. Chen. *Chinese for Specific and Professional Purposes: Theory, Pedagogical Applications, and Practices*. Singapore: Springer: 373 – 391.

[8] Yang, F-X, Lau V-M. 2015. "LuXurY" hotel loyalty — a comparison of Chinese Gen X and Y tourists to Macau[J]. *International Journal of Contemporary Hospitality Management*, 27: 1685 – 1706.

[9] 蔡嘉奕.2021.澳门摩珀斯酒店:参数化设计的艺术性表达[J].建筑学报(1):122.

[10] 曹世武,王新建,郑向敏.2012.澳门外地劳工社会认同研究:来自酒店业的调查[J].广西民族大学学报(哲学社会科学版)(34):44 – 48.

[11] 褚鑫迪,赵越.2018.旅游汉语微课模式探索[J].教育现代化(5):114 – 116.

[12] 董洪杰,白晓莉.2021.旅游汉语[M].广州:暨南大学出版社.

[13] 韩剑丰.2022.来琼留学生"旅游汉语"教学模式初探[J].数据(12):172 – 174.

[14] 黄艾.2010.浅议如何在对外汉语教学中开展旅游汉语专项教学[J].成都纺织高等专科学校学报(27):56 – 58.

[15] 李国兵.2020.粤港澳大湾区中心城市酒店业与经济发展的耦合协调及动态关系[J].企业经济

(39)：108 - 115.

[16] 李明.2016.探析三亚开展旅游汉语教学的必要性[J].亚太教育(10)：76.

[17] 李倩.2022.旅游汉语[M].北京：旅游教育出版社.

[18] 马宁,吴树燊.2015.晚清澳门旅游业的萌芽——城市发展与管理的配套[J].文化杂志(96)：1 - 24.

[19] 那英志,杜小平.2007.基于"任务教学法"的旅游汉语教学流程和操作策略[J].青岛职业技术学院学报,20(1)：45 - 48.

[20] 彭凯源,张斌.2023.基于关系营销的澳门酒店客户关系管理的研究[J].全国流通经济(4)：16 - 19.

[21] 彭湃 2017.旅游汉语中的文化因素及文化教学[J].辽宁师范大学学报(社会科学版),40：126 - 131.

[22] 上海师范大学对外汉语学院旅游汉语词汇大纲课题组.旅游汉语词汇手册[M].上海：上海世界图书出版公司,2008.

[23] 石慧敏.2001."旅游汉语"教学：对外汉语教学的一个重要课题[J].暨南大学华文学院学报(4)：19 - 25.

[24] 王东,李玺,李燕燕.2012.酒店从业人员胜任力模型及其与工作经历之关系研究：以澳门酒店业为例[J].旅游论坛(5)：47 - 53.

[25] 王衍军,林奕高,张艳.2023.酒店汉语[M].广州：暨南大学出版社.

[26] 文彤.2016.旅游企业社会责任对外来员工社会融入的影响研究[J].暨南学报(哲学社会科学版)(38)：93 - 99 + 132.

[27] 张婕.2019.面向东盟留学生的旅游汉语专项教学及课外实践探究[J].南方论刊(9)：98 - 100.

[28] 张晶晶,那英志.2011.基于项目的职业汉语教学：以旅游汉语为例[J].齐齐哈尔师范高等专科学校学报(6)：112 - 114.

[29] 张甜颖.2015.浅谈旅游汉语口语教学的现状与问题[J].中外企业家(28)：237 - 239.

[30] 张镒,柯彬彬,姜卫卫,等.2015.基于心理契约理论的酒店员工工作满意度研究：以澳门酒店业外地劳工为例[J].重庆工商大学学报(自然科学版)(32)：64 - 71.

[31] 赵艳梅.2023.专门用途汉语教学理论视角下毛里求斯大学旅游汉语教学的本土化研究[J].浙江理工大学学报(社会科学)(50)：500 - 508.

[32] 郑勇,邹文篪.2011.变革型领导对酒店新员工组织社会化影响分析：以澳门、珠海高星级酒店为例[J].旅游学刊(26)：79 - 84.

Construction of a Specialized Tourism Chinese Corpus for the Macau Hotel Industry

Shan Wang

University of Macau

Abstract: With the strategic goal of developing into a "World Tourism and Leisure Centre", Macau's tourism industry has encountered unprecedented development opportunities. This study collected extensive materials of Macau's tourism, leading to the creation of a specialized Corpus of Macanese Tourism Chinese. Keywords were extracted with the BIC algorithm. Analysis of the sub-corpus specifically for the hotel industry reveals that the vocabulary distribution complies with Zipf's law, primarily consisting of disyllabic words. Keywords cover various aspects from guest rooms, facilities to dining, fitness, and personalized services, showing how Macau's hotel industry meets customer needs with thorough services, thereby creating distinctive experiences. As an integral part of Chinese for specific purposes, the lexical analysis of the hotel industry is important for addressing the language needs of tourists, Chinese learners, and tourism industry practitioners, as well as for promoting the development of Macau's tourism industry.

Keywords: Macau; the Hotel Industry; Tourism Chinese; Corpus; Vocabulary; Teaching Chinese for Specific Purposes